KB165641

미로,
길의
인문학

美

미로, 길의 인문학

김재성 지음

路

글항아리

제 5 부
터널, 길의 경계를 허물다

닫힌 방과
끝없는 길

모든 방은 길에 닿아 있어야 한다

방과 길, 도시의 모든 공간은 그렇게 나뉜다. 더러 방인지 길인지 모호하거나 방이면서 길인 예외적인 공간도 있다. 하지만 도시에 아무리 많은 시설과 건축물이 있다고 해도 쓰임새와 모양으로 나누어 보면 결국 방과 길 어느 한쪽이거나 방과 길의 부속물로 가를 수 있다. 도시 공간을 구성하는 원칙도 별것 없다. 모든 방과 길은 서로 이어져 있어야 한다는 것, 그 하나로 충분하다. 간선도로나 도시철도와 직접 연결되는 대규모 인텔리전트 빌딩은 말할 것도 없고 아무리 작은 집이라도 큰길이든 골목이든 닿아 있어야 한다. 큰 건축물 안에 있는 각각의 방 역시 복도나 계단, 엘리베이터 등 어떤 형태로든 길에 연결되어 있어야 한다. 방에 연결되는 것이 꼭 사람이 다니는 길만 있는 것은 아니다. 땅 밑으로 하늘로 벽 틈으로 흘러온 상하수도, 전기, 통신, 가스…… 그 수많은 길이 간단없이 방에 닿아 있다. 예외는 없다. 길에 연결되지 않은 방 또는 방에 이르지 않는 길은 문학작품 또는 영화에서나 찾아볼 수 있을 뿐이다.

길에서 떨어져 나온 방

사르트르의 「출구 없는 방Huis clos」은 지옥에 관한 이야기다. 하지만 사르트르의 방은 단테의 지옥과는 다르다. 끊임없이 고통을 주는 불길이나 채찍은 물론이고 하데스를 상징하는 어떠한 것도 없으니 말이다. 그냥 문이 없다는 것뿐이다. 그럼에도 방안에 있는 사람들은 자신이 지옥에 있다는 것을 금방 알아차린다. '단순하고 명료해, 고문 같은 게 왜 필요하겠어. 이렇게 가두어두는 것만으로도 최악의 고통을 줄 수 있는데.' 닫힌 방 안에서 살아야 하는 세 사람은 서로를 견디지 못하고 애원한다. 여기서 나갈 수만 있다면 어떤 형벌도 받을 수 있어. 고문이든 교수형이든 다 좋다고. 하지만 그들의 호소 역시 방을 벗어나지 못한다. 닫힌 방은 어쨌든 닫혀 있으니까.

벽은 그들의 몸만 가두는 것이 아니라 생각과 행동, 전언마저 차단한다. 닫힌 방이 지옥인 이유, 그것은 변화의 부재다. 인간이 견딜 수 없는 가장 큰 고통은 바로 지루함과 무의미가 아닐까. 닫힌 방은 단지 소통을 차단하는 것이 아니라 모든 의미를 무의미로 만들어버린다. 그것은 소멸이며 죽음이다. 사르트르가 문이 없는 벽을 삶과 죽음의 경계로 설정한 것은 그런 뜻에서였을 것이다. 하지만 문이 있다고 해서 모두 길과 연결되는 것은 아니다. 똑같은 공간이 끊임없이 이어지는 영화 「큐브」도 별반 나을 게 없어 보인다. 막 결혼하고 신혼의 단잠에 빠져든 잭과 케이트는 각각 다른 방에서 깨어난다. 이들은 모니터가 묻는 질문에 예스와 노로 대답하면서 계속 방을 옮겨 다니지만 모든 방은 서로 차별되지 않는다. 문은 있지만 공간 사이에 있어야 할 길이 없다는 것, 그렇게 같은 공간이 끊임없이 이어지는 상황이라면 그 역시 사르트르의 닫힌 방과 다를 바 없다.

방에 이르지 못하는 길

반면에 프란츠 카프카의 「성城」은 끝없는 길, 다시 말해 길이 공간으로 이어지지 않는 상황을 보여준다. 폭설이 내려 모든 길이 지워진 밤에 측량 기사 K가 마을에 나타난다. 그는 백작의 초대로 성을 찾아가지만 그의 시도는 알 수 없는 이유로 번번이 무산된다. K는 우연히 만난 사람에게 길을 묻고 이장을 찾아가 도움을 구한다. 그러나 성으로 가는 길은 계속 늘어나고 혼란스러운 상황만이 반복된다. 높게 치솟은 성은 어디서든 잘 보인다. 모퉁이만 돌아서면, 언덕만 올라서면, 골목만 벗어나면 바로 성문이 있을 듯하다. 하지만 K는 끝내 성에 이르지 못한다. 소설이 미완성으로 끝났으니 카프카는 지금도 성 주변을 맴돌고 있지 않을까 싶다. 끝없는 길 또는 닿을 수 없는 공간은 인간을 영원히 미결 상태로 묶어둔다는 점에서 닫힌 방과 다를 바 없다.

카프카의 또 다른 작품 「굴Der Bau」은 끊임없이 땅을 파나가는 자의 이야기다. 그는 땅을 벗어날 수도, 굴 만드는 작업을 중지할 수도 없다. 왜 굴을 만들어야 하는지도 모른다. 그냥 계속 어둠 속에서 굴을 파나갈 수밖에 없다. 「출구 없는 방」과 「성」이 합쳐진 상황이다. 소설은 "모든 것은 언제까지나 변함없다"는 말로 끝맺는다. 인간은 변화와 차이의 부재 그리고 단순 반복되는 상황을 견디기 어려워한다. 시시포스를 절망으로 이끄는 것 역시 상황이 끊임없이 이어진다는 데 있지 않았는가. 바위를 밀어 올리는 수고쯤이야 아무래도 상관없었을 것이다. 공간의 닫힘과 길의 끝없음, 어쩌면 사르트르와 카프카가 보여주고자 하는 인간의 소외는 여기서 비롯되는 게 아닐까.

방과 길의 가치는 동등하다

　　도시를 구성하는 두 개의 축, 방과 길은 서로 연결되어 있어야 하며 서로에게 기여해야 한다. 역할은 다르지만 도시 문명을 지탱해온 방과 길의 가치는 어느 한쪽도 가볍지 않다. 길에 연결되지 않은 방 또는 방에 이를 수 없는 길은 모두 의미를 얻을 수 없기 때문이다. 그러나 우리는 언제부터인가 어떤 곳에 이르기 위해 길을 간다는 생각에 익숙해졌다. 이를테면 목적지인 공간과 도구로서의 길이라는 이분법적인 사고가 생겨난 것이다. 너무나 당연해서 이러한 구분에 이의를 다는 것이 오히려 이상해 보인다. 길을 만드는 사람조차도 도시를 가로지르는 지름길을 만드느라 분주하고 되도록 빨리 이곳에서 저곳으로 옮겨갈 수 있는 길을 만드는 데 여념이 없으니 말이다.

　　하지만 처음부터 길이 공간을 연결하기 위한 도구였던 것은 아니다. 길은 그 자체로 소통의 장이었고 만남과 축제가 벌어지는 곳이었다. 사람들은 방안에 갇혀 있기보다는 길에서 많은 시간을 보냈으며 닫힌 방보다는 나무 아래서 쉬거나 거리에 나서는 것을 좋아했다. 거리에서 옷

깃을 스치는 사람은 소중한 인연이었으며 여행자에게 친절을 베푸는 것은 선을 쌓는 것으로 여겼다. 그러나 언제부터인가 길은 빠른 이동을 위해 헌신하는 방의 시녀로 전락해버렸으며 거리와 광장, 소통과 화합에 기여하던 길의 의미는 하나둘 소멸되었다. 공간을 구획하는 벽이 점점 두꺼워지고 담장이 높아진 것 역시 이 때문이 아닐까 싶다. 피부색이나 성별과 같은 노골적인 차별은 금지되었다 해도 빈부나 신분의 차이를 만들어 특정인에게만 허용되는 도시 공간은 점점 늘어나는 듯하니 말이다. 빠른 길에서 쉬고 싶은 길로, 자동차를 위한 길에서 사람을 위한 길로, 위험한 길에서 아늑하고 안전한 길로 만드는 것. 이를 위해서는 방과 길의 등가를 회복하는 데서 시작해야 한다.

나는 인류가 만들고 걸어온 길을 따라 먼 길을 떠나려고 한다. 그 길에서 적지 않은 틈과 벽을 만나겠지만 한편으로는 그것을 잇기 위해 열정을 불태우고 목숨을 바친 숱한 사람들을 만나게 될 것이다. 사르트르의 출구 없는 방처럼 폐쇄된 공간 또는 카프카의 성처럼 아무리 걸어도 끝에 이를 수 없는 길도 만나게 될 것이다. 그러한 만남을 통해 공간과 길이 왜 등가여야 하며 서로 이어져 있어야 하는지, 서로에게 기여해야 하는지를 보여줄 것이다. 그 모든 과정은 우리가 사는 도시가 지향해야 할 공간과 길의 가치를 다시 생각해보는 계기가 될 것이다.

2016년 10월
김재성

방은 길과 연결되어 있다.

수긍과 긍정의
틈에서 묻다

몰리와 페넬로페

제임스 조이스의 『율리시스』는 1904년 6월 16일 하루의 이야기다. 지금은 블룸스데이¹라는 기념일이 되었지만 조이스 글의 소재가 된 그날은 여느 날과 다를 바 없는 더블린의 하루일 뿐이다. 먹고 마시고 배회하고 노래하고 인사하고 다투고 성교하고 출산하고 일하고. 이렇게 잔잔한 일상은 책 전편에 걸쳐 끊임없이 반복된다. 그러나 마지막 18장은 현재의 사건이 아니라 과거를 회상하는 몰리의 이야기다. 남편이 집에 돌아오기 직전 연인과 정사를 끝낸 그녀는 침대에 걸터앉아 긴 독백을 시작한다. 호메로스의 서사시 「율리시스」에 나오는 페넬로페 에피소드와 대응하는 부분이다.

율리시스는 목마를 만들어 10년에 걸친 트로이 전쟁을 승리로 이끈 주역이지만 전쟁이 끝난 뒤에도 곧장 집에 돌아오지 않고 망망대해를 휘젓고 다닌다. 남편이 없는 동안 페넬로페는 성을 차지하려는 구혼자에 둘러싸여 고통스러운 삶을 살아간다. 그녀가 믿고 의지할 곳은 어디에도 없다. 밤이면 구혼자의 침대에서 뒹구는 시녀들은 페넬로페의 감시자일 뿐이며 시종과 유모는 아무런 도움이 되지 못한다. 그렇게 20여 년을 시달리는 동안 페넬로페는 아무것도 믿지 못하는 의심쟁이가 되어버린다. 마침내 율리시스가 돌아와 구혼자를 모두 해치운 뒤에도 페넬로페는 정말 남편이 맞는지 시험한다. 하긴 오랜 세월 깊어진 의심의 골이 그렇게 쉽게 사그라들겠는가. "유리클레이아, 남편이 돌아왔으니 침대를 옮기고 신방을 꾸미세요." 페넬로페가 유모에게 하는 말을 옆에서 듣던 율리시스는 버럭 화를 낸다. 무슨 소리요. 우리의 침대는 살아 있는 올리브나무로 만들지 않았소. 정원에 심겨진 것을 어떻게 옮긴단 말이오. 페넬로페는 그제야 남편을 인정하고 받아들인다.

긍정과 수긍

그러나 조이스의 『율리시스』는 호메로스 원전과 다르다. 몰리의 독백은 '그래'로 시작해 '그래'로 끝난다. 그녀는 모든 것을 긍정하고 있는 그대로 받아들인다. 살아온 시간과 지금에 이르기까지 모든 과정, 정부를 비롯해 수많은 사람과의 관계, 자정을 넘겨서 들어온 남편이 웅크리고 자는 모습, 남편의 연인과 친구들, 침대·식탁·의자 등 오래 익숙해진 가구 곁에서 살아온 삶을 있는 그대로 친근하게 받아들이는 것이다. 남편이 율리시스와 같은 영웅이 아니듯 그녀 역시 가족·친구·이웃과 평범한 일상을 살아가는 여성일 뿐이다. 아무런 변화 없이 반복되는 삶에 의해 조금씩 무뎌져가는 중년의 나이 때문일까. 아니면 주변에서 일어나는 일들이 내 의지와 상관없이 흘러가는 것에 대한 무기력 때문일까. 그렇다면 그것은 긍정이 아니라 그저 소극적으로 현재를 받아들인다는 뜻의 수긍이 맞을 듯하다.

아무튼 특별할 것 없는 그들의 하루 1904년 6월 16일에 있었던, 있으나 마나 한 일상을 '그래'로 끝맺는 몰리의 독백은 많은 생각을 하게 한다. 아일랜드는 8세기에서 11세기까지는 바이킹의 침략에 시달렸으며 12세기부터는 800여 년이나 잉글랜드 식민지로 억압받아왔다.[2] 조이스가 이 글을 쓰던 당시도 더블린은 그렇게 평화로운 시기가 아니었다. 19세기 중반 800만에 달하던 인구는 대기근[3]으로 많은 사람이 죽거나 도시를 떠났으며 조이스의 시대에는 겨우 400만 명 수준으로 줄어 있었다. 개신교와 천주교의 갈등, 켈트족의 저항과 탄압, 1916년부터 5년간 지속된 영국과의 전쟁 등 녹록지 않았던 더블린의 삶을 그리면서 조이스는 어떻게 긍정의 눈을 가질 수 있었을까. 아니 그것은 긍정이라기보다는 그저 상황을 있는 그대로 받아들이는 수긍이 아니었을까.

긍정은 적극적인 물음과 이에 대한 이해의 과정을 거쳐서 형성될 수 있는 소중한 가치다. 아무런 저항도 부정도 이해도 없이 받아들인 수긍이 어떻게 신뢰의 기반으로 기능할 수 있겠는가. 긍정을 얻기 위해 우리는 먼저 의심의 눈초리를 가진 페넬로페가 되어야 한다.

/

주변에는 많은 길이 있다. 큰길, 작은길, 찻길, 오솔길. 그 모든 길의 사용가치는 무엇일까. 되도록 빨리 통과하는 것? 고개를 가로젓고 싶다. 그러나 도시의 수많은 가로街路를 바라보면서 이를 부정하기는 쉽지 않다. 우리가 만들어온 길은 길에서 벗어나기 위해서만 존재하니까. 나는 길을 만드는 사람이었고 평생 다양한 길을 만들었다. 내게 주어진 주문은 단순하고 명료했다. '되도록 빠른 길을 만들어라.' 자동차든 사람이든 상관하지 마라. 길 위에 있는 모든 것이 빠르게 길에서 벗어나게 하라. 물 흐르듯이 빠져나가게 만들어라. 누군가 머뭇거리려야 한다면 그것은 결함이다. 사고가 나지 않게 하라. 사고는 빠름을 방해한다. 쓸데없이 치장하지 마라. 한눈팔다 사고 나면 어쩌라고.

D2D, 문에서 문까지

한 사람이 움직이는 데 몇 톤의 쇳덩어리가 따라붙어야 하는 승용차 출퇴근은 아무리 생각해도 곱상해 보이지 않는다. 그럼에도 이제 도시는 완전히 승용차 세상이 된 듯하다. 어딜 가든 승용차가 길을 차지하고 있지 않은가. 골목이든 쉼터든 빈 공간이 조금이라도 있으면 어김없이 승용차가 자리를 잡고 있다. 지상이나 지하뿐 아니라 머리 위로도 달린다. 당장 필요해서가 아니라 필요해질 것을 대비해 오늘도 계속해서 도로가 만들어진다.[4] 도시철도와 같이 정시성定時性이 뛰어난 교통수단이 잘 구축된 도시에서도 굳이 이동을 위해 승용차를 선호하는 이유는 무엇일까. 아마도 가장 큰 이유는 빠름을 위해 헌신해온 길 자체에 있을 것이다. 도시의 길이 '빨리 벗어나고 싶은 공간'을 향해 질주할 때, 건축물은 자연스럽게 '오래 머무르고 싶은 공간'이라는 영예를 차지해버렸다.

그 사이에서 승용차는 '빨리 벗어나고 싶은 길에서 머무르고 싶은 공간으로' 순간 이동할 수 있는 유사 주거 공간을 제공한다. 집에서 나오더라도 승용차에 올라타는 순간 복잡한 거리가 아니라 사적인 실내 공간이 지속되는 것이다. 집에서와 별 차이 없는 음질로 베토벤의 피아노 협주곡을 들을 수 있고 조용히 나눠야 할 업무 전화도 할 수 있다. 피곤하면 잠시 세워두고 잠을 잘 수도 있다. 심지어 연인과 밀어를 나누는 데이트 장소로도 손색이 없다. 무엇보다도 승용차를 이용하면 걷거나 대중교통을 갈아타지 않고도 '문에서 문까지D2D[5] 바로 연결된다. 삭막한 도시의 길을 질주하면서 한편으로는 사적인 공간에서의 아늑함을 즐기는 것은 분명히 승용차를 선호하는 이유 중 하나일 것이다.

자동차 전용도로, 고속국도, 자동차 우선의 가로 환경 등. 우리는 늘 자동차에 관대하다. 보잘 것 없던 이 나라를 경제 대국으로 올려놓은 공신이라고 마냥 추켜세우는 동안 우리의 삶은 말할 수 없이 피폐해졌다. 도시는 소음과 분진으로 가득하고 병원은 교통사고 환자로 늘 만원이다. 1년에 5000명이 교통사고로 죽고, 다치거나 불구가 되는 사람은 33만 명에 이른다. 우리나라 사람 100명 중 1명은 교통사고로 죽고 둘 중 하나는 다치거나 불구가 된다는 뜻이다.[6]

사고를 당한 사람은 물론이고 사고를 낸 사람의 경제적·심리적 고통도 이만저만이 아니다. 더구나 이 수치는 전국적인 평균일 뿐이다. 사고율이 상대적으로 높은 도심지역을 대상으로 분석한다면 그 통계는 훨씬 놀라울 것이다. 우리는 대체로 길을 안전하게 만들었다고 생각한다. 물론 이 안전이라는 말은 몇 가지 전제가 필요하다. 단순하고 누구나 알 수 있는 것으로, 몇 가지 규칙을 지켜야 한다는 것. 길을 건너려는 보행자는 신호등이 켜졌을 때 횡단보도로 건넌다. 규칙을 지키지 않으면 죽고 잘 지키면 가끔 죽는다. 자동차는 파란 불이 켜졌을 때만 달린다. 규칙을 지키지 않으면 사람을 죽일 수도 있고 잘 지키면 가끔 그렇다. 그런데 그렇게 안전한 길에서 왜 그렇게 많은 사람이 죽거나 불구가 되는 것일까. 짧게 말하면 문제는 빠름에 있다. 빠르게 달리는 자동차 앞에서 도로의 모든 안전장치와 규칙은 그저 확률적으로만 안전할 뿐이다.

사람이 만든 사람의 길

1930년대에 「도시의 산책자」를 쓴 발터 벤야민은 한 40년쯤 지나면 파리의 산책자들이 모두 사라질 것이라고 말했다.[7] 거리를 가득 메운 마차와 점점 늘어나는 자동차에 대한 걱정 때문이었을까. 하지만 그의 예측은 멋지게 빗나갔다. 40년이 아니라 세기가 바뀐 지금도 파리는 늘 산책자로 붐비니 말이다. 물론 파리에도 많은 자동차가 있다. 그러나 파리의 자동차는 우리나라의 그것처럼 그렇게 대우를 받지 못한다. 한 친구가 파리 출장길에 빌린 차를 몰다가 과속으로 걸린 일이 있었다. 이에 파리 경찰이 가한 조치는 단순히 딱지를 떼는 것이 아니었다. 범칙금을 무는 건 물론이고 그 외에도 정신감정과 몇 시간의 교육까지 받아야 했다. 파리에서 운전을 하려면 산책자를 피해 조심스럽게 다녀야 한다. 빠르게 달리는 건 꿈도 꿀 수 없다. 몸집도 최소한으로 줄여야 한다. 덩치가 크면 어디 세울 데도 없다. 가로에는 신호등이 있지만 대부분의 파리지앵은 이를 무시한다. 파란불이 켜지기를 기다리는 이들은 자동차에 주눅 든 나라에서 구경 온 외국인뿐이다.

파리가 벤야민의 걱정을 잠재우고 지금도 구경꾼과 산책자로 넘쳐나는 것은 자동차에 대한 냉담함, 그 덕분이었을 것이다. 그러나 왜 우리는 이렇게 자동차에 관대한 걸까. 늘 우리의 목숨을 위협하고, 도시를 소음과 매연으로 더럽히는 자동차를 줄이고 길을 다시 사람 중심의 거리로 회복하는 것이 그렇게 어려운 일일까.

늘 합리적인 선택을 하면서 살아가는 듯해도 실제로는 자신이 무엇을 하고 있는지 잘 모르는 경우가 많다. 한나 아렌트의 말이다. 나 역시 내가 만드는 길에 대하여 나름대로 꼼꼼하게 따지며 살아왔지만 지금 이렇게 만들어진 도시와 길을 바라보면 왠지 이물스럽게 느껴진다. 도대체 우리가 이 도시에 무슨 짓을 한 걸까. 거리에서 느리게 걷던 사람들과 보따리를 풀어놓고 산채를 팔던 아낙들은 다 어디로 갔을까. 힘을 뽐내며 약을 팔던 차력사, 엿가락이 휘도록 가위를 흔들던 엿장수, 골목에서 뛰놀던 아이들, 고무줄 뛰는 소녀들, 그 수많은 '느림'은 다 어디로 간 것일까. 이제 나는 이 도시에 대해 회의한다.

/

키르케의 술

나는 이 책을 통해 아름다운 길을 최대한 많이 찾아서 보여주려고 한다. 그리고 그 길이 왜 아름다운지 말하려고 한다. 물고기를 주는 것보다 잡는 법을 가르치라는 말이 있다. 그러나 나는 잡는 법을 가르친다고 아이들의 진을 빼느니 그냥 물고기를 주는 게 낫다고 생각한다. 인간은 영리해서 가지고 싶은 건 늘 손에 넣어왔다. 물고기가 먹고 싶어 안달이 나면 결국 스스로 잡는 법을 찾아낼 게 아닌가. 아름다운 길의 경험 역시 많은 욕구를 불러일으킬 것이다. 길이라고 이름 붙이기에도 무색해져버린 저 도시의 늪에서 허우적거리다 이렇게 아름다운 길이 있음을 알게 되면 틀림없이 그 길을 다시 찾을 방법도 알아낼 테니 말이다.

이 책에서 도시의 향방이나 도로 문제를 해결할 뾰족한 답을 기대했다면 바로 책을 덮는 것이 좋다. 이 책은 길의 의미를 찾아가는 여정일 뿐 무언가를 주장하려는 것이 아니다. 인류는 문명이 시작되기 이전부터 수없이 많은 길을 만들어왔다. 그 길에는 영원한 삶을 얻기 위해 걸었던 길가메시[8]의 서사시가 담겨 있고 신과 만나기 위해 고행을 떠난 순례의 길이 있다. 오즈의 마법사를 찾아 나선 도로시가 호기심 가득한 눈을 두리번거리는 들녘길도 있다. 숲속의 오솔길은 파랑새를 찾아서 떠난 틸틸과 미틸이 속삭이며 걷고 있을 것이다. 어쩌면 책을 읽다가 불현듯 유년 시절 동구 밖 길과 학교 가는 길이 떠오를지도 모른다. 우리가 잃어버렸던 바로 그 길 말이다.

트로이를 정복하고 돌아오던 율리시스 일행은 아이아이에Aiaie 섬에서 키르케가 준 술을 먹고 돼지로 변한다. 모두 인간의 기억을 잃고 돼지처럼 꿀꿀거리지만 율리시스는 자신이 인간이라는 것을 잊지 않는다. 미리 헤르메스가 준 약을 먹었기 때문이다. 하지만 기억은 그를 고통스럽게 만든다. 아무것도 모르는 부하들은 돼지가 되어 배불리 먹는 것에 행복할 수 있지만 율리시스는 자신을 끊임없이 자각할 수밖에 없다. 하지만 결국 그 기억 덕분에 율리시스는 마법에서 풀려나 부하들을 모두 구해낼 수 있었다.

무언가를 잃어버렸을 때 그것을 찾으려는 첫째 조건은 망각에 대한 기억이다. 잃어버린 것이 무언지 분명히 알아야 하는 것이다. 그러나 우리는 너무 오래 우리가 잃어버린 것에 대해 무관심했다. 나는 인간이 만들어온 길과 거리에 대해 말할 것이다. 그리고 그 안에 담겨 있던 우리의 삶에 대해서도 말할 것이다. 무엇보다 아름다움과 정겨움에 대하여 느린 소의 걸음으로 이야기할 것이다. 이 글은 생각을 달리하는 글과 조율하거나 동조하면서 조금씩 아름다운 길은 무엇인가라는 문제에 접근해 갈 것이다. 그 모든 관점과 사색이 글을 읽는 사람의 생각과 동조되면서 도시를 마땅히 있어야 할 곳으로 이끌고 갈 수도 있지 않을까. 그러기를 희망한다.

제 1 부

생각의 이음

삶은 시간을 기억으로 바꾼다. 소
중한 순간들이 끊임없이 시간의
켜를 벗어나 기억 속으로 스미는
것이다. 하지만 고작해야 100년
을 넘기지 못하는 사람의 머리도
기억의 집으로 썩 마땅한 곳은 아
니다. 그래서 누군가 책에 기억을
담으려 했을 것이다. 유한한 삶을
불멸의 시간으로 바꾸기 위해.

도서관,
아늑한 잠에
빠져 있는 미로

나는 모든 책이 인간이 바라본 외부 세
계의 기록이라고 생각했었다. 그러나
책은 외부가 아니라 자신들에 대해서
도 말한다. 이를테면 책끼리 서로 이야
기를 나누기도 한다는 것이다. 서고에
는 이렇게 자신들만의 언어로 소곤거리
는 양피지의 대화로 가득하다.
— 움베르토 에코, 『장미의 이름』 중에서

　　　　　　　　　미로가 길의 부재가 아니라 과잉을
의미한다면 도서관은 미로임에 틀림없다. 그러나 이 미로에서는 두 갈
래 길 앞에서 망설이는 프로스트의 고민 따위는 필요 없다. 길을 잃고
피렌체를 방황하는 단테처럼 탄식하지 않아도 된다. 오히려 그 길은 기
꺼이 빠져들어 길을 잃고 싶은 미로이기 때문이다. 도서관에는 마법에
걸린 수많은 책이 잠들어 있다. 마치 숲속의 나무처럼 바람, 햇빛과 함
께 나른한 오수에 빠져 있는 듯하다. 그 안에 들어가 아무런 책이든 들
고 펼쳐 보라. 그러면 저마다 색다른 모양과 향기로 사색의 가지를 뻗
치는 아름다운 나무와 만나게 될 것이다.

파리 국립도서관

유클리드의 『기하학원론』

부분과 전체가 같고 어떤 길이든 모든 길이라는 그노시즘[1]의 생각을 빌리자면 도서관에 있는 어떤 책이든 그 안에는 세계의 모든 모습이 담겨져 있다. 책 자체가 하나의 길이지만 그 안에 가득한 나무와 소소한 풀들 역시 우리를 새로운 세계로 이끄는 아름다운 길이다. 서고에는 이렇게 셀 수 없이 많은 길이 숨겨져 있지만 길 끝에 이르렀을 때 우리가 만나는 것은 미로의 벽이 아니라 가슴을 가득 채우는 감동일 뿐이다. 책 속의 모든 길은 마치 켜켜이 쌓이는 지층과 같아 걸으면 걸을수록 단단해지고 읽는 이의 가슴에 뚜렷하고 명징한 길을 만든다.

잠을 깨우는 손길

도서관에 들어가 책을 집어들 때 긴 잠에 빠져 있던 생각들은 비로소 슬금슬금 깨어난다. 당신의 손은 마법에 걸린 공주를 깨우는 입맞춤이다. 마치 영험한 마술사의 권능이 손에 깃들어 있는 듯하다. 물리적인 실세계의 길은 현재를 이어줄 뿐이지만 책은 시간의 켜를 단숨에 뛰어 넘는다. 흰 종이에 배열되어 있던 검은 기호들은 이내 꿈틀거리면서 당신에게 말을 걸어올 것이다. 우연히 집어든 책이 『이집트 사자의 서』였다면 갈대 끝에 잉크를 묻혀가며 사자의 길을 안내하는 이집트 서기관의 목소리가 들릴 것이다. 메소포타미아의 일상을 기록한 서책이라면 점토판에 설형문자를 새기고 있는 수메르인과 만날 수도 있다. 운이 좋다면 밀랍서판에 삼각형을 그려놓고 골똘히 생각에 잠겨있는 피타고라스나 기하학원론을 정리 중인 유클리드와 말을 나누게 될지도 모른다.

책장을 넘기다 보면 툭 하고 메모지가 떨어지기도 한다. 나보다 앞서

책을 열었던 사람이 남겨놓은 생각의 편린이다. 그 위에 다시 몇 글자를 적어 책 사이에 끼워놓는다. 생각은 그렇게 이어진다. 한 번은 우주의 원소에 대하여 멋진 생각을 펼쳐놓은 엠페도클레스의 책을 집어든 적이 있다. 책을 열자 갑자기 아테네 시민들 앞에서 열변을 토하는 한 남자의 목소리가 들려왔다. "우주는 물, 불, 공기, 흙 4가지 원소로 되어 있소. 우리의 몸은 물론이고 동물이나 나무 모든 것이 다 그렇소." 나는 이를 지켜보면서 멘델로프의 주기율표를 알려주고 싶어 조바심이 났었다. 조금쯤 우쭐하면서, 하지만 곧 치기어린 생각임을 알게 되었다. 이미 나의 뇌에서는 수메르인과 이집트의 서기관, 엠페도클레스, 멘델로프의 생각이 멋지게 어울리고 있었으니 말이다.

그렇게 잠에서 깨어나 서로 조우하는 생각들은 각기 시간의 굴레에서 벗어난 자유로운 영혼이 아닐까. 이렇게 이상하고 낯선 일들이 수시로 벌어지는 공간, 도서관은 바로 그런 곳이다. 서가에 꽂힌 모든 책은 그냥 종이더미에 지나지 않는다. 누군가 그것을 펼치지 않는다면 그것은 지성을 전하는 도구가 아니라 단지 과거의 골동품, 유물로서의 소장가치만 있을 뿐이다. 하지만 누군가에 의해서 펼쳐지는 순간 책은 더 이상 종이 더미가 아니다. 마치 아담의 코에 입김을 불어넣을 때 진흙 더미가 사람이 되듯 하나의 생명체로서 우리에게 말을 걸어온다.

삶은 시간을 기억으로 바꾼다. 소중한 일상의 순간들이 끊임없이 시간의 켜를 벗어나 기억 속으로 스며드는 것이다. 하지만 고작해야 100년을 넘기지 못하는 사람의 머리도 기억의 집으로 썩 마땅한 곳은 아니다. 그래서 누군가 기억을 책 속에 담아놓는 방법을 생각해냈을 것이다. 유한한 삶을 살 수밖에 없는 인간이 불멸의 시간으로 가는 길을 만들어낸 것이다. 그 길에는 방랑·사랑·항해와 같은 소소한 삶의 이야기부터 역사를 바꾼 전쟁이나 문명을 이끌어온 생각들이 차곡차곡 담겨져 있다. 유한한 삶을 살아야 하는 인간은 물리적인 시간의 한계를 벗어나기 위해 늘 삶의 흔적을 남겨왔다. 거대한 피라미드나 오벨리스크, 자신을 본뜬 조형물, 생전의 일을 기록한 비문. 그러한 유적이나 손때가 묻은 유물을 모아놓은 박물관 역시 기억의 연장이라는 점에서 도서관과 비교된다. 차이가 있다면 도서관에는 물리적인 실재가 아니라 그것을 바라보고 일용하던 사람들의 생각이 기호의 형태로 바뀌어 있다는 것뿐이다.

바벨의 도서관

보르헤스의 소설 『바벨의 도서관』은 우주의 모든 지식이 담긴 도서관 이야기다. 그곳의 모든 방은 끊임없이 이어져 있고 서로 정교하게 닮아 있어 그 자체로 하나의 미궁과 같다. 도서관 가운데는 나선형의 계단이 있고 그 둘레는 정육각형의 방들이 규칙적으로 배열되어 있다. 모든 지식이 담겨 있는 무한한 공간이라면 그것은 그 자체로 하나의 우주다. 바벨Babel은 히브리어로는 혼돈을, 아시리아어로는 '신에게 이르는 문'을 의미한다. 문은 지혜 또는 지혜의 입구라는 말로 바꾸어도 좋을 듯하다. 그렇게 보자면 수많은 방과 책으로 채워진 바벨의 도서관은 '신에게 이르는 모든 지혜가 감추어진 혼돈의 우주'라는 뜻이 될 것이다.

소설 속에 나오는 도서관과 바벨탑의 비유는 여러 면에서 상사相似하다. 인간은 신에게 도전하기 위해 나선형으로 끝없이 올라가는 바벨탑을 쌓았다.[2] 탑이 점점 자신의 발밑까지 이르자 신은 인간의 언어

바벨탑 상상도

를 서로 갈라지게 했다. 생각의 차이가 벽돌의 치수를 어긋나게 하면서 탑은 균형을 잃을 수밖에 없었다. 그러자 인간은 벽돌이 아니라 언어로 집을 짓기 시작했다. 신이 인간을 혼돈에 빠트리기 위해 준 언어는 벌임에 틀림없다. 하지만 동시에 그것은 축복이기도 했다. 서로 말이 달라 같은 크기의 벽돌을 만들고 균형 잡힌 탑을 쌓을 수는 없게 되었지만 그 대신 다양한 말로 언어의 구조물, 즉 책이라는 탑을 쌓을 수 있었으니 말이다.

도서관은 이렇게 신의 무한한 능력을 향해 더듬이를 뻗어 나가는 지혜의 탑이다. 하지만 보르헤스는 도서관이 신의 창조물이며 인간은 오직 책을 만들어 그 안을 채울 수 있을 뿐이라고 말한다. '끊임없이 이어지는 방'은 무한을 의미하며 이는 신의 속성이다. 그러므로 인간이 아무리 많은 책을 만들어도 도서관을 다 채우는 것은 불가능하다. 무한에의 수렴, 인간의 지식도 끊임없이 진전될 수는 있지만 결코 진리에 도달할 수는 없다는 것일까. 설령 그렇다 해도 진리를 찾아 떠나는 인간의 여정은 시지프스의 도로徒勞와는 다를 것이다. 도서관이 무한하다해도 한 권의 책 속에 쌓인 지식은 미세하지만 강한 차이를 만들어낼 것이기 때문이다.[3] 보르헤스는 도서관 안에 '우주의 모든 지식이 담겨진 한 권의 책'이 있다고 말한다. 아마도 그 말은 진리를 찾는 게 아무리 어렵다 해도 분명히 존재한다는 것, 그러므로 지식을 탐구하고 진리를 향한 순례의 도정은 모두 소중한 가치를 지닌다는 의미일 것이다.

장미의 이름

보르헤스의 '끊임없이 이어지는 육각형의 도서관'은 『장미의 이름』이라는 멋진 소설로 다시 탄생했다. 움베르토 에코의 이 소설은 종교적인 독선과 편견이 사회를 지배하던 14세기 수도원에서 '비밀의 서책'을 찾아 나가는 추리소설이다. 아리스토텔레스는 비극만이 최고의 문학 형식이라고 생각했으며 이를 시학[4]이라 이름 붙인 책으로 남겼다고 전한다. 그러나 이는 중세의 종교관에 의해 왜곡된 것으로 사실과 다르다. 아리스토텔레스는 시학을 비극과 희극으로 나누어 썼으며 우리가 알고 있는 비극 외에도 또 하나의 시학, 즉 희극을 다룬 '제2의 시학'이 있다는 것이다. 이 책이 바로 주인공 아드소가 찾는 비밀의 서책이다. 이 책은 "웃음은 아름다운 예술이며, 인간의 마음이 열리는 세상의 문이다"라는 말로 시작된다. 그러나 '신 앞에선 모든 인간은 죄인

이므로 웃어서는 안 된다'라고 생각하는 수도원장 호르헤는 책장을 넘기는 부분에 치명적인 독약을 묻혀 책을 보는 자들을 죽게 만든다. 이 책은 보르헤스 소설의 '세상의 모든 지식이 담겨진 단 한 권의 책'과 유비된다.

움베르토 에코의 도서관 역시 보르헤스의 도서관처럼 미궁과 같은 구조로 되어 있다. 아프리카나 아시아, 유럽 등 대륙의 이름을 딴 방들이 나선형의 계단을 따라 지도처럼 배치되어 있고 각각의 방에는 암호와도 같은 기호가 새겨져 있다. 아드소는 길을 잃지 않기 위해 아리아드네의 실타래를 풀어가면서 서고를 탐색하지만 비밀의 서책은 쉽게 모습을 드러내지 않는다. 마침내 기호의 규칙을 눈치 챈 아드소는 이를 실마리로 책을 찾아낸다. 하지만 동시에 불이 나 도서관의 모든 책은 잿더미가 되어버리고 만다. '단 한 권의 책'에는 신의 비밀이 담겨 있기에 인간이 알아서는 안 되기 때문일까. 간신히 밖으로 빠져나온 아드소는 불타는 도서관을 바라보며 탄식한다. 보르헤스와 에코의 소설은 인간과 도서관이 서로 영향을 주고받으며 성장해온 지식의 역사에 대해 의미 있는 전언을 던져준다.

나는 앞에서 서고의 책들이 잠들어 있다고 말했다. 우리가 다가가 책장을 펼쳤을 때 비로소 잠에서 깨어난다고 말이다. 그러나 에코는 우리가 책을 펼치든 그렇지 않든 모든 책은 늘 깨어 있다고 말한다. 책을 뒤적이던 아드소는 도서관의 책들이 서로 영향을 주고받으며 쓰여 있음을 보며 생각을 바꾼다. "나는 책은 인간에 의해 쓰인 것이라고 생각했다. 세계에서 일어나는 모든 일을 인간이 관찰하고 기록한 것이라 생각했던 것이다. 그러나 책은 외부세계뿐 아니라 자신들에 대해서도 말한다. 이를테면 책끼리 서로 이야기를 나누기도 한다는 것이다. 책장

틈에 멈추어서 가만히 귀를 기울여보라. 양피지들이 자신의 언어로 나누는 나지막한 소리로 들려오지 않는가." 책의 입장에서 보면 인간의 주석과 필사는 그들의 대화 수단일 뿐이다. 에코의 생각은 아름답다. 인간의 지식이 서로에게 영향을 주듯 인간에 의해 쓰인 책들이 서로 생각을 나누며 영향을 미치는 것은 당연하다. 또한 한 권의 책을 펼칠 때 그 책은 나하고만 만나는 게 아니다. 그 이전에 내가 열었던 수많은 책들, 나를 지혜의 숲으로 이끌고 사색의 즐거움을 안겨주었던 수많은 책과도 조우한다. 나의 몸은 그 모든 책이 서로 생각을 나누는 장이며 그 자체로 도서관이다. 내 몸 자체가 바로 생각의 길인 셈이다.

서책의 보관

헤로도토스는 책을 쓰는 이유에 대해 "과거에 있었던 소중하고 경탄할 만한 일들을 잊지 않고 기억하기 위하여"라고 말한다. 물리적인 길이 공간을 잇기 위해 만들어진다면 책은 과거와 현재를 잇기 위해 만들어진다. 찬란하게 꽃피웠던 문명이 일몰처럼 사라지고 왕의 궁전과 도시 유적이 흔적 없이 사라지기도 하지만 그 기록을 보관하고 있는 도서관이 있는 한 인류의 문명은 단절 없이 이어진다. 지식을 한 곳에 모아두려는 생각은 언제부터 시작되었을까. 수메르인들은 기원전 3000년경부터 설형문자를 새긴 점토판을 따로 모아두는 방이 있었다. 이 점토판은 일정 분

아슈르바니팔 출토 점토 점토판

우가리트 유적지

량씩 바구니에 담겨 책장 역할을 하는 시렁에 나란히 올려져 있었다. 생각을 전하기 위한 기호가 담긴 점토판이 책인 것은 틀림없다. 그러니 '책과 책장을 갖춘' 이 방은 도서관의 기원이라고 볼 수 있지 않을까.

오늘날 볼 수 있는 도서관의 분류 체계를 갖춘 시설은 시리아 우가리트Ugarit에서 발견된 '사제의 방'이다. 기원전 2000년경의 유구다. 우가리트에 초기 형태의 도시가 들어서기 시작한 것은 기원전 6000년경까지 거슬러 올라간다.[5] 고대 왕국으로 성장하던 기원전 3000년경 우가리트인들은 페니키아와 경쟁하며 지중해 동부 해안을 따라 무역을 장악했다. 당시 이들의 배가 닿은 흔적은 인근의 히타이트나 이집트는 물론 멀리 아프리카에까지 남아 있다. '사제의 방'에서는 구약성서와 연관되는 종교 문헌, 천문의 기록, 부자간의 기록을 담은 잠언집, 신들의 목록 등이 발견되었다. 서판은 고대 메소포타미아의 공용어라고 할 수 있는 아카디아어Akadian로 쓰여져 있었지만 이를 다른 문자와 비교해놓은 서판도 발견되어 판독에 어려움이 없었다. 서기관 집무실로 보이는 방에서는 점토판에 글씨를 새긴 뒤 불에 굽기 위한 화로도 발견되었다.

수메르나 우가리트보다 뒤늦긴 하지만 세계의 지식을 모으기 위한 체계적인 계획에 따라 세워진 도서관은 아슈르바니팔 왕[6] 도서관이다. 기원전 6세기경 니네베에 세워진 이 도서관은 메소포타미아 일대를 통일한 아시리아가 만든 것이다. 도서관이 있던 터에서는 설형문자로 새겨진 점토판 2만 여개가 발견되었다. 후대에 '피타고라스의 정리'라고 이름 붙여진 직각삼각형의 법칙을 비롯하여 상당한 수준의 수학, 화학, 식물학의 기록도 있다. 특히 아시리아의 건국설화인 에누마 엘리쉬[7]는 전문의 대부분이 완전하게 저장되어 있었다. 이외에도 '길가메시' '이라' '에타나' '안주' 등의 서사시도 발견되어 당시의 세계관과 문화를 알 수 있게 되었다. 도서관을 만들기 위해 모든 장서가 체계적으로 수집되었고 사서학의 효시라 할 만한 도서목록도 발견되었다. 중요한 점토판에는 왕실의 인장이 찍혀 있다. 글자를 새기고 도서관에 보관하는 일이 국가적으로 중요하게 여겨졌음을 알 수 있다. 우르, 수메르 등 지금은 흔적도 없이 사라진 고대인의 삶을 희미하게나마 우리가 알 수 있는 것은 바로 아슈르바니팔 왕의 도서관 덕분이다.

알렉산드리아 도서관

알렉산더의 후계자인 프톨레마이오스가 세운 알렉산드리아 도서관, 아탈루스가 세운 버가모 도서관, 율리우스 아퀼라가 세운 셀수스 도서관은 고대 세계의 3대 도서관으로 불린다. 이들 도서관은 서로 자료를 주고받거나 필사하면서 많은 서책을 만들어나갔다. 알렉산드리아 도서관은 그리스의 정신적 지주였던 아테네 도서관을 계승하여 70여만 권의 장서를 소장했다. 서책은 주로 파피루스에 그리스어로 쓰여졌으며 지중해 주변 국가와 아시아, 인도의 서적 역시 그리스어로 번역해 보관했다. 서책의 양이 점점 늘어나자 기원전 235년에는 사라피스 신전에 별관이 만들어지기도 했다. 그러나 이 모든 장서는 기원전 48년 로마 내전 중에 불타버리고 말았다. 인류 역사에서 일어난 수많은 비극 중에서 무엇보다 안타까운 것은 고대의 지식을 간직한 도서관의 소멸이 아닐까 싶다.

다행히 사라피스 별관에 보관되어 있던 서책과 버가모 도서관 자료를 필사하여 어느 정도 회복할 수 있었다. 하지만 이번에는 광기에 사로잡힌 기독교도들에 의해 알렉산드리아 도서관은 두 번째 참화를 당하고 만다. 392년 로마의 국교로 받아들여진 기독교는 다른 종교의 신전은 물론 서책과 상징물을 조직적으로 파괴했다. 기독교 외 모든 종교는 악이며 모든 조형물은 악의 상징, 모든 서책은 악의 기록이라는 편견 때문이었다. 고대 종교의 서적과 유물이 보관되어 있던 알렉산드리아 도서관도 예외일 수 없었다. 기독교도들은 도서관의 모든 서책을 불태우는 것도 모자라 도서관장이던 히파티아[8]를 잔인한 방법으로 살해했다.

알렉산드리아 도서관 상상도

고대 여성 철학자이자 수학자이며 아름다운 지성을 갖춘 히파티아의 죽음으로 문명의 꽃을 활짝 피웠던 그리스·로마의 황금기는 막을 내렸다. 이후 기독교가 장악한 서구 세계는 암흑으로 빠져들었다. 알렉산드리아 도서관은 1600년이 지난 2002년에 다시 건립되었다. 떠오르는 태양을 상징하는 형태로 지어진 새 도서관에는 고대의 서책으로 다시 채워지고 있다. 건축물 외벽에는 인간이 만들어온 모든 언어를 새겨 넣어 세계의 도서관이라는 알렉산드리아의 상징성을 부각시켰다. 안타까운 역사를 간직한 알렉산드리아의 재탄생은 무척이나 다행스러운 일이다.

고대의 다른 도서관들

알렉산드리아 도서관과 비슷한 시기에 지어진 버가모 도서관은 아탈루스의 에우메네스 2세[9]가 세운 것이다. 여기에는 20여만 권의 서책이 보관되어 있었다. 두 도서관은 외부에서 반입되는 서책을 서로 확보하기 위해 경쟁했다. 클레오파트라는 버가모를 견제하기 위해 이집트에서 생산되던 파피루스의 수출을 중단했다. 하지만 이 덕분에 새로운 필사지가 탄생하게 되었다. 파피루스가 부족해지자 버가모 도서관에서는 어린 양의 가죽을 필사지로 이용했는데 이것이 바로 중세에 널리 사용되었던 양피지Parchment다. 양피지는 대량으로 확보하기가 어렵고 습기에도 취약하여 보관이 까다로웠지만 파피루스보다 질기고 글씨를 쓰기에 편했다. 버가모 도서관은 알렉산드리아와 같은 큰 전화를 입지는 않았지만 알렉산드리아 도서관이 불탄 1세기경 로마에 의해 모든 서책이 알렉산드리아로 옮겨지면서 도서관으로서의 이름을 잃어버렸다.

에페수스에 세워진 셀수스 도서관은 알렉산드리아보다 뒤늦은 2세기 초반에 만들어졌다. 하드리아누스[10]의 치세였던 당시는 이외에도 라틴 도서관, 그릭 도서관, 하드리아누스 도서관 등 많은 도서관이 로마 각지에 만들어졌다. 셀수스가 소장했던 서책은 1만 여권으로 알렉산드리아나 버가모 도서관에 비해 규모는 작지만 당시 만들어진 화려한 조형물이 지금까지 남아 있다. 셀수스 도서관도 특별한 전화는 입지 않았지만 기독교 이외의 종교와 문화를 조직적으로 파괴해나가던 4세기 이후 점차 쇠락의 길을 걸었다. 종교적인 이유로 이렇게 고대 문화유산이 사라진 것은 안타까운 일이다. 그나마 지금 우리가 그리스·로마의 고전을 읽을 수 있는 것은 다른 문화에 대해 비교적 너그러웠던 이슬람 영역에서 이를 보존해온 덕분이다.

성 카타리나 수도원 도서관

불타버린 움베르토 에코의 도서관을 상상으로라도 만나보고 싶다면 이집트 시나이 반도의 성 카타리나 도서관을 보면 된다. 이곳은 험준한 바위와 광야 지대로 나무 한 그루 보기 힘들지만 '불타는 떨기나무'[11]가 있는 중요한 기독교 성지다. 6세기경 유스티니아누스 황제는 이 떨기나무를 보호하기 위해 주변에 벽을 두르고 건물을 지었다. 바로 성 카타리나 수도원이 만들어진 것이다. 313년 모든 종교가 공인된 이후 도시에는 점차 화려하고 거대한 교회가 만들어지기 시작했다. 그러나 한편으로는 세속적인 행복을 등지고 광야로 들어가 수도에만 매달리는 사람도 적지 않았다. 수도원은 이들이 광야 생활을 견디기 위해 만든 것으로 나중에 살레시오회, 베네딕토회, 프란치스코회의 모태가

성 카타리나 수도원 도서관

되었다.

수도자들은 모든 재물과 지위를 버렸지만 신앙생활을 위한 경전만 큼은 손에서 놓을 수 없었다. 도서관은 이렇게 하나둘 모인 두루마리 와 서책이 필사되고 여기에 생각이 더해지면서 자연스럽게 만들어진 것이다. 수도원의 역사와 도서관의 역사를 따로 생각할 수 없는 이유가 여기에 있다.[12] 수도원은 이슬람 문명과도 활발히 교류하면서 아랍어 서책까지 차곡차곡 쌓아 나갔다. 중세 기독교 문명권에서 불태워졌던 수많은 그리스 서책이 성 카타리나 도서관에서 발견되는 것은 이 덕분 이다. 기독교에서 가장 중요한 경전의 하나로 꼽히는 시나이 사본[13]도 이곳에서 발견되었다. 이 경전은 연구 목적으로 독일에 대여되었으나 이후 러시아, 영국으로 팔려 다니며 제국주의 문화 수탈의 상징이 되기 도 했다.

성 카타리나 도서관이 이슬람과 기독교 전쟁 와중에도 살아남은 것 은 기적에 가깝다. 수도원이 있는 시나이 반도는 당시 기독교 문명의 중심이던 콘스탄티노플에서는 멀리 떨어져 있었고 이슬람 영역 깊숙이 들어가 있었다. 수사들은 침략에 대비해 성채를 높이 쌓았지만 한편으 로는 이슬람의 비위를 맞추기 위해 미나레트Minaret[14]를 지었다. 수도원 을 마치 모스크Mosque처럼 보이도록 꾸민 것이다. 무슬림이 이를 모를 리 없었겠지만 굳이 정복할 만한 가치도 크지 않았기 때문에 관용을 베푼 듯하다. 아무튼 이 덕분에 15세기 콘스탄티노플이 함락되고 오스 만투르크가 수백 년간 시나이를 장악했지만 수도원은 건재할 수 있었 다. 도서관의 수많은 장서가 전화에서 벗어난 것도 이 덕분이다. 지금도 수도원 양 옆에는 두 개의 첨탑이 나란히 서 있다. 기독교의 종루와 이 슬람의 미나레트, 두 종교의 상징물이 앞으로도 오래 도서관의 수호신이 되었으면 싶다.

로마의 지적 유산은 어디로 흩어졌을까

러시아에는 두 개의 국립도서관이 있다. 하나는 예카테리나 여제가 짓기 시작해 1814년 개관한 상트페테르부르크 도서관. 또 하나는 이보다 늦은 1862년에 세워진 모스크바 도서관이다. 두 도서관은 당시 귀족 사회에서는 획기적이라 할 만한 '무지한 백성을 일깨우기 위해서'라는 기치 아래 세워졌지만 사회주의 혁명과 공산화 과정을 거치며 많은 역경을 겪어야 했다. 금서목록이나 비밀 서고, 수없이 바뀌어 온 도서관 이름만 봐도 얼마나 몸살을 앓았을지 짐작이 간다.[15] 그러나 현재 러시아 국립도서관은 세계적으로 소중한 고서와 희귀본이 보관되어 있는 것으로 유명하다. 도서관의 역사가 서유럽에 비해 비교할 수 없을 정도로 짧고, 혼란의 중심에 있던 러시아가 어떻게 지금과 같은 명성을 얻게 되었을까.

아이러니하게도 그것은 혁명의 혼란과 관계가 깊다. 도서관의 책들은 오랜 세월에 걸친 사서의 노력으로 조금씩 늘어간다. 고서 구입에 많은 비용이 들어가고 또 희귀본을 찾기도 어렵기 때문이다. 그러나 러시아는 그런 과정을 거치지 않았다. 1917년 10월 혁명 이후 레닌은 서적전담기관을 만들고 국내에 있는 모든 서책을 압수해버린다. 일거에 3200만 권이라는 대규모 서책을 얻은 셈이다.[16] 정작 도서관이라는 이름만 없었을 뿐이지 중세의 혼돈에서 어느 정도 비껴서 있던 모스크바에는 귀족의 성곽이나 수도원 성당에서 보관해오던 수많은 서책이 있었던 것이다. 러시아에 이렇게 많은 희귀본이 집약되어 있는 또 하나의 이유는 로마의 흥망과도 관계가 있다.

세계의 제국으로 불리던 로마는 이탈리아의 서로마를 제1로마, 그리고 보스포루스 해협에 세워진 비잔티움을 제2로마라고 부른다. 제1로마는 476년, 제2로마인 비잔티움은 1453년 오스만 제국에 의해 함락된다. 로마에는 아테네 도서관의 전통을 이어받은 수많은 도서관이 있었고 이곳에는 그리스와 바빌론, 아시리아 등 고대 세계의 서책들이 체계적으로 간직되어 있었다. 이 모든 문화유산은 비잔티움이 투르크에 의해 불태워질 때 함께 사라진 것일까. 속설이긴 하지만 혹자는 비잔티움이 함락되기 직전에 서책을 비롯한 중요한 유물이 러시아로 옮겨졌다고 주장하기도 한다. 이러한 가설이 뒷받침되려면 도서관에 보관된 책에 대해 체계적인 조사가 이루어져야겠지만 사라졌다고 여겨졌던 고서적이나 희귀본이 러시아 국립도서관에 보관되어 있는 것을 보면 뜬금없는 소리만은 아닌 듯하다.

이중 상당 부분이 두 차례 세계대전 와중에 독일을 비롯한 동유럽 국가에서 탈취한 것임은 분명하다. 그럼에도 고대 로마의 지적 유산이 러시아에 보관되어 있다는 주장에는 귀가 솔깃해진다. 러시아는 1992년 연방 해체 이후 도서관을 정비하면서 보관되어 있던 중요 서적을 일부 공개했는데 여기에는 세계 최초로 인쇄된 구텐베르크 성경을 비롯해 팔레스타인 고지도, 성지순례지, 고대의 박물지 등 많은 희귀본이 있었다. 러시아 국립도서관 지하에 얼마나 많은 문화유산이 잠들어 있는지는 알 수 없다. 그러나 전화의 와중에 사라져버린 고대 세계의 유산이 일부라도 남아 있다면 인류의 문명은 다시 한번 재평가될 수 있을 것이다.

불타는 도서관

도서관은 그것을 만들어낸 문명의 두뇌와도 같다. 세력의 판도가 변할 때마다 도서관이 흥망을 거듭해온 것도 이와 무관하지 않을 것이다. 진흙더미 속에 묻혀버린 우가리트 '사제의 방'을 비롯하여 아시리아 멸망과 운명을 같이 한 아슈르바니팔 왕의 도서관, 로마와 그리스의 수많은 도서관 역시 전쟁의 역사 속에서 소멸되어 갔다. 때로는 종교적인 광기나 이념의 차이로 많은 서책이 태워지기도 한다. 로마 내전의 화마를 겨우 견뎌낸 알렉산드리아 도서관이 다시 불태워진 것 역시 기독교도들의 광기 때문이었다. 진시황은 자신의 권위를 폄훼한다는 이유로 당대의 거의 모든 책을 태워버렸다.

도서관의 파괴는 고대의 비극에 그치는 것이 아니라 문명의 역사와 함께 늘 반복되어왔다. 세계의 도서관이라 일컫는 바티칸 도서관이 걸어온 길도 순탄치만은 않다. 현재의 바티칸은 소장 도서가 150만 권 정도로 수량만 보면 대단할 게 없다. 그러나 그 안에는 희귀한 필사본이나 서책 등 인류 문명을 이끌어온 중요한 지식이 고스란히 담겨져 있어 세계의 도서관이라는 찬사를 받는다. 바티칸 도서관의 역사는 베드로의 묘지 위에 처음 성당이 세워진 349년까지 거슬러 올라가지만 끊임없는 이민족의 약탈로 그 명맥만 유지할 수 있었다. 니콜라우스 5세가 도서관을 재정비할 때 남아있던 책은 수백여 권에 불과할 정도였다.[17]

1481년 바티칸의 도서 목록은 3500권으로 늘어난다. 사서 플라티나[18]의 노력과 교황의 지원 덕분이었다. 소장 도서가 수십만 권에 이르던 고대 도서관[19]에 비하면 터무니없이 적지만 당시로서는 괄목할 만한 수준이었다. 그러나 이들의 노력은 1527년 교황과 반목하던 카를

바티칸 도서관의 내부 홀

5세[20]의 침공으로 다시 물거품이 되어버리고 만다. 황제의 병사들은 도서관의 중요한 필사본을 약탈하는 데 그치지 않고 건물에 불을 질러 많은 책을 태워버렸다. 현재의 도서관은 1587년 도메니코 폰타나에 의해 재건된 건축물이다. 이후 물리적인 손상이나 눈에 띄는 피해는 없었다. 교리와 이념 갈등으로 비밀 서고나 육중한 캐비닛에 갇힌 금서가 점점 늘어나기는 했지만 말이다.

이슬람과 기독교의 균형이 무너질 때마다 표적이 되었던 수도원 도서관도 기구하기는 마찬가지다. 성 카타리나 도서관은 가까스로 전화를 피해갔지만 그 외의 수도원들은 끊임없이 약탈과 방화에 시달렸다. 스위스 성 갈렌St. Gallen 도서관[21]은 유럽의 서고로 불릴 정도의 장서를 자랑하지만 처음 세워진 7세기 이후 훈족의 침략과 화재, 신구교 갈등, 칼뱅주의자의 약탈 등으로 몸서리를 앓아왔다. 미국의 워싱턴 DC 국회도서관은 서적과 기타 문서를 합쳐 모두 1억 점이 넘는 사료[22]를 갖추고 있다. 명실공히 세계 최대 규모의 도서관이다. 그러나 국회도서관도 독립전쟁 당시 영국군에 의해 모두 불타버린 아픈 기억을 안고 있다.[23] 신흥국의 문화적 콤플렉스를 극복하기 위해 벌여온 수십 년간의 노력이 일거에 물거품이 되어버렸던 것이다.

은비의 사원 속에 감추어진 책들

거실 한쪽 전신을 비출 수 있는 거울이 있다. 버튼을 누르면 스르르 돌아간다. 회전문이다. 그 안으로 들어서면 외부세계와 완전히 차단된 서재가 나온다. 모든 벽은 책으로 둘러싸여 있다. 영화 속에서나 나올 법한 장면이다. 하지만 이것은 책 속에 빠져 살았던 앙리 오를

오를레앙 공자의 서재

레앙[24]의 실제 서재 모습이다. 그의 서재는 책을 소유하려는 소박한 욕심에서 비롯된 것이지만 실제로 대부분의 도서관은 비밀스럽고 감추어진 공간이었다. 지식이 곧 권력이었고 이를 은폐하는 것이 권력을 유지하는 방법이었으니 도서관이 은비의 사원이 된 것은 어쩌면 자연스러운 일이었을 것이다.

중세의 지성을 대표하는 수도원 도서관은 오직 '푸른 피'[25]를 가진 자만이 들어갈 수 있었고 그것도 출입시간이 엄격히 제한되었다. 필사는 당연히 금지되었고 중형에 해당하는 범죄였다. 바티칸 도서관은 특히 까다로웠는데 철문 안으로 들어선 뒤에도 두툼한 자물쇠로 채워진 캐비닛을 열려면 복잡한 절차가 필요했다. 가장 중요한 서적이나 금서를 보관하는 '비밀의 서고'는 교황을 비롯한 몇 사람만이 접근할 수 있는 특별한 곳이었다. 지식에 의한 권력 유지 외에도 이단의 억압과 도그마를 독점하려는 욕심이 맞물려 있었기 때문이다.

하캄의 열린 도서관

유럽은 고대 그리스·로마의 도서관을 이어받았지만 중세의 긴 어둠을 지나는 동안에는 이렇다 할 진전을 보이지 못했다. 수도원 도서관이나 귀족들의 서재는 그들만의 전유물이었으며 열람이나 대출은 엄격히 제한되었다. 공공도서관의 성격을 가진 도서관이 유럽에 처음 세워진 것은 18세기에 이르러서다. 오스트리아를 세계의 제국으로 키워낸 카를 6세는 빈에 호프 비블리오 도서관[26]을 짓고 대중을 향하여 활짝 문을 열어젖혔다. '하인, 게으름뱅이, 말이 많은 자'는 안 된다는 단서가 붙기는 했지만 거의 모든 시민이 도서관을 이용할 수 있도록

하캄 2세 석상

한 것이다. 당시로서는 정말 놀라운 진전이었다. 그 이후 19세기 말까지도 유럽의 모든 도서관은 귀족들만 이용할 수 있었고 평민이나 여성의 출입은 엄격히 통제되었으니 말이다. 조르주 상드[27]의 육필 원고를 소장하고 있어 많은 관람객이 찾는 프랑스 학사원 도서관도 정작 상드가 살아 있을 때는 여성이라는 이유로 출입할 수 없었다.

이슬람의 도서관은 기독교권에 비해 뒤늦게 시작되긴 했지만 처음부터 대중을 향해 활짝 문을 열어젖혔다. 10세기경 내전으로 혼란스러웠던 스페인이 압둘 라흐만 3세[28]에 의해 통일된 후 뒤이어 군주에 오른 라캄 2세[29]는 대단한 애서가였다. 그는 이슬람의 단결된 힘을 배경으로 지적인 문화 수준을 끌어올리는 데 많은 노력을 쏟았다. 당시 하캄 2세가 거주하던 궁전은 도서관을 방불케 할 정도로 많은 장서가 모여들었다. 궁전 안에는 필사자와 제본업자로 붐볐으며 하캄은 이를 직접 관장했다. 당시 아부 알 파라즈가 쓴 『노래의 책』 초판을 구하기 위해 하캄이 기울인 노력은 책에 대한 그의 애착이 어느 정도였는지 잘 보여준다. 궁전에는 이렇게 세계 각지에서 모은 책이 40여만 권이나 되었다.

하캄 2세의 가장 큰 업적은 그 많은 책을 일반 백성이 볼 수 있도록 도서관을 개방한 데 있었다. 학자를 환대하고 학문을 장려한 이면에 가난한 백성이 교육받을 수 있도록 한 것이다. 그는 코르도바 안에 모두 27개의 학교를 세웠으며 수업료는 무료였다. 교사들을 양성하고 그들의 봉급을 모두 나라의 예산으로 지급했다. 하캄 2세의 재위 시절 코르도바에는 모두 70개의 도서관이 건설되었으며 거리 곳곳에 서점이 개설되어 필요한 책은 언제든 사서 볼 수 있었다. 스페인의 코르도바 대학이 중세를 대표하는 학문의 중심이 된 것도 바로 하캄 2세의 업적이라 할 수 있다.

읽어서는 안 되는 책, 금서

　　서책을 억압해온 또 하나의 상징은 금서목록이다. 바오로 4세[30]는 이단을 억압하고 도그마를 독점하기 위해 금서목록을 작성토록 했다. 1559년에 시작된 이 금서목록은 42회나 다시 작성되었으며 1966년 폐지될 때는 4126권이나 되었다. 이 안에는 몽테뉴의『수상록』을 비롯해 칸트의『순수이성비판』, 루소의『사회계약론』등 수많은 명저가 포함되어 있다. 1917년 볼셰비키 혁명 이후 러시아에서 벌어진 서책의 비극도 사상 유례가 없는 일이었다. 귀족이나 성직자의 서재는 물론 러시아 안에 있던 모든 책은 그들이 있던 자리에서 불려나온 뒤 읽을 수 있는 책과 읽어서는 안 되는 책으로 분류되었다. 이를 위해 금서 전담부서가 구성되었으며 이렇게 추려낸 금서목록은 공산정권이 유지되는 내내 계속 증가했다.[31]

　　나치 역시 방대한 금서를 지정했지만 이들에게 목록 따위는 필요 없었다. 그냥 '이념에 반하는 모든 책'이 금서였기 때문이다. 이들은 단지 지정에 그치지 않고 책을 도서관에서 끌어내 모두 불태웠다. 1935년

베를린 광장의 분서

베를린 광장에서 저질러진 분서焚書는 나치 정권의 실체를 다시 한번 보여준다. 그들이 책을 불사른 것은 퇴폐적인 저술이라는 이유였지만 실제로는 아인슈타인, 카프카, 프로이트, 에밀 졸라, 라마르크 등 그것을 쓴 이들이 유대인이었기 때문이다. 지금은 누구나 자유롭게 도서관에 드나들 수 있고 지식을 공유하는 것이 자연스러운 일이 되었지만 서책과 도서관의 아픈 여정은 기억해두어야 할 일이다.

책, 신과 인간의 가교

에렉테이온Erechtheion 신전은 고대 아테네의 전성기 때 지어진 유구다. 신전 대부분이 그 도시를 수호하는 주신主神을 위해 지어지는

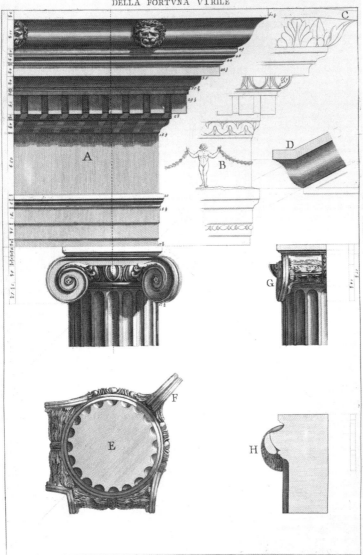

이오니아 양식 기둥 도해

에렉테리온 신전

셀수스 도서관

것과는 달리 에렉테이온 신전은 주신인 아테나와 바다의 신 포세이돈 그리고 선왕 에렉테우스를 기리는 3개의 신전으로 이루어져 있다. 아테네 시를 사이에 두고 마주보는 파르테논Parthenon 신전[32]이 규모나 웅장함에 있어 남성적이라면 에렉테이온 신전은 여성적인 아름다움을 드러낸다. 전형적인 이오니아 양식의 정교하고 화려한 조각으로 가득하다. 그중에서도 가장 눈에 띄는 것은 기둥이다. 왕의 성소는 기둥 자체가 여인의 조각상으로 되어 있다. 아름다운 여인의 머리가 지붕을 받치고 있지만 그리 어색해 보이지 않는다. 아테나 신전과 포세이돈 신전의 기둥도 화려하기는 마찬가지다. 소용돌이Volute 형태의 기둥머리에서 받침까지 이어지는 기둥은 인간과 신을 잇는 아름다운 다리로 보인다.

이오니아 양식의 소용돌이 문양에서 두루마리 형태의 서책을 떠올리는 것은 자연스럽다. 이오니아 양식이 태어난 소아시아는 물론 고대의 도서관을 채웠던 서책은 거의 파피루스와 양피지로 만든 두루마리였으니 말이다. 지금 남아 있는 셀수스 도서관에도 기둥머리에는 소용돌이 문양의 두루마리 서책이 새겨져 있다. 멀리 갈 것도 없이 덕수궁 석조전의 기둥만 봐도 소용돌이 문양은 빠짐없이 들어있다. 그리스인들이 왜 기둥머리와 지붕 사이에 서책을 끼워 넣었는지는 알 수 없지만 아마도 신과 인간을 잇는 지혜의 상징이 아니었을까 싶다. 신전에서 기둥은 인간의 염원을, 지붕은 신의 은총을 상징한다. 그러니 그 사이에 신과 인간을 매개하는 지혜의 서책을 끼워 넣은 것은 당연한 일이 아닌가.

읽어라, 신은 사람을 만들고

붓을 드는 법과

미지의 세계를 가르쳐 주시나니

히라 산 동굴에서 명상에 빠져 있던 무함마드에게 나타난 천사 지브릴은 이렇게 말하기 시작한다. 이슬람의 경전이 '읽어라'라는 뜻의 코란Koran으로 불리는 것도 이 때문이다.[33] 힌두교의 베다Veda, 유대교의 토라Tora나 기독교의 성서 역시 한 권의 책으로 신과 인간의 가교를 삼는다는 점에서 코란과 다를 바 없다. 책은 물론 사람이 만든다. 그 안에 적힌 글도 물론 사람의 생각이다. 그러나 사람들은 책 속의 지식이 신의 선물이라고 생각했다. 신전과 도서관 역시 나눌 수 없는 것으로 보았으며 중세의 수도원은 곧 도서관이었다. 신과 소통하기 위한 신전, 지식을 축적해놓은 도서관, 신에게 도달하고자 하는 바벨탑은 지혜를 추구하는 인간의 염원이라는 점에서 서로 다르지 않다. 인간이 만든 모든 길이 생성과 소멸을 반복하듯 신전과 도서관 사원의 탑도 생멸을 반복한다. 그러나 인간의 지적 호기심이 식지 않는 한 도서관은 앞으로도 오래도록 과거와 미래를 잇는 길로 기능할 것이다.

동화,
유년의 숲길을
따라서

동화의 나라를 여행하려면 신발이 필
요하다. 신데렐라를 왕자의 무도회로
이끄는 유리 구두, 얼음궁전을 찾아가
는 겔다의 빨간 구두, 오즈의 마법사가
건네는 도로시의 은빛 구두. 동화 속의
신발은 마법사의 지팡이이며 아이들을
신비의 세계로 이끄는 길이기도 하다.

숲속의 길을 따라서

숲은 어둡고 소란스럽고 조용하다. 오솔길을 돌아서면 굶주
린 늑대가 나타나 팔 하나만 떼어달라고 조르고 노파로 변신한 여우
는 착한 아이만 보면 골탕 먹이려고 안달이다. 마을에 들어서면 친절
한 대장장이는 마법의 성으로 가는 길을 알려준다. 나무 위에 지은 이
상한 집에서는 난장이가 내려다보며 수수께끼를 풀라고 심술을 부린
다. 숲속으로 들어서면 요정이 나타나 위험을 알려주고 새는 한 걸음
앞서 나무 틈 작은 오솔길로 이끌고 간다. 동화 속의 길은 지루할 틈이

숲

없다. 연못에서 만난 못생긴 개구리는 왕자처럼 의젓하게 말을 걸어온다. 목에 가시가 걸린 호랑이는 서글픈 눈으로 도움을 청한다. 아이가 가시를 꺼내주면 호랑이는 아이를 태우고 한달음에 집까지 데려다준다. 우리가 태어나서 가장 먼저 만나는 길은 아마도 동화 속의 길이 아닐까 싶다. 혼자서는 한 발자국도 집에서 벗어날 수 없지만 할머니 품에서 듣는 옛날이야기는 우리를 환상의 세계로 데려다준다.

이상한 동화 속 길은 끝이 없다. 아이는 말을 타고 꽃이 가득 핀 들판을 달려 나간다. 때로는 빗자루나 양탄자를 타고 하늘을 날아다니기도 한다. 바닷길에 들어서면 불을 뿜는 용과 아름다운 인어 공주가 있다. 일곱 개의 산과 일곱 개의 바다를 건너야 하는 먼 길도 만난다. 동화 속에서 만나는 길은 이렇게 갖은 모험으로 가득 차 있지만 그렇다고 걱정할 건 없다. 끝이 슬픈 동화, 길 잃은 아이가 숲속의 마녀에게 잡아먹히는 일은 없다. 아이는 늑대의 뱃속에 들어갔다가도 웃으며 나오고 독이 든 사과를 먹은 공주는 왕자의 입맞춤을 기다리며 아늑한 잠을 잔다.

그 모든 환상의 세계를 이어주는 동화 속의 길은 단지 아름다울 뿐만 아니라 살아가면서 우리가 만나는 숱한 물음에 의미 있는 답을 던져주기도

1864년 판 『이상한 나라의 엘리스』 본문

한다. 아무리 가벼운 이야기라도 어렸을 때 들은 것은 알게 모르게 삶에 많은 영향을 미치는 법이다. 나를 만든 것은 8할이 바람이었다는 미당의 말을 빗대자면 내게는 동화가 그런 듯하다. 살아오는 동안 나의 뇌에는 많은 길과 풍경이 스며들었을 것이다. 하지만 머릿속에 깊은 잔영으로 남아 있는 풍경은 아이러니하게도 실제의 기억이 아닌 것들이 많다. 여행에서 경험한 모습이 아니라 옛날이야기나 동화를 들으며 머릿속에서 그려낸 상상이 실제의 길과 풍경처럼 자리를 잡고 있는 것이다.

헨젤과 그레텔, 숲속의 미로

헨젤과 그레텔은 계모에게 버림받는 남매 이야기다. 가뭄이 들어 먹을 것이 떨어지자 계모는 아이를 숲에 버린다. 아이들은 조약돌을 하나씩 떨어뜨리며 돌아오는 길을 표시한다. 두 번째 버려졌을 때는 빵 조각을 떨어뜨려놓지만 동물들이 모두 먹어버려 결국 길을 잃고 만다. 숲속은 길로 가득하다. 사람이 나니는 오솔길뿐 아니라 동물이 다니는 길, 요정과 새가 다니는 길, 넝쿨식물이 뻗어가는 길. 모든 길이 서로 얽혀 있다. 그래서 아리아드네의 실이 없으면 갔던 길을 되돌아올 수 없다.

헨젤과 그레텔이 길을 잃는 숲은 미노스의 미궁과 같다. 그곳에는 아테네의 처녀를 잡아먹는 미노타우로스처럼 아이를 잡아먹는 마녀가

『헨젤과 그레텔』(1909)에 삽입된
아서 래컴Arthur Rackham의 일러스트

산다. 하지만 겁낼 것은 없다. 숲속의 미로에는 따뜻하게 말을 걸어오
는 동물이 있고 가지를 뻗어 길을 알려주는 나무가 있다. 아이들을 꼬
이기 위한 마녀의 속임수라 해도 과자로 만든 집은 달콤하고 아늑하다.
잘 익은 과일이 주렁주렁 열린 나무는 키 작은 아이의 손이 닿을 수 있
도록 가지를 늘어뜨린다. 목이 마를 때는 난쟁이가 가르쳐준 주문을
외우고 나뭇가지로 땅을 세 번 두드리면 된다. 어디서든 맑은 샘이 솟
아나올 테니까. 그래서 아이들은 숲에서 길을 잃고도 별로 상심하지
않는다. 동물과 나무, 별가루를 뿌리며 앞서가는 요정을 따라가면 그
만이다. 숲속에서 길을 잃은 헨젤과 그레텔 역시 마녀의 집에서 무사히
빠져나와 살던 집으로 돌아오지 않는가.

틸틸과 미틸, 파랑새를 찾아서

어느 날 허리가 구부정한 요정이 틸틸과 미틸을 찾아온다. 얘들아, 내 딸이 아파서 그러니 파랑새를 좀 구해주렴. 그 새가 있어야만 병이 나을 수 있단다. 요정은 보석이 박힌 멋진 모자를 아이에게 준다. 모자를 쓰자 신기한 광경이 눈앞에 펼쳐진다. 집에서 기르던 짐승이나 하찮게 여겼던 사물 안에 아름다운 영혼이 깃들어 있는 것이다. 고양이, 개는 말할 것도 없고 사탕이나 빵, 창문, 나무, 꽃, 심지어는 창문이나 하늘도 제 나름의 빛깔을 가진 영혼을 보여준다. 쭈글쭈글했던 요정도 순수한 영혼이 드러나며 젊고 눈부신 모습으로 바뀐다. 세상의 모든 사물과 소통할 수 있게 된 틸틸과 미틸은 이들과 함께 파랑새를 찾아 여행을 떠난다. 추억의 궁전, 밤의 궁전, 깊은 숲, 미래의 나라. 하지만 아이들은 파랑새를 구하지 못하고 쓸쓸히 집으로 돌아온다. 다음날 아침 침대에서 잠이 깬 아이들은 그렇게 찾아다니던 파랑새가 창가의 새장에 있음을 알게 된다.

우리는 소중한 것을 찾기 위해 먼 길을 떠나지만 정작 그것은 우리 곁에 있다는 이야기는 동화에서 가장 많이 변주되는 모티프다. 거기에는 가까이 있는 가족이나 소소한 일상이 얼마나 소중한지 일깨워주려는 뜻이 담겨 있을 것이다. 동화 속 파랑새는 우리가 얻고자 하는 행복을 의미한다. 아이는 여러 번 파랑새를 손에 쥔다. 그러나 겨우 잡은 파랑새는 곧바로 죽거나 다른 색으로 변해버리고 만다. 바람이 움직일 때만 바람이듯이 손에 들어온 파랑새는 더 이상 파랑새가 아니다. 행복은 밖에서 구할 수 있는 것이 아니라 내가 누리고 있던 소소한 일상에서만 구할 수 있는 것이기 때문이다. 무언가를 찾아 여행을 떠나고 구

파랑새
ⓒ이미순

도를 위해 순례에 오르는 모든 여정은 결국 마음의 변화를 얻고자 함
일 것이다. 모든 종교가 말하려는 것도 결국 그게 아닐까.

긴 여행에서 돌아온 틸틸은 오두막이 아름답게 변했다고 생각한다.
그러나 변한 것은 오두막이 아니라 그것을 바라보는 틸틸의 마음이다.
여행을 통해서 따뜻한 삶이 깃들어 있는 오두막이 얼마나 아름다운
곳인지 알게 된 것이다. 궁전처럼 화려하지는 않지만 창으로 맑은 공기
와 햇살이 비껴드는 곳, 아침을 깨우는 부드러운 어머니의 목소리, 귀
에 익은 동물의 울음소리. 아이들은 그곳에서 아늑한 행복감에 젖는
다. 아이들은 그렇게 자신이 사는 집이 파랑새가 사는 곳이며 이 안에

행복이 있음을 알게 된다. 조금 더 생각해보면 어쩌면 파랑새는 아이들 자체가 아닐까 싶다. 행복한 아이의 모습을 바라보는 것 자체가 더할 수 없는 행복일 테니 말이다. 파랑새는 짧은 우화이지만 이 안에는 행복이란 무엇이며 어떻게 만날 수 있는가, 왜 여행을 떠나며, 길에서 얻을 수 있는 것은 무엇인가라는 속 깊은 이야기가 담겨 있다.

눈의 여왕, 얼음 궁전으로 가는 길

　『눈의 여왕』은 얼음 궁전에 갇힌 소년을 찾아 여행을 떠나는 소녀 이야기다. 어느 날 마법사 트롤이 나쁜 거울을 만든다. 이를 통해서 보면 아름다운 모습은 감추어지고 추한 모습만 드러난다. 어느 날 거울이 깨지면서 그 조각이 카이의 눈과 심장에 박힌다. 착한 소년이었던 카이는 잔인하고 짓궂게 변하여 정원을 헤집고 만나는 사람마다 심술을 부린다. 겔다는 카이의 다락방에서 마주 보이는 다락방에 사는 소녀다. 두 아이는 늘 얼굴을 맞대고 다정하게 얘기를 나누었지만 트롤의 거울 조각이 박힌 뒤로는 사이가 어긋나기 시작한다. 겨울이 되자 눈의 여왕이 나타나 카이를 납치하고 얼음 궁전에 가둔다. 여왕의 입맞춤으로 카이는 가족과 겔다를 잊고 점차 얼음 궁전의 차가움에 길들여진다. 친구를 잃고 슬픔에 잠긴 겔다는 눈의 여왕을 찾아 여행을 떠닌다.

　겔다는 나무, 강, 새를 만날 때마다 카이를 보았냐고 물으며 끊임없이 걷는다. 빨간 구두를 선물로 받은 강은 물속에서 카이를 보지 못했다고 말해준다. 겨우내 땅속에 있다가 잠에서 깬 장미도 땅속에서는 카이를 보지 못했다고 말해준다. 물과 땅속에 카이가 없으니 아직 죽

안데르센의 동화 『눈의 여왕』 속 삽화

지 않았을 거라고 겔다는 희망을 품는다. 그렇게 여행을 계속하는 동안 겔다는 노파의 마법에 걸려 정원에 갇히기도 하고 까마귀나 왕자, 순록의 도움을 받으면서 계속 걷는다.

순례나 구도 또는 동화에서처럼 무언가를 찾아 떠나는 길에서 꼭 지니고 다녀야 하는 것 중 하나는 누군가의 도움을 이끌어 낼 순수한 마음이다. 핀란드 여인은 겔다를 보며 이렇게 말한다. "나는 저 아이가 가진 마음보다 더 큰 도움은 줄 수가 없어. 동물, 강, 나무 그 모든 것이 왜 그토록 도우려 하겠어. 그것은 따뜻하고 순수한 겔다의 마음 때문이야. 그 마음이 도움을 이끌어내고 그 먼 길을 맨발로 걸을 수 있게 하는 거지. 결국 카이의 눈과 마음에 박혀 있는 거울조각도 저 따뜻한 마음이 녹이게 될 거야."

겔다는 그 모든 도움으로 마침내 얼음 궁전에 이른다. 카이를 보고 겔다는 기쁨의 눈물을 흘린다. 그 온기로 카이 눈에 박혀 있던 거울조각이 녹고 심장에 박혀 있던 거울조각도 녹는다. 겔다와 카이는 즐겁게 춤을 추며 여왕의 퍼즐을 풀고 마침내 얼음 궁전을 떠난다. 긴 여정을 끝내고 집으로 돌아오자 어머니는 아이들을 포근하게 감싼다. 집은 변함없이 항상 그대로 있다. 창문과 굴뚝, 외양간, 잔잔한 일상이 내는 소음들. 하지만 아이들은 떠날 때의 모습이 아니다. 멋진 청년과 여인으로 성장한 겔다와 카이의 사랑은 가슴 저리게 아름답다. 동화 속의 여행은 길고 험한 길을 따라가야 하지만 그 끝에는 항상 아름다운 집이 있다. 동화 속의 길은 늘 다시 집으로 순환한다. 그 길은 다른 곳으로 가기 위한 것이 아니라 여행의 도정에서 새로운 눈을 얻기 위한 길이기 때문이다.

오즈의 마법사, 은빛 구두를 신고 세 번 구르면

　　동화 속 이상한 나라를 여행하기 위해서 필요한 것은 신발뿐이다. 유리 구두를 신고 무도회에 가는 신데렐라는 물론이고 '눈의 여왕'을 찾아 얼음 궁전으로 떠나는 겔다도 빨간 구두를 가슴에 품고 다닌다. 너무 소중한 구두를 차마 신을 수 없어 맨발로 다니는 것이다. 그리스 신화의 페르세우스는 아예 신발에 금빛 날개를 달고 다닌다. 신드바드의 양탄자나 메리 포핀스의 우산, 마녀의 빗자루와 같은 소품들 역시 아이들을 다른 세계로 이끄는 신발과 다름없다. 『오즈의 마법사』에서 착한 마녀가 도로시에게 주는 선물 역시 은빛 구두다. 동화 속의 신발은 단순히 발을 보호하기 위해 신는 것이 아니라 아이들을 환상의 나라로 데려다주는 꿈의 날개 그 자체인 것이다.

　　『오즈의 마법사』는 회오리바람으로 이상한 나라에 떨어진 소녀 이

『오즈의 마법사』 초판본(1900) 표지

야기다. 도로시는 심장이 없는 양철 나무꾼과 뇌가 없는 허수아비, 용기를 잃은 사자와 함께 마법사를 찾아 나선다. 마침내 에메랄드 성에서 마법사를 만나지만 그가 줄 수 있는 것은 아무것도 없다. 고난과 위험을 헤쳐 나가는 여정에서 이미 그들은 지혜와 용기를 얻었기 때문이다. 착한 마녀는 도로시에게 집으로 가는 방법을 가르쳐준다. 마녀의 말대로 은빛 구두를 신고 땅을 세 번 치자 도로시는 집으로 돌아오게 된다. 그런데 동화 속에는 왜 그렇게 신발 이야기가 많이 나오는 것일까. 아마도 아이를 키워본 사람은 알 수 있을 듯하다. 문밖에 나서기 위해 아이에게 신발을 신겨보라. 마치 나르는 양탄자나 마녀의 빗자루에 올라탄 것처럼 금방 얼굴에 웃음이 가득해지지 않는가. 그러고 보면 동화 속의 무수한 이야기는 환상의 나라로 가는 여정 그리고 그 길을 걷기 위한 마법의 신발 이야기가 아닐까.

잃어버린 유년으로 가는 길, 피터팬

이상한 나라가 있다. 하루가 바뀌고 계절이 순환하지만 시간은 흐르지 않는다. 그래서 이곳에 사는 아이들은 어른이 될 수 없다. 바로 어려서 부모를 잃은 아이들이 사는 섬 네버랜드[34]다. 이 나라에 사는 아이들은 나이를 먹지 않는다. 부모를 잃은 시간에서 성장이 멈추는 것이다. 어느 날 이 나라에서 꼬마대장 노릇을 하는 피터팬이 웬디를 찾아온다. 대장이라고는 하지만 아름다운 젖니를 가진 작은 소년이다. "우리 섬의 아이들은 엄마가 없단다. 네가 와서 엄마가 되어주렴." 피터팬의 부탁에 웬디는 길을 나선다. 팅커벨의 별가루를 몸에 묻히고 아이들이 함께 하늘로 날아오르는 모습은 동화에서 가장 아름다운 장면이다.

어린아이들이 성장하면서 가장 많이 꾸는 꿈은 비행이 아닐까 싶다. 잊고 있었겠지만 잘 생각해보면 고개가 끄덕여질 것이다. 학교 가는 길 까마득하게 올려다보던 교회 첨탑과 집 위로 날아가며 도시를 내려다보는 기분은 어떤 느낌일까. 웬디와 동생 그리고 피터팬은 밤하늘을 가로지르고 은빛으로 반짝이는 3개의 바다를 지난다. 아이들은 사흘 동안 날아 마침내 네버랜드에 도착한다. 섬에는 아이들 외에도 인디언 부족, 인어공주, 후크 선장과 해적들이 산다. 이곳에서는 매일 신나는 모험과 무서운 결투가 벌어지고 늘 아슬아슬하게 위기를 벗어나는 아이들은 지하의 집으로 내려와 잠든다.

THE NEVER NEVER LAND

피터팬

네버랜드에는 아름다운 길이 가득하다. 팅커벨의 별가루는 언제든 하늘길을 만들고 참나무 구멍 속에는 아이들의 잠자리로 내려가는 길이 숨겨져 있다. 인디언 소녀의 파티에 초대된 아이들이 우쭐거리며 걷는 숲길, 후크 선장의 팔뚝을 잘라먹은 상어가 물속에서 째깍거리며 다가오는 길. 하지만 네버랜드에는 끊어진 길이 하나 있다. 아이를 어른의 세계로 이어주는 길이다. 아이와 어머니를 이어주던 탯줄은 태어남과 동시에 끊기지만 수유와 보살핌을 통해 그 사이에는 더 질기고 따뜻한 길이 만들어진다. 그것은 영혼과 영혼을 잇는 사랑의 길이다. 아이들은 그 길을 따라 성장하며 마침내 어른의 세계에 들어선다. 반대로 어른들에게 그 길은 유년의 시간으로 거슬러 올라가는 추억의 길이기도 하다.

하지만 그 길을 잃으면 아이들의 성장은 멈출 수밖에 없다. 네버랜드는 아름다운 모험의 나라지만 한편으로는 아이들의 유년이 갇혀 있는 공간이며 참나무 구멍을 통해 내려가는 지하의 방은 이중의 자폐 공간이다. 프로이트 식으로 말하면 이 세계에서 버려진 아이들이 숨어드는 요나 콤플렉스의 공간인 셈이다. 엄마가 되어 달라는 피터팬의 부탁, 그것은 바로 웬디에게 끊겨진 길을 다시 이어달라는 것이 아니었을까. 네버랜드로 간 웬디는 아이들의 헤진 양말을 꿰매주고 신데렐라 이야기를 들려준다. 아주 어려서 엄마를 잃은 아이에게는 자장가를 불러주고 요람을 흔들며 재워준다. 어머니를 잃고 자폐의 늪에 빠진 아이를 다시 세상으로 이끄는 길. 『피터팬』에는 많은 길이 있지만 그중 가장 아름다운 길은 바로 아이들의 엄마가 되어주는 웬디 자체가 아닐까 싶다.

밤하늘, 별로 이어진 길

한 떼의 새가 밤하늘을 가로질러 간다. 날갯짓을 할 때마다 공기 알갱이들이 달빛에 부서져 흩어진다. 어린왕자를 태우고 그의 별 B612호로 돌아가는 새들의 모습이다. 조종사는 밤하늘 별과 별 사이에 이어진 길을 바라본다. 사막에 불시착한 뒤 어린왕자와 몇 날을 함께 보내면서 그는 이전에는 볼 수 없었던 수많은 길이 있음을 알게 된다. '서로에게 길들여질 때 그 사이에 놓이는 사랑의 길, 사막에 감추어진 우물을 찾아가는 길, 어린왕자가 그의 별에서 술주정뱅이의 별로, 거만한 왕의 별로, 점등인의 별로 여행하는 밤하늘의 길. 저렇게 많은

소행성 22-B-612 위의 어린왕자, 일본 가나가와 현 하코네 어린왕자 박물관

별과 길이 밤하늘에 가득하지만 이전에는 볼 수 없었어. 그 별과 길들이 내게 아무런 의미가 없었기 때문이지. 하지만 거기 어디쯤 네가 있다고 생각하면 이전과는 달라질 거야.' 소행성 B612호와 조종사가 있는 사막을 이어주는 길을 우리는 볼 수 없다. 그것은 그의 마음 그리고 어린왕자의 마음속으로 이어진 길이기 때문이다.

나무는 제자리에 서서 이파리로 햇빛을 받고 뿌리로 자양을 빨아들이면서 살아간다. 하지만 인간은 그럴 수 없다. 끊임없이 길을 찾고 길을 만들고 길을 따라 걸어야 하는 것이다. 단지 먹고사는 일 때문만은 아닌 듯하다. 무언가 하고 있지 않으면 현재를 견디지 못하는 습성이 인간에게 있는 건 아닐까. 아무튼 길은 끝없이 길로 이어지고 우리의 여정은 그 위에서 멈출 날이 없다. 하지만 이 세상에는 멈추어야 볼 수 있는 길이 있다. 조종사와 어린왕자를 이어주는 마음의 길처럼 말이다. 우주의 진리를 찾기 위해, 자신의 내면을 들여다보기 위해, 신의 섭리를 깨닫기 위해 히말라야 설산에 가부좌를 틀거나 동안거에 드는 선승들, 그들의 멈춤은 바깥의 길이 끝나는 곳에서 몸의 안쪽으로 이어진 길을 찾으려는 게 아닐까.

유년으로 이어진 눈길

눈은 스스로 빛을 내는 게 아닐까. 눈 오는 밤 걸음마다 푹석푹석 발이 빠져드는 설원을 걸어보았다면 아마도 그런 생각을 했을 것이다. 온 세상을 덮을 듯 내려쌓이는 눈, 아무리 둘러봐도 별빛 하나 없는데 어째서 들녘이 그렇게 밝은지 모를 일이다. 유년의 기억에는 유난히 눈길의 풍경이 많이 남아 있다. 동화에서 눈 오는 밤의 정경이 그렇게 자주 나오는 것도 이 때문일 것이다. 성냥개비를 그어 할머니의 환상을 그리며 죽어가는 성냥팔이 소녀 이야기 역시 눈이 오는 성탄 전야가 배경이다.

> 매서운 바람이 부는 성탄 전야였습니다. 함박눈을 맞으며 한 소녀가 걷고 있었습니다. 입은 옷은 헐거웠고 신발도 신지 않아 발은 꽁꽁 얼어 있었습니다. 성냥 사세요. 성냥 사세요. 소녀는 사람들에게 애원했지만 아무도 거들떠보지 않았습니다. 다들 부지런히 집에 가서 성탄 전야를 보내려고 그냥 지나쳐버린 것이지요. 소녀는 추위를 견디려고 성냥개비를 그었습니다. 그러자 따뜻한 벽난로, 맛있는 음식 같은 환영이 떠올랐습니다. 마지막 성냥개비를 긋자 이번에는 할머니가 나타났습니다. 할머니 여기는 너무 추워요. 저를 좀 데려가 주세요.
>
> 안데르센, 『성냥팔이 소녀』 중

동화 속의 신발에는 마법의 권능이 깃들어 있다. 그러나 소녀는 마차를 피하려다 그만 신발을 잃어버리고 만다. 소녀가 죽음을 맞는 것은 이 때문일까. 할머니의 환영을 보며 죽은 소녀는 얼굴 가득 웃음을 머금고 있지만 그 기억은 늘 가슴을 아리게 한다. 개와 소년의 우정을 그린 『플란다스의 개』 역시 눈길에서 펼쳐지는 이야기다. 철물상의 짐을 끌며 학대를 받아온 파트라슈와 부모를 잃은 가난한 소년 네로의 우정은 따뜻하기 그지없다. 하지만 가난과 편견 때문에 더 이상 함께 살 수 없게 되자 네로는 파트라슈를 버리고 떠난다. 함박눈이 오는 밤 네로는 지친 몸을 이끌고 성당으로 향한다. 죽기 전에 루벤스의 그림[35]을 보기 위해서다. 파트라슈는 네로를 찾아 미친 듯이 눈길을 헤맨다. 함박눈 때문에 흔적을 찾을 수 없기 때문이다. 하지만 결국 파트라슈는 루벤스 그림 앞에 쓰러져 있는 네로를 찾아낸다. 둘은 서로 부둥켜안은 채 삶을 마감한다.

어두운 밤 눈길을 따라 걸어가는 모습은 왠지 쓸쓸해 보인다. 『성냥팔이 소녀』나 『플란다스의 개』 역시 함박눈이 내리는 밤에 벌어지는 이야기다. 아마도 이 동화는 아직 죽음이 무언지 모를 어린 시절에 들었을 것이다. 슬프다는 것도 그저 원하는 것을 얻지 못했을 때의 막연한 느낌 정도가 아니었을까. 하지만 차가운 밤 눈길 위에 쓰러진 소녀 또는 파트라슈와 네로의 죽음은 뇌리에 깊은 잔영으로 남아 있다. 우리가 막연히 슬픔이라고 생각했던 그 느낌은 얼마나 경이로운 감정인가.

동화 속의 갈림길

삶의 여정에는 많은 갈림길이 있고 우리는 어떤 방향으로 가야할지 고민에 빠진다. 그곳이 삶의 기로이며 선택에 따라 이후의 삶이 달라질 수 있다면 고민은 더 커진다. 인문과 이공의 갈림길, 대학·학과의 선택, 배우자를 만나거나 거래·여행·계약 등 소소한 일상에서도 갈림길은 끝없이 이어진다. 프로스트는 이렇게 갈림길 위에서 살아가는 인간의 마음을 「가지 않은 길」이라는 시에 남아 읊었다. 시에서는 미래에 대한 기대와 막막함, 가지 않은 길에 대한 회한이 아름답게 그려진다. 하지만 끊임없이 강요받는 선택이 그렇게 아름다운 것만은 아니다. 답답한 마음에 여기저기 물어보고 점으로 길흉을 알아보려고도 하지만 딱히 신통한 답은 보이지 않는다.

동화 속에도 많은 갈림길이 나온다. 그러나 아이들은 어려워하지 않는다. 길목을 지키는 나무나 요정 새들이 늘 길을 알려주기 때문이다. 오즈의 마법사를 찾아가는 길에서 도로시는 허수아비에게 방향을 묻는다. 허수아비는 양팔을 벌리고 "이쪽이야, 이리로 가면 돼"라고 말한다. 어느 쪽으로 가라는 걸까. 하지만 도로시는 별로 어려워하지 않는다. 어느 쪽으로 가든 상관없다는 거지? 삶의 갈림길에서 우리도 누군가에게 끊임없이 묻는다. 그리고 양팔을 벌린 허수아비가 가리키는 방향 앞에서 난감하다. 왜 우리는 도로시처럼 마음 편하게 길을 선택하지 못하는 걸까.

『이상한 나라의 엘리스』에서는 엘리스가 사나운 개에게 쫓기는 장면이 나온다. 정신없이 달아나던 엘리스는 나무 위에 앉아 있는 고양이에게 묻는다. 체셔, 거기선 멀리까지 잘 보이지? 어느 쪽으로 도망쳐야 하니. 고양이는 엘리스의 말끝을 자르며 말한다. 도망치는 주제에 어느 쪽이든 무슨 상관이야, 일단 빨리 가라구. 길을 선택하는 것은 물론 중요한 일이다. 그러나 어떤 길을 신중하게 선택하느라 시간을 끄는 것보다는 어느 쪽이든 일단 빨리 가는 게 중요할 때도 있다. 사나운 개에게 엉덩이를 물리지 않으려면 말이다. 프로스트는 "사람이 덜 다닌 길을 택했고 그것 때문에 모든 것이 달라졌다"고 말한다. 그러나 그 다름은 우월의 차이가 아니다. 어디로 가든 그곳에서는 나름대로 의미 있는 삶을 만날 수 있으니 말이다. 길을 선택하는 것보다 중요한 것은 선택한 길을 어떻게 가는가 아닐까.

미로,
길에
빠지다

서양의 미로는 시작과 끝이 분명하다. 그
러나 동양의 미로는 순환적이다. 단지 길
의 아름다움과 도정의 의미만 있을 뿐 목
적지는 없다. 모든 것이 길이라면, 길을
잃고 길을 찾는다는 것은 부질없는 일이
다. 사색의 기쁨과 은폐의 아늑함을 느
낄 수 있다면 그것으로 족하지 않은가.

미로

리어왕과 테스

    미로는 삶과 닮았다. 앞을 볼 수 없다는 것도 그렇지만 끊임없이 갈라지는 길을 대책 없이 걸어야 한다는 점에서도 그렇다. 미로의 갈림길이 공간에서의 선택이라면 삶의 기로는 시간적 추이로 나타난다는 차이 뿐이다. 우리는 삶의 기로에 서 있던 순간을 기억한다. 다행스러운 일이었다고 고개를 끄덕이기도 하지만 때로는 후회스러움에 잠 못 이루는 밤을 보내기도 했을 것이다. 하지만 후회는 아무리 빨라도 늦고 기로의 선택은 아무리 반복되어도 이력이 붙지 않는다.

    우리는 왜 갈림길이 끊임없이 반복되는지 알 수 없어 불안해진다. 사주를 보거나 별자리 또는 옴파로스의 돌을 찾아 의미 있는 전언을 들이보려 하지만 신탁의 의미는 늘 해석사의 영역일 뿐이다. 그러므로 우리는 어디로 가든 한 편의 이야기가 펼쳐질 거라고 생각하며 그때그때마다 길을 찾아가야 한다. 선택의 결과에 우리가 관여할 수 없다는 숙명성은 아마도 문학에서 가장 즐겨 다루는 소재가 아닐까 싶다. 폭풍의 바다 앞에서 리어왕은 자신의 어리석은 선택을 후회한다. 그의 독백은 수없는 삶의 갈림길을 지나야 하는 우리의 가슴을 서늘하게 한다.

    테스는 비할 바 없이 아름답고 순수한 소녀지만 갈림길에서 방황하다 마침내 형장의 이슬로 사라진다. 그의 운명을 보면 인간에게 과연 갈림길을 선택할 권리가 있는지 의심스럽다.『신곡』의 「지옥편」에서 단테가 만나는 죄인들도 하나같이 갈림길의 선택을 후회한다. 애절한 파올로와 프란체스카의 사랑, 트리스탄과 이졸데의 운명적인 만남은 물론이고 그리스 신화의 거의 모든 부분도 운명의 갈림길이다.『천일야화』는 천 하룻밤을 넘어 끝없이 이어지고 끝 페이지는 다시 첫 페이지로 돌아와 새로운 갈래로 뻗어 나간다. 미래에 대해 알 수 없다는 점에서 미로와 갈림길은 같은 의미를 지닌다.

끊임없이 갈라지는 길

보르헤스의 「두 갈래로 갈라지는 오솔길들의 정원」은 갈림길에 대한 이야기다. 소설 안에는 '끝이 없는 책'이 나온다. 이를테면 소설 속의 소설인 셈이다. 끝이 없다는 것은 끊임없이 갈라지는 시간을 의미한다. 여기에 나오는 사건들은 앞뒤가 뒤섞이고 원인에 앞서 결과가 벌어지는 등 모든 게 모순투성이다. 이렇게 모든 갈래의 시간이 공존하는 현재란 과연 어떤 것일까.

중국 윈난 성의 성주인 취펑은 "이제 은둔하며 미궁을 짓겠다"는 말을 남기고 자신의 영지로 떠난다. 이후 13년 동안 그는 모습을 드러내지 않았다. 오직 작업에만 몰두한 것이다. 그러나 그가 죽은 뒤 영지 어디에서도 미궁은 발견되지 않았다. 다만 한 장의 쪽지가 발견되었는데 거기에는 이렇게 쓰여 있었다. "나는 미로정원을 여러 갈래의 미래 시간에 남긴다. 그러나 모든 갈래의 시간에 남기는 것은 아니다."

보르헤스 「두 갈래로 갈라지는 오솔길들의 정원」[36] 중

우리는 살아가면서 여러 가지 선택을 하고 선택하지 않은 삶은 소멸된다고 생각한다. 선택한 삶 역시 많은 우연과 차이에 의해 계속 엇갈

려 나간다. 새옹지마처럼 어떤 일이 좋은지 나쁜지 도무지 알 수 없다. 출근길에 잠깐 지체한 것 때문에 큰 사고를 피할 수 있었거나 또는 반대의 일을 겪은 적은 없는가. 전공이나 직업, 결혼, 미래의 꿈 등 어느 하나를 선택하고 그 때문에 후회한 적은 없는가. 그러나 미로정원에서는 모든 선택이 가능하며 동등한 가치를 가진다. 그리고 그 선택에 의한 결과가 모두 현실로 나타난다. 한쪽으로만 흐른다고 여겨진 시간의 방향을 흩어놓으니 과거와 현재는 물론 미래의 시간조차 이렇게 모호해진 것이다. 그 모든 모습이 현재하는 '미로정원'은 혼란스럽다. 하지만 그 혼돈은 이 우주를 만든 신의 의도가 무엇인지, 왜 이렇게 만들었는지 엿볼 수 있는 작은 열쇠 구멍이기도 하다.

혼돈 속의 질서

우주는 무수한 시간의 갈래가 현재하는 곳이며 우리는 그렇게 시시각각 갈라지는 미로에서 혼돈한 삶을 살아간다. 하지만 혼돈은 신의 규칙을 이해하지 못한 인간의 관점일 뿐이다. 우주는 신이 설계한 미궁이다. 그리고 인간은 신의 흉내를 내 미로정원을 만든다. 고대 문명기에 권력을 손에 쥔 자들은 미궁을 지어 자신을 신격화했다. 옥좌 아래 만들어진 이 비밀스러운 공간의 쓰임은 무엇이었을까. 적의 침입 시 탈출로 또는 지하 감옥이나 소중한 물건의 저장고로 쓰였을지도 모른다. 하지만 실용적인 이유 때문이었다면 이렇게까지 공을 들일 필요가 없었을 것이다. 드나듦이 어렵고 복잡하면 이용하는 사람도 불편했을 테니까.

더 그럴듯한 이유로는 미궁이 자신이 정복하고 지배하는 세계의 축

라비린토스 속의 테세우스

소 모형이 아니었을까 하는 것이다. 그렇게 발밑에 만들어진 축소된 세계를 밟고 서 자신의 지배와 권위를 정당화하려는 게 아니었을까. 바스티유 감옥이 왕의 권위를 상징하는 기제로 작용했던 것처럼 말이다.[37] 왕의 화려한 궁전 아래 만들어진 거대하고 음침한 미궁, 그것이 왕의 권위와는 직접적인 관계가 없다 하더라도 신민에게 두려움을 주기에는 충분했을 것이다.

우리가 사는 세계는 혼돈으로 가득하다. 모든 사물과 사람의 일이 서로 복잡하게 얽혀있는 듯 보인다. 그러나 우리는 그 안에서 많은 질서를 찾아낸다. 중력에 따라 궤도를 도는 행성, 가지런히 피어나는 나뭇잎, 해마다 반복되는 계절, 일정하게 반복되는 사람들의 습성. 신이 세계를 설계할 때 마치 혼돈 속에서 질서가 흘러나오도록 계획한 듯하다. 미궁 역시 혼돈과 무질서로 가득한 곳이다. 길이 갈라질 때 어느 쪽으로 가야할지 아는 사람은 아무도 없다. 항상 오른쪽 벽을 더듬어 가라고 하지만 어설픈 규칙 뒤에는 늘 생각지 못한 위험이 숨겨져 있다. 하지만 미로 역시 길이어서 그 안에는 교묘한 질서가 숨겨져 있다. 미궁의 설계자는 '계획된 혼돈' 속에서 방황하는 수인을 보면서 마치 신이 된 듯한 기분에 빠지지 않았을까.

헤로도토스가 전하는 고대의 미궁

미궁은 끊임없이 이어진 미로와 수많은 방으로 채워진 지하 궁전이다. 입구는 있으되 출구는 감추어져 있으며 들어가는 건 쉽지만 나오기는 만만치 않다. 어둡고 음침하며 벽을 돌아설 때마다 알 수 없는 위험이 도사리고 있다. 로마 시대 플리니우스[38]는 고대 문명이 만들어낸 미궁을 그가 쓴 『박물지』에 자세히 기록했다. 지금은 궁의 흔적만 겨우 남아 있지만 기록으로 볼 수 있는 규모의 거대함과 정밀한 설계는 우리를 놀라게 한다. 『박물지』에 나오는 4대 미궁은 이집트 아메넴헤트의 장제신전Mortuary temple, 크레타 미노스 왕이 만든 라비린토스labyrinthos, 그리스 화산섬에 있는 림노스limnos, 로마의 클루시움clusium이다.

미노스 왕의 미궁迷宮은 전설적인 장인 다이달로스가 만들었다. 미노스는 포세이돈의 도움으로 크레타 왕이 되었지만 신과 약속한 황소를 제물로 바치지 않았다. 눈부시게 흰 황소가 너무 아름다워 자신이 취한 것이다. 화가 난 포세이돈은 그의 아내가 황소와 사랑에 빠지게 만들었다. 다이달로스는 암소의 틀을 만들어 욕정에 빠진 왕비가 황소와 관계를 맺게 해주었다. 둘 사이에서 태어난 아들 미노타우로스는 황소와 사람을 반씩 닮은 흉측한 괴물이었다. 아내의 부정을 알게 된 미노스 왕은 미노타우로스를 미궁에 가둬버린다. 그 곳은 수많은 길이 얽혀 있고 서로 정교하게 닮아 있는 일종의 폐쇄 회로였다.

헤로도토스는 이집트 아메넴헤트 3세의 장제신전을 최고의 미궁이라고 말한다. 그리스나 로마에는 파르테논 신전을 비롯하여 올림포스 12신을 위한 신전이 많이 있지만 이집트는 따로 신전을 만들지 않았다. 파라오가 신이었으므로 그의 무덤인 피라미드가 신전이었던 것이다. 이집트의 전성기라고 할 수 있는 기원전 1800년경 아메넴헤트 3세는 주변 세력을 복속시키고 통일된 제국을 다시 건설했다. 그리고 자신의 권위에 어울릴만한 거대한 신전을 지었는데 이때 신전 아래 미궁도 같이 만들었다.

이 미궁은 1500개의 방이 미로에 의해 서로 연결되어 있었다고 하지만 입구는 찾을 수 없었다. 헤로도토스 역시 지상에 있는 모든 시설을

장제신전

둘러보았지만 미궁에는 들어갈 수 없었다. 장제신전을 조사한 영국의 이집트 고고학자 페트리는 미궁의 규모와 직사각형 구조를 밝혀냈다. 거대한 성곽이 둘러싼 지상 신전에는 무수한 방이 있는데 이와 똑같은 구조가 그 아래 미궁에도 있었다는 것이다.[39] 측면에는 지하에서 지상으로 연결되는 높은 피라미드가 신전을 내려다보고 있다.[40] 지상과 지하를 대칭이 되게 한 것은 사후의 거처인 미궁이 지상과 다르지 않게 하려는 뜻이었을 것이다.

에트루리아의 도시국가인 클루시움의 미궁은 기원전 6세기경 포르세나Lars Porsenna 왕에 의해 만들어진 것으로 포쮀오 가젤라[41]라는 곳에 있었다. 당시 클루시움은 로마와 패권을 다툴 정도로 막강한 세력을 유지했었는데 이 미궁은 왕의 무덤으로 알려져 있다. 석재로 만들어진 지하 궁전에는 수없이 많은 방이 있었으며 모든 방은 미로로 연결되어 있었다. 지금은 실물이 남아 있지 않지만 이곳이 단순한 왕의 무덤이 아니었다는 것은 분명하다. 이집트와 달리 당시 그리스 도시국가에서는 왕의 사후를 위해 이렇게 거대한 지하 무덤을 만드는 경우가 없었기 때문이다. 나중에 왕의 무덤으로 쓰였는지는 몰라도 미궁이 만들어진 목적은 크레타의 라비린토스처럼 왕의 권위를 상징하기 위해서가 아니었을까.

플리니우스가 기록한 4개의 미궁 중 나머지 하나는 에게 해 림노스 섬에 있었다. 150개에 이르는 기둥을 조밀하게 세우고 그 위에 석조 지붕을 얹은 형태였다. 건축 재료가 무른 사암이어서 기둥 간격을 좁혀야 했던 이집트 양식으로 보인다. 림노스는 화산 분출이 잦아 불안정한 섬이었지만 토양은 매우 기름졌다. 이로 인해 주변 세력이 변할 때마다 많은 피해를 입었는데 당시에도 미궁은 온전한 형태가 아니었던 듯싶다. 지금은 섬 어디에서도 미궁의 흔적을 찾아볼 수 없다. 하지만 7000년 전부터 사람이 살기 시작한 이 섬에는 석기·철기시대의 고분과 알 수 없는 언어로 된 비문, 그리스·로마시대의 목욕탕 등 화려한 석조시설이 많이 남아 있어 미궁의 흔적도 어딘가에서 발견될 것만 같다.

미로의 도시, 페즈

로마에 의해 유지되던 질서가 붕괴된 이후 중세는 혼돈 속으로 빨려 들어갔다. 대지는 조각조각 갈라졌고 우후죽순처럼 할거하는 군웅들로 인해 힘의 균형은 잠시도 지속될 수 없었다. 이슬람, 몽골, 게르만 등 광풍처럼 휩쓸고 지나가는 세력으로 인해 인간의 삶도 말할 수 없이 피폐해졌다. 성벽은 점점 더 두꺼워지고 도시는 폐쇄적이 될 수밖에 없었다. 평활한 지역에 놓여 있어 침략을 방어하기가 쉽지 않고 성을 쌓을 만한 변변한 석재도 없는 곳에서는 아예 도시 자체를 미로로 만들기도 했다.

유럽이 중세의 암흑 속으로 빠져들던 시절 모로코의 페즈Fez[42]는 이슬람 문화가 활짝 꽃피던 도시였다. 857년에 세워진 카라위인Kairouyine[43] 대학이 세계 최초인지는 이견이 있지만 이곳에 보관된 수십만 권의 장서와 고대의 희귀본은 페즈의 융성함을 미루어볼 수 있게 해준다. 이렇게 고대 세계의 지식을 갖추고 있는 도시가 이슬람의 학문과 예술을 주도해온 것은 당연한 일일 것이다. 그러나 페즈의 주거지는 대부분 평활한 대지에 놓여 있었던 탓에 외부 침략에는 불리한 조건을 안고 있었다. 도시 전체를 12킬로미터에 이르는 성곽이 둘러싸고는 있었지만 이렇게 긴 방어선을 지키는 것 역시 쉽지 않은 일이었다. 페즈의 도시 구

조가 점점 미로처럼 바뀌어간 것은 이러한 취약점 때문이 아니었을까.

　페즈에서 길을 잃는다는 것은 특별한 일이 아니다. 이방인이 보기에 도시의 모든 길은 같은 길이고, 같은 길은 다른 길이다. 차가 다닐 만큼 넓은 곳이 있는가 하면 한 사람이 겨우 지나다닐 만큼 좁아지기도 한다. 그나마 완만하게 휘거나 계속 꺾인다. 모든 길이 그물망처럼 얽혀 있어 지나온 길이 다시 반복되고 비탈과 막다른 골목이 앞을 가로막기도 한다. 지도가 있지만 페즈에 사는 사람도 지도는 무의미하다고 말한다. 그러나 길을 잃었다고 그리 걱정할 것은 없다. 그저 시간을 놓아버리면 그뿐이니 말이다. 페즈에는 이렇게 계속 변하는 골목길이 9600여 개에 이른다. 그러나 미로가 으레 그렇듯이 그 모든 길은 서로 연결되어 있어서 어떤 길로 들어서든 도시 중심의 궁전과 사원에 이를 수 있다.[44] 도시 자체가 거대한 미로인 셈이다.

중국의 위안밍위안과 함원

대만의 작가 리앙[45]이 쓴 『미로의 정원』은 무언가 깊이 감추고 있는 듯한 중국인의 정원 이야기다. 주잉훙의 집에는 함원이라는 정원이 있었다. 함소화가 피는 겨울은 물론이고 철마다 아름다운 꽃이 피었다. 여기서 어린 시절을 보낸 주잉훙은 아버지와 함께한 아름다운 시간을 잊지 못한다. 그녀의 가슴에는 늘 함원의 지도가 그려져 있다. 변혁기 혼란의 와중에서 겉돌던 아버지는 어느 날 세상으로 향한 문을 닫고 함원으로 들어온다. 사랑하는 남자를 잃은 딸 역시 스스로 정원 속으로 들어와 칩거한다. 이들의 가슴은 상처로 가득하지만 함원은 있는 그대로 이들을 품어준다. 주잉훙과 아버지는 이 안에서 칩거하며 서로의 상처를 곰삭혀나간다. 이들에게 함원은 자폐의 늪처럼 안주하

위안밍위안의 식조물

베르사유 미로정원

고 싶은 곳이며 고래 뱃속과 같은 요나의 공간이다.

중국 베이징의 황실 정원인 위안밍위안圓明園[46]은 300여 년 전 강희제가 지은 정원이다. 위안밍위안은 그 자체가 하나의 미로로 설계되었다. 원래는 위안밍위안, 창춘위안, 치춘위안 세 개의 정원이 서로 연결되어 있었다. 정원은 밖에서 보면 섬과 다리, 멋진 조형물들이 잘 드러나 보이지만 그 안에 들어서면 밖에서 보는 것과는 전혀 다르다. 마치 섬이나 길 하나하나가 그 자체로 하나의 세계인 듯하다. 호수에는 봉래, 방장, 영주라는 세 개의 섬이 있는데 호수 주변의 육지와 섬은 서로 이어져 있다. 섬은 미로의 부분이면서 그 자체로 하나의 미로다. 19세기 아편전쟁에서 승리한 영국인들이 정원의 의미를 상징하는 석조물을 훔쳐가기는 했지만 위안밍위안은 지금까지도 그 신비스러움을 잃지 않고 있다.

기꺼이 길을 잃고 싶은 미로정원

고대의 미궁이 인간을 억압하고 권위를 상징하기 위해 만들어졌다면 중세 이후 만들어지기 시작한 미로정원은 기꺼이 빠져들어 길을 잃고 싶은 아름다운 공간이다. 중세 유럽에서 귀족들의 취향에 맞게 설계된 베르사유 미로정원은 길 잃음을 즐기기 위한 정원이다. 앙드레 르 노트르가 좌우대칭으로 설계한 이 정원은 언덕 위에 있는 왕의 궁전에서 한눈에 내려다볼 수 있게 만들어졌다. 미노스 왕의 지하궁전이 왕의 발밑에 있었던 것처럼 말이다. 차이가 있다면 눈에 보인다는 것뿐이다. 미로의 벽은 수목을 기하적으로 배치했는데 규모가 크기는 하지만 그렇게 혼돈스런 공간은 아니다. 조금 걷다보면 자연스럽게 출구를 찾을 수 있어 미로라는 두려움보다는 아름다움을 느끼도록 하는 데 중점을 두었음을 알 수 있다.

베르사유의 미로정원은 이후 오스트리아의 쇤부른 궁전을 비롯하여 영국, 러시아, 스페인 등의 궁전에서도 만들어졌다. 영국에서는 햄프턴 궁전의 미로정원이 가장 유명하다. 거대한 주목으로 울타리가 쳐져 있는 미로의 안쪽은 서어나무와 감탕나무를 빽빽하게 둘러 미로의 벽을 만들었다. 마치 『이상한 나라의 엘리스』에 나오는 하트 여왕의 정원을 연상시킨다. 미로정원은 여러 갈래로 길이 갈라지기도 하고 나선형으로 빙빙 돌기도 하지만 길을 찾는 것이 그렇게 어려운 것은 아니다. 이를테면 갈림길에서는 언제나 왼쪽으로 간다거나 한쪽 벽만 짚고 계속 가라는 식의 간단한 규칙만 알면 쉽게 미로를 벗어날 수 있다.

동양과 서양의 미로정원

미노스 왕의 미궁을 설계한 다이달로스는 테세우스를 살리려고 찾아온 아리아드네에게 이렇게 말한다. "라비린토스의 비밀은 모든 구조가 일방향성이라는 것입니다. 복도와 회랑, 계단, 모든 문은 그 중심부로 가기 위해 만들어져 있습니다. 그래서 계속 앞으로 갈 수밖에 없지요. 뒤로 돌아가는 것은 불가능합니다." 다이달로스의 말은 서양식 미로정원의 특징을 잘 보여준다. 미로정원이 사색과 쉼의 공간이라는 점에서는 동양이나 서양이 다를 바 없어 보인다. 그러나 그 형태에 있어서는 서로 큰 차이가 있다. 직선적 세계관에 기초한 서양의 정원을 보면 들어오는 곳과 나가는 곳이 분명하다. 그러나 동양의 정원에서 시작과 끝은 무의미하다.

서양을 대표하는 베르사유와 쉰부룬 미로정원만 봐도 그렇다. 정원 안쪽으로 들어오는 길은 여러 갈래가 있지만 도착해야 할 곳은 한 곳뿐이다. 정원 중앙에 해당하는 끝점에 도착하면 미로여행은 거기서 끝난다. 이슬람에 의해 성지 순례길이 막히자 이를 대신하기 위해 미로정원을 만들었다는 말도 일리가 있어 보인다. 미로의 끝을 도착해야 할 성지라고 여겼다면 말이다. 하지만 순환적 세계관을 지닌 동양의 정원은 다르다. 중국을 대표하는 위안밍위안이나 리앙의 함원을 보면 어디에서도 목적지를 향한 도정으로서의 부분은 찾을 수 없다. 원 위의 모든 점이 시작이며 끝이듯이 정원의 모든 지점에는 단지 길의 아름다움이 있을 뿐이다. 모든 것이 길이라면, 길을 잃고 길을 찾는다는 것은 부질없는 일이 아닌가.

밤하늘,
별들이
다니는 길

추기경 벨라르미노가 말했다. "갈릴레이, 그대에게 유죄 평결을 내린다. 이후로는 지구가 태양을 돈다는 반성서적인 주장을 멈추라." 그는 유폐되었고 책은 불태워졌다. 그의 죄는 350년이 지난 1992년이 되어서야 사면되었다.

별의 카펫을 걷는 고양이

니체는 달을 바라보며 이렇게 읊조렸다. 짧은 시구지만 별들이 수놓은 밤하늘 그리고 그 위를 스쳐가는 달을 경외에 가득한 눈으로 바라보는 철학자의 사색이 느껴진다. 인간이 종교적 명상에 빠지고 시를 쓰는 이유 중 하나는 이렇게 아름다운 밤하늘이 보여주는 우주의 장엄함 때문이 아닐까. 그러나 별의 카펫이란 은유는 아름답긴 하지만 딱히 맞는 표현은 아니다. 달만 고양이처럼 움직이는 게 아니라 어느 별 하나도 카펫에 수놓인 그림처럼 멈추어 있는 것은 없으니 말이다.

수성, 화성, 목성과 같은 행성은 물론이고 마치 구름 같은 은하수의 모든 별도 각자의 길을 따라 움직인다. 고대에는 행성처럼 움직이는 다섯 개의 별과 영웅의 별자리 같은 붙박이별이 따로 있다고 여겼다. 그러나 이제는 붙박이별도 조금씩, 하지만 끊임없이 움직이고 있음을 안다. 그 길은 상상의 한계를 벗어날 만큼 멀리 뻗어 있다. 그리고 별들의 움직임은 그 길에서 우아한 곡선을 그리며 단절 없이 이어진다. 수천 년에 걸친 관찰과 기록을 통해 찾아낸 별들의 궤적, 별이 이동하는 경로를 하나의 길로 바라보는 순간 길에 대한 우리의 인식은 한 차원 높아진다. 그것은 인간이 찾아낸 가장 광대한 길이기 때문이다.

태양과 지구, 누가 도는가

인간이 고개를 들어 처음 하늘을 바라보았을 때부터 태양을 비롯한 모든 행성은 지구를 중심으로 움직였다. 바빌론의 천문학자들은 그 움직임을 자세히 기록했고 그 변화로부터 의미 있는 전언을 찾아내기 위해 늘 분주했다. 그들은 홍수가 언제 시작될지, 왕의 건강이나 전쟁의 승패와 같은 길흉이 어떻게 될지 물었고 그때마다 별과 행성은 신탁을 전해주었다. 왕이나 사제들은 태양 그리고 밤하늘에 떠 있는 별과 자신들이 대화할 수 있다는 것을 근거로 권력을 유지할 수 있었다. 홍수와 기근, 신탁이 항상 맞아떨어지지는 않았지만 그것이 문제가 되지는 않았다. 인간과 마찬가지로 신 역시 변덕스럽기는 마찬가지였으니 말이다.

기원전 3세기경 아리스타코스[47]는 자신이 태어나기 이전에 이루어진 관측 자료와 자신의 관측 자료를 통해 지동설을 주장했다. 그가 쓴 '태양과 달의 크기, 지구로부터의 거리에 관하여'라는 논문에는 태양을

끝없는 우주

중심으로 도는 행성의 궤도가 정확한 관찰에 의해 정리되어 있었다. 특히 수성과 금성은 태양과 지구 사이에서 도는 내행성이고 화성, 목성, 토성은 밖에서 도는 외행성이라는 것, 태양이 달에 비해 훨씬 크고 멀리 있다는 것도 기하학을 이용해 밝혀냈다.

기원전 2세기경 히파르코스는 별의 밝기와 기하학 원리를 이용하여 천문 현상을 다시 정리했다. 그의 자료는 300여 년 뒤 프톨레마이오스[48]라는 뛰어난 천문학자에 의해 결실을 맺는다. 『알마게스트』라는 책에 모든 행성의 궤도를 정밀하게 정리한 것이다. 그는 또 천구의 움직임에 따라 회전하는 별자리를 우주의 지도에 모두 담아 놓았다. 그러나 안타깝게도 아리스타코스의 지동설을 믿을 수 없었던 프톨레마이오스는 다시 천동설을 택했다. 고대로부터 이어져온 대로 지구를 중심으로 움직이는 우주가 그의 상식에 맞았던 것이다. 이후 천동설은 기독교와 맞물리면서 1400년간 우주에 대한 인간의 지식을 대변해왔다

『알마게스트』의 천동설은 정밀하긴 했지만 하늘에서 일어나는 별들의 움직임을 설명할 수 없는 부분이 많았다. 왜 수성과 금성은 초저녁과 새벽에만 뜨고, 화성, 목성, 토성은 밤새도록 보이는지, 행성의 궤도가 왜 계절에 따라 움직이는지, 태양이 뜨는 위치가 왜 조금씩 달라지

는지 설명할 수 없었던 것이다. 16세기 천동설은 결국 지동설에 자리를 내주게 된다. 그 동안의 의문에 대해 지동설이 적정한 설명을 내놓은 것이다. 지동설이 다시 빛을 보게 된 것은 그리스의 고문헌을 뒤지던 코페르니쿠스[49]가 아리스타코스의 논문과 만나게 된 덕분이다. 코페르니쿠스의 주장과 이후 수십 년간 행성을 관찰한 티코 브라헤 그리고 그 자료를 분석해 궤도의 법칙을 알아낸 케플러에 의해 마침내 지동설은 정설로 자리를 굳히게 되었다.

중심은 어디에도 있고, 경계는 어디에도 없다

하지만 지동설을 입에 담는 것은 오랫동안 금지되었다. 코페르니쿠스가 죽고 100여 년 뒤에 태어난 갈릴레이마저 이를 지지했다는 이유로 유죄 평결을 받았으니 말이다. 지구가 우주의 중심이 아니라는 지동설은 인간의 자존심을 상하게 했을 것이다. 하지만 지금은 지구는 물론이고 태양도 우주의 중심이 아니라는 것을 잘 알고 있다. 그저 회전하는 은하 귀퉁이에 있는 평범한 별에 불과한 것이다. 어디에도 중심이 없다면 결국 모든 곳이 중심이 아닐까. 우주는 150억 년 전 빅뱅 이

태양계

후 광속에 가까운 속도로 팽창하고 있다. 그리고 모든 은하는 이렇게 팽창하는 우주공의 표면에 흩어져 있다.

신의 속성을 "중심은 어디에도 있고 경계는 어디에도 없는 것"이라고 정의한 보르헤스의 말처럼 우주의 중심은 어디인가라는 물음은 무의미해 보인다. 그러나 부정할 수 없는 분명한 사실이 하나 있다. 그것은 모든 별이 끊임없이 자신의 길을 따라 움직인다는 것이다. 달은 지구를 돌고, 지구는 태양을, 태양은 은하를 돈다. 그리고 은하 역시 거대한 은하단 속에서 계속 움직인다. 달이나 지구가 도는 궤도도 만만치 않지만 태양이나 은하가 움직이는 거리를 숫자로 표시하면 잘 와닿지 않는다. 하지만 일정한 주기와 궤적, 끊임없이 움직이는 천체의 경로는 아름답고 우아하게 반복된다. 별들의 항적, 그것은 인간의 지혜가 찾아낸 광대한 길이다.

별 사이에 길을 놓다

'밤하늘에 저렇게 가득한 별들이 있지만 너를 만나기 전 그것은 무의미했어. 하지만 거기 어디쯤 네가 있다고 생각하니 밤하늘의 별이 모두 특별하게 느껴져.' 사막에서 만난 어린왕자가 떠난 뒤 조종사는 밤하늘의 별을 바라보며 이렇게 말한다. 하긴 그렇다. 아무런 생각 없이 바라본 밤하늘은 아름답지만 모든 별이 다 똑같아 보인다. 하지만 별 사이에 금을 긋고 멋진 형상을 떠올려보라. 활시위를 당기는 오리온 뒤에는 언제든지 사냥감을 물고 오려는 큰 개가 앉아 있고 그 곁에는 이미 잡아놓은 토끼와 비둘기가 있다. 앞에는 황소와 양이 풀을 뜯고 한쪽에는 밤바다를 헤엄치는 고래도 보인다. 밤하늘의 강인 은

밤하늘

하수에는 물고기와 백조가 유영한다. 그 곁에 페르세우스, 카시오페아 등 낯익은 신들도 보인다. 은하수 양쪽에 견우성과 직녀성에는 오작교가 놓여 있다. 아무렇게나 흩어져 있는 별 사이에 금을 그어 멋진 이름과 이야기를 만들고 길과 다리를 놓은 것은 언제쯤일까.

아마도 기원전 1200년경 별자리를 돌에 새긴 바빌로니아의 유물이 가장 오래된 흔적일 듯하다. 유목 생활을 하던 칼데아인이 만든 이 돌에는 해와 달 행성이 그려져 있고 해가 지나가는 길목을 따라 12개의 별자리가 그려져 있다. 비슷한 시기에 이집트에도 40여 개의 별자리가 있었다. 이름과 모양이 비슷한 것으로 보아, 바빌로니아와 서로 영향을 주고받은 것으로 보인다. 아무튼 지금 우리가 알고 있는 황도 12궁은 이렇게 오랜 세월에 걸쳐 조금씩 모양을 갖추면서 지금까지 이어져온 것이다. 바빌로니아와 이집트의 별자리는 이를 항해에 이용한 페니키아인에 의해 그리스에 전해졌다. 신화 속의 영웅이나 동물들이 밤하늘에 가득해지고 별자리마다 멋진 이야기가 덧붙여진 것은 이때부터다.

동양의 별자리는 서양에서 만들어진 것과는 다르다.[50] 아마도 중국이나 인도에서도 오랜 세월을 거쳐 별자리가 만들어진 것으로 보인다. 한나라 말기인 3세기경 진탁이 만든 지도에는 283개의 별자리와 1400여 개의 별이 그려져 있다. 별자리는 지구의 자전과 공전에 의해 조금씩 이동한다. 지구 자전 때문에 일어나는 일주운동은 북극성을 중심으로 하루에 한 바퀴 돈다. 한 시간에 15도씩 움직이는 셈이다. 지구 공전 때문에 일어나는 연주운동은 하루에 1도씩 서쪽으로 옮겨간다. 이 때문에 계절에 따라 보이는 별자리가 달라진다. 현재 세계에서 사용되는 별자리는 1930년 국제학회에서 정한 것으로 북반구에 40개, 남반구에 48개를 합쳐 모두 88개다. 밤하늘에 놓인 별자리, 별과 별 사이에 그어진 금은 물론 물리적인 실재가 아니다. 하지만 그 금으로 인해 우리는 수천 년 전의 사람들과 같은 생각을 하며 밤하늘을 바라볼 수 있다. 그것은 인간의 상상력이 만들어낸 얼마나 아름다운 길인가.

해와 달의 둘레길

황도Ecliptic는 태양이 지나가는 길이다. 물론 태양이 움직이는 것은 아니지만 지구에서 보기에 그렇다는 것이다. 수성, 금성, 화성, 목성, 토성 등 모든 행성은 이 길을 따라간다. 낮에 태양이 지나간 길을 염두에 두고 밤에 바라보면 이 길 위에서 어렵지 않게 행성을 찾아볼 수 있다. 태양이 뜨는 곳은 매일 조금씩 변하므로 황도도 따라서 움직인다. 지구가 기울어진 상태로 태양을 돌기 때문이다. 해는 춘분과 추분을 기점으로 동지와 하지까지 위아래로 움직인다. 그래서 지구본을 돌리며 지구 각 지점에서 태양이 뜨는 위치를 이으면 파동처럼 움직이는 선이 그려진다. 이 파동의 위·아래 한계점을 이어놓은 것이 각각 북회귀선과 남회귀선이다. 이는 남·북위 23.5도 상에 그어진다. 비록 물리적인 실체는 없지만 두 회귀선 사이에서 파동처럼 이어지는 태양의 경로는 인간의 관찰이 만들어낸 멋진 길이 아닐 수 없다.

백도Moon's path는 달이 지구를 도는 길이다. 달은 지구를 중심으로 한 달에 한 번 돈다. 달은 둥글기는 하지만 지구를 바라보는 쪽이 조금 더 무겁고 크다. 그래서 오뚝이가 항상 아래쪽을 향하는 것처럼 달도 늘 같은 면만 지구를 바라본다. 사람들이 보름달을 바라보며 그리운 사람을 연상하는 것도 한결같이 같은 모습만 보여주기 때문이 아닐까. 백도는 해가 지나가는 길과 5도쯤 비껴서 지나간다. 해 뜨는 위치가 계절에

산등성이로 달이 뜬다

따라 변하듯 달도 뜨는 위치가 조금씩 바뀐다. 달력은 황도와 백도의
산물이다. 조금씩 위치를 바꾸는 해 그리고 모양을 바꾸는 달을 보고
시간의 길이를 정한 것이다. 이렇게 봄·여름·가을·겨울이 돌아오고
낮과 밤이 반복되는 것을 보면서 인간은 우주의 질서가 순환하는 것이
라고 생각했다. 불교, 힌두교를 비롯한 고대의 종교들이 순환적 세계관
을 갖게 된 것도 이 때문일 것이다. 오랜 세월 밤하늘에는 많은 길이 만
들어져왔지만 그 모든 길 중에서 인간의 삶에 가장 큰 영향을 미친 것
은 역시 황도와 백도가 아닐 수 없다.

우아한 타원, 별의 길

모든 별은 움직인다. 달은 지구를 돌고 지구와 행성들은 태양
을 돈다. 태양은 은하의 중심을 회전하고, 그 모든 움직임은 일정한 궤

도를 따라 반복된다. 수십억 년 쉼 없이 계속되어온 아름답고 우아한 길이다. 먼저 우리가 사는 지구의 길을 생각해보자. 지구는 1년에 한 번 태양을 돈다. 9억4000만 킬로미터에 이르는 길을 달리는 것이다. 한 달에 한 바퀴 지구를 도는 달이 움직이는 길은 200만 킬로미터 정도다. 그리스 신화에서 행성은 각각 신의 이름으로 불리는데, 수성은 하늘의 전령인 헤르메스, 금성은 아름다움의 상징인 비너스 여신으로 불린다. 해 뜨기 전 새벽하늘에서 빛나는 아름다운 모습에 어울리는 이름이다. 때에 따라 크기가 변하는 모습을 눈으로도 관측할 수 있던 화성은 전쟁의 신 아레스로 불렸다. 가장 덩치가 큰 목성은 최고신 주피터, 토성과 천왕성, 해왕성은 각각 크로노스, 우라노스, 포세이돈으로 불렸다.

이 모든 행성 역시 자신의 궤도를 따라 태양을 돈다. 태양에서 가장 멀리 떨어진 해왕성이 태양 둘레에 만드는 길은 280억 킬로미터에 이른다. 태양은 은하의 중심에서 2만8000광년^{51}쯤 떨어진 나선에 있다. 태양이 은하를 한 바퀴 도는 거리는 17만 광년이 넘는다. 2억 년을 줄곧 달려야 한 바퀴를 돌 수 있는 거리다. 태양계가 45억 년 전 처음 만들어졌으니 아직 23바퀴를 채 돌지 못한 셈이다. 이렇게 태양과 행성이 이동해온 궤적, 그것은 인간이 예측하고 관측을 통해 알아낸 어떤 길보다도 길다.

미국의 나사NASA에서는 1977년 보이저 1호, 2호라고 이름붙인 2대의 탐사선을 우주로 날려 보냈다. 보이저 호는 태양계의 행성을 탐사하면서 멋진 사진을 지구로 보내왔다. 우리가 지금 토성, 목성, 해왕성의 멋진 모습을 볼 수 있는 것은 이 덕분이다. 보이저 호는 2013년 마침내 태양계를 벗어나 우주 밖으로 날아갔다. 아마도 2016년 현재는 200억 킬로미터쯤 떨어진 곳을 날아가고 있을 것이다. 지금도 계속 신호를 보

별하늘, 별들이 다니는 길

109

내오고 있는데 그 신호가 지구에 닿으려면 빛의 속도로 달려도 18시간이 걸린다. 인간에 의해 설계된 기계가 이동한 200억 킬로미터의 궤적은 얼마나 될까. 고작해야 둘레길이 4만 킬로미터에 불과한 행성에 사는 우리에게 그 거리는 실감 나지 않는다. 하지만 그 궤적은 인간에 의해 실제로 그어진 길임이 분명하다.

밤하늘의 순례자, 혜성의 길

한여름 밤 긴 꼬리를 그으며 비처럼 쏟아지는 별똥별은 인류의 상상에 불을 지펴온 은유의 샘이었다. 그것은 세상을 떠나는 시이저의 영혼이거나 신탁을 전하는 헤르메스의 전언이었고 아이들의 소원을 들어주기 위해 내미는 삼신할미의 손길이기도 했다. 알퐁스 도데의 「별」에서 양치기는 어깨에 기대어 잠든 스테파네트를 하늘에서 떨어진 별이라고 생각한다. 해마다 반복되는 이 아름다운 불꽃놀이는 지구가 혜성의 경로를 통과할 때 떨어져내리는 잔해다. 혜성은 태양이나 목성 등 질량이 큰 천체를 도는 떠돌이별로 서로 다른 경로를 거쳐 타원 궤도를 그린다. 혜성의 고향은 오르트 구름Oort cloud이라고 하는 태양계 외곽의 영역이다. 태양계가 만들어질 당시 행성에 포함되지 않은 많은 물질이 몰려 있는 곳이다.

중세만 해도 난데없이 나타난 혜성은 홍수와 가뭄, 전쟁이 일어날 불길한 징조로 여겨졌다. 혜성이 천체의 일종임이 밝혀진 것은 16세기 티코 브라헤에 의해서다. 이후 혜성의 궤도에 관한 많은 연구가 이루어졌고 불규칙하긴 하지만 타원을 그리며 장기간에 걸쳐 목성이나 태양을 돈다는 것을 알게 되었다. 주기적인 혜성은 50여 개 정도가 있다. 앵케

1066년의 헤이스팅스 전쟁 중
병사들이 핼리 혜성을
손가락으로 가리키고 있다.

헤일-밥 혜성

처럼 3년에 한 번씩 나타나는 짧은 주기의 혜성이 있는가 하면 허셜-리골렛처럼 156년마다 나타나는 혜성도 있다. 76년 주기로 나타나는 핼리 혜성은 때마침 일어난 역사적 비극과 겹치는 바람에 불행의 징조라는 누명을 쓰기도 했다.

1995년 발견된 헤일-밥 혜성은 기원전 2200년경 지구를 떠났다가 다시 돌아온 혜성이다.[52] 수메르에서 천문 관측이 이루어지고 영국의 스톤헨지가 건설되던 무렵이다.[53] 지구에 최고로 근접했을 때 헤일-밥은 핼리보다 무려 100배나 밝았다. 1997년 3월 아름다운 꼬리를 펼친 혜성은 장엄한 우주 쇼를 펼치며 사람들의 관심을 하늘로 향하게 했다. 헤일-밥 혜성은 타원 궤도를 그리는 장주기 혜성이어서 다시 돌아오겠지만 포물선 궤도를 가진 비주기 혜성은 태양을 돌아서 영원히 사라지기도 한다.

헤일-밥 혜성의 공전주기는 4200년이었다. 그러나 목성과 태양의 중력 영향으로 주기가 바뀌어 다음에는 2380년 후에 다시 나타날 것이다. 우리의 눈을 벗어나 태양계 밖으로 사라졌다고 해도 혜성의 움직임을 알아내는 것은 그리 어려운 일이 아니다. 컴퓨터로 정밀하게 분석하면 현재 우주 공간 어디쯤 있는지 어떻게 움직이고 있는지 위치와 경로를 그릴 수 있기 때문이다. 이렇게 인간이 알아낸 궤도에 따라 혜성이 움직이고 지금 어디쯤 있는지, 언제 다시 지구에 나타날 지를 예측할 수 있다면 그 궤도를 길이라 부르지 못할 이유는 없다. 인간이 찾아낸 우주의 길, 그것이 아름다운 것은 단지 광대한 우주 공간의 항적일 뿐 아니라 장엄하고 우아한 규칙성까지 갖추고 있기 때문이다.

낯선 길을
찾아서

새나 물고기들은 바다나 하늘 멀리 떨어져 있는 곳을 옮겨다니며 산다. 계절마다 또는 일정한 주기로 반복되는 그들의 이동을 보면 우리가 알지 못하는 어떤 길이 있는 게 아닐까 생각된다.

우리가 사는 세계는 이상한 길로 가득하다. 어딘가로 가기 위해 길게 이어진 땅을 우리는 길이라고 부른다. 그러나 땅에 한정하지 말고 바다나 하늘, 우주까지 생각을 열어보라. 사람이 만든 길뿐 아니라 다른 생물이나 사물이 움직이는 곳까지 눈을 돌려보라. 철마다 이동하는 새들의 길, 나무속으로 물과 자양이 흐르는 길, 알을 낳기 위해 자신이 태어난 계곡으로 먼 길을 찾아오는 물고기, 바람의 길목, 행성의 경로 등 자세히 들여다보면 자연에 감추어져 있던 수많은 길이 눈에 들어온다. 생물만 길을 만드는 게 아니다. 거대한 빙하가 움직이며 만든 길도 있고 땅속으로 지하수가 흐르며 난

113

철새

길도 있다. 생각의 물꼬를 터놓고 보면 오히려 길이 아닌 게 무엇인지 갸우뚱해질 정도다. 이렇게 다양한 길을 살펴보는 것은 의미 있는 일이다. 이를 통해 길에 대한 우리의 인식은 한 차원 넓어질 테니 말이다.

회귀, 시원을 향한 아름다운 본능

윤대녕의 소설 『은어낚시통신』은 도시의 각박한 삶에 지친 사람들이 찾아드는 비밀스러운 공간에 대한 이야기다. 도시의 거리는 온통 금지, 주의, 위험, 경고 표지판으로 가득하다. 도시민은 콘크리트 벽과 잿빛 포장도로로 채워진 거리에서 잔뜩 움츠린 채 살아간다. 하루하루 반복되는 일상의 늪에서 도시민이 꿈꾸는 일탈은 소설 속에서 시원을 찾아 회귀하는 은어의 모습으로 그려진다. 바다로 나갔다가 모천으로 돌아오는 회귀성 어류의 모습이 고향을 등지고 살아가는 사람들의 귀향 충동을 부추겨온 것은 당연해 보인다. 기러기가 날아가거나 보름달을 보고 짖는 개를 보면서도 고향을 떠올리지 않는가. 어쩌면 인간에게도 새나 어류와 같은 귀소 본능이 내재되어 있는 것이 아닐까.

계절이 바뀔 때마다 수많은 철새와 어류의 이동으로 하늘과 물에 길이 만들어진다. 수십만 마리의 새떼가 무리를 지어 날아가는 모습에서는 생명의 경이로움마저 느껴진다. 우리의 눈에는 보이지 않지만 그들이 지나가는 하늘에는 오랜 세월에 걸쳐 만들어진 정교한 길이 있을 것이다. 새들은 이 길을 따라 이동하며 먹이를 얻고 알을 낳을 곳을 찾는다. 그리고 때가 되면 다시 귀로에 오른다. 계절에 따라 이동하는 철새는 우리나라에만도 260여 종에 이른다. 낙동강 하구에서 번식하는 쇠제비갈매기는 가을에 필리핀으로 이동했다가 봄에 돌아온다. 주남저

울진 은어다리

수지에서 겨울을 보내는 쇠기러기는 봄이면 번식을 위해 러시아 캄차카 반도로 떠난다. 3000킬로미터가 넘는 길이다. 그렇게 먼 거리를 날아가는 새들이 어떻게 계절의 변화와 방향을 인지하는지는 모른다. 아마도 별자리나 땅의 지형, 기온이나 일조 시간의 변화 등 자연현상에 의존할 거라고 추측할 뿐이다.

새들과 마찬가지로 물고기도 산란과 먹이를 위해서 먼 길을 헤엄친다. 바다와 하천을 잇는 물고기의 길은 새들보다 험난하고 위험해 보인다. 인간들이 하천에 만들어놓은 둑과 보는 물론이고 아예 물길을 돌려버리는 경우도 허다하지 않은가. 운이 좋아 태어난 곳으로 돌아온다고 해도 산란을 마친 연어는 바로 숨을 거둔다. 회귀성 어류라고 하면 이렇게 계곡에서 태어나 바다로 갔다가 다시 모천으로 돌아오는 연어나 은어를 떠올린다. 그러나 장어는 바다에서 태어나 하천으로 올라온다. 그리고 산란할 시기가 되면 다시 깊고 어두운 바다 밑으로 돌아간다.

모나크 나비의 여로

모나크 나비는 멕시코 전나무 숲에 사는 회귀성 곤충이다. 이들의 이동은 하나의 개체가 아니라 여러 세대가 삶과 죽음을 반복하며 이루어낸다. 멕시코에서 미국을 거쳐 캐나다까지 왕복하는 길은 5000킬로미터에 이른다. 나비의 속도로 1년 동안 날아가야 하는 거리다. 그러나 나비의 수명은 2개월밖에 되지 않기 때문에 혼자서 이 길을 모두 갈 수는 없다. 한 마리가 2개월 정도 날아간 다음 애벌레를 낳고 죽으면 다시 태어난 나비가 이동을 이어간다. 이렇게 3세대 만에 나비들은 캐나다의 전나무 숲에 도착한다. 캐나다에서 다시 멕시코로 돌

모나크 나비

아올 때도 6개월이 걸린다. 그러나 돌아오는 나비는 세대교체 없이 한 번에 날아온다. 네 번째 세대는 수명이 2개월에서 6개월로 늘어나는 것이다. 몸 안에 태양의 주기를 인식하는 생체리듬 또는 특별한 역할을 하는 더듬이가 있다는 건 분명하지만 이들이 어떻게 4세대를 이어가며 길을 찾아가는지에 대해서는 여전히 수수께끼다.

　동물의 회귀성이나 귀소본능은 위의 예로 든 철새와 어류, 나비뿐만 이 아니다. 벌이나 개미와 같은 사회성 곤충은 물론이고 대양을 오가 며 살아가는 고래나 거북, 사람이 기르는 개나 고양이 또는 비둘기도 자신이 살던 곳을 찾아가는 특별한 능력이 있다. 그렇게 자연에 깃들 어 살아가는 생물들이 이동하는 길은 낯설고 신비롭다. 동물의 귀소본능과 생체 시계, 어쩌면 그것은 공간과 지형을 비롯해 모든 생물이 서로 연결되어 있다는 증거가 아닐까 싶다. 관계는 이음이다. 이 말은 단지 은유로서가 아니라 실제로 세계 속의 모든 사물이 서로에게 영향을 미치며 관계의 장에 놓여 있음을 말한다. 자연 속 모든 생물이 형성하는 관계 그리고 이음, 비록 신비의 베일에 가려져 있기는 하지만 그것은 가장 세밀하고 광범위한 길일 것이다.

혈관, 생명에 깃든 정교한 길

우리는 모른다. 그 길을 누가 만들었는지, 얼마나 오랜 세월에 걸쳐 만들어졌는지. 하지만 있다. 세계의 어떤 길보다도 정교하고 세밀한 길, 그것은 바로 우리 몸속의 혈관이다. 힘차게 심장에서 뿜어져 나온 피는 동맥을 따라 점차 작은 혈관으로 옮겨지고 마침내 모세혈관에 이른다. 그리고 다시 정맥을 따라 심장으로 돌아온다. 심장에서 나갈 때는 몸에 필요한 산소와 자양을 듬뿍 싣고 가지만 돌아올 때는 노폐물이나 독소를 싣고 온다. 정수장의 맑은 물이 간선과 지선을 거쳐 각 가정에 보내지고 쓰임을 다한 뒤 하수관과 하수처리장을 거쳐 강으로 돌아가는 것과 같다.

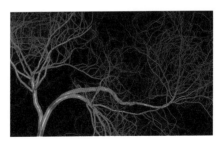

혈관

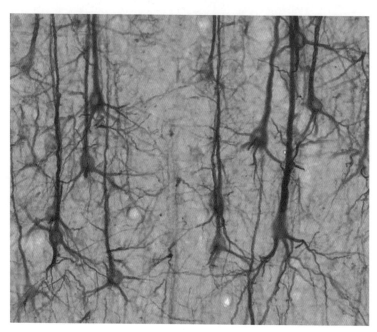

뉴런

혈관의 설계도 아주 섬세하다. 동맥의 한 단면을 보면 가장 안쪽에
는 내피세포를 두른 막이 있다. 그 위에는 다시 중막과 외막이 두르고
있어 전체적으로 3중의 구조를 갖추고 있다. 각각의 막 사이에는 접착
제 기능을 하는 탄성판이 들어 있어서 견고하면서도 유연하다. 또한
혈관을 둘러싼 막 안에는 혈관 자체를 위한 가느다란 혈관이 들어 있
다. 혈관의 막인 동시에 자체로 혈관을 품고 있는 것이다. 이런 동맥과
정맥이 몸 전체에 뻗어 있고 그 끝에는 모세혈관이 이어져 있다. 이 미
세한 혈관은 각각의 세포에 자양분을 건네주고 이물을 회수하는 역할
을 한다. 혈관의 길이를 모두 합치면 약 12만 킬로미터에 이른다. 지구

세 바퀴를 두를만한 길이다. 혈액이 이동하는 거리는 얼마나 될까. 우리 몸의 피는 하루에 860번 정도를 돈다. 12만 킬로미터 중에 정맥과 동맥만 따져도 하루에 860번을 회전한다면 어마어마한 거리다.

신경, 진화의 통신망

우리 몸속에는 또 하나의 길이 있다. 도시에 비유하자면 자양을 공급하는 혈관은 도로망이고 정보를 주고받는 신경은 통신망이라고 할 수 있다. 몸의 감각기관은 빛, 소리, 냄새, 맛은 물론 미세한 온도 차이나 진동까지 감지해낸다. 신경은 이렇게 감지한 정보를 뇌로 보내 분석하고 다시 뇌에서 보내는 신호를 온 몸에 전달한다. 우리 몸에 이렇게 섬세한 길이 없었다면 외부환경의 변화나 위험에 효과적으로 대처할 수 없었을 것이다. 신경은 그물망 형태로 되어 있다. 두뇌와 감각기관은 물론 감각기관 서로도 소통할 필요가 있기 때문이다. 손으로 살짝 피부를 꼬집어보라. 그러면 손끝으로 느껴진 피부의 감촉과 피부가 감지한 통증이 각각 다른 경로를 따라 뇌로 전달된다. 이러한 감각 시스템 덕분에 위험한 접촉이 있을 때 우리는 반사적으로 대응할 수 있다.

신경계는 말초신경계와 중추신경계로 이루어져 있다. 말초신경계는 감각기관이 감지한 자극을 뇌로 전달하고 또 뇌로부터 지시를 받는다. 중추신경계는 자극을 분석하고 처리하는 척수와 뇌를 말한다. 이러한 과정은 신경세포, 즉 뉴런Neuron의 각 부분인 수상돌기, 축색, 시냅스 등 각자의 역할에 따라 깔끔하게 처리된다. 뉴런은 전기 또는 화학적인 방법을 이용하여 서로 정보를 주고받는다. 신경계의 정확한 기제는

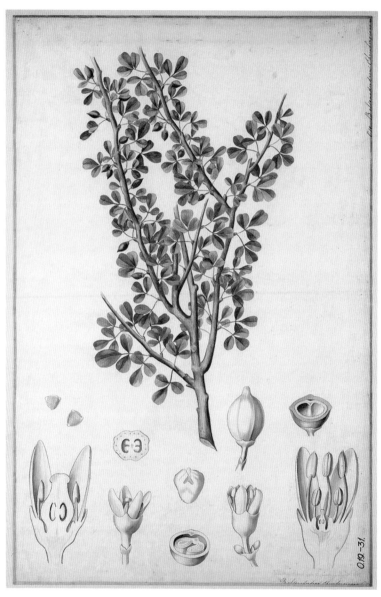

향료를 만드는 몰약나무Myrrha

아직 밝혀지지 않았지만 그 정교한 망이 생명 진화의 핵심이라는 점은 분명해 보인다. 혹독한 자연환경 속에서 살아남아 지금의 나를 만든 신경망. 그것은 어떤 길보다 신비롭고 고마운 길이다.

수관, 나무속의 길

그리스 신화에서는 사람과 나무가 쉽게 몸을 갈아입는다. 아름다운 요정 로티스는 아프로디테의 아들 프리아포스가 범하려 들자 숲으로 달아난다. 그러다 더 피할 수 없게 되자 물속으로 뛰어들어 로터스(연꽃)로 변한다. 이 꽃을 꺾어 저주를 받은 드리오페 공주는 껍질이 검은 포플러 나무가 된다. 또한 아폴론의 마차를 몰다 죽음을 맞이한 파에톤의 여동생들은 슬픔에 잠겨 있다가 모두 나무로 변한다. 신곡에서 지옥의 비오렌트 숲은 아예 모든 나무가 사람이 변한 것이다. 가장 애절한 이야기는 아버지를 연모하는 뮈라Myrrha의 사랑이 아닐까 싶다. 어둠을 이용해 아버지와 동침한 뮈라는 아버지의 노여움을 사 쫓기게 된다. 결국 피할 수 없게 된 딸은 뮈르Myrrh라는 나무로 변한다. 그녀가 품었던 아버지의 씨는 아프로디테의 사랑을 받아 아네모네라는 아름다운 꽃으로 태어난다. 신화 속의 나무들은 사람처럼 피와 눈물을 흘린다. 드리오페가 꺾은 로터스에서는 빨간 피가 멎지 않고, 아버지를 사랑하는 뮈라는 나무가 되어서도 끊임없이 눈물을 흘린다.[54] 아마도 이 때문에 고대인들은 사람과 나무가 서로 다르지 않다고 본 듯하다. 나무속으로 흐르는 수액을 보면서 그것이 사람의 피와 다를 바 없다고 생각한 것이 아닐까.

겨우내 죽은 듯 보이던 검은 나뭇가지에서 봄이면 색색의 꽃이 피어

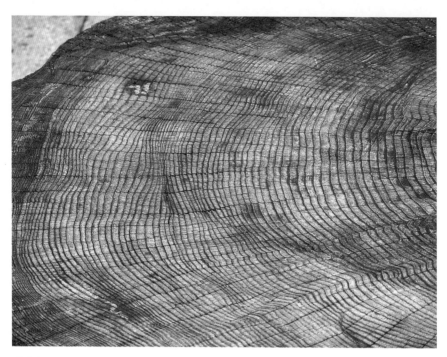

나이테

난다. 곧이어 연초록의 이파리가 밀려나오고 이내 빈틈없이 숲을 덮는다. 해마다 어김없이 반복되는 생명의 축제. 이 봄의 향연이 기적이 아니라면 기적은 무엇인가. 저 많은 꽃과 이파리들이 어떻게 저 좁은 나뭇가지 속에 숨겨져 있었을까. 이 모든 것을 가능하게 하는 것은 물론 나무속에 물이 흐르는 길이 있기 때문이다. 수관이라고 부른다. 물과 자양이 흐르는 수관은 뿌리에서 본목과 가지를 거쳐 꽃과 이파리까지 길게 이어진다. 나무의 땅 윗부분은 더 많은 햇빛을 받기 위해 나뭇가지 사이로 분주히 이파리를 펼친다. 땅 아래쪽에서는 물과 자양을 찾아 뿌리가 넓게 뻗어간다. 큰 나무만 그런 게 아니다. 장미, 개나리처럼 작은 관목이나 들판에 피어 있는 풀의 안쪽에도 세세한 수관이 자리잡고 있다. 뿌리를 바위에 붙이고 이파리로 자양을 섭취하는 이끼식물도 다를 바 없다.

나무는 지면을 경계로 지하와 지상 두 세계에 걸쳐져 있다. 천문학자 케인즈는 하늘로는 넓게 가지를 펼쳐 햇빛을 받고, 땅 밑으로는 뿌리를 뻗어 자양을 빨아들이는 나무를 하나의 우주로 비유한다. 눈에 보이는 나무가 밤하늘에 펼쳐진 우주를 상징한다면 보이지 않는 땅속의 뿌리는 인간의 뇌에 깃들어있는 소우주다. 나무의 수관이 뿌리와 수목을 이어주듯이 인간의 지성은 우주와 뇌를 이어주는 길이라는 것이다. 아름답고 탁월한 비유다. 수관이라는 물길과 함께 인간의 사고가 만들어낸 은유의 길 또한 소중한 의미가 담겨 있다. 나무속으로 물이 지나다니는 길은 얼핏 단순해 보이지만 자세히 살펴보면 수많은 갈래로 촘촘히 뻗어 있다. 크게는 수관과 심관으로 나누어진다. 나무 그루터기를 보면 부드러운 껍질과 단단한 심재가 있고 그 사이에 수관이 있다.

수관은 사람의 몸으로 치면 대동맥으로 볼 수 있다. 뿌리에서 빨아들인 대부분의 물이 이곳을 지나간다. 수관 안쪽에는 몸을 곧추세우기 위한 고형질이 있다. 심관은 그 한 가운데 있는데 나무는 이곳에 성장을 위해 필요한 자양분을 저장해놓는다. 그리고 나무가 가지를 쳐나갈 때마다 조금씩 자양분을 나누어준다. 수관 바로 안쪽에는 변재가 있다. 비교적 살이 부드러운 이곳 역시 무기물질과 수분의 이동으로 늘 촉촉이 젖어 있다. 하지만 위아래로 이어진 길만 있는 것이 아니다. 미세하긴 하지만 나무의 안쪽과 바깥쪽으로 자양이 이동하는 방사상의 길도 있다. 어린왕자는 사막이 아름다운 이유를 "그 안에 샘을 감추고 있기 때문"이라고 말한다. 나무가 아름다운 이유도 그와 다르지 않

을 것이다. 몸 안에 풋풋한 물길을 감추고 있는 나무 그리고 땅속의 샘
과 몸속의 혈관, 이렇게 닮아 있는 세계의 모습은 신비롭기 그지없다.

피오르드, 빙하가 만든 길

피오르드fiord는 수백만 년 전 산에서 떨어져 나온 빙하가 지
나가면서 만든 길이다. 두께와 폭이 수 킬로미터에 이르는 얼음 덩어리
가 천천히 움직이며 바위를 깎아낸 것이다. 피오르드 주변의 그림 같은
호수와 아름다운 마을은 마치 수채화로 그린 듯하다. 북유럽에서 그렇
게 많은 동화가 쓰인 것도 이렇게 아름다운 자연 덕분이 아닐까. 피오
르드는 북반구 위쪽인 캐나다와 노르웨이, 핀란드, 알래스카에서 많
이 볼 수 있다. 그 수가 적기는 하지만 남반구에는 뉴질랜드나 칠레에
서 볼 수 있다. 미국의 오대호도 빙하가 만든 길에 물이 채워져서 만들
어진 호수다. 다양한 형태의 피오르드가 가장 많이 몰려 있는 곳은 노
르웨이다. 꽁꽁 얼어붙었던 스칸디나비아 산맥에서 떨어져 나온 빙하가
서쪽 대서양으로 흘러내리면서 만들어진 것이다. 끊임없이 이어진 길
을 보면 노르웨이Nor-way라는 나라 이름이 지형과 잘 어울린다는 생각
이 든다.

빙하가 만든 가장 길고 거대한 길은 송내Songne 피오르드다. 하늘에
서 보면 자로 그은 듯한 이 길은 200킬로미터에 이른다. 하지만 길이
만들어질 당시 해수면은 지금보다 한참 아래 있었기 때문에 바다 속으
로 얼마나 더 이어져있는지 알 수 없다. 피오르드는 보통 깎아지른 절
벽의 모습을 하고 있다. 높이가 1000미터에 이르지만 물이 차 있는 아
래쪽으로도 그만큼 더 내려가니 그 길이 얼마나 거대할지 가늠이 되지

노르웨이 게이랑에르 피오르드

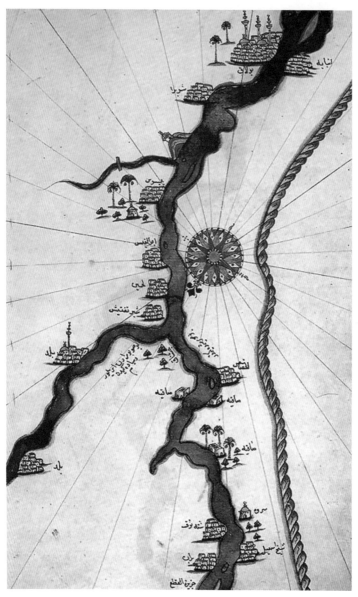

16세기 터키 항해사 피리 레이스의 나일 강 유역 지도

않는다. 빙하기는 전 지구적인 현상이었기 때문에 남반구에서도 피오르드를 찾아볼 수 있다. 비교적 작은 섬이지만 높은 산악 지형이 많은 뉴질랜드에는 노르웨이와 유사한 피오르드가 많다. 또한 안데스 산맥을 따라 라틴아메리카 서해안에 길게 뻗어 있는 칠레에는 호수에 잠기지 않은 피오르드가 많아 만들어질 당시의 흔적을 살펴볼 수 있다.

강, 문명을 이끌어온 길

물이 흐르며 만드는 궤적인 강을 길이라고 볼 수 있을까. 그렇다면 그것은 자연이 만든 가장 거대한 길임에 틀림없다. 길이만 가지고 보면 실크로드나 바닷길과 비교할 수 없겠지만 규모에 있어서는 장구한 세월에 걸쳐 흐름을 이끌어온 강에 견줄 만한 것이 없다. 인류는 늘 강을 끼고 살아왔다. 호미니드에서 갈라져 나온 인류가 수렵과 농경을 거쳐 도시 문명을 만들고 현대에 이르는 과정 중에서도 강은 가장 가까이에서 지켜봐왔다.

비행기에서 유라시아 평원을 내려다보면 두 개의 선을 볼 수 있다. 하나는 자연스럽고 하나는 부자연스럽다. 꾸불꾸불 이어져 있지만 자연스러운 선, 그것은 강이다. 그리고 그 곁으로 직선과 곡선이 불규칙하게 섞이면서 그어진 선이 있다. 사람이 만든 도로다. 강과 도로는 서로 떨어졌다 붙었다 하면서 바다와 도시에 닿을 때까지 계속 이어진다. 강과 인류가 어떻게 함께해왔는지 상징적으로 보여주는 모습이다. 장구한 세월 물의 흐름이 만들어낸 강의 형태는 기후와 지형의 변화 과정이 간직되어 있고 이는 문명을 꽃피운 도시의 흥망과도 깊은 관계가 있다.

세계 4대 문명이 모두 강을 끼고 일어난 것도 우연이 아니다. 나일 강의 비옥한 삼각지대를 기반으로 한 이집트, 황하 유역의 중국, 유프라테스와 티그리스 강 사이의 메소포타미아, 인더스 강 유역에서 일어난 모헨조다로와 하라파 등은 형성 시기와 형태에서 큰 차이가 있다. 하지만 모두 강의 수혜를 받고 성장했다는 점에서는 다를 바 없다. 사막과 바다로 둘러싸여 고립되어 있던 고대 이집트는 문명을 꽃피우기에 어려운 여건이었다. 그러나 나일 강 범람으로 비옥한 토지를 얻고 천문학, 수로를 만들어 범람에 대처하면서 문명을 꽃피울 수 있었다. 모헨조다로와 하라파 역시 인더스 강을 통해 문명을 꽃피웠지만 지형과 기후의 변화로 강의 흐름이 바뀌자 쇠락의 길을 걸었다. 중국이나 메소포타미아 문명 역시 강의 흐름과 지류의 변화에 따라 세력의 중심이 이동하면서 문명을 꽃피울 수 있었다. 강은 그 자체로 멋진 길임에 틀림없지만 오랜 세월 인류와 함께해왔다는 점에서 더 의미가 깊다.

연기와 횃불로 길을 내다

우리는 보통 떨어진 두 지점 사이에 길게 이어진 땅을 길이라고 한다. 하지만 옮겨가는 것을 꼭 사람이라고 제한하지만 않는다면 의미가 전달되는 봉화대 역시 멋진 길임에 틀림없다. 부산 강서에 있는 성희 예산 봉수대는 삼국시대 이전부터 있던 유구다. 수로왕이 가락국을 다스리던 시절 인도 왕비의 배가 오는 것을 보고 횃불로 알렸다는 설화가 전한다. 봉수가 제도적으로 확립된 것은 고려 의종 때다. 이후 조선시대 세종 때는 봉수의 규모나 형식은 물론 상세한 신호 방법까지 정비되었다. 전국에는 모두 650개의 봉수가 일정한 간격으로 설치되어

남산 봉수대

있었다. 표시 방법은 상황에 따라 다섯 단계로 구분했는데 낮에는 연기, 밤에는 횃불로 표시했다.

모든 간선도로가 한성으로 이어지듯이 각지에서 보내온 신호는 서울 남산에 도착한 뒤 매일 새벽, 병조와 승정원에 보고되었다. 또한 주요 군영이 있던 곳으로도 연결되어 유사시에 대비할 수 있도록 했다. 봉수에는 군사들이 배치되어 24시간 교대로 근무했는데, 사시사철 산꼭대기에 대기해야 하는 일은 쉽지 않았을 것이다. 매일 산으로 오르내리는 것도 그렇지만 추위와 악천후도 여간 아니었을 테니 말이다. 자리를 비우거나 신호를 놓쳐 벌을 받는 일도 허다했고 평화가 오래 지속되면서 봉수군에 대한 대접도 그리 좋은 편은 아니었다. 이 때문일까. 정

131

작 임진왜란이 발발했을 때 봉수는 적의 침입을 제대로 알리지 못했다. 정상적으로 작동했다면 12시간 만에 한양에 도착했겠지만 중간 어디쯤에서 신호가 끊긴 것이다. 이후 파발마를 이용해 소식을 전하는 제도가 도입되면서 봉수의 중요성은 떨어졌지만 전화 통신이 들어온 1894년까지도 그 명맥을 유지했다.

제 2 부

나를 찾아
떠나는 길

순례는 신을 만나러 가는 길이다.
그러나 길 끝에서 그들이 만나는
건 신이 아니라 고행으로 순결해
진 자기 자신이다.

순례의
도정에서

집을 떠나면 집이 없다. 길 위에서 먹을
것과 잠자리를 찾고 추위와 더위, 눈,
비, 습기를 견뎌야 한다. 그리고 끊임없
이 걸어야 한다. 허기와 곤곤함으로 지
친 몸을 끌고 하염없이 걷는 사람들. 그
들은 마치 스스로 불행해지기 위해서
최선을 다하는 사람처럼 보인다.

시무르그를 찾아서

순례는 고행의 길이다. 매일 겪어야
하는 먹을 것과 잠자리의 문제는 물론이고 들짐승과 도적의 공포, 추
위와 더위, 눈, 비, 습기도 견뎌야 한다. 그리고 끊임없이 걸어야 한다.
순례자는 기꺼이 그 모든 고행을 받아들인다. 그냥 걷는 것도 마땅치
않아서 세 걸음마다 엎드려 절을 하거나 채찍으로 자신의 몸을 때리기
도 한다. 허기와 곤곤함으로 지친 몸을 끌고 하염없이 걷는 순례자, 그
들은 마치 스스로 불행해지기 위해서 최선을 다하는 사람처럼 보인다.
왜일까. 무엇 때문에 고난의 등짐을 지고 그리 질척이며 걷는 것일까.

집을 나서면 끝없이 걸어야 한다.

파리드 우딘 아타르[1]는 『새들의 회의』라는 이야기를 통해 순례에 대한 깊은 성찰을 보여준다.

> 새들의 왕인 시무르그Simurg는 깃털 하나만 남겨두고 자신의 궁전으로 떠났다. 왕이 없어 혼란이 계속되자 새들은 왕을 찾아 떠나기로 했다. 왕의 궁전은 이 세계를 둘러싸고 있는 산 카프Kaf에 있었으며 그곳에 이르려면 일곱 개의 계곡과 일곱 개의 바다를 건너야 했다. 끝없이 이어지는 순례의 도정에서 많은 새가 죽었다. 더러는 고초를 견디다 못해 고향으로 되돌아가기도 했다. 마침내 카프에 도착했을 때 남아 있는 새들은 30마리뿐이었다. 새들은 몸을 정결하게 씻고 궁전에 들어섰다. 그러나 어디를 둘러봐도 왕은 없었다. 새들은 고행으로 순결해진 서로의 모습을 바라보면서 자신이 시무르그가 되어 있음을 깨달았다. 왕의 이름 시무르그는 바로 '30마리의 새'를 뜻하는 말이었다.
>
> 파리드 우딘 아타르, 『새들의 회의』 중

신을 찾아 떠나는 여행, 마침내 성지에 이르렀을 때 순례자들이 만나는 것은 무엇일까. 신의 흔적이나 성인의 무덤, 기적을 일으키는 소문의 신상神像. 아타르는 그렇지 않다고 말한다. 순례의 끝에서 만나는 것은 고행으로 순결해진 자기 자신, 바로 몸 안에 내재되어 있던 신성이라는 것이다.

성지를 향한 열정

　사람은 필요한 물건을 얻어야 하거나 친지를 만나기 위해 여행을 떠난다. 뭔가를 배우거나 단순히 구경을 하기 위해 먼 길을 가기도 한다. 하지만 순례는 이러한 여행과 다르다. 그것은 삶을 위해서가 아니라 삶에서 벗어나기 위한 것이며 가족이나 이웃을 위해서가 아니라 본연의 인성을 회복하기 위해서 떠나는 길이다. '마음을 찾아 떠나는 길'을 그림에 담은 불교의 심우도尋牛圖 역시 자신의 내부에 깃들어 있는 본성을 찾아가는 여행이라는 점에서 아타르의 우화와 비교된다.

　어떤 종교에서든 성지를 향한 열정은 신심을 유지하는 중요한 도구다. 순례를 반드시 지켜야 할 의무로 규정하는 이슬람은 물론이고 기독교나 불교 어느 종교든지 많은 사람이 성지를 향해 길을 떠난다. 힌두교는 삶 자체를 순례의 도정으로 보기도 한다. 세속적인 가치를 얻기 위해서가 아니라 가치와 무관해지기 위해 걷는 길, 그것은 인간과 길의 가장 순수한 만남이 아닐까.

　흔히 순례가 종교에서 비롯되었다고 생각한다. 신을 향한 염원이 정주의 안위를 버리고 길을 떠나게 한다는 것이다. 신의 언덕을 향하여 피멍이 든 무릎을 내딛는 티베트인, 순례의 도정에 기꺼이 몸을 묻는 힌두교인을 보면 순례와 종교는 불가분의 관계인 듯하다. 그러나 나는 더 근원적인 이유로 그 아래 잠재하는 앎의 욕구, 미지를 추구하는 인간의 본능이 떠남을 부추기는 게 아닐까 하는 생각이 든다.

　불멸의 지혜를 찾아 떠나는 길가메시 서사시, 황금양털을 찾아 떠나는 이아손의 항해, 아버지의 나라를 찾아가는 왕자 유리나 테세우스. 그들이 길을 떠나는 이유는 모두 다르다. 이르려는 곳이나 얻고자 하는 것도 물론 다르다. 하지만 바람이나 성취와 무관하게 길 끝에서 그들이 만나는 것, 그것은 지금까지 알지 못하던 새로운 세계의 모습이다. 순례의 동인動因, 그것은 바로 미지의 세계, 현실의 세계에서 벗어나 있어야 할 세계를 추구하는 인간의 본능일 것이다.

코뮤니타스와 리미널리티

집을 떠나면 집이 없다. 집에서 누릴 수 있는 안락한 잠과 때마다 얻을 수 있는 끼니가 없다. 무엇보다 가족의 위안이 없다. 집 떠나면 고생이라는 말은 괜한 말이 아니다. 정주를 선택한 인간이 누려온 모든 편의에서 유리되니 말이다. 한편 길 위에 오르며 우리는 자유를 느낀다. 집이 멀어지고 살던 마을에서 벗어날 즈음 나를 구속하던 제한에서도 서서히 벗어나게 된다. 더 이상 누구의 아들이거나 지아비가 아니다. 시간에 맞추어 일을 하고 약속한 사람을 만나거나 인사치레를 할 필요도 없다. 평상시에는 입을 수 없던 옷도 걸칠 수 있고 체면 때문에 과묵해야 했던 입도 가벼워진다. 우스꽝스러운 춤을 추면서 너스레를 떨어도 그저 그뿐이다.

그렇게 가벼워지니 길 위에서 만난 사람들은 누구나 쉽게 친해진다. 사람 노릇 하기 위해 두르고 있던 신분이나 역할, 지위, 의무에서 벗어나면 모두 다 '아무것도 아닌 사람', 모두 같은 사람인 것이다. 그저 남루한 옷을 입은 순례자일 뿐 내세울 것도 소침할 것도 없다. 빅터 터너[2]는 그렇게 집을 떠나 순례의 도정에 있는 사람들이 느끼는 동질감을 리미널리티Liminality[3]로, 그러한 일이 벌어지는 길이나 공간을 코뮤니타스Communitas[4]라는 말로 설명했다. 인간은 태어나면서부터 여러 형태의

고대 이집트의 축제. 기원전 1359년경 네바문이라는 사람의 무덤에 그려진 벽화 중 하나로, 생전의 그가 즐기는 모습을 그렸다.

집단과 사회에 소속된다. 그리고 그 안에서 안정된 삶을 보장받는 대신 이에 걸맞은 역할과 의무를 진다. 성별, 지위, 신분에 맞는 옷을 입어야 하며 말이나 행동도 나이에 따라 달라져야 하는 것이다. 그러나 그 사회의 영향력이 미치는 범위를 벗어나면 그 모든 제한은 효용을 잃는다.

　우리는 알게 모르게 계급과 권력의 구조 속에서 살아가는 데 익숙해져 있다. 아무리 민주화된 사회라 해도 수많은 요소가 끊임없이 차이를 만들기 때문이다. 우리는 그 차이를 받아들이면서 사회가 부여하는 역할에 차츰 길들여진다. 그렇게 익숙했던 환경에서 갑자기 벗어나면 어떻게 될까. 아마도 아노미 상태에 빠질 수밖에 없을 것이다. 누구의 아버지나 아들이 아닌 나, 회사원, 시민, 학생이 아닌 나, 그동안 살아가기 위해 만들어온 관계와 자격이 모두 무의미해질 테니 말이다. 하지만 터너는 그것이 잠시뿐이라고 말한다. 일시적인 혼란이 오기는 하

141

지만 어느 정도 시간이 지나면 오히려 안정감과 함께 자유롭고 편안함을 느끼게 된다는 것이다. 이러한 상태가 되면 사람들은 곁에 있는 이들과 동질감을 느끼고 쉽게 마음을 열게 되는데 리미널리티는 바로 이러한 감정을 말한다.

그러나 리미널리티의 배경인 코뮤니타스가 꼭 어떤 공간을 벗어나면서 비롯되는 것만은 아니다. 집을 떠나 순례의 도정에 오를 때 리미널리티가 일어나는 것은 분명하다. 하지만 공간을 벗어나지 않더라도 이러한 감정의 변화는 여러 곳에서 찾아볼 수 있다. 터너가 주목한 것은 공간의 내부에서 벌어지는 축제나 제의였다. 의식을 치르며 부르는 노래 그리고 단순 반복되는 춤을 서로 따라하면서 해방감과 동질감을 얻을 수 있다는 것이다. 손을 맞잡고 춤을 추면서 서로가 하나라고 느껴지는 그런 감정 말이다. 터너의 관점은 인간이 왜 순례를 떠나고 축제나 제의를 치르는지 잘 설명해준다. 일상에서 벗어나 길을 떠나는 순간 정형화된 사회의 짐은 사라지고 차츰 인간의 순수한 본성을 회복하는 것이다. 이렇게 맑은 감정이 종교적인 열정과 만날 때 육신의 곤곤함은 그렇게 견디기 어려운 게 아니었을 것이다.

캔터베리에 이르는 길

세프리 조서[5]의 『캔터베리 이야기』는 성지순례를 떠나는 사람들의 이야기다. 이들이 순례를 떠나는 곳은 영국 성공회의 중심지인 캔터베리 대성당[6]이다. 교황과 왕권이 대립하던 시절 주교였던 토머스 베킷[7]이 순교한 곳으로 영국인들이 가장 많이 찾는 성지다. 집을 떠나 런던의 한 여관에서 우연히 만난 순례자들은 아무 거리낌 없이 서로

캔터베리 대성당 내부의 회랑

일행이 된다. 기사, 수녀원장, 탁발수사, 의사, 학생, 선장, 상인, 요리사, 방앗간 주인. 신분이나 빈부의 차이는 물론 직업, 성별, 나이도 모두 다르지만 순례자라는 틀 안에 모인 이들은 서로에게서 어떤 동질감을 느낀다. 그 때문인지 길 위에서 이들이 나누는 이야기 역시 아무 거리낌이 없다.

오쟁이 진 목수의 이야기를 풀어놓는 방앗간 주인, 사랑을 위해 목숨을 바치는 기사의 연애담, 로마의 공주 콘스탄스와 이슬람 술탄의 애절한 사랑, 14살 소녀의 순결을 뺏기 위해 흉계를 꾸미는 판관, 부정한 사제나 세리들이 펼치는 뒷거래들……. 긴 순례길을 오가는 내내 이들이 살아가던 당시 벌어졌음 직한 이야기들이 적나라하게 펼쳐진다. 다섯 남자와 결혼한 바스Bath 부인이 여성의 성희에 대해서 펼치는 주장은 시금의 여성 월간지를 펼쳐놓고 있는 게 아닌지 착각할 정도다. 그녀는 남성과 여성의 성기가 다른 것은 인간에게 기쁨을 주기 위한 신의 은총이라고 말한다. 종교의 그늘이 짙게 드리워진 중세시대 유럽에서 이렇게 자유로운 이야기가 펼쳐지다니 어찌된 영문일까.

아마도 그것은 이야기의 배경이 순례의 도정이었기 때문일 것이다. 순례자들이 길 위에서 만나 서로에게 동질감을 느끼면서 마음속에 담아두었던 이야기가 표면으로 떠오를 수 있었던 게 아닐까. 중세의 어둠에 갇혀 있던 유럽이 서서히 인간 중심으로 회복된 것은 르네상스 이후라고 말한다. 그러나 인간에 대한 관심, 인간의 삶과 사랑에 대한 욕망이 표면으로 떠오르기 시작한 것은 이에 앞서 전 유럽에 불기 시작한 순례 때문이 아닐까 싶다. 장원이나 수도원 영지에 머물던 사람들이 살던 곳을 벗어나 순례에 오른 것은 신을 만나기 위한 염원에서였다. 그러나 길 위에서 다양한 사람을 만나고 새로운 세계와 접하면서 삶에 대한 새로운 시각도 생겨났다. 캔터베리 이야기는 순례에 오른 사람들이 서로에게서 느끼는 리미널리티, 그리고 함께 걸어가는 길이 코뮤니타스가 되는 과정을 보여주는 멋진 작품이다.

세계관에 따라 길도 도시도 달라진다

길을 따라 걷는다는 점에 있어서는 다를 바가 없지만 의미나 형식에 있어서는 종교에 따라 차이가 있다. 가령 순환적 세계관을 가지고 있는 힌두교나 불교에서는 순례도 순환적인 모습을 보인다. 3000년 전에 쓰인 힌두교의 경전 『마하바라타』[8]에는 당시 사람들이 걷던 순례길이 자세히 나와 있다. 특이한 점은 순례의 출발점과 도착점이 같다는 것이다. 『마하바라타』의 경로는 인도 전역에 흩어진 성지를 돌아 다시 원점으로 회귀하는 것이다. 불교의 순례길도 힌두교처럼 4대 성지 또는 8대 성지[9]를 돌면서 이루어진다. 탑을 한 바퀴 돌면 원점으로 돌아오듯이 성지를 이어서 걸으면 출발점으로 돌아오는 것이다. 불교의 수행과정을 소를 찾아 떠나는 여행으로 비유한 심우도에서 마지막 그림은 처음 출발했던 곳이다. 변한 것은 그의 심성일 뿐 외부의 세계는 원상태 그대로 돌아온다는 순환적 세계관을 상징적으로 보여준다.

반면 아브라함을 조상으로 하는 세 종교[10]는 직선적인 세계관에 걸맞게 순례길도 일방향성을 가진다. 그 길은 시점에서 종점까지 길쭉하게 이어진다. 그들은 태어나기 이전에 인간은 존재하지 않았다고 믿는다. 그리고 한 평생 잘 살다가 죽으면 그걸로 끝이다. 천국이든 지옥이든 어디론가 가겠지만 말이다. 제대로 안 살면 제대로 살 때까지 다시 태어나야 하는 불교나 힌두교와는 전혀 다르다. 일생에 한 번 메카에

순례의 도정에서

스페인 산티아고 성지 가는 길의 이정표

다녀오는 것이 신자의 의무인 무슬림이나 예루살렘을 향한 동경을 간직한 기독교인들의 가슴에는 이러한 세계관이 내재되어 있을 것이다.

순례의 끝은 어디인가

순례의 형식이 순환적인가 아니면 일방향성인가는 이들이 만들어온 길의 형태 또는 도시의 구조와도 관계가 있다. 이를테면 힌두교나 불교를 믿었던 사람들의 도시에서 길은 순환적이며 시작이나 끝은 무의미하다. 길이 두 지점을 잇는 경로라기보다는 그 자체로 삶이 이루어지는 거리 또는 광장이기 때문이다. 이들에게 지름길은 큰 의미가 없다. 마치 흐르는 물이 앞에 산이 있으면 돌아서 가고 고일 곳이 있으면 호수가 되듯이 이들의 걸음도 환경에 따라 자연스럽게 이어진다. 그래서인지 이들의 도시에는 길 같지 않은 길이 많다. 그러나 이슬람·기독교의 도시에서 길의 방향성은 중요한 의미를 가진다. 길은 두 지점을 연결하는 경로이며 시작점과 끝나는 점이 분명하다. 순례가 의무이고 살아 있는 동안 치러야 할 과제였으므로 지름길을 찾는 건 가치 있는 일이었다. 다리를 놓거나 산을 뚫어 길의 간격을 좁히는 건 순례자의 고난을 덜어준 선행으로 이에 합당한 칭송을 받았다.

세속적 삶에서 벗어나 신을 만나러 가는 순례가 자신의 몸과 고난을 담보로 한 일종의 희생제의였던 것은 분명하다. 그러나 그들이 가졌던 세계관이 순례의 여정에 반영되고 다시 도시를 만드는 데까지 영향을 미쳤다는 점은 곰곰이 생각해볼 만하다. 근대 이전 순환적 세계관에 젖어 있던 우리가 기독교와 직선적 세계관을 받아들이는 과정, 그리고 도시가 지금의 모습으로 변화해온 과정 역시 그 맥을 같이한다.

따라서 그러한 변화의 과정이 우리의 도시에 어떤 영향을 미쳤는지 살펴보면 나름대로 의미 있는 전언을 들을 수 있을 듯하다. 종교는 문명과 길항하며 이 세계에 많은 길을 만들어놓았다. 그러므로 순례의 도정을 살펴보는 것은 문명에 대한 새로운 시각을 얻는 의미 있는 일일 것이다.

힌두,
삶 자체가
순례인 사람들

『마하바라타』에 기록된 고대 힌두의
순례 경로는 4200킬로미터에 이른다.
순례의 도정에서 많은 사람이 죽지만
힌두교도들은 이를 두려워하지 않는
다. 길이 순환하듯이 삶 자체도 끝없이
순환하기 때문에 남은 길은 다음 생에
서 걸으면 그뿐이기 때문이다.

힌두Hindu는 고대 인더스 강 유역에
사는 사람을 부르던 말이다. 이들은 계절에 따라 나무가 옷을 갈아입
고 열매를 맺듯이, 해와 달, 낮과 밤이 반복되듯이, 사람의 삶도 영원히
순환한다고 믿었다. 살아 있는 동안 끊임없이 걸어야 하는 길을 만든
것도 이 때문이었을 것이다. 순환의 질서에 부응하기 위해, 불행의 씨
앗인 업을 거두기 위해, 윤회의 고리에서 조금이라도 빨리 벗어나기 위
해 이들은 걷고 또 걸었다. 그 길은 육체가 감내하기 어려운 고통이었지
만 전생의 업보를 덜어내는 가치 있고 기쁨을 주는 걸음이었기에 이를
마다하는 이는 없었다.

인도 사르나트 성지

뿌리를 하늘에 두고 자라는 나무

『우파니샤드』[11]에서는 우주가 생성되고 진화해온 과정을 하나의 나무로 비유한다. 이 나무는 뿌리가 하늘에 있고 아래로 가지를 뻗는다. 나무 자체가 최고신인 브라만의 현현이므로 신의 지혜를 상징하는 뿌리가 하늘에 있는 것은 당연해 보인다. 아마도 그렇게 비유한 것은 보리수의 실제 모습에서 연상했을지도 모른다. 인도의 뱅골보리수Banyan tree는 본목에서 수많은 받침뿌리를 늘어뜨리며 옆으로 퍼져나가니 말이다. 보리수의 이름인 반얀Banyan이 산스크리트어로 지혜를 뜻하는 반야Banya에서 나온 것도 이와 무관하지 않다. 우주의 나무속에서 뿌리와 가지를 끊임없이 오가는 물 그것은 바로 지혜를 찾아 신의 몸을 순례하는 인간이다. 나무가 물의 순환으로 생명을 유지하듯이 우주의 나무를 순환하는 인간의 순례는 최고신인 브라만의 생명을 유지하게 하는 고귀한 일인 것이다.

『우파니샤드』는 우주의 창조를 비롯하여 윤회 해탈에 이르는 힌두교의 중심 철학이 담긴 경전이다. 그중에서 가장 핵심적인 사상을 짚으라면 범아일여梵我一如, 즉 신인 브라만Brahman, 梵과 개인인 아트만Atman, 我이 서로 구분할 수 없는 하나라는 것이 아닐까 싶다. 인간이 순례를 멈출 수 없는 것도 이 때문이니 말이다. 인간은 단순히 신의 창조물일 뿐만 아니라 신과 함께 생명을 공유하며 우주의 나무를 살아 있게 하는 수분이다. 인간의 순례가 곧 신의 몸에 자양을 공급하는 피돌기인 셈이다. 힌두교도들은 나무속에서 순환하던 물이 마침내 이파리로 피어나는 모습을 '베다의 노래'가 울려 퍼진다고 불렀다. 오랜 세월 이어온 순례를 마치고 윤회에서 벗어난 인간, 그것은 바로 이들의 염원이었

뱅골보리수Banyan tree의 내부에도 길이 있다. 해탈의 길인가.

던 해탈이 아니겠는가. 우주의 나무, 그것은 신과 인간이 서로 상생하는 하나임을 보여주는 아름답고 탁월한 비유다.

끝없는 순환, 3000년 전의 순례길

힌두교도에게 있어 순례는 삶 자체였다. 길이 곧 집이었던 셈이다. 숱한 사람들이 성지를 향한 순례의 도정에서 죽었으나 그것은 이들이 바라는 가장 큰 축복이기도 했다. 고대 인도의 서사시 『마하바라타』에는 3000년 전 힌두교의 순례 경로가 자세히 기록되어 있다. 이 길은 힌두교도들이 가장 신성시 여기는 푸시카라 호수에서 시작된다. 푸시카라 호는 우주를 창조한 브라마가 푸른 연꽃을 들고 나타났다는 곳이다. 여기서 출발한 순례자는 라자스탄을 벗어나 인도의 북쪽 끝인 카슈미르까지 올라간다. 카시미르는 헬레나 호지가 쓴 『오래된 미래』의 배경으로 고대부터 힌두교 성지가 많은 곳으로 유명하다.

여기서 갠지스 강을 따라 벵골까지 내려간다. 힌두교의 많은 신화가 깃들어 있는 이 강은 이름 자체가 '성스러운 강'이다. 길이만 해도 무려 2460킬로미터에 이른다. 특히 두 지류인 할즈왈과 자무나 강이 합류하는 알라하바드는 많은 신상과 사원이 있는 신성한 도시. 힌두교도들은 평생 알라하바드를 꿈꾸며 살아가지만 모든 사람이 순례를 하지

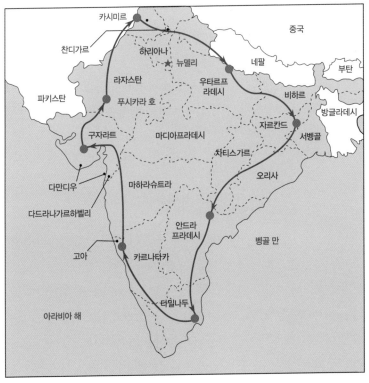

마하바라타의 힌두교 순례길

는 못한다. 강은 남동쪽으로 계속 흐르며 지류와 합류하고 바갈푸르를 지나 벵골 만으로 빠져 나간다. 이 여정은 왼쪽으로 히말라야를 바라보며 걷게 된다. 이 때문에 길을 걷다 아예 산으로 들어가 요가와 명상으로 평생을 보내는 수도자도 많다.

벵골에서부터는 인도의 동부 해안 도시를 따라 남쪽 끝 코모린까지 가고 아라비아 해를 따라 올라오면 구지라트가 있다. 이 도시는 16세기 라호르 강변에 세워진 무굴 제국으로 더 잘 알려져 있지만 그 이전부터 힌두의 오랜 역사를 품고 있다. 여기서 다시 원점인 라자스탄으로 돌아오면 대장정이 마무리된다. 약 4200킬로미터에 이르는 긴 경로다. 이 대업을 살아서 이루면 가장 큰 축복을 받은 것으로 여겨 오른손이나 어깨에 문신을 새겨 넣기도 했다. 반대로 순례의 도정에서 죽는다고 해도 그렇게 염려할 건 없었다. 길이 순환하듯이 삶 자체도 끝없이 순환하기 때문이다. 남은 길이 있다면 다음 생에서 다시 걸으면 그뿐인 것이다.

베나레스, 도시의 환상 순례길

몸이 불구이거나 여성들처럼 사정이 있어서 먼 길을 떠나지 못하는 사람들은 베나레스[12]에 있는 환상環狀 순례길을 돌았다. 이들이 가장 신성하게 여기던 베나레스에는 석가가 처음으로 가르침을 시작했다는 사르나트(녹야원)를 비롯하여 갠지스 강변의 가트[13] 등 많은 성지가 있다. 베나레스의 황금 사원이라 불리던 비슈와나트는 11세기경 이슬람에 의해 신상이 모두 약탈되고 파괴되었지만 아직도 가장 많은 힌두교도가 그 흔적과 유구를 찾는다. 이렇게 산재되어 있는 성지를 감

154

1890년에 그려진 베나레스의 가트

싸고 오른쪽으로 한 바퀴 도는 환상의 길을 베나레스 환상 순례길이라고 한다. 이승에 얽힌 업으로 순례를 떠날 수 없는 사람들은 이 길을 반복해서 돌며 한을 달랬을 것이다.

인도에는 이렇게 잘 알려진 순례길이 많이 있지만 실제로는 인도의 모든 길이 순례길이라 해도 과언이 아니다. 이는 모든 종교를 받아들이는 인도인의 포용과도 관계가 있다. 아마 인도만큼 다양한 종교가 공존하는 나라도 없을 것이다. 힌두교와 불교는 물론이고 이슬람교, 자이나교, 기독교, 바라문교, 시크교 등 역사서에서나 볼 수 있는 고대 종교도 계속 명맥을 이어가고 있다. 힌두교 사원이나 유적이 있는 곳에는 규모의 차이는 있지만 다른 종교의 성지도 같이 볼 수 있다. 범신론에 가까운 힌두교의 입장에서 보면 불교나 자이나교는 물론 기독교나 이슬람까지 모두 힌두교의 영역에 포함되니 오히려 자연스러운 일이다. 베나레스는 석가의 흔적이 많아 불교에서도 중요한 성지로 꼽힌다. 인도의 순례길이 모든 종교인이 함께 걷는 길로 불리는 것은 이 때문이다.

순례자의 축제 쿰 멜라

물경 4200킬로미터에 이르는 마하바라타 순례길을 따라 인도를 한 바퀴 돌아오는 데는 얼마나 걸릴까. 어리석은 물음이다. 가늠해보기도 쉽지 않겠지만 이 길을 걷는 자들에게는 시간의 흐름 자체가 무의미할 테니 말이다. 그렇긴 해도 인도인들이 가장 중요하게 여긴다는 순례자의 축제 마하 쿰 멜라Mahah Kumbh Mela[14]를 보면 12년이란 숫자가 의미 있는 기간이 아닐까 하는 생각이 든다. 쿰 멜라는 긴 여정을 마치고 마침내 성스러운 강인 알라하바드에 도착한 순례자들이 벌이는 축

제다. 이 축제는 갠지스 강의 지류를 따라서 장소를 바꾸어가며 3년마다 이어진다. 이중에서 인도인들이 가장 중요하게 여기는 건 12년마다 돌아오는 알라하바드의 쿰 멜라 축제다.

태초에 선한 신과 악한 신이 생명수인 암리타Amrita[15]를 차지하기 위해 싸움을 벌였다. 그러다가 이를 강에 떨어뜨렸는데 이 때문에 강물 전체가 신성하게 변했다는 것이다. 인도인들은 시간에 대해 초연한 태도를 보이긴 하지만 축제 기간에 맞춰 알라하바드에 닿는 것은 매우 중요하게 여긴다. 이 기간 중 갠지스 강에 몸을 담그면 모든 죄가 사해진다고 믿기 때문이다. 축제는 55일간이나 지속되며 이 기간에 갠지스 강을 찾는 인도인은 무려 1억 명이 넘는다. 끊임없이 걷는 삶, 순례를 인간의 숙명으로 받아들이는 사람들 그리고 순례자의 축제인 쿰 멜라를 보면 인도인의 삶 자체가 순례라는 말이 그리 틀린 말은 아닌 듯하다.

심우,
소는
어디에 있는가

신성한 사원에 오르는 길은 험하다. 걷
다보면 가죽으로 만든 앞치마가 헤지
고 이마에는 붉은 피멍이 든다. 옷이 찢
어지고 신발이 닳아서 떨어져나간다.
그러면 가죽을 덧대거나 헝겊으로 발
을 감싼다. 그리고 다시 걷는다.

마음을 찾아 떠나는 길

소를 찾아서 아이가 길을 떠난다. 오랫동안 숲속을 헤매다가
발자국을 발견한다. 그 흔적을 따라 걷다가 마침내 바위틈에 숨어 있
는 소를 찾는다. 기뻐하며 코뚜레에 고삐를 맨다. 소는 순하게 길들여
지면서 조금씩 하얗게 변해간다. 마침내 잘 길들여진 흰 소를 타고 아
이는 피리를 불면서 집으로 돌아온다. 소를 찾아 떠나는 여정을 그린
이 이야기는 청평사[16] 극락전의 벽화 내용이다. 「심우도」[17]라고 불리는
이 그림에서 소는 마음을 상징한다. 인간의 본성 또는 인간의 몸에 깃

청평사 극락전의 심우노

들어 있는 신성이라고 봐도 좋을 듯하다.

극락전 벽을 따라 돌면서 그림을 보면 마치 긴 대화를 나누는 듯하다. 내가 그림을 보듯이 그림 속의 아이도 나를 물끄러미 보고 있는 것처럼 느껴진다. 심우도는 아이가 집으로 돌아온 뒤에도 계속 이어진다. 소와 아이가 사라지고 결국 텅 빈 동그라미만 남는다. 그리고 다시 처음의 아름다운 숲으로 정경이 바뀐다. 이것에서 공空이나 윤회와 같은 전언이 명징하게 느껴져온다. 책 수십 권으로도 설명하기 어려운 불교의 깊은 철학을 그림 몇 장으로 이렇게 드러내다니 참으로 놀랍다. 아이가 찾는 소는 말이나 코끼리로 바뀌면서 십마도+馬圖(중국) 또는 십상도+象圖(티베트)로 그려지기도 했지만 주된 이야기는 그리 다르지 않다.

불교의 주요 성지

　불교에는 성지가 많다. 석가가 태어난 곳은 물론이고 오랜 수
행 끝에 깨우침을 얻었다는 보리수나무, 제자들에게 가르침을 펴고 사
람들을 교화시킨 곳 등이 모두 불교의 성지로 이어진다. 석가가 큰 나
무 사이에서 열반에 들었다는 사라 숲은 풀 한 포기, 나무 한 그루까
지 신성시된다. 그중에서도 석가의 탄생지 룸비니는 2500년 동안 불교
도의 발길이 끊이지 않는 최고의 성지다. 기원전 249년 마우리아 왕조
의 아소카 왕은 자신의 순례를 기념하기 위해 석주를 세웠다. 여기에는
"신의 사랑을 받는 아소카 왕이 석가모니를 찾아왔다"는 기록이 적혀

아잔타 석굴사원의 전체 모습

있다. 4세기경 중국 남북조시대 승려인 법현이 이곳을 방문한 기록도 남아 있다.[18] 당나라의 불교를 크게 일으킨 현장법사가 찾아간 곳도 바로 룸비니였다.

불교의 중심지에서는 조금 떨어져 있지만 동서 교역로에 있었던 아잔타 석굴 역시 순례자들이 많이 찾는 성지다.[19] 와고레 강변 절벽에 연이어 만들어진 석굴에는 시대별로 다양한 불상이 있으며 섬세한 조각과 벽화가 그려져 있어 불교문화를 한눈에 볼 수 있다. 아잔타 석굴은 이후 불교 석굴 문화의 전범이 되어 비단길 경로상의 둔황이나 중국의 룽먼, 윈강에 화려한 석굴이 만들어지는 계기가 되었다. 기독교 공인 이후 광야의 수도원이나 암벽 사원처럼 불교의 석굴 역시 수도를 위해 집을 떠난 사람들이 머무는 안식처였다. 인도에 산재해 있는 석굴사원은 모두 1200개소나 된다. 순례의 도정에서 마땅히 기거할 만한 곳을 찾기 어려운 순례자들은 석굴 사원의 수도자와 생각을 나누며 외로움을 달랬을 것이다.

산치의 사리탑과 경전

불교의 성지와 유적은 인도 전역에 널려 있지만 그중에서도 가장 많은 곳은 인도 중부의 산치Sanchi[20]다. 두 개의 강과 평원이 두르고 있는 이 작은 산에는 수많은 스투파와 토라나가 만들어져 있다. 우리말로 탑을 의미하는 스투파는 고승의 사리를 안치한 건축물이며 토라나는 불교의 경전을 조각으로 옮겨놓은 것이다. 글을 모르는 사람을 위하여 아예 책 자체를 부조로 만들었다. 세계 각지에서 온 순례자들은 인도어를 모르더라도 그림과 조각을 보면서 불교의 가르침을 받아

산치의 유적 입구

들였을 것이다. 부처의 행적과 관계없는 산치에 이렇게 많은 유적이 만들어진 것은 불교를 장려했던 아소카 왕과 부유한 상인들 덕이다. 산치는 오래된 상업 도시 비디샤와 붙어 있었는데 이 도시에는 인도는 물론 세계 곳곳과 교역하며 큰 부를 축적한 상인들이 살고 있었다. 이들이 여행의 안전과 번영을 빌면서 하나 둘 만들기 시작한 탑과 사원이 모여 지금의 산치가 된 것이다.

　산치에서 가장 눈길을 끄는 것은 토라나다. 불교의 역사를 한눈에 보여주는 조각으로 채워진 이 문은 아름답기 그지없다. 여기에는 석가의 탄생 설화는 물론 불교에서 중요하게 여기는 상징물이나 신앙심을 위한 경전 내용도 많이 보인다. 법륜이라고 하는 수레바퀴와 이를 바라보는 군중은 깨달음을 얻은 석가가 녹야원에서 설법하는 장면을 상징한 조각이다. 이뿐 아니라 당시 사람들이 살아가는 일상적인 모습에 대해서도 많은 조각이 그려져 있다. 농기구를 들고 일하는 농부, 물고기와 야채를 팔고 있는 상인, 화려하게 장식한 코끼리에 앉은 왕, 신하들과 한껏 차려입은 시녀들, 아름다운 몸매를 뽐내며 나무에 매달려 있는 여인, 물고기를 잡고 있는 어부 등. 이곳을 순례하는 사람들은 토라나 앞에 서서 시공간을 넘어 전해오는 깊은 울림을 받았을 것이다.

현장법사의 순례

한 남자가 만삭인 아내와 길을 떠난다. 과거에 급제하여 첫 부임지로 가는 길이다. 긴 여정에 피곤하긴 하지만 곧 새로운 삶이 시작된다는 기대에 잔뜩 부풀어 있다. 이들이 강어귀에 도착해 배를 기다릴 즈음 갑자기 산적이 나타난다. 그들은 남자를 죽이고 여자를 두목의 아내로 삼는다. 여자는 뱃속의 아이를 살리기 위해 고분고분 시중을 든다. 하지만 남편의 직위까지 사칭하는 두목이 아이를 살려두지 않을 것임은 자명하다. 여자는 우여곡절 끝에 아이를 낳고 바구니에 넣어 강물에 띄워 보낸다. 한 승려가 이 아이를 거둔다. 아이는 영특하여 13세에 이르니 더 이상 가르칠 게 없다. 승려는 아이에게 법명을 주고 더 큰 절로 떠나보낸다. 이 아이가 바로 현장이다.[21] 동화에나 나올법한 이야기지만 당시 당나라 사정이나 고증으로 보면 꽤 그럴듯하다.

그가 출가한 정토사는 중국 불교문화가 활발하게 꽃피운 뤄양(낙양)에 있다. 그는 이곳에서 불경을 공부하고 시안(장안), 뤄양, 청두 등여러 도시를 돌며 당시 중국에 알려진 모든 불경을 섭렵했다. 그러나

현장법사가 머물던 투루판 석굴 사원

알면 알수록 더 많은 의문이 솟아나자 627년 마침내 인도로 길을 떠났다. 황제는 그가 잘 다녀올 수 있도록 배려했지만 시안에서 인도에 이르는 길은 위험하기 그지없었다. 비단길 곳곳에는 한족과 적대 관계에 있던 흉노족이 버티고 있었고 이외에도 당나라에 불만을 가진 많은 나라가 있었다. 하지만 투루판[22]에서 그는 뜻밖의 도움을 받는다. 불교도였던 왕은 현장을 융숭히 대접하고 그를 호위할 군사와 말 그리고 행장까지 꾸려주었다. 그가 떠날 때는 경로에 있는 나라에게 현장을 안전하게 보호해달라는 편지를 써주었는데 그 덕분에 가는 곳마다 호의를 받았다.

타클라마칸 사막을 지난 현장은 서역의 수많은 나라를 거쳐 마침내 인도에 도착한다. 물경 4년에 걸친 긴 여정이었다. 하지만 그는 지체하지 않고 사원에 들어가 시라바드라[23] 밑에서 불경을 공부한다. 인도에 머문 10여 년간 불경 연구는 물론 왕을 위한 법회, 토론회 등을 통해 현장은 최고의 석학으로 떠오른다. 그리고 641년 마침내 귀국길에 오른다. 갈 때는 톈산 북로였지만 올 때는 쿤룬 산맥을 따라 타클라마칸 아래쪽으로 돌아오며 많은 나라의 문물을 접한다. 파미르 고원과 호탄 그리고 둔황을 거쳐 시안으로 돌아오는 길이다. 긴 여정 끝에 645년 정월 시안에 도착하자 황제는 그를 따뜻하게 맞는다. 현장은 인도에서 가져온 많은 불경과 진귀한 물건을 황제에게 바친다. 그는 지체 없이 불경을 번역하고 그동안 겪은 이야기를 글로 옮긴다. 이 책이 바로 16권에 이르는 『대당서역기』다.

혜초의 순례길

현장이 길을 떠난 지 100년 뒤 신라의 어린 승려가 그 길을 다시 밟는다. 그 승려는 열다섯에 중국으로 건너간 혜초[24]다. 그는 인도에서 온 금강지[25]의 제자가 된 뒤 불교는 물론 힌두교에 대해서도 많은 지식을 쌓고 723년 인도 순례길에 오른다. 그가 어떤 길로 인도까지 갔는지는 잘 알려져 있지 않다. 아프가니스탄이나 중앙아시아 일대 그리고 카슈미르까지 여행했다는 기록으로 보아 시안에서 둔황을 거쳐 파미르 고원을 넘지 않았을까 생각된다. 당시에는 해안을 따라 연결된 해상 무역로도 열려 있었기 때문에 이 길을 따라갔을 수도 있다. 해로는 시안에서 상하이나 광저우로 내려온 뒤 인도네시아, 말레이시아를 돌

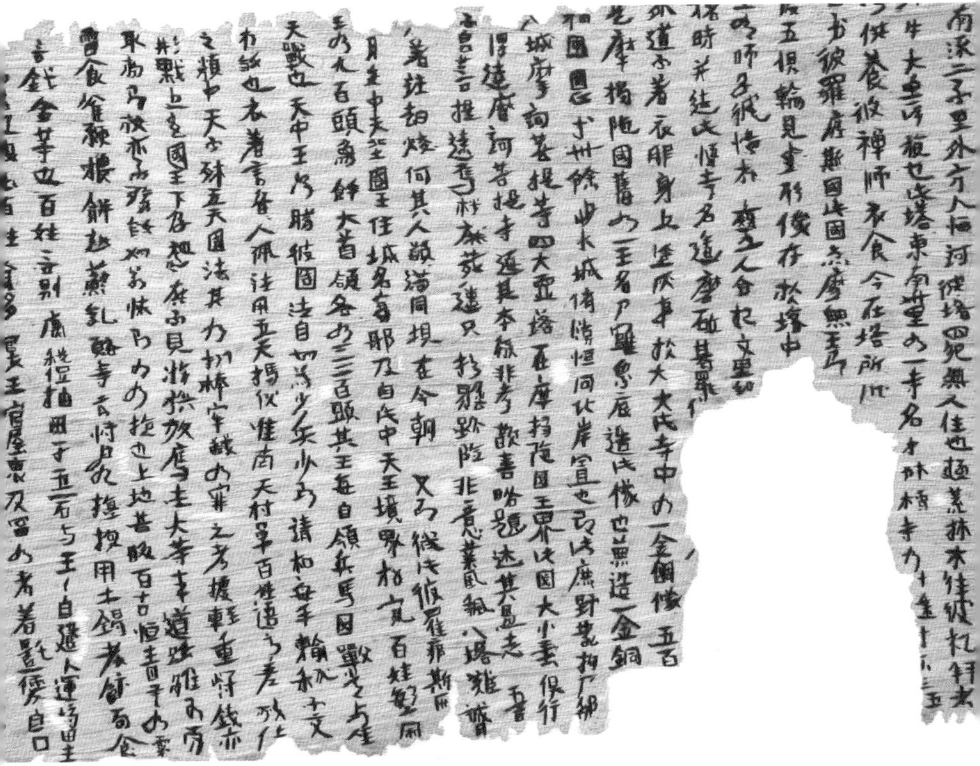

혜초의 『왕오천축국전』

아 벵골 만으로 들어서는 길이다. 일단 여기까지 오면 갠지스 강이 바다와 만나는 탐루크나 인도 중동부의 마살리아 등 어디로든 갈 수 있었다.

당시 인도로 떠나는 승려들은 현장법사가 기거했던 나란다에서 수학하는 것을 영예롭게 생각했다. 나란다는 단순한 사원이 아니라 당대의 지식이 집중되는 대학이기도 했다. 그러나 불교뿐 아니라 힌두교에도 관심이 컸던 혜초는 나란다보다는 여러 사원이나 성지를 전전하며 지식을 쌓았다. 10여 년간 여행을 마치고 중국으로 돌아온 것은 30세 무렵이었다. 황제의 지원이나 투루판 왕의 호의로 많은 불경과 일행을 거느리고 돌아온 현장과 달리 혜초의 귀국은 그렇게 화려하지 않았다. 그 대신 오는 길에 둔황의 막고굴에 머물며 여행기를 기술했는데 이 책이 바로 『왕오천축국전』이다. 1908년 P. 펠리오에 의해 발견된 이 책은 당시 인도에 있던 다섯 나라에 대한 기행기다. 한 권으로 되어 있어 현장법사의 『대당서역기』에 비해서 소소하긴 하지만 여기에는 당시 풍속과 문화, 종교에 대한 사실적인 기록이 가득 실려 있다.

코나, 신의 언덕을 향하여

티베트인에게 불교는 삶 자체다. 밥을 먹고 일을 하고 아이를 낳고 야크를 돌보는 것 모두가 바로 신을 숭배하는 일이다. 그들이 세상의 끝이라고 말하는 포탈라 궁[26]과 신성한 사원인 다자오사[27]는 순례의 목적지다. 그들은 늘 이곳을 생각하며 이곳에 오기 위해서 일을 한다. 하지만 순례의 길은 결코 순탄하지 않다. 오체투지, 세 걸음을 띨 때마다 한 번씩 절을 하며 걷는 순례를 그들은 코나Kona라고 부른다.

포탈라 궁

걷다보면 가죽으로 만든 앞치마가 해어지고 이마에는 붉은 피멍이 든다. 하지만 끊임없이 걷는다. 옷이 땅에 긁히면서 찢어지면 헝겊을 대고 기어 입는다. 신발이 다 닳으면 가죽을 덧대거나 헝겊으로 발을 감싼다. 허리가 끊어질 듯 아파오면 잠시 앉아 밥을 먹거나 불경을 외운다. 집을 떠나 성지에 이를 때까지 그렇게 걷는 티베트인의 여정을 보면 눈시울이 뜨거워진다.

왜 이렇게 걷는 것일까. 그들은 전생의 업을 끊기 위해서라고 말한다. 전생에서 지은 죄를 씻어내고 윤회의 모든 과정에서 벗어나기 위하여, 그리고 마침내 부끄러움 한 점 없이 신 앞에 서기 위하여……. 그러니 한 걸음 한 걸음 옮길 때마다 고개를 숙일 수밖에 없다. 가장 높은 곳에 있는 신을 위하여 자신을 가장 낮게 만들어야 하는 것이다. 마침내 포탈라 궁에 오르고 참배를 마치면 이들은 지상의 모든 업을 다 치른 듯 기쁨에 환호한다. 티베트인들은 자신들이 이 세상에서 가장 행복하다고 말한다. 그들이 사는 땅은 황량하기 그지없다. 차가운 바람이 훑고 지나가는 들판은 척박하고 곡식을 뿌릴 만한 땅은 눈에 띄지 않는다. 야크에게 풀을 먹이는 아이들은 산등성이를 끊임없이 이동해야 한다. 얼굴은 타서 검게 그을리고 노역으로 두툼해진 손은 차가운 바람에 터서 거칠다. 그럼에도 얼굴에는 늘 웃음이 가득하다. 순례가 주는 선물, 그것은 이들의 가슴에 가득한 웃음이 아닐까 싶다.

불타로, 순례와 침략의 길

불타로는 불교의 전파로이며 순례길이다. 인도 갠지스 강 유역에서 시작된 불교는 이 길을 따라 세계 각지로 뻗어나갔다. 그리고 얼마 뒤에는 다시 세계 각지의 구도자들이 이 길을 따라 인도로 찾아왔다. 불타로는 여러 갈래의 길이다. 유럽으로 이어진 길은 갠지스에서 아나톨리아를 거쳐 보스포루스 해협으로 건너간다. 동쪽으로 우리나라까지 이어진 길은 아프가니스탄과 중앙아시아, 중국을 거쳐 온다. 비단길이나 다른 교역로와도 겹친다. 갠지스 강 아래쪽으로는 서해안의 바루가자(지금의 수라트)를 지나 남하하는 길이다. 힌두의 순례길과 겹치기도 한다. 구도자의 행렬은 길을 따라서 평화롭게 이어졌지만 늘 그랬던 것만은 아니다. 불교가 태어나기 이전부터 시작된 아리안Aryan 족의 침입을 비롯하여 페르시아의 다리우스, 마케도니아의 알렉산더 그리고 이슬람 세력이 이 길을 통해 인도로 들어왔으니 말이다.

아리안은 시베리아의 초지와 투르키스탄 인근에서 떠돌던 유목민이었다. 기원전 15세기경부터 인도에 침입한 이들은 이후에도 계속 인도로 흘러 들어왔다. 청동기 수준에 머물러 농사를 짓던 인도인들은 철기와 유목으로 다져진 아리안의 상대가 되지 못했다. 기원전 6세기에는 페르시아의 다리우스가 인도를 침략했다. 불교가 태동되고 얼마 지나지 않은 기원전 3세기에는 마케도니아의 알렉산더가 이 길을 따라 인도로 들어왔다. 세계적인 제국이었던 페르시아나 마케도니아는 손쉽게 인도를 장악할 수 있었다. 이후 11세기부터 13세기까지 여러 차례 인도를 침략한 이슬람도 그리 큰 저항은 받지 않았다. 종교의 늪에 깊이 빠져들어 살아가는 인도인은 그 모든 침략을 묵묵히 받아들인 것이다. 그러나 인도의 역사를 보면 특이한 점이 있다. 로마는 그들이 정복한 곳에 로마 문명을 퍼뜨렸지만 인도에 들어온 외부 세력은 오히려 인도에 동화되었다는 점이다. 힌두와 불교를 통해 수준 높은 정신세계를 구축하고 있던 인도 문명을 정복자들은 기꺼이 받아들였다. 불타로를 따라 많은 이민족이 침입했음에도 이 길이 정복로가 아니라 불교의 길로 불리는 것은 이 때문이다.

신성한 밤
초승달이 뜰 때

해가 사라지고 중천에 초승달이 떠오
르는 순간 세계의 모든 무슬림은 땅에
엎드린다. 라마단이 시작된 것이다. 흰
옷을 입고 펼치는 이 제의는 유사 이래
인간의 어떤 동시 행동보다 거대하다.

에스테헤르알, 신성한 밤을 알리다

흰 모자를 쓰고 첨탑 위에 서 있는 노인[28]이 하늘을 바라보고
있다. 마침내 노인이 손을 높이 쳐들며 외친다. '에스테헤르알, 라마단
카림!'[29] 숨죽이고 첨탑을 지켜보던 사람들이 일제히 몸을 숙인다. 이
순간을 위해 세계 각지에서 순례를 떠나온 사람들이다. 무슬림이 가장
중요하게 여기는 신성한 밤, 라마단은 이렇게 시작된다. 나라마다 다르
게 정하는 경우도 있지만 물경 수억이 넘는 무슬림이 사우디아라비아
메카에서 알리는 신호에 따라 땅에 엎드린다. 아마도 지구상에서 벌어

지는 가장 거대한 동시 행동일 것이다. 이날부터 한 달간 무슬림은 결핍의 시간을 갖는다. 아랍어로 '더운 달'을 뜻하는 라마단은 무함마드가 천사에게서 코란을 받아 적은 달이다. 이 기간 모든 무슬림은 해가떠 있는 동안 금식을 하고 다섯 번 기도를 올린다. 사정이 있어 지키지못한 사람들은 나중에라도 채워 넣어 신과의 약속을 지킨다.

라마단이 끝나는 권능의 밤Laylatul-Qadr 모든 무슬림은 밤을 새워 기도하고 뜬 눈으로 아침을 맞는다. 신의 경전이 인간에게 내려지는 신성한 시간을 무함마드와 함께 하기 위해서다. 긴 결핍의 시간이 지나고마침내 새 아침이 오면 축제가 시작된다. 이드알피트르Eid-al-Fitr라는 이축제는 사흘간 계속되며 서로 선물을 나누고 축하의 메시지를 전한다. 이슬람을 이해하려면 라마단을 보라고 말한다. 그들이 무엇을 중요하게 생각하는지, 원하는 게 무엇이고 어떻게 살아왔는지 라마단을 보면알 수 있다는 것이다.

무슬림의 순례는 메카에 있는 카바Kabah를 중심으로 이루어진다. 카바는 15미터 높이의 석조 신전이다. 순례를 떠나는 길은 물론이고 어디서 살든 기도할 때는 반드시 카바 신전이 있는 쪽으로 머리를 향한다. 사원을 지을 때도 카바 쪽으로 정확하게 방향을 잡기 위해 많은 노력을 기울인다. 카바는 알라의 집이다. 「창세기」에 아담과 그의 아들 셋이 처음 지었고 그 뒤 아브라함과 이스마엘이 다시 지었다. 아브라함은기원전 1871년 부인과 함께 이집트로 간다. 이때 파라오는 하자르라는시녀를 주는데 이로부터 이스마엘이라는 아들을 얻는다. 아브라함이하자르, 이스마엘과 함께 메카로 와서 지은 신전이 바로 카바다. 무함마드가 지브릴의 계시를 받기 오래전부터 카바는 이곳에 살던 사람들이 신성시 여기던 성지였다.

신성한 밤 조슈엄이 뜰 때

사우디아라비아의 메카

순례, 숭고한 결핍의 시간

무슬림에게 있어서 라마단과 순례는 결핍의 시간이라는 점에서 서로 통한다. 그러나 이슬람에서의 순례는 다른 종교와는 의미가 다르다. 보통 순례라 하면 자신이 살던 집에서 벗어나 혼자 외로운 길을 떠나는 것을 말한다. 그러나 이슬람의 순례는 혼자서 떠나는 게 아니라 단체나 가족 단위로만 떠날 수 있다. 순례의 도정 역시 코뮤니타스와 같은 해방감이 생기는 공간이 아니다. 순례자들끼리 방심하고 어울리며 얻을 수 있는 심리적인 동질감도 기대할 수 없다. 집을 떠난 이후 오히려 더 많은 금기를 지키면서 엄격한 절차를 따라야 하니 말이다.

이슬람에서 순례는 가장 상위에 있는 종교법에서 정하고 있는 의무다. 순례가 진행되는 절차도 제의를 치르는 것과 다를 바 없다. 건강이나 재력 등 "순례를 할 여력이 있는 무슬림은 순례를 해야 한다"고 모호하게 정의되어 있긴 하지만 무슬림은 이 말을 신과의 약속으로 받아들인다. 순례를 의미하는 말로는 하즈Hajj, 움라Umrah, 지야라Ziyarah가 있다. 가장 중요한 하즈는 매년 12월에 시작된다. 생리 중인 여성이나 개인의 순례는 금지되며 지켜야 할 규칙도 적지 않다. 순례 전에는 반드시 목욕을 해야 한다. 손톱과 발톱을 깎고 수염과 머리카락도 다듬어야 한다. 이렇게 금기를 지키고 마음을 가다듬은 뒤 정해진 절차에 따리 순례를 끝내면 그의 이름 앞에는 알 하즈al Hajji라는 성스러운 호칭이 붙는다.

사정이 있어 12월에 순례를 하지 못한 사람들이 다른 달에 하는 순례를 움라라고 한다. 움라는 1년 중 아무 때나 메카를 방문하면 된다. 절차도 하즈처럼 엄격하지 않고 시간에 구애받지도 않는다. 심지어는 다른 사람을 대신하여 순례하는 것도 가능하다. 움라는 알 하즈와 같은 순례자로 인정받지는 못하지만 이름 앞에 알 무타미르al mutamir라는 칭호를 붙여 신과의 약속을 지킨 사람이라고 부른다. 지야라는 신성한 장소를 참배하는 것을 말한다. 종교법에서 절차와 지켜야 할 규칙을 정하는 하즈나 움라와는 달리 제한 사항이 없다. 지야라는 이슬람 의식이라기보다는 고대로부터 내려오는 관습에 가깝다. 다른 종교에서 말하는 자유로운 순례와 가장 가깝다고 할 수 있다.

신의 질서로 회귀하다

하즈hajj 순례는 신이 아브라함의 믿음을 시험하고 그의 아들 이스마엘이 사탄의 유혹을 물리친 과정을 재현하는 의식이다. 워낙 많은 사람이 함께 하기 때문에 그 과정을 모두 이행하는 데는 5일 정도가 걸린다. 하지만 아무리 번잡하다고 해도 성스런 의식을 재현하는 과정은 늘 세심하고 경건하게 치러진다. 무슬림이 금기를 지키는 것과 절차를 이행하는 것 못지않게 중요하게 생각하는 것은 마음을 가다듬는 일이다. 가슴에 화가 있다면 내려놓아야 하며 원한을 맺은 이가 있으면 용서해야 한다. 이웃과 다툼이 있었으면 화해를 하겠다고 약속해야 한다. 부정한 생각이나 불만 욕정도 모두 내려놓아야 한다. 그러고 나서 하즈에 이르기까지 자신이 살아온 삶을 찬찬히 되돌아보며 신이 보시기에 합당하지 않은 행위를 한 적이 없는지 반성해야 한다. 이렇게 모든 준비를 갖춘 무슬림만이 비로소 가족의 손을 잡고 메카로 향할 수 있다.

하즈 첫째 날은 메카 안의 카바 신전을 도는 타와프Tawaf로 시작된다. 신전 주위에 둥글게 이어진 사람들이 천천히 움직이는 모습은 마치

군무를 보는 듯하다. 이 의식은 우주의 순환을 상징한다. 북극성을 중심으로 모든 별들이 순환하듯이, 태양을 중심으로 행성이 순환하듯이 무슬림들은 우주의 중심인 카바 신전을 돌면서 자신이 신의 질서 속에 포함되어 있음을 확인한다. 이렇게 일곱 바퀴를 돌고 나면 검은 돌 Hajar al Aswad에 다가가 입을 맞추고 알라후 아크바르Allahu Akbar(알라신은 위대하시다)를 일곱 번 외친다. 7은 모든 종교에서 보편적으로 중요하게 생각하는 숫자이긴 하지만 무슬림에게는 특히 더 의미가 깊다. 코란에 신이 우주를 창조할 때 하늘과 땅을 일곱 개의 층으로 창조했다고 적혀 있기 때문이다.[30]

타와프를 마치면 싸이 의식을 치르기 위해 5킬로미터쯤 떨어진 미나 Mina 평원으로 향한다. 이곳은 신이 아브라함의 믿음을 시험하기 위해 아들 이스마엘을 제물로 바치라고 한 곳이다. 싸이 의식은 사파Safa와 마르와Marwah라는 두 구릉 사이를 천천히 걷는 것이다. 이 역시 일곱 번을 왕복한다. 걷는 동안 가톨릭의 고해성사와 비교되는 신앙고백을 한다. 미나 평원의 한 쪽에는 '숫양이 울던 곳'이라는 바위가 있다. 아브라함이 아들 이스마엘 대신 숫양을 제물로 바치라는 신의 음성을 들은 곳이다. 순례의 첫날 이루어지는 타와프와 싸이는 하즈에서 가장 중요한 의식이다.

둘째 날은 무함마드가 마지막으로 설교했다는 아라파트 산으로 자리를 옮긴다. 정상에 오른 순례자들은 "알라 이외에 다른 신은 없으며 무함마드는 알라의 예언자다"라고 큰 소리로 외친다. 셋째 날 순례자들은 무즈달리파 산으로 향한다. 의식에 사용할 돌멩이를 줍기 위해서다. 넷째 날에는 미나 평원 한 쪽에 있는 자마라트로 향한다. 이곳에는 사탄을 상징하는 3개의 돌기둥이 있다.[31] 자식을 제물로 바치라는 신의

카바 신전에서 타와프 중인 무슬림

음성을 듣고 아브라함이 비통에 빠져 있을 때 사탄은 이 사실을 이스마엘에게 알려주며 얼른 도망가라고 말했다. 그러나 아버지 못지않게 신앙심이 두터웠던 이스마엘은 돌을 던져 사탄을 쫓았다.

순례자들은 무즈달리파에서 주워온 돌멩이를 사탄의 돌기둥을 향해 각각 일곱 개씩 던진다. 이스마엘의 행동을 재현함으로써 자신도 사탄의 유혹에 빠지지 않겠다고 다짐하는 것이다. 이 모든 과정이 끝나면 순례자들은 다시 메카로 돌아온다. 하즈를 마치기 전 신과의 약속을 되새기려는 뜻에서다. 무슬림은 천천히 카바를 돌면서 자신이 신의 질서 속에 깃들어 있음을 다시 한번 확인한다. 이렇게 모든 절차를 마친 순례자들은 서로 그 기쁨을 나누기 위해 염소를 제물로 바치고 집으로 돌아간다.

아라파트 산의 순례자들

이흐람, 신 앞에서는 모두 평등하다

이흐람Ihram은 이음매 없이 하나의 천으로 만든 흰 색의 옷이
다. 순례자들이 지켜야 할 것은 한두 가지가 아니지만 그중에서도 가
장 중요한 것은 이흐람을 입어야 한다는 것이다. 손톱을 깎지 못했거나
몸을 청결하게 하지 않았다면 그 사정을 기도로 사죄할 수 있다. 절차
를 잊어버렸다면 희생제를 다시 치르면 된다. 그러나 이흐람을 입지 않
았다면 하즈는 불가능하다. 이흐람의 흰색은 평등을 의미한다. 신 앞에
선 모든 인간은 평등하기 때문이다. 잘난 사람도 못난 사람도 없고 귀
인도 천민도 없다.

이슬람 사상을 한마디로 말하면 움마Ummah 곧 공동체다. 그 공동체
에는 왕도 귀족도 없고 심지어 사제도 없다. 이들이 치르는 제의도 주
관하는 자가 따로 있는 게 아니다. 단지 시간을 알리는 종소리와 함께
개인과 신이 대면하는 기도가 치러질 뿐이다. 공동체를 대표하는 이맘
Imam이 있긴 하지만 이는 계급이 아니다. 신과 인간의 중재자가 아니며
지배자는 더욱이 아니다. 공동체에 속한 무슬림의 생각과 신앙이 자연
스럽게 신에게 향하도록 숭고한 의무를 수행하는 자일 뿐이다.

태초에 신은 이렇게 모든 인간을 평등하고 존엄하게 창조했다. 피부
색이 다르고 모습이 달라도 신에게 인간은 그저 소중한 자녀인 것이다.
그러나 이를 질시한 사탄은 인간의 세계에 불평등을 던져놓았다. 계급
과 빈부를 가르고, 차이를 차별로 만들었다. 그 사이에서 권력과 탐욕
이 솟아났으며 인간은 폭력과 갈등에 휩싸여 고통을 받게 되었다. 하
지 순례에서 이흐람을 입는 것은 이를 회복하기 위해서다. 수천만 명의
순례자가 똑같이 흰 옷을 입고 서로 하나임을, 서로 다르지 않음을 드

러내려는 것이다. 그것은 신이 인간에게 준 고귀한 선물, 모든 인간이
평등하며 신의 사랑을 공유하는 세계의 재현이다. 이흐람은 순례가 지
향하는 궁극의 목적이 무엇인지 명징하게 드러내는 숭고한 상징이다.

흰 종이의 기적

하즈 순례는 오래 전부터 이어져온 전통에 따라 이렇게 엄
격하게 치러진다. 현재 정립되고 행해지는 절차는 무함마드가 죽은
632년 처음 행해진 이후 지금까지 그대로 답습되고 있는 의식이다. 코

란에는 순례의 방법이나 순서를 딱히 정해놓지는 않았지만 지켜야 할 터부에 대해서는 자세히 나와 있다. 한꺼번에 너무 많은 사람이 몰리기 때문에 지키는 것이 쉽지는 않지만 정해진 하즈 순례는 12월 7일에서 10일까지다. 이렇게 세심한 준비와 경건함을 갖춘 무슬림만이 가족과 함께 메카 신전으로 향할 수 있다.

순례자들이 이렇게 까다로운 절차를 마다않고 따르는 것은 하즈 순례가 무슬림의 의무일 뿐만 아니라 가장 큰 축복이기도 하기 때문이다. 무함마드는 순례를 마친 모든 무슬림이 흰 종이처럼 바뀐다고 말한다. 순례를 떠나기 전에 지었던 모든 죄가 소멸되고 새로운 사람이 된다는 뜻이다. 신앙을 가진 이들에게 이보다 더 큰 축복이 어디 있겠는가. 아브라함을 조상으로 하는 유대교, 기독교, 이슬람교는 인간에게 끊임없이 죄의식을 공급함으로써 존재해왔다. 심지어 갓 태어난 아이조차 피에서 유전되는 원죄를 타고난다고 말이다. 그렇게 평생 죄의식에 시달리며 살아가는 사람들에게 순례는 각별한 경험일 것이다. 얼마간의 돈과 시간을 들여 메카에 다녀오면 모든 죄가 사라진다니 얼마나 큰 카타르시스를 경험하겠는가.

종파의 분리와 성지의 비극

이슬람에도 신성한 장소를 순례하는 지야라가 있기는 하지만 그렇게 중요한 의미를 두지는 않는다. 이슬람의 역사에서 중요한 역할을 해온 성인을 존경하기는 하지만 그 역시 인간이며 신 앞에서 모든 인간은 평등하다는 생각이 근저에 깔려 있어서일 것이다. 하즈와 움라는 장소와 기간 그리고 지켜야 할 금기까지 엄격하게 정하고 있지만 지야라는 아무런 제한이 없다. 그저 여행을 떠나듯 성인의 기일을 전후하여 편하게 차려입고 길을 떠난다. 성지에 이르기까지 굳이 걸어서 갈 이유도 없다.

순례의 대상이 주로 성인의 묘소나 순교, 학살과 같은 비극적인 사건과 관계되는 것을 보면 이슬람에도 적지 않은 성지가 있을 듯싶다. 그들 역시 무함마드가 죽은 이후 교리 해석이나 이해 다툼으로 수없이 갈라지며 다투어왔기 때문이다. 200여 개의 이슬람 종파[32] 중 가장 많은 무슬림을 포함하고 있는 수니Sunni파나 시아Shia파도 자체의 내분으로 인해 적잖은 피를 흘려왔지만 그 외의 소수 종파가 걸어온 길은 그야말로 가시밭길이었다. 중재나 타협을 신의 완전성에 흠결을 입히는 것으로 생각하는 유일신교의 특성은 그 안에 얼마나 많은 성역과 비극의 현장이 있을지 유추하게 해준다.

시아파는 수니파 다음으로 많은 무슬림이 믿는 종파다. 이들은 빼앗긴 칼리파 자리를 되찾기 위해 680년 대규모 반란을 일으켰다. 그러나 결국 실패하고 이들을 이끌던 후사인Husayn Ibn Ali과 추종자들은 참혹하게 살해되고 만다. 그의 무덤이 있는 이라크 나자프의 후사인 사원은 시아파 무슬림이 가장 신성시하는 성지다. 해마다 그의 축일에는 사원을 순례하려는 무슬림으로 나자프 시 전체가 성황을 이룬다. 이라크 탈아파르에 있는 사드 빈 사원도 시아파의 성인 아킬 후세이니Akill Husayni가 잠들어 있는 중요한 성지다. 모술의 알쿱타 후세인 역시 무슬림이 많이 찾는 성지다. 하지만 안타깝게도 2014년 사원 자체가 파괴되는 불운을 겪었다. 이슬람 국가IS, Islamic State를 표방하는 수니파의 무장 단체가 우상을 파괴한다며 저지른 짓이다.[33]

시리아의 알라위Alawi파는 유서 깊은 사원이나 성인의 묘소와는 상

레바논 삼나무 숲의 노거수

관이 없는 이들만의 성지로 순례를 떠난다. 대개 레바논이나 시리아의 '성스러운 숲'으로 불리는 곳이다. 나티크Natik(신의 말을 전하는 자, 예언자)보다는 신과 소통하는 자인 서미트Sumit(침묵하는 자)를 상위의 이맘으로 보기 때문이다. 레바논의 삼나무 지대나 시리아의 라타키아[34] 숲은 순례를 위해 찾아오는 무슬림으로 늘 북적인다. 그러나 이들은 서로 대화를 나누지 않고 거의 혼자만의 시간을 보낸다. 성스러운 숲을 두르고 있는 신의 아우라에 흠뻑 빠져들기 위해서다.

무함마드 사후 가장 호전적으로 알려진 카와리즈Khawarij파는 성지 자체를 우상으로 여긴다. 중재는 신의 역할이며 인간은 계속 싸워야 한다는 믿음을 고수하는 과정에서 정처를 두기 어려웠던 이유도 있을 것이다. 이들은 성인의 무덤이나 사원을 찾는 데 연연하지 않았다. 지하드Jihad(성전)를 신앙의 기둥으로 삼은 이들의 성지는 바로 성전을 치르는 곳이었고 순례는 곧 싸움에 참여하는 것이었으니 말이다. 이외에도 수많은 종파가 제각기 성지가 있긴 하지만 이슬람의 지야라, 즉 성지순례에는 그리 열정을 기울이지 않았다. 아마도 무슬림의 의무인 메카 순례에 더욱 치중했기 때문이 아닐까 싶다.

인류의
트라우마,
히브리

순례가 고난을 위해서 떠나는 것이라
면 기독교에 그렇게 많은 순례길이 생
겨난 것도 이상할 게 없다. 아브라함을
조상으로 하는 세 종교가 서로에게 저
질러온 가학, 그리고 헤브라이즘이 유
럽을 벗어나며 세계인에게 저지른 상처
를 치유하자면 그렇게 걷지 않고 어찌
하겠는가.

산티아고 가는 길

히브리인의 비극

아마 기독교만큼 순례 장소가 많은 종교도 없을 것이다. 기독교인의 3대 순례지로는 흔히 예루살렘, 로마, 산티아고를 들지만 『구약성서』에 언급되거나 유명한 성당과 같이 순례의 대상이 되는 곳은 헤아릴 수 없이 많다. 이는 유대인과 기독교가 받아온 박해의 역사와 무관하지 않을 것이다. 유대인은 인류 역사상 가장 깊은 고난의 역사를 간직한 민족이라고 할 수 있다. 페르시아의 산헤립 왕이 유대의 두 왕국 라기스와 이스라엘을 멸망시키면서 저지른 학살극은 그냥 읽기도 어려울 정도다. 예루살렘 왕국만이 겨우 살아남아 명맥이 이어졌지만 그 뒤로도 유대 민족의 고난은 끊이지 않았다. 예수가 죽고 100년이 지난 뒤 메시아를 사처하는 코크바는 유대 민족을 이끌고 대대적인 항쟁을 벌였다. 그는 예루살렘과 유대 지역 전체를 장악했지만 결국 로마에 진압되고 만다.

이에 대한 로마의 보복은 실로 끔찍했다. 985개의 유대 마을 전체를 폐허로 만들었으며 무려 58만 명을 학살하고 살아남은 여인과 소년은 노예로 팔았다. 유대인이 뿔뿔이 흩어진 뒤에도 기독교는 근근이 명맥을 이어갔지만 콘스탄티누스 황제에 의해 모든 종교가 공인된 313년까지도 박해는 끊이지 않았다. 기독교에 그렇게 많은 순례지가 있는 것은 그 아픔의 역사와 관계가 있을 것이다. 종교 공인 이후 시작된 순례의 역사는 아마도 그 아픔의 역사를 치유하기 위함이 아니었을까. 순례는 신자의 의무로 받아들여졌고 중세에는 로마 순례가 정기적인 행사로 여겨지기도 했다. 이슬람이 예루살렘을 장악한 뒤로는 순례가 십자군과 같은 정복 전쟁으로 변질되기도 했지만 이후로도 3대 성지를 향한 순례는 지금까지 끊임없이 이어지고 있다.

모세의 길

순례를 의미하는 라틴어 페레그리누스peregrinus는 방랑한다는 뜻을 지녔다. 그렇게 정처를 두지 않고 먹고 입는 것을 오직 신에게 의존하는 것이 순례라면 히브리인의 '이집트 탈출기'만큼 잘 어울리는 말도 없을 것이다. 그래서인지 3300년 전 히브리인이 걸었던 '모세의 길'은 지금도 기독교인이 많이 찾는 순례길 중 하나다. 이집트에서 가나안까지 이르는 이 길[35]은 물경 950킬로미터가 넘는다. 순전히 걸음에 의지했던 당시로서는 짧지 않은 거리다. 이들이 걸었던 길이 어디인지는 오랜 세월 지명이 변하고 도시의 생멸이 거듭되어 정확히 알기 어렵다. 당시 대상들이 오가던 길과 거점 도시 그리고 성서의 에피소드를 토대로 추측해볼 뿐이다.

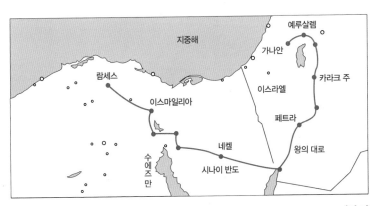

모세의 길

193

이집트 람세스에서 나온 모세가 처음 따라간 길은 당시 잘 알려진 시나이 반도의 통상로였을 것이다. 이 길은 사막을 횡단한 뒤 '왕의 대로King's highway'를 따라 북쪽으로 올라가는 길이다. 지중해 해안을 따라서 올라가는 길이 있기는 했지만 이곳은 이미 많은 종족이 자리를 잡고 있어 지나가기가 만만치 않았을 것이다. 에돔족[36]의 수도였던 페트라를 지날 즈음 이들은 어려운 문제에 빠진다. 도시가 외부에 알려질 것이 두려웠던 에돔 왕이 모세의 접근을 막은 것이다. 페트라는 수만 명이 거주하는 큰 규모의 도시였지만 입구는 협곡 뒤에 꽁꽁 숨겨져 있었다. 결국 모세는 왕의 대로에서 벗어나 황량한 사막을 통과해야 했다. 지금도 이 주변에는 모세와 관련된 유적이 많이 남아 있다.[37]

물이나 먹을 것이 턱없이 부족한 형편에서 40만의 히브리인[38]이 걸어간 길은 그 어떤 서사시보다도 깊은 울림을 준다. 40만 명 중에는 젊은 사람뿐 아니라 아이와 노인, 부녀자도 함께 있었을 것이다. 그러나 개인적인 형편이 어찌 되었든 걸을 수 없다는 것은 곧 죽음을 의미했다. 낮에는 덥고 밤에는 살을 애일 듯 추웠으며 먹을 것은 늘 부족했을 것이다. 모세가 기적을 일으켜 샘을 터뜨리고 음식을 얻게 했다고는 하지만 기적이라는 것은 기적 같은 일이 일어나야 할 절박함을 반증한다. 그 길은 아마도 인류가 걸었던 어떤 길보다도 척박하고 고통스러운 길이 아니었을까. 유대인을 강하게 만든 근저에는 아마도 이렇게 흑독한 시련을 건너낸 힘이 자리 잡고 있을 것이다.

산티아고 데 콤포스텔라

야고보의 무덤이 있는 산티아고는 9세기부터 1000년이 넘게

194

산티아고 데 콤포스텔라 성당

이어져오는 유서 깊은 순례다. 지금은 종교적인 이유를 떠나서 많은 사람이 트래킹을 즐기는 명소가 되었지만 당시에는 이 길을 걷기 위해 평생 돈을 모아 준비해야 하는 먼 길이었다. 산티아고가 순례지가 된 것은 이슬람 팽창과 관계가 있다. 예루살렘은 기독교인들이 가장 많이 찾는 순례지였지만 638년 이슬람이 정복한 뒤로는 순례에 많은 어려움이 따랐다. 결국 순례에 대한 열정이 십자군 전쟁이라는 비극으로 이어지기도 했다. 그 와중에 이슬람 세력에서 멀리 떨어져 있던 이베리아 반도에서 야고보의 무덤이 발견되자 이 소식은 순식간에 기독교 전역으로 퍼져나갔다. 이후 산티아고는 유럽 전역으로 이어지는 순례길이 만들어졌고 그 길은 늘 순례자들로 북적거렸다.

산티아고로 가는 길은 이후 1000여 년간 가장 많은 유럽인이 걷는 길이 되었다. 예수의 고난을 체험하기 위해 800킬로미터에 이르는 길을 맨발로 걷는 이들도 많았다. 함께 걷는 이들과는 신분과 관계없이 형제가 되었고 먹을 것과 입을 것을 기꺼이 나누었다. 발이 부르트거나 몸에 상처가 나는 것도 문제가 될 게 없었다. 길의 도정에는 곳곳에 많은 무덤이 있다. 그 안에는 그렇게 걷다가 죽은 순례자의 무덤도 섞여 있을 것이다. 산티아고 순례길은 유럽인의 종교적인 신심과 사랑이 가장 순수하게 드러난 곳이 아닐까. 예루살렘으로 가는 길이 다시 열린 16세기경 잠시 시들해지기는 했지만 유럽인의 문화 속에 산티아고는 아직도 깊이 자리 잡고 있다. 그림 형제의 동화나 문학작품에는 길 떠나는 사람의 이야기가 유난히 많이 나온다. 아마도 순례와 함께해 온 유럽의 역사가 그만큼 오래되었기 때문일 것이다.

라틴아메리카의 순례길

기독교의 순례길 중에서 가장 특이하면서도 아픔이 서려 있는 길은 라틴아메리카에서 찾아볼 수 있다. 1535년 스페인의 피사로가 잉카 제국을 정복한 뒤 이곳은 피로 얼룩진 역사가 이어졌다. 정복 당시 800만이 넘던 인구는 17세기 무렵 200만으로 줄어들었다. 원주민을 먹을 수 없는 동물 정도로 생각했던 유럽인의 야만성을 단적으로 보여주는 통계다. 뒤늦게 종교적인 관용이 개입됐다고 하나 이 또한 엄밀히 말하면 노동력의 확보라는 이해관계와 맞아떨어졌을 뿐이다. 라틴아메리카의 순례길은 아마도 그렇게 살아온 원주민들의 트라우마일 것이다. 유럽인은 원주민을 기독교도로 만들기 위해 많은 방법을 동원했지만 이들 가슴속에 자리 잡고 있는 토속신앙을 모두 제거할 수는 없었다. 결국 라틴아메리카의 종교는 기독교와 토속신앙이 뒤얽힌 독특한 모양이 되었다.

이들이 떠나는 순례는 지금은 물론 기독교 성지이지만 정복 이전에는 원주민의 신전이었던 곳이 많다. 멕시코 과달루페에 있는 토난친틀라 성당은 라틴아메리카인의 순례가 끊이지 않는 곳이다. 근처에 테페야크 언덕에서 1531년 성모 마리아가 현현했다는 전설이 깃들어 있기 때문이다. 그러나 이곳은 원래 아즈텍의 지모신 코아틀리쿠에Coatlicue의 신전이 있던 곳이다. 정복 이후 원주민의 신앙이 이곳으로 집중되자 이들을 기독교도로 개종시키기 위해 유럽인들은 성당을 지었다. 그로 인해 토속신앙과 기독교가 융합된 독특한 종교가 생겨난 것이다. 토난친틀라라는 성당 이름도 '우리의 성스러운 어머니'라는 아즈텍어에서 유래되었다. 이를테면 아즈텍의 대지모신이 기독교의 마리아로 변신한 것이다. 이외에도 콜롬비아의 보하카, 볼리비아 티티카카 호수의 코파카바나, 과테말라의 에스키홀라스, 멕시코의 테오티와칸, 페루의 코이요리티 등에는 기독교와 토속신앙이 어울려 만들어진 성당 또는 신전이 많이 있으며 이곳을 향한 순례의 열정은 오랜 세월 끊이지 않았다.

환상 속의 신전을 찾아서

지금은 이미 폐허가 되어버렸지만 고대 잉카나 아즈텍의 신전을 찾아 떠나는 순례자도 적지 않다. 멕시코와 과테말라 국경에 있는 야슈칠란 신전은 마야 초기의 유적이다. 근처에는 아름다운 조각과 비석이 산재해 있으며 높은 언덕 위에 신전이 있다. 잉카 문명의 후손들은 멕시코를 비롯한 라틴아메리카 전역에서 이곳을 향하여 길을 떠난다. 지금은 이렇게 자유롭게 길을 떠날 수 있지만 유럽인이 라틴아메리카를 정복한 이후 근세까지 고대 신전을 찾는 순례는 불가능한 일이었다. 아마도 우이촐족[39]의 '페요테peyote 사냥'은 이 때문에 생겨난 종교의식이 아닐까. 순례가 종교적으로 의미 있는 성지나 정신적인 숭배의 대상을 찾기 위해서 떠나는 여행이라면 페요테를 얻기 위해 떠나는 길역시 순례의 한 형식이다.

페요테는 멕시코 일대에 서식하는 선인장의 일종이다. 이 식물에는 메스칼린mescaline이라는 환각 물질이 들어 있어 고대로부터 잉카인의 종교의식에 사용되어 왔다. 페요테 사냥이라 함은 페요테를 얻기 위해 떠나는 여행 그리고 페요테의 즙을 이용해 치르는 종교의식이라는 뜻을 포함한다. 부족 전체가 함께 참여하는 이 환각 의식을 통해서 이들은 조상을 만나고 잃어버린 옛 신전의 제의를 추체험하는 것이다.

아즈텍 테오티우아칸 유적

분홍색 꽃이 핀 페요테 선인장

우이촐족이 뿔뿔이 흩어져 살고 있는 멕시코의 시에라마드레 산맥은 2500미터 고지에 있는 험준한 지역이다. 절벽과 계곡, 강, 울창한 밀림이 외지인의 접근을 막아주어 500여 년 가까이 외부 문명과 거리를 두며 살아올 수 있었다. 이들은 체계적인 종교와 신전 제의를 가지고 생활하던 문명인이었지만 유럽인의 잔악성을 경험한 뒤라 자신의 신전이나 조상의 땅을 찾을 수는 없었다. 이들이 행하는 코요테 사냥 의식은 현실적인 순례의 길이 막히자 환상 속의 신전을 찾아 떠나려는 여행이 아니었을까.

제 2 부 나를 찾아 떠나는 길

제 3 부

떠 도 는
사 람 의 길

우리는 얼마나 많은 것을 가졌을까.
집안을 둘러보라.
서랍 싱크대 책꽂이……
주변이 물건들로 가득하다.
이것이 없다면 우리의 삶은 영위될
수 없을까.
집시들은 단호히 고개를 젓는다.
사는 데 그런 건 다 필요 없어,
없어도 살 수 있다고……

아득한 산간 마을을 지나는 차마고도가 보인다

고대의
장삿길

선사시대 인류가 걸었던 길을 볼 수는
없다. 그러나 호박이나 흑요석, 청금석
등 특정한 곳에서 나온 물건이 발견되
는 곳을 이어보면 희미한 선이 그어진
다. 물건을 전해주고 그 대가로 무언가
를 얻어 든 사람들이 걸어간 길이다.

길이 시작되다

길은 언제부터 시작되었을까. 숲속의
짐승들은 저마다 지나다니는 일정한 길이 있다. 큰 짐승이 길목을 지키
고 사냥꾼이 올무를 놓기도 하지만 어쨌든 먹이를 구하자면 나다녀야
하니 말이다. 인간의 길 역시 처음에는 원시 인류가 정주하던 동굴이나
움집 주변에 만들어졌을 것이다. 사냥이나 채집을 위해 주거지를 떠났
다가 돌아오는 생활이 반복되면서 일정한 경로가 생겨나지 않았을까.
하지만 그 길이 어떤 모습이었는지는 알 수 없다. 대규모 군락을 이루
었던 주거지 근처에 미세한 흔적이 남아 있긴 하지만 그것을 이어서 선

을 긋기에는 턱없이 부족해 보인다. 잘 닦아놓은 길도 수십 년만 인적이 끊기면 잡초가 우거지는데 수천 년 전 원시 인류의 길이야 오죽하겠는가.

리흐토펜[1]이 붙인 비단길Silk road이라는 이름은 이제 고대 장삿길의 상징이 되었다. 하지만 의미로 보면 그렇게 썩 적절한 표현은 아니다. 리흐토펜은 로마 고전에 자주 나오는 세레스Seres가 '비단의 나라' 즉 중국을 의미한다는 것을 확인하고 로마에서 중국 시안으로 이어지는 하나의 경로를 그었다. 물론 그 길로 비단을 실은 대상들이 이동한 것은 틀림없을 것이다. 그러나 어느 한 곳에서 새로운 물건이 만들어지면 그것은 동심원을 그리며 퍼져 나간다. 하나의 경로를 따라서 이동하는 것이 아니라 무수한 갈래를 통해 주변 사람들의 삶 속에 스며드는 것이다. 고대의 장삿길이 어떤 특정한 경로가 아니라 그물망처럼 펼쳐진 모든 길일 수밖에 없는 이유다. 비단길 역시 채색토기를 들고 강을 따라 이동하던 선사시대부터 조금씩 만들어졌을 것이다. 자급자족에서 벗어나 필요한 물품을 바꿔 쓰면서 땅에 남긴 희미한 흔적이 결국 길로 이어진 게 아닐까.

선사시대 길의 흔적

호박이나 흑요석, 정금석은 선사시대부터 인류가 요긴하게 사용하던 물건이다. 겉으로 보기에는 다 비슷하지만 화학적 성분 함량이나 동위원소 분석을 거치면 생산된 곳에 따라 모두 다르다. 이 때문에 유물이 발견된 곳과 생산지를 이으면 하나의 경로를 유추해볼 수 있다. 호박을 건네준 대가로 무언가 다시 얻어 들고 돌아갔을 테니 이

청금석 원석

를 고대의 장삿길로 봐도 무리가 없을 듯하다. 지중해의 화산섬에서 나오던 흑요석은 동물의 가죽을 자르거나 날카로운 물건을 만드는 데 꼭 필요한 물건이었다. 여기서 가공된 흑요석은 지중해 연안뿐만 아니라 북유럽과 영국에서도 발견된다.

기원전 2000년경 고대 수메르 유적에서는 청금석[2]으로 만든 반지나 장식품이 발견된다. 청금석은 다양한 광물이 섞여 만들어진 보석이다. 전체적으로 푸른빛을 내지만 중간중간 황철석이 박혀 있어 마치 밤하늘에 떠 있는 별처럼 보인다. 고대인들이 청금석을 우주의 상징으로 받아들인 것은 이 때문이다. 놀라운 것은 청금석이 생산되는 곳은 수메르에서 3000킬로미터나 떨어진 아프가니스탄이라는 것이다. 청금석은 기원전 2000년경 수메르와 아프가니스탄 사이에 길이 있었다는 사실을 보여준다. 청동기의 재료인 주석도 선사시대의 주요한 교역품이었다. 영국에서 생산된 주석은 지중해 주변으로 널리 퍼졌고 이는 스웨덴 등 북유럽에서 건너온 질 좋은 구리와 만나면서 각 지역에서 청동기 문명을 태동시켰다.

호박을 비롯한 청금석, 흑요석, 주석, 구리가 옮겨 다닌 길은 바다와 강을 건너서도 계속 이어진다. 문자가 생겨나기 전이라 기록은 없어도 선사시대 이전에 이미 육로뿐만 아니라 바다를 통해서도 많은 물건이 옮겨 다녔음을 보여주는 증거다. 이렇게 생겨난 선사인의 이동로는 이후 자연스럽게 비단길과 같은 교역로로 연결되었다. 페르시아와 그리스·로마시대 이후에는 왕의 대로나 로마 가도와 연결되면서 더 많은 세계로 뻗어나갔을 것이다.

유라시아를 가로지르는 초원길

초원길은 유라시아Eurasia 평원을 동서로 횡단하는 길이다. 유라시아는 말뜻 그대로 유럽과 아시아 사이에 넓게 퍼져 있는 초원지대를 말한다. 이 길은 고비사막 위쪽 몽골의 초원지대에서 시작해 중가리아 초원, 키르기스 초원으로 이어지며 카스피 해 위쪽까지 이어진다. 지구의 고위도 지역을 띠처럼 두르고 있는 툰드라 지대[3] 바로 아래쪽이다. 중위도 지역은 사막과 산맥이 동·서양의 소통을 가로막고 있지만 초원지대의 유목민에게는 동·서양이라는 구분이 없었다. 이들은 풀을 찾아 동서로 이동하거나 위아래로 옮겨 다니며 살았고 비옥한 지대가 있으면 정착하여 농경을 일구기도 했다. 이들의 움직임이 계절에 따라

반복되면서 초원길이라는 이름을 얻은 것이다.

유라시아 평원에 양떼를 모는 사람들이 처음 나타난 것은 약 기원전 1만 년경으로, 전 지구적으로 불어닥친 기후 환경 변화와 밀접한 관계가 있다. 아프리카 북부와 메소포타미아 유역은 오랜 세월 젖과 꿀이 흐르는 낙원이었다. 인류의 기원이 아프리카에서 시작된 것도 이와 무관하지 않다. 하지만 대서양에 난류가 형성되고 유럽을 뒤덮었던 빙하가 점차 북쪽으로 밀려나면서 유라시아 평원에는 풀이 자랄 수 있는 환경이 만들어졌다. 초원길은 이렇게 목초지를 찾아 이동과 정착을 반복하며 살아가던 사람들 그리고 이들이 사는 곳을 전전하며 물건을 팔던 대상Caravan들에 의해 만들어진 길이다.

기원전 4000년경에는 서역에서 시작된 채도문화가 이 길을 거쳐 중국과 동아시아로 전파되었다. 채도는 사람 얼굴이나 물고기, 사슴 등 다양한 그림을 새겨 넣은 토기로 서역과 북방 초원지대, 중국의 황허

207

지금의 카자흐스탄 지역을 지나는 초원길 들판에 말들이 모여 있다.

강 유역과 동아시아의 다양한 지역에서 발견된다. 이 때문에 초원길은 '채도의 길'이라는 이름으로 불리기도 한다. 초원지대 여러 곳에 산재해 있는 석기시대 주거지에서는 다산을 기원하는 비너스상 등 서로 유사성을 보이는 유물이 발견된다. 이는 서역의 청동기 문화가 북방 초원지대를 통해 동아시아 끝의 우리나라까지 이어졌다는 것을 말해준다.

초원길은 이렇게 오랜 역사를 안고 있지만 이 길이 알려지기 시작한 것은 기원전 7세기경 스키타이Scythian 족에 의해서다. 넓은 초원지대에 뿔뿔이 흩어져 살아가던 유목민이 하나의 세력으로 결집되자 남쪽으로 정복의 눈을 돌린 것이다. 중국은 만리장성까지 쌓아가며 침략을 막기 위해 애를 썼지만 흉노(진·한 시대), 선비(남북조 시대), 돌궐(수·당 시대), 몽골(송 시대) 등 거의 전 시대를 거쳐 싸워야 했다. 이처럼 북방 유목민족의 침략은 중국은 물론 서역과 이집트까지 넓게 영향을 미쳤지만 그 덕에 동서양의 문물은 더 활발하게 교류될 수 있었다.

로마와 중국을 잇는 오아시스 길

리호토펜이 비단길이라고 이름 붙인 길은 바로 오아시스 길이다. 중앙아시아는 세 개의 산맥과 두 개의 사막으로 이루어져 있는데 그 중간에 많은 오아시스가 흩어져 있다. 만년설에서 흘러내린 물이 지하로 흐르다가 비교적 지대가 낮은 곳에서 지상으로 솟구치는 것이다. 오아시스 길은 이렇게 흩어져 있는 오아시스 도시를 따라가는 길이다. 초원길은 선사시대부터 오랜 역사를 가지고 있지만 오아시스 길은 비교적 후대인 기원전 126년 처음 알려졌다. 중국에서 서아시아까지는 이미 기원전 6세기경부터 길이 열려져 있었다. 그러나 히말라야 산맥과

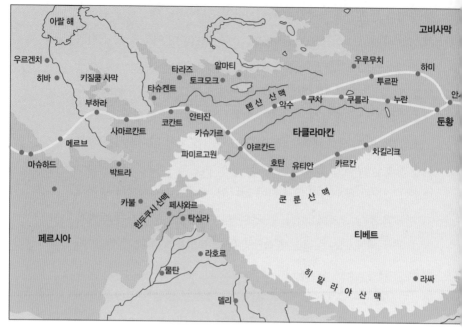

오아시스 길(비단길)

파미르 고원이 가로막고 있어 유럽으로 가는 길은 굳게 닫혀 있었다.

　파미르 고원을 넘어 유럽으로 가는 길이 열린 것은 한 무제 시대에 들어와서다. 기원전 139년 월지국과 동맹을 맺기 위해 서역으로 떠났던 장건이 파미르 고원을 넘은 것이다. 그는 낭초 목석은 이루지 못했지만 13년 만에 새로운 세계의 문물을 가지고 돌아왔다. 이후 중국과 서역을 잇는 길이 열리면서 중국은 우즈베키스탄, 이란, 로마와도 교역할 수 있게 되었다. 이 길을 통해서 비단을 비롯한 칠기, 옥, 약재 등이 서역에 전해졌고, 서역으로부터는 낙타, 사자, 공작, 석류, 포도 등 다양

한 동식물이 전해졌다. 이후 중국과 로마는 서로를 대진국大秦國(로마),
세레스Seres (중국)라는 이름으로 부르기 시작했다. 오아시스 길이 비단
길이라는 이름을 얻게 된 것도 이 때문이다.

처음에 장건이 개척한 길은 톈산 남로天山南路다. 이 길은 중국의 서쪽
관문인 옥문관에서 시작되어 사막 한가운데 오아시스 도시인 안서, 둔
황을 거쳐 가는 길이다. 이후 톈산 산맥 주변의 오아시스 도시에 점차
많은 사람이 모여 살면서 이 도시를 따라가는 톈산 북로天山北路가 열렸
다. 이 길 역시 안서에서 시작되나 하미, 투루판, 우루무치를 지나 알마
티에서 톈산 남로와 만나게 된다. 얼마 뒤에는 쿤룬 산맥 북쪽의 오아
시스 도시를 따라가는 곳에 서역남로가 열려 모두 3개의 길이 되었다.
지금은 톈산 북로와 톈산 남로를 합쳐 북로, 쿤룬 산맥을 따라가는 서
역남로를 남로라고 부른다. 세 개의 길은 모두 아커수에서 만나며 여기
서 파미르 고원을 넘어 아프가니스탄에 이른다. 리흐토펜이 처음 비단
길이라는 이름을 붙일 때는 단순히 오아시스 도시를 동서로 연결하는
횡단 축으로 생각했던 듯하다. 그러나 지금의 비단길은 초원길과 오아
시스 길, 해양항로 등 주요 간선뿐만 아니라 셀 수 없이 많은 지선을 포
함한다.

발트에서 이집트까지, 호박의 이동로

인간과 가장 오랜 세월을 함께 해온 보석은 아마도 호박⁵이
아닐까 싶다. 호박은 상처를 입은 나무가 내뿜는 진액이 굳어져서 만들
어진 것이다. 가끔은 그 안에 작은 곤충을 가두어놓는데 호박琥珀 즉
'호랑이의 영혼'이라는 이름은 이 때문에 붙여진 것이다. 적갈색의 투명

한 아름다움은 둘째 치고 수천만 년 전 생명의 흔적이라는 사실은 그 자체로 특별한 느낌을 준다. 호박은 여성의 장신구로 많이 쓰였지만 때로는 왕의 위엄을 나타내는 상징물이나 중요한 서약의 징표로 주고받기도 했다. 러시아에서는 방 전체를 수많은 호박으로 꾸민 앰버Amber 궁전까지 있었다.[6] 이렇게 인간의 역사와 함께 해온 호박은 선사시대 이전의 것부터 채굴되기 시작해 사람의 손에서 손으로 세계 곳곳을 옮겨 다녔다.

발트 해의 호박은 지질시대 침엽수림에 의해 만들어진 것이다. 해안가에 조성되었던 침엽수림이 해수면이 상승하면서 바닷가에 잠기고 오랜 세월에 걸쳐 굳어진 것이다. 호박이 주로 해변에서 발견되는 것은 이 때문이다. 호박의 비중은 1.05 정도로 민물에는 가라앉지만 바닷물보다는 가볍다. 그래서 바닷물 위로 떠올랐던 보석이 해안으로 밀려오

발트 해의 호박 속에 보존된 개미

면 손쉽게 얻을 수 있었던 것이다. 특히 민물과 바닷물이 섞이는 강어귀에서는 오랜 세월 밀려와서 쌓인 호박이 많이 발견된다. 바다에 오래 잠겨 있던 발트 해의 호박은 색과 광택이 아름다워 레바논이나 중동에서 나던 호박보다 선호도가 높았다.[7] 청동기시대 고분이나 고대 도시 유적에서도 호박 장식품이 많이 발견된다. 이집트 투탕카멘의 고분에서 발견된 정교한 호박 목걸이는 지금도 광택을 잃지 않고 있다. 델포이의 아폴로 신전 등 그리스 도시국가에서 발견되는 유물도 적지 않다.

로마시대 플리니우스의 『박물지』는 발트

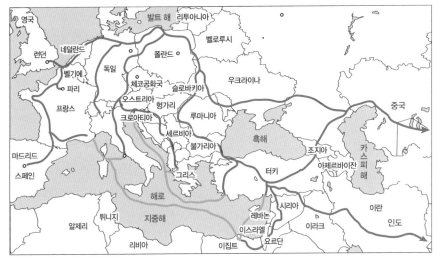

호박로(호박이 발견되는 지점을 이은 선)

해에서 그리스·로마까지 이어지는 호박길에 대해 설명하고 있다. 선사 시대부터 시작된 이 길이 처음부터 그렇게 길게 이어진 것은 아니다. 아마도 발트 해 연안에서 채굴된 호박은 주변 부족들에게 팔렸다가 다시 몇 번에 걸쳐 옮겨지면서 이집트의 고분과 그리스 신전까지 가게 되었을 것이다. 이렇게 호박이 발견되는 곳과 생산지인 발트를 이어보면 여러 갈래의 선이 드러난다. 물론 이 길은 사냥이나 채집처럼 인간의 발걸음이 남긴 흔적은 아니다. 일부 구간에서 도시를 잇는 실제 길과 겹치기도 하겠지만 그저 지도 위에 그어진 선일 뿐이다. 하지만 오랜 세월 보석을 든 누군가가 두 지점 사이로 지나갔을 것임은 틀림없다. 선사시대부터 수천 년에 걸쳐 인간이 이동한 경로, 이 희미한 선을 가장 오래된 고대의 장삿길로 보아도 무리가 없을 것이다.

호박로는 크게 발트 해에서 이탈리아 반도로 이어지는 유럽 경로와 레바논에서 이집트로 이어진 중동 경로, 터키를 거쳐 극동으로 이어진 아시아 경로로 나뉜다. 중동과 아시아 경로는 주로 페니키아인에 의해서 만들어진 것으로 발트 해에서 시작된 유럽 경로에 비해 시기적으로 뒤에 만들어졌다. 유럽 경로는 다시 3개의 경로로 나뉜다. 바닷길과 육로를 거쳐 영국으로 이어지는 길, 폴란드와 체코, 오스트리아, 독일, 스위스 등 북유럽 주변으로 이어지는 길, 네덜란드, 벨기에를 거쳐 프랑스로 이어지고 다시 여기서 이베리아 반도의 스페인까지 연결되는 길이다. 이베리아 반도가 로마의 속주였던 것을 감안하면 이 지역의 호박은 육로뿐 아니라 그리스 도시국가에서 수로를 통해 이어졌을 수도 있다. 이렇게 호박이 흘러가면서 남긴 흔적은 도시 이름에도 많이 남아 있다.[8]

남북을 잇는 고대 장삿길

초원길과 오아시스 길이 동서를 잇는 횡단 축이었다면 남북을 잇는 길로는 다섯 개의 지선을 꼽을 수 있다. 북방민족과 한족이 말과 생필품을 교환하던 마역로, 티베트 라사에서 인도의 갠지스 강까지 이어지는 라마로, 불교가 전파해 나간 경로인 불타로, 유프라테스 강 유역에서 시작된 문명이 수변 세계로 퍼져나가던 메소포타미아로, 발트 해의 호박이 보스포루스 해협을 거쳐 이집트로 전해지던 호박로다. 티베트의 차와 중국의 말을 교역하던 차마고도 역시 남북으로 이어진 중요한 교역로다. 동서를 잇는 길은 험준한 산맥이나 고원 사막을 건너야 하고 또 경로도 길어서 주로 대상들이 이용하는 길이었다. 그러나 남북을 잇는 길은 비교적 거리도 짧고 별다른 장애물이 없어 침략의 길로 이용되는 경우가 많았다.

마역로는 북쪽 초원지대에서 생활하던 유목민과 중국을 잇는 장삿길이다. 초원로의 동쪽 끝인 오르혼 강에서 시안까지 내려오고 여기서 다시 항저우까지 이어진다. 중국과 북방 민족은 오랜 세월 긴장상태를 유지했지만 평화가 지속될 때는 서로에게 필요한 물건을 바꾸어 썼다. 중국은 기마민족이었던 유목민의 말이 필요했고 유목민들은 중국에서 생필품을 가져갔다. 그러나 유목민의 세력이 강해질 때는 서로의 군대가 부딪치는 길이었기 때문에 시안 위쪽의 마역로는 수시로 끊어지는 일이 많았다. 이 길은 몽골과 거란이 우리나라로 침입할 때 거쳐온 길이기도 하다.

라마로는 초원길의 준가리아Dzungaria에서 투루판과 타림 분지를 거쳐 티베트 라사까지 이어지는 길이다. 5세기경까지는 북방 유목민과 티베트 간의 교역로에 불과했지만 티베트의 전성기였던 7세기 이후부터는 티베트에서 다시 각지로 이어지는 교역로로 확대되었다. 서남쪽으로는 히말라야를 넘어 북인도 시킴, 갠지스 강 하구까지 이어진다. 인도의 불교가 티베트와 북방으로 전해질 때 이 길을 따라갔을 것으로 여겨진다. 뒤에는 티베트의 라마교가 이 길을 따라 북방과 인도로 전해졌다. 남북으로 이어진 다른 비단길처럼 라마로도 준가리아에서 발호한 타타르Tatar 세력이 강성해진 12세기 초에는 침략의 경로로 이용되었다. 그러나 잠시 광풍이 지나가면 다시 라마승과 대상이 오가는 교역로가 되었으며 지금까지도 많은 사람들이 이용하는 길이 되었다.

불타로는 갠지스 강을 중심으로 불교가 세계로 뻗어나간 경로를 말한다. 위쪽으로는 카자흐스탄, 아프가니스탄 등 서역의 여러 나라와 이어지고 여기서 오아시스 길과 만나면서 불교를 중국과 우리나라까지 전해지게 한 길이다. 아래쪽으로는 동해안을 따라 남쪽 끝까지 내려간 뒤 다시 서해안을 따라 수라트Surat까지 올라가면서 인도 전역에 불교가 퍼지게 했다. 중국의 법현이나 현장이 불법을 구하러 인도로 떠난 길 역시 불타로다. 이렇게 교역과 문화 전파에 기여한 길이지만 불타로 역시 주변 세력의 판도가 변할 때는 숱한 침략으로 몸살을 앓았다. 기원전 2000년경 아리안 족이 이 길을 따라 남하한 것을 비롯하여 마케도니아의 알렉산더나 티무르 족의 인도 침략도 이 길을 통해서였다.

왕의 대로와 메소포타미아 길

메소포타미아 길에서 위아래로 뻗어나간 길과 왕의 대로 역시 고대의 중요한 장삿길이었다. 메소포타미아 길은 유프라테스 강과 티그리스 강 사이의 고대 문명이 세계 각지로 퍼져나간 길이다. 바빌론에서 시작된 이 길은 위쪽으로는 시리아, 레바논, 터키를 거쳐 유럽으로 이어지며 아래쪽으로는 페르시아 만의 바스라 항까지 이어진다. 여기서부터는 바닷길을 통해 인도나 중국 어디로든 갈 수 있었다. 주요 경로인 바빌론에서 바스라 항까지만 보면 500킬로미터 남짓한 짧은 길이지만 왕의 대로와 오아시스

요르단 페트라 인근의 왕의 대로

길 사이를 잇는 중요한 구간이었다.

왕의 대로King's highway는 홍해 아카바 만의 끝인 에일라트Eilat에서 페트라와 다마스커스를 거쳐 시리아로 이어지는 길이다. 여기서 아나톨리아 고원을 따라 터키·유럽으로 가거나 지중해 연안을 따라 이집트로도 갈 수 있었다. 호박길과 많은 구간이 겹치는 것도 이 때문이다. 에일라트 항에서 홍해를 거쳐 외해로 나갈 수 있었음은 물론이다. 아마도 왕의 대로만큼 인류의 다툼을 많이 바라본 길도 흔치 않을 것이다. 고대 세계의 주요 국가가 대부분 연결되어 있었던 만큼 평상시에는 많은 대상이 오가는 무역로였다. 하지만 세력의 균형이 깨질 때는 어김없이 침략의 경로가 되었다. 아시리아를 비롯 페르시아, 히타이트 등이 이 길을 따라 정복을 펼쳤으며 전성기 히브리의 그돌라오멜 동맹군도 이 길을 따라 에돔, 모압, 임몬 등 주변국을 성복해나갔다. 이집트를 벗어난 모세가 페트라의 거절로 사막을 돌아갔다는 일화는 유명하다. 왕의 대로는 로마 트라야누스 황제가 페트라를 정복한 이후 트라야누스 길Trajan's Raod로 바뀌었다가 지금은 술탄의 길Tariq es Sultan로 불린다.

차마고도, 까마득한 절벽을 따라 걷다

차마고도茶馬古道는 길고 험하다. 하나의 장삿길이 5000킬로미터 넘게 이어질 수 있을까. 쉽게 상상이 가지 않는다. 해발 고도가 4000미터에 이르는 고원에서는 살을 에는 바람이 불고 산은 늘 만년설로 덮여 있다. 진사강, 누강, 란창강이 한 곳에서 만나는 삼강협곡 지대에서는 까마득한 절벽을 아슬아슬하게 걸어가야 한다. 깊이가 170미터에 이르는 협곡이 16킬로미터나 이어진다. 티베트 라사에서 길은 다시

1908년 어니스트 윌슨Ernest Henry Wilson이 촬영한 사진으로 쓰촨 지역 마방꾼이 차짐을 멘 모습

네팔과 인도로 이어진다. 차마고도가 열린 것은 기원전 2세기경 전한 前漢 시대부터다. 장건이 파미르 고원을 넘어 오아시스 길을 개척한 것보다 훨씬 앞선다. 이후 점차 교역 규모가 확대되어 당·송 시대에는 정기적인 교역이 이루어졌다.

차마고도가 만들어진 것은 중국의 차와 티베트의 말을 교환하기 위해서다. 티베트 고원지대는 날씨가 너무 추워 채소를 기를 수 없다. 이 때문에 비타민을 보충해줄 수 있는 차가 필요했던 반면 중국은 티베트 고원지대에서 자란 강한 말이 필요했다. 길이 워낙 위험하고 멀기 때문에 차마고도는 마방이라고 하는 전문 상인만이 다닐 수 있었다. 주요 교역품은 물론 차와 말이었지만 이외에도 소금이나 약재, 비단 등 생필품도 교역했다. 차마고도 경로에는 13세기 몽골 침략을 피해서 온 부족, 고대부터 이어져온 상형문자를 지금도 사용하는 나시족 등 수많은 소수민족이 살아간다. 춥고 메마른 땅에서 살아가는 이들 역시 차와 생필품이 필요했기 때문에 마방꾼들은 계속 교역을 하면서 이동할 수 있었다. 지금은 협곡 사이로 터널을 뚫고 도로를 놓아 마방꾼들이 걸었던 길을 다 볼 수는 없지만 차마고도는 비할 바 없이 아름다운 고대의 장삿길이다.

영원한
에뜨랑제,
집시

우리에 갇힌 짐승처럼 때마다 주어지
는 먹이에 안주하며 고분고분 살아가
는 우리가 잃어버린 것은 무엇일까. 열
정, 순수, 꿈 어쩌면 그 모든 것을 찾아
떠나려 했던 길, 그 자체가 아닐까.

불과 쇠를 들고 떠나다

도시 문명이 시작되면서 정주는 인간의 지배적인 생활양식이
되었다. 하지만 아직 지상의 한쪽에는 이를 거부하고 살아가는 사람들
이 있다. 유목이나 구도 순례를 위해서 떠도는 사람들. 집시는 아예 길
위의 삶을 선택한 사람들이다. 정주의 안락한 꿈에 젖어 있는 우리에게
이들의 삶은 아주 불편하고 힘들어 보인다. 불결하거나 무질서한 모습
이 눈에 거슬리기도 한다. 하지만 이들이 걷는 길 위에는 순수하고 아
름다웠던 시원의 삶이 깃들어 있다. 잉여에서 비롯된 지배와 피지배, 안

눈 내린 숲

정을 위해 포기한 자유. 우리에 갇힌 짐승처럼 때마다 주어지는 먹이에 안주하며 시계추처럼 직장과 집을 오가는 현대인들, 주어진 위계질서에 순응하며 고분고분 살아가는 우리가 잃어버린 것은 무엇일까. 열정, 순수, 꿈 어쩌면 그 모든 것을 찾아 떠나려 했던 길, 그 자체가 아닐까.

어둠의 나라가 있었다. 해와 달은 물론 별도 없어서 늘 어두운 밤이 계속되었다. 사람들의 마음은 어두웠고 피부도 따라서 검게 변해갔다. 해와 달, 별은 그 나라에서 멀리 떨어진 튀발카인의 나라에 머물러 있었다. 집시의 조상인 튀발카인은 인간에게 불을 피우고 쇠 다루는 법을 가르쳐준 반신이었다. 빛을 찾아 어둠의 나라에서 온 사람들의 사정을 들은 튀발카인은 이를 불쌍히 여겼다. 그래서 때마다 해를 보내주었고, 해가 돌아올 때는 대신 달과 별을 보내주었다. 그렇게 해서 세상에는 낮과 밤이 생겼다.

— 집시의 조상, 튀발카인의 전설

집시들은 자신이 튀발카인의 나라에서 쇠를 다루던 대장장이였다고 말한다. 이들은 불을 피우고 쇠를 다루는 연장만 있으면 어디에서든 살 수 있었다. 세상에서는 끊임없이 전쟁이 일어나고 참혹한 일이 벌어졌지만 대장장이는 이에 개의치 않았다. 승자가 누구든 쇠를 다루는 대장장이는 그들에게 꼭 필요했기 때문이나. 나라 같은 것도 필요없었다. 해와 달이 있는 곳이라면 어디로든 가서 연장을 만들어주고 대접을 받을 수 있었으니까.

끊임없이 공급되는 결핍

우리는 얼마나 많은 것을 가졌을까. 현관에 들어서면 신발장과 우산걸이, 거울이 있고 거실에는 장식장, 오디오, 텔레비전, 에어컨, 소파가 있다. 주방에는 냉장고, 싱크대, 그리고 셀 수 없을 정도로 많은 접시와 그릇, 조리 도구로 가득하다. 한쪽에는 방금 사온 야채와 부식이 쌓여 있다. 서재를 가득 채운 책과 온갖 잡동사니들, 책상서랍을 열어보면 그 안에도 연필, 지우개, 카드, 편지지, 집게 등 언제 소용될지 모르는 물건들이 가득하다. 장롱, 창고 어디든 마찬가지다. 벽에서 튀어나온 가스 밸브나 수도꼭지, 전기 콘센트를 보면 그 안에도 무언가 숨겨져 있는 게 분명하다. 우렁각시처럼 우리가 필요로 하면 언제든 불려 나와 제 역할을 하고 돌아가는 물건들, 우리는 이 모든 것이 안락한 생활을 하는 데 꼭 필요한 것임을 의심하지 않는다.

그런데 정말 이런 게 없으면 우리의 삶은 영위될 수 없을까. 아마도 그럴 것이다. 결핍은 불행의 근원이며 욕구의 억압이 부덕으로 치부되는 사회, 그렇게 길들여진 우리에게 집시의 삶은 아득한 꿈처럼 들린다.

집시는 어디서 왔을까

집시들이 대장장이의 신 튀발카인을 자신의 조상이라고 말하는 것은 일리가 있어 보인다. 이설이 있긴 하지만 이들이 살던 곳은 인도 북부 라자스탄의 조그만 왕국 라지푸트Rajput였다. 집시들은 여기서 병기를 만들던 대장장이였는데 5세기경 왕국이 몰락하면서 떠돌게 되었다는 것이다. 하지만 이들이 터키나 유럽 도시 근교에 처음 모습을

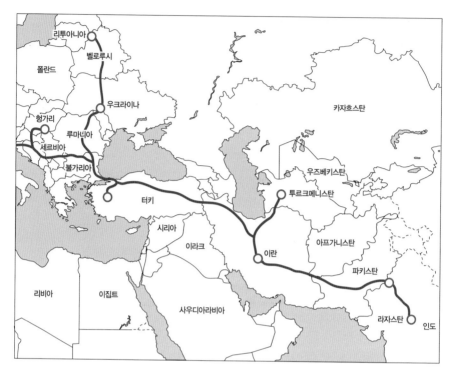

집시의 이동 경로

드러낸 것은 10세기경이다. 당시는 팽창하던 이슬람 세력에 의해 세계의 질서가 재편되던 시기였는데 인도 역시 이슬람의 침입으로 많은 유민이 발생했다. 11세기에는 이슬람 세력인 아프가니스탄의 가즈나 왕조와 터키의 구르 왕조가 차례로 갠지스 강 유역까지 침입해 약탈과 파괴가 극심했다. 결국 이슬람은 1192년 인도 북부를 장악하긴 했지만 이후에도 무굴 제국이 세워진 1526년까지는 혼란이 끊이지 않았다. 터키나 유럽으로 흘러들어온 집시들은 이러한 와중에 인도를 벗어난 유민이었을 것이다. 여러 나라 말이 섞이긴 했지만 집시어 로마니Romany에 남아 있는 산스크리트어 흔적은 이를 말해준다.

　이집트인으로 오인하여 집시라는 이름이 붙기는 했지만 이들이 흘러온 길을 따라가다보면 자연스럽게 인도로 이어진다. 이들의 출발지는 라자스탄과 인도 북서부의 펀자브다. 여기서 북쪽의 이란과 터키로 이어지던 비단길을 따라 비잔틴 제국까지 온 것으로 보인다. 비잔틴 제국 위쪽으로는 기독교 세력이 버티고 있어 평화로운 삶이 이어지고 있었다. 보스포루스 해협을 건너 유럽의 안정지대에 도착한 집시들은 이후 여러 갈래로 흩어져 유럽의 안쪽으로 퍼져 나갔다. 이때 시작된 집시의 삶은 지금도 세계 각지에서 이어지고 있다. 처음 인도를 떠난 지천 년의 세월이 지난 지금 전 세계에 흩어져 살아가는 집시들은 물경 2000만 명 정도다. 유럽에 600만 명 정도가 있으며 중동과 아시아, 아메리카, 호주에도 많은 집시가 산다. 하지만 통계는 이들에게 별 의미가 없어 보인다. 이들은 그냥 자신들의 개별적인 삶에 집중할 뿐 다른 집시가 얼마나 되는지 어떻게 사는지는 그다지 관심을 보이지 않는다.

수난으로 이어진 천 년의 삶

　집시를 부르는 이름은 다양하다. 보헤미안Bohemian(루마니아·프랑스), 히타노Gitano(스페인·이탈리아), 집시안Gicyan(영국), 타타르Tatar(북유럽), 지고이너Gigoiner(독일), 치가니Chigani(헝가리)……. 그러나 이들이 자신을 부르는 이름은 그냥 롬Rom[9]이다. 롬은 사람이라는 뜻이다. 자신들의 말을 일컫는 로마니Romany[10]도 그저 사람의 말이라는 뜻이다. 그냥 사람이면 됐지 어느 나라 사람이든 어떤 민족이든 상관없다는 것일까. 그 이름 속에는 국경이나 종교에 구애받지 않고 어디든 옮겨 다니는 삶이 배어있는 듯하다. 그러나 이들의 자유로운 삶은 늘 어엿한 집을 갖추고 사는 사람들에게 질시와 편견의 대상이 되었다. 도시는 규칙과 질서로 유지되며 이곳에서 살려면 신분과 빈부, 성별, 출신에 따르는 차별을 감수해야 한다. 종교나 도덕의 옷도 걸쳐 입어야 한다. 이 모든 것을 무시하고 살아가는 집시들이 안정적인 질서를 파괴하는 사람들로 보인 것은 당연한 일인지도 모른다.

집시들이 천대를 받게 된 데에는 어려운 기술로 여겨졌던 쇠 다루는 기술이 점차 쉬워졌기 때문이기도 하다. 중세 이후에는 어느 마을이든 대장간이 있어서 굳이 집시의 손을 빌려야 할 필요가 없었다. 집시들이 처음 머물렀던 동구에서도 이들은 별로 환영을 받지 못했다. 정열적인 모습 때문에 문학작품에서는 매력적으로 그려지기도 하지만 대부분 부도덕하거나 청결치 못한 부랑자 취급을 받기가 일쑤였다. 얼마간의 거주지를 제공받는 대가로 농노로 전락하거나 사람이 살 수 없는 사막이나 숲, 광야로 내몰리기도 했다.

마녀사냥이 기승을 부리던 시절에는 수정구슬과 별자리로 점을 치던 수많은 집시가 희생양이 되었다. 15세기 스페인에서는 집시를 처벌하는 칙령이 제정되었다. 여기에는 집시의 귀를 자르고 고문하는 내용이 적혀 있다. 18세기에는 집시를 검거하여 교외로 이주시키라는 명령이 로마 교황에 의해 내려지기도 했다. 제2차 세계대전 중에는 유태인과 함께 수십만 명의 집시가 희생되었다. 어쩌면 집시들이 끊임없이 이동한 것은 이들이 원해서가 아니라 자신의 땅에 머물지 못하게 하려는 정착민의 추방 때문이었을지도 모른다. 그나마 집시들이 많이 모여 사는 루마니아, 이탈리아, 헝가리, 스페인 등은 비교적 이들에 대한 박해가 덜했던 나라다. 지금도 세계 각지에 흩어져 사는 집시들의 생활은

아우슈비츠 수용소

빈민의 수준을 벗어나지 못하고 있다.

불꽃의 춤 플라멩코

집시들은 자신들의 삶이 바람을 닮았다고 말한다. 바람은 움직일 때만 바람이다. 멈추는 순간 소멸된다. 바람의 삶을 사는 집시들 또한 멈춤이 소멸과 같아서 끊임없이 옮겨 다닌다. 하지만 길 위에서 많은 시간을 보내긴 해도 움직이면서 먹을 것을 얻거나 잠을 잘 수는 없다. 필요에 따라서는 이들도 멈추어야 하기 때문이다. 집시의 춤 플라멩코는 멈추어서도 움직임을 이어가려는 이들의 본능이 만들어낸 춤이다. 어디론가 이동하는 바람이 아니라 제자리에서 도는 회오리바람인 것이다. 플라멩코가 태어난 것은 스페인 안달루시아 지방의 집시들에 의해서다. 이 춤의 매력은 경쾌한 발놀림과 끊임없이 움직이는 몸동작에 있다. 손에 든 캐스터네츠도 멈출 틈이 없다.

검은 머리카락을 흔들며 성적 에너지를 마음껏 발산하는 춤에서는 우리에 갇힌 짐승의 포효가 느껴지기도 한다. 춤에 맞추어 부르는 집시의 노래 역시 떠도는 삶의 애환과 핍박의 세월이 깃들어 있다. 죽음과 절망, 사랑의 비애. 인간이 드러낼 수 있는 모든 감정이 하나로 버무려져 나오는 듯하다. 집시의 공연에서 자주 들을 수 있는 노래 「달의 아들 hijo de la luna」은 아름나운 곡조와 슬픈 가사로 사람들의 심금을 울린다.

집시 부부가 달을 보며 빌었네
우리 사랑을 위해 아기를 낳게 해주세요
달은 눈처럼 흰 피부와 회색 눈을 가진 아기를 주었네

존 사전트John Singer Sargent, 「스페인 무용수」, 1879~1882, 이사벨라 스튜어트 가드너 박물관 소장

하지만 집시의 피부는 검은 색, 집시의 눈은 올리브 빛

남편은 아내를 죽이고, 담비 같은 아기를 산에 버렸네

그래서 아기가 웃으면 보름달이 뜨고

아기가 울면 초승달이 뜨네.

－집시의 노래, 「달의 아들」 중

춤과 노래에 녹록지 않은 삶이 스며 있긴 하지만 노래에서는 그리
큰 슬픔이 느껴지지 않는다. 불꽃처럼 타오른다[11]는 이름에서 볼 수 있
듯이 이들은 춤을 추면서 애환과 핍박, 절망을 모두 불살라버리는 듯

하다. 플라멩코는 집시의 축제나 종교의식, 결혼식에서 빠지지 않는다. 마치 집시가 치르는 의식 자체가 춤으로 구성되어 있는 듯하다. 흩어졌다가 모이고 다시 헤어지는 삶이 오래 반복되어 왔지만 이들이 공동체를 유지하고 끈끈한 삶을 이어온 것은 이렇게 정열적인 문화가 살아 있기 때문일 것이다. 제자리에서 도는 회오리바람이 더 많은 흔적을 남기듯이 집시의 춤은 우리의 뇌에 깊은 흔적을 남긴다.

정주와 방랑의 틈에서

집을 통해서 우리는 안위를 얻지만 그 대가로 치러야 하는 것도 적지 않다. 역설적으로 집 안에 쌓여 있는 물건 때문에 집을 벗어날 수 없는 것도 사실이다. 얼마간 여행이라도 가려고 하면 불편한 게 이만저만이 아니다. 여행용 소모품만 채워도 금세 가방은 가득해진다. 어디 그뿐인가. 집에 없는 동안 반려동물 먹이와 화초의 물은 누가 줄 것인가. 우편물과 전화는 누가 받아주는가. 갑자기 몸에 탈이라도 나면 어쩌나. 혹시 도둑이라도 들면. 집 떠나면 고생이라는 말에 고개가 끄덕여진다. 그래서 기꺼이 콘크리트 박스로 들어가 수인의 삶을 살아간다. 직장과 집을 오가는 생활의 반복, 매너리즘에 빠져 조금이라도 환경이 바뀌면 안절부절 못하는 삶, 우리는 대체로 그렇게 늙어가며 그런 사람을 무난하게 잘 살았다고 말한다. 하지만 정말 그렇게 사는 것이 행복일까.

집시들은 단호하게 고개를 젓는다. 사람에게 그렇게 많은 물건은 필요 없어, 없어도 살 수 있다고. 그러면서 집시들은 약간의 먹을 것과 쇠를 다루는 기구만 챙겨 길을 떠난다. 필요한 것을 얻는 데도 그렇게 연

집시들은 정주와 방랑의 틈에 바람처럼 깃들어 산다.

연하지 않는다. 무엇이든 조금만 손질하면 소용되는 것으로 바꿀 수 있으니까. 그리고 잘 살펴보면 어디에든 쓸 만한 물건은 있다는 것을 알기 때문이다. 그들은 집에 수많은 물건을 쌓아놓고 정주의 안락한 꿈에 젖어 있는 우리를 가볍게 여길 것이다. 아무런 열정도 없이 죽음을 향하여 한 발자국씩 걸음을 옮기는 삶이 뭐가 좋다는 말인가. 떠남에의 충동, 어쩌면 그들의 삶은 석기시대부터 이어져온 오랜 수렵생활이 인류의 유전자에 새겨놓은 본능일지도 모른다. 이렇게 살아온 집시의 여정을 따라가다보면 우리가 잃어버렸던 멋진 길과도 다시 만나게 되지 않을까.

소금과
인간,
함께 걷다

고대 도시의 이름에는 소금과 관련된
지명이 많다. 할슈타트, 잘츠부르크,
솔트레이트, 셀라 등. 소금 생산지는 물
론이고 옮겨 다닌 길에도 소금이 인간
과 함께해온 흔적은 고스란히 새겨져
있다.

생명과 소금

소금 부대를 등에 지고 끊임없이 사막을 오가는 낙타. 니체는
『차라투스트라는 이렇게 말했다』에서 인간의 삶을 이렇게 비유했다.[12]
뜨거운 햇볕이 내리쬐는 사막에서 타박타박 걸어가는 낙타를 보며 반
복되는 일상에 묶여 하루하루 살아가는 인간의 모습을 생각한 듯하
다. 니체의 비유는 탁월하다. 그것은 단지 상징적인 점에서만 그런 것이
아니라 소금 부대에 얽매여 살아가는 낙타와 소금 없이는 살 수 없는
인간을 상사相似시켰다는 점에서도 그렇다. 니체가 알고 있었는지는 모

제3부 떠도는 사람의 길

234

르겠지만 근대 이전까지 사막을 가로지르는 대상들이 가장 많이 옮겨온 품목은 바로 소금이었다.

지구에는 많은 양의 소금이 있다. 산 전체가 소금 덩어리로 보이는 오스트리아 할슈타트의 암염지대나 끝없는 광야를 하얗게 덮은 터키의 소금 호수를 보면 거의 무진장으로 널려 있는 듯하다. 하지만 이 소금들은 사람들이 사는 곳에서 너무 멀리 떨어져 있다. 소금이 널려 있다는 것은 그만큼 식물의 생장이 어렵다는 뜻이다. 그러니 가까이에 사람이 살 턱이 없다. 실제로 거의 모든 소금 호수는 사막이나 광야지대에 있다. 수천 년간 대상들이 낙타를 이끌고 사막을 오가야 했던 것도 이 때문이다. 아무튼 인류가 만들어온 길은 알게 모르게 소금과 관계가 있다. 바닷가와 산간을 잇는 좁은 오솔길에서 염호와 도시를 잇는 사막의 대상로, 굽이굽이 이어지는 차마고도, 로마의 번듯한 포장도로까지 소금은 쉴 새 없이 길을 따라 움직이며 인류와 함께 해왔다.

생명이 바다에서 시작되었다는 것은 우리 몸 특히 피에 섞인 소금만 봐도 그럴 듯하다. 사는 곳에 따라 염도[13] 차이는 있지만 거의 모든 생물의 몸에는 소금이 들어 있다. 소금은 땀이나 오줌을 통해 조금씩 빠져 나가기 때문에 그만큼 늘 보충해주어야 한다. 우리 몸에 소금이 부족해지면 힘이 빠지고 소화불량이 생긴다. 정도가 심해지면 대사 혈류에 문제를 일으키고 결국 죽음에까지 이른다. 인류가 수렵생활을 하던 시절에는 그나마 동물[14]을 통해 소금을 얻을 수 있었다. 특히 동물의 피에는 소금이 많이 들어 있기 때문에 가장 소중하게 다루어졌다. 고대의 종교 제의에서 피가 생명을 함의하게 된 것도 우연은 아닐 것이다.

볼리비아 유우니uyuni 소금 호수

소금을 찾아 떠나다

농경 사회로 들어선 이후에는 별도로 소금을 구해야 했다. 바닷가에 살며 물고기나 패류를 먹을 수 있던 사람들은 그나마 사정이 나았지만 내륙에 살던 사람들은 부족한 소금을 구하기 위해 주기적으로 바닷가를 찾아야 했다. 소금을 비축하지 않은 상태에서 폭설이라도 내려 길이 끊기면 재난으로 이어지는 경우도 있었다.[15] 반대로 바닷가에 살던 사람들도 식량을 구하기 위해 소금을 지고 내륙으로 들어가기도 했다. 처음에는 이렇게 소박한 거래로 필요한 소금과 식량을 바꾸었지만 점차 도시의 규모가 커지면서 이를 도맡아 하는 사람도 생겨났고 이들의 왕래가 잦아지면서 소금길이라는 이름도 붙었다.

도시 문명이 시작된 이후에는 점점 더 많은 양의 소금이 필요해졌다. 처음에는 단지 생리적인 이유로 섭취하는 정도였지만 소금의 효과와 기능에 대해 잘 알게 되면서 요리는 물론 음식의 보관, 상처 치유, 각종 의식 등에 점점 더 많은 소금이 필요해진 것이다. 소금에 재화 기능이 얹히거나 봉급[16] 지불수단이 된 것도 이 때문이다. 이외에도 일상적인 관습이나 고대 종교에서 행하던 다양한 제의[17] 또는 민간신앙에서 드러나는 상징을 살펴보면 소금이 얼마나 오랜 세월 중요한 역할을 해왔는지 알 수 있다.

유럽에는 소금이라는 뜻을 가진 도시 이름뿐 아니라 언어 속에도 소금의 역사가 깊이 스며 있다. 인류가 소금과 함께해온 역사가 그만큼 길기 때문이다. 병자를 치유하는 여신 살루스salus, 봉급생활자를 의미하는 샐러리맨salaried man, 주기적으로 소금을 받는 병사인 솔저soldier, 소금에 절인 채소를 의미하는 샐러드salad 등은 모두 소금salt의 효과나 기능이 반영된 말이다. 소금의 쓰임이 문명의 정도에 따라 증가해온 것을 보면 고대 문명을 꽃피운 그리스나 로마의 소금 수요는 다른 지역에 비해서 훨씬 많았을 것으로 보인다.

로마의 소금길

로마의 도로 역시 소금의 역사와 무관하지 않다. 로마의 도로법[18]을 보면 그 목적이 정복과 통치를 위한 것임이 틀림없지만 그 이면에는 오랜 세월 소금이 지나가며 다져진 길이 받치고 있다. 로마가 건설한 도로는 주요 간선만 해도 375개 노선이 있으며 이를 합치면 무려 8만 킬로미터에 이른다. 이탈리아 반도는 물론 지중해 연안의 유럽과 아프리카, 이집트까지 이어져 있다. 로마가 이렇게 많은 길을 만들기 시작한 것은 언제부터일까. 흔히 기원전 312년에 놓인 아피아 가도Via Appia를 꼽는다. 이 길에는 가장 먼저 돌로 포장된 도로답게 1번 국도라는 이름이 붙어 있으며 로마에서 고대 문명의 중심이었던 그리스와 이집트로 이어져 길의 상징성도 지닌다.

이집트에서 안토니우스의 반란을 진압한 카이사르는 아피아 가도를 따라 로마로 들어온 뒤 결국 황제가 되었다. 하지만 그 이전에도 로마에서 뻗어나가는 도로는 여러 갈래가 있었다. 주로 소금 유통에 이용되었던 이 길들은 포장도로는 아니었지만 땅을 평평하게 고르고 습한 곳은 통나무를 깔아 나귀가 소금 부대를 싣고 가는 데 어려움이 없었다.[19] 아마도 이중에서 가장 오래된 역사를 가지고 있는 길은 소금길로 불리는 살라리아 가도Via Salaria일 것이다. 살sal은 소금을 의미한다.

이 길은 해안 염전지대에서 로마를 거쳐 테베레 강을 따라 올라가는

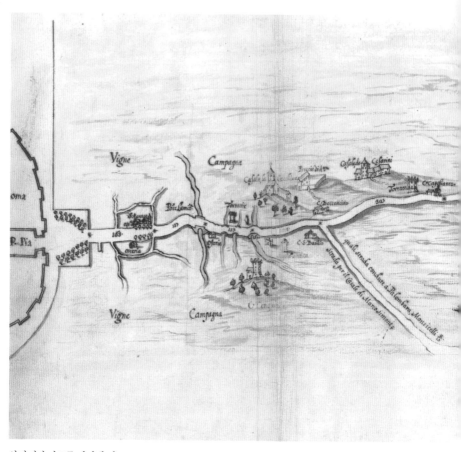

살라리아 가도를 나타낸 지도

길이다. 내륙의 레타에Retae에서는 다시 동쪽으로 이어져 아드리아 해까지 닿는다. 이 길에 비아via[20]라는 이름이 붙은 것은 기원전 3세기 무렵이다. 레타에를 점령한 로마가 포장도로를 건설하고 살라리아 가도라고 부른 것이다. 그러나 이 길을 따라 소금이 오가기 시작한 것은 이탈리아 반도에 로마인들이 들어오기도 전인 기원전 8세기까지 거슬러 올라간다. 레타에는 이탈리아에 도착한 로마인들이 처음 정착한 지역으로 반도 서쪽의 티레니아 해와 동쪽의 아드리아 해를 잇는 중심에 위치한 곳이다.

이탈리아 반도의 조그만 세력에 지나지 않던 로마는 어떻게 지중해의 패권을 장악할 수 있었을까. 많은 이견이 있지만 티레니아 해 연안에 있던 대규모 염전이 큰 역할을 한 것만은 분명하다. 테베레 강 하류에 정착한 로마는 에트루리아인이 장악하고 있던 염전을 차지하며 반도의 패권을 쥐었다. 이후 사람과 나귀가 다니던 소금길을 마차가 달릴 수 있게 넓히고 새로운 길을 계속 만들어 나가면서 무역과 부를 장악한 것이다. 로마의 군사력이 병사에게 주는 소금에서 비롯되었다는 것은 이에 부언하는 것과 같다. 세계 각지로 뻗어나간 로마 도로의 시작도 결국은 소금을 유통시키기 위한 작은 길에서 비롯된 것이다.

암염, 유럽을 잇다

오스트리아의 할슈타트나 잘츠부르크, 폴란드의 비엘리치카, 미국의 솔트레이크시티 등에는 모두 소금hall, salt, salz이라는 의미가 들어 있다. 지금은 사라진 고대 도시에서도 소금의 뜻을 가진 이름은 어렵지 않게 찾아볼 수 있다.[21] 로마의 소금이 바닷물을 증발시킨 염전에서

몰타 위에니 베이의 염전 유적

차마고도 소금 계곡

얻어진 것과 달리 북유럽의 소금은 거의 바위산에서 나오는 암염에서 얻어진다. 소금을 파낸 동굴에서 청동기 또는 철기시대의 유물이 발견되는 것을 보면 소금 채취는 선사시대 이전부터 이어져온 듯하다. 오스트리아나 폴란드, 루마니아 등 소금동굴로 이어지는 동유럽의 길들은 모두 그렇게 오랜 세월에 걸쳐 만들어진 소금길이다. 지금은 아스팔트로 깔끔하게 포장되어 있어 흔적을 찾기 어렵지만 나귀 등에 소금 부대를 얹고 천천히 걸어가는 상인의 모습이 상상된다.

암염지대는 유럽은 물론 티베트 고원이나 남미의 안데스 고원 등 전 세계에 흩어져 있다. 차마고도의 소금 염전은 암염지대를 통과해 흘러 나오는 지하수를 다시 햇빛에 말려 소금으로 만드는 염전이다. 차마고도는 중국의 차와 티베트의 말이 교역되는 길이었지만 소금은 오가는 길에 항상 가지고 다니던 중요한 물품이었다. 소금은 아무 때고 식량과 맞바꿀 수 있는 재화였기 때문이다. 티베트의 염전을 보면 차마고도를 소금길로 바꾸어 불러도 이상할 게 없어 보인다. 남미의 잉카인들도 안데스의 암염지대에서 흘러나오는 물로 소금을 얻었다. 경사진 언덕에 천수답처럼 빼곡히 들어선 염전을 보면 잉카 문명의 전성기에 얼마나 많은 사람이 북적였을지 상상이 간다.

지중해 수면 상승과 소금길

유럽의 암염이 주목을 받기 시작한 것은 서기 1세기 무렵 지중해의 수면 상승과 관계가 있다.[22] 당시 바닷물이 얼마나 올라왔는지는 정확히 알 수 없으나 기원전부터 명성을 누리던 몰타 유적이나 알렉산드리아, 아테네, 카르타고의 고대 항구 시설물이 해수면 아래쪽에서 발견되는 것을 보면 적지 않은 높이였던 듯하다.[23] 특히 이탈리아 반도 끝에 가까이 있는 몰타 섬은 해안가에 대규모 염전을 갖추고 있어 소금 무역으로 엄청난 부를 축적할 수 있었다. 로마는 기원전 4세기경부터 티레니아 해의 대규모 염전과 몰타 섬에서 얻은 소금을 유통시키면서 부를 장악해왔지만 해수면이 올라가자 곧바로 어려움에 처했다. 해안가의 염전이 물에 잠기면서 소금 생산이 급격히 줄어든 것이다. 소금의 품귀는 로마뿐 아니라 티레니아 해안과 몰타의 소금에 의존하던 주변 속주도 겪게 되었다.

소금이 부족해진 로마가 가장 먼저 눈독을 들인 것은 루마니아 프라호바 계곡의 슬러닉Slanic 소금광산이다. 루마니아의 산악지대를 지나면 프라호바 계곡 말고도 산 중턱에 금을 그어놓은 듯한 흰색 띠를 많이 볼 수 있는데 이는 모두 소금 광맥이 지상에 드러나 있는 것이다. 이를 차지하기 위한 로마의 침공은 서기 101년에 시작되었다. 1차 침공은 다치아Dacia 왕국[24]의 끈질긴 저항으로 실패했다.[25] 그러나 106년 2차 침공으로 결국 로마는 소금광산을 차지했고 다치아는 루마니아라 불리는 로마의 속주가 되었다. 동유럽의 작은 도시에 불과했던 루마니아는 로마의 체계적인 도로와 연결되면서 곧바로 소금 무역의 중심으로 각광을 받았다.

소금으로 시작된 할슈타트 문명

할슈타트hallstatt 소금동굴은 슬러닉보다 더 오래된 역사를 가지고 있다. 동굴 안에서는 기원전 1만2000년경 돌도끼로 소금을 캐고 짐승 가죽으로 만든 부대로 옮긴 흔적이 발견되었다. 할hall은 켈트어로

할슈타트의 아름다운 정경

소금을 의미한다. 기원전 8세기경에는 소금을 기반으로 부를 축적하면서 철기 문명이 융성하게 꽃피웠는데 이를 할슈타트 문명Hallstattzeit이라고 한다. 소금동굴 안의 유물은 주로 이 시기의 것이지만 훨씬 이전인 기원전 3000년경 죽은 사람이 발견되기도 한다. 소금을 캐다 죽은 것으로 보이는 이 남자는 소금이 방부제 역할을 하여 그대로 보존되어 있었다. 할슈타트는 접근이 어려운 잘츠 산Salzberg[26] 중턱에 있었고 주변을 호수가 두르고 있어 로마의 침략을 피할 수 있었다.

할슈타트가 소금 생산지로 각광을 받고 이곳에서 점차 소금길이 퍼져 나가기 시작한 것은 4세기 무렵부터다. 북구의 게르만이 남하하고 로마가 동서로 분리되면서 유럽이 부상하자 소금의 주산지였던 할슈타트도 함께 무역의 중심지로 떠오른 것이다. 할슈타트와 가까운 잘츠부르크[27]도 비슷한 시기에 소금 무역으로 성장한 도시다. 잘츠부르크는 북구의 로마로 불릴 만큼 아름다운 건축물과 성곽이 많다. 이는 대부분 중세에 지어진 것으로 소금으로 얻은 혜택이었다. 지금도 세계에서 소비되는 소금의 60퍼센트가 암염이지만 당시에는 더 많은 사람이 암염에 의존했을 듯하다. 로마의 길은 티레니아 해 염전이 융성할 때는 소금이 팔려나가는 길이었지만 중세에는 반대로 북구의 암염이 흘러들어오는 길이 되었다. 강할 때 정복과 통치를 위해 만든 길이 세력이 약해졌을 때 게르만의 침입로가 되었던 것과 대비된다.

우리나라의 소금길

소금을 뜻하는 염鹽 자는 관리가 자리에 앉아 소금 그릇을 살펴보는 모양이다. 중국의 소금은 염전보다는 주로 암염지대에서 얻었기 때문에 이런 한자가 만들어진 듯하다. 글자에서 볼 수 있는 것처럼 고대부터 소금은 국가의 전매 물품이었다. 우리나라 역시 고려시대부터 근대까지 소금의 생산과 판매를 나라에서 관리해왔다.[28] 하지만 세계 여러 나라에 소금길이 산재해 있는 것과는 달리 우리나라에는 소금길이라고 할 만한 곳이 흔치 않다. 아마도 조선시대 이전까지 대부분의 물류를 해운에 의지했기 때문이 아닐까 싶다. 그 대신 소금이 생산되거나 집결되는 장소를 중심으로 소금의 지명을 가지고 있는 곳은 두루 있다. 전북의 곰소나 제주의 엄장이[29] 등은 소금 생산으로 유명했던 곳이다. 마포로 들어오는 소금을 보관했던 서울 염리동이나 염창동 역시 소금과 관련한 지명이다. 마포 주변 염창에 보관된 소금은 보부상이나

제주 염장이 소금빌레(바위 염전)

나귀의 등에 실려 여러 갈래로 퍼져나갔다.

우리나라 지형으로 볼 때 소금을 구하기가 가장 어려웠던 곳은 백두대간 서쪽의 내륙이었다. 서해는 멀고 동해는 산맥이 가로막고 있었으니 말이다. 새재, 하늘재, 박달재 등 굽이굽이 이어지는 길이 없었던 건 아니다. 하지만 길이 험하고 좁아 보부상들도 다니기를 꺼려했고 눈이라도 내리면 그나마 길이 끊겨 꼼짝없이 앉아 봄까지 기다려야 했다. 울진에서 봉화에 이르는 보부상길은 12령 소금길이라고도 불린다. 서해안이 비교적 평평하고 조수간만이 커 염전을 만들기에 좋은 조건이었던 것과 달리 동해안에서 소금을 굽는 일은 훨씬 힘들고 어려운 일이었다. 바닷물을 일일이 양동이로 길어온 뒤 장작불을 지펴야만 했기 때문이다. 고려시대 안축[30]은 해안에서 소금을 만드는 모습을 보고 이렇게 적었다.

> 염한은 소금 굽는 이다. 바닷물을 길어다 부뚜막에 붓느라 어깨와 등이 활대로 휘었다. 연기 그을음과 열기에 눈썹마저 다 타서 없다. 늙은이가 입은 옷은 해어져 등조차 가릴 수 없는데 혹한의 날씨에도 자식 손자와 함께 한시도 쉴 틈이 없다. 하루 백 말의 바닷물을 끓여도 소금 한 섬 얻기가 어렵다. 관리는 염한이 만든 소금을 산처럼 쌓아놓고 이를 팔아 비단으로 바꾼다. 한 사람 몸에 걸치는 옷가지가 만백성의 괴로움이다.
>
> ―안축 『근재집』[31]의 「염호」 중

소금 만드는 게 어떠한 일이었는지 짐작하게 하는 글이다. 조선시대는 비교적 화폐가 잘 돌던 시대였지만 소금은 화폐와는 별도로 어떤 물건과도 교환이 가능한 가치를 지니고 있었다. 따로 소금길이라 부른 건 아니지만 관동 지방에서 백두대간 서쪽으로 이어지는 고갯길로 가장 많이 오간 건 소금이었다. 김주영의 소설 『객주』에는 나귀 등에 소금을 싣고 재를 넘는 보부상 이야기가 잘 그려져 있다. 그나마 울진에서 12령길로 이어지는 봉화나 영주, 안동은 정기적으로 보부상이 오가서 소금을 구하기가 수월한 편이었다.

그러나 횡성, 정선, 인제 등은 웃돈을 얹어 주어도 소금을 얻기가 쉽지 않았다. 위쪽으로 갈수록 산이 험하고 재 넘기가 어려워 보부상의 발길도 뜸했기 때문이다. 이곳에 사는 이들은 가을걷이가 끝날 즈음 직접 산을 넘어야 했다. 해마다 시월이면 삼척, 울진 등 바닷가에는 눈으로 길이 막히기 전에 소금을 얻으러 온 사람들로 북적거렸다. 쌀이나 약재를 지고 온 이들은 소금 또는 소금에 바짝 절인 해산물을 사가지고 돌아갔다. 백두대간 곳곳에 이들이 넘나들며 만든 고갯길은 소금길로 불러도 좋을 듯하다.

디아스포라,
히브리인의 유랑

기원전 2000년부터 이어진 히브리인
의 여정은 슬픔과 고통의 길이었다. 그
길은 단지 히브리인의 길이 아니라 인
류 역사상 끊임없이 이어졌던 전쟁의
와중에서 이리저리 쫓겨다녀야 했던
민중의 삶 그 자체가 아닐까.

베르디의 오페라 「나부코」 중 '히브리 노예들의 합창'

나부코, 히브리 노예의 합창

주세페 베르디[32]의 오페라 「나부코」[33]는 기원전 6세기경 바빌로니아의 예루살렘 침략과 포로로 끌려온 히브리인의 삶을 그린 이야기다. 예루살렘과 바빌로니아 왕궁 그리고 전설적인 공중정원을 무대로 벌어지는 이 장엄한 서사시는 히브리인의 고난의 역사를 아름다운 노래로 들려준다. 아내와 아이를 잃고 절망에 빠져 있던 20대의 베르디는 모든 열정을 이 작품에 불태운 뒤 삶의 의욕을 되찾았다. 나부코에서 가장 아름다운 장면은 '히브리 노예들의 합창'이다. 포로로 잡혀온 히브리인들이 유프라테스 강둑에서 노역에 시달리며 부르는 노래인데, 남성들의 중후한 목소리로 울려 퍼지는 애절한 합창곡은 듣는 이의 가슴을 저미게 한다.

> 날아가라, 자유로운 마음이여 황금빛 날개를 저어
> 날아가라, 부드러운 바람이 부는 고향의 언덕으로
> 가서 요르단 강둑과 무너진 시온의 탑에 입을 맞추라
> 이제는 빼앗긴 나라, 절망에 빠진 추억이여
> 예언자의 하프는 왜 침묵을 지키고 있는가
> 가슴에 기억의 불을 켜고 고향의 밤을 노래하라
> 예루살렘의 운명과 슬픔의 시를 노래하라
>
> —「나부코」 제3막. '히브리 노예들의 합창'

인류 역사를 통틀어 가장 잔악한 비극으로 불리는 아우슈비츠는 히브리인뿐 아니라 인류의 가슴에도 큰 상처를 남겼다. 인간에게 이성이

고대 우르의 유적

있는가라는 근본적인 물음이 다시 제기되었고 20세기까지 서양 문명을 이끌어온 합리주의는 뿌리부터 흔들릴 수밖에 없었다. 프리모 레비[34]는 『이것이 인간인가』에서 아우슈비츠의 비극은 나치의 문제가 아니라 인류 자신의 문제라고 지적한다. 또한 히브리인에게 가해진 고난의 역사는 20세기에 갑자기 나타난 게 아니다. 유사 이래 히브리인이 걸어온 길은 말 그대로 가시밭길이었다. 이들이 처음 문명사에 모습을 드러낸 것은 유프라테스 강 건너의 초원지대였다. 메소포타미아의 고대 도시였던 우르의 기록을 보면 "아무르Amurru[35] 사람들이 서쪽으로 옮겨갔으며 가나안에 머물러 살았다"는 말이 나온다.

우르의 기록에 의하면 유대의 족장이었던 아브라함이 팔레스타인으로 흘러들어온 것은 기원전 2000년경이다. 이곳은 메소포타미아에 비해 척박하기는 했지만 외압이 적었고 유목을 하기에도 적당한 지역이었다. 히브리인들은 목지를 두고 근처에 살던 부족들과 다투거나 교류하면서 그런대로 평온하게 살 수 있었다. 그러나 이집트 세력이 점차 확장되고 13세기경 결국 이집트에 정복되면서 수난의 역사가 시작된다. 이후 타 지역으로 끌려가거나 뿔뿔이 흩어졌다가 다시 팔레스타인으로 되돌아오는 과정이 여러 차례 반복된다. 이집트 노예시대와 모세의 탈출, 바빌론 유수와 키루스 해방에 의한 귀로, 로마 정복 이후 디아스포라와 20세기 이스라엘 건국에 이르기까지 히브리인이 밟아온 길은 어떤 서사시보다 극적이다.

히브리인이 걸어온 길

아놀드 토인비는 『역사의 연구』[36]에서 인류 문명을 21개로 분류하고 문명의 기원과 성장, 쇠퇴에 이르는 과정을 서술했다. 이 책에는 메소포타미아의 환경 변화와 문명의 관계 그리고 수메르나 이집트가 어떻게 고대 문명을 이끌게 되었는지 의미 있는 메시지를 전해준다. 선사시대 이전 메소포타미아는 오랜 세월 수목이 우거지고 땅이 비옥하여 많은 사람이 몰려 살던 곳이었다. 그러나 빙하기가 물러가고 대서양에 난류가 흐르면서 기후가 변화하기 시작했다. 유럽을 뒤덮었던 빙하가 녹으면서 유럽의 넓은 평야는 초원지대로 바뀌었고 반대로 메소포타미아는 건조지대로 변해갔다. 가뭄이 지속되는 기간이 점차 늘어나고 땅의 지력이 떨어지자 이곳에 살던 사람들은 어떻게든 살아낼 방법을 찾아야 했다. 첫째는 초원지대를 찾아 유럽으로 이주하는 것, 둘째는 땅의 지력이 떨어졌으니 흩어져서 먹고사는 것, 셋째는 관개수로를 만들고 강물을 끌어올려 새로운 농업 환경을 만드는 것이었다.

아놀드 토인비는 세 번째 방법을 선택한 이집트나 수메르 사람들이 인류 문명을 일으킨 주체라고 말한다. 히브리인[37]은 두 번째 방법을 선택한 민족이었다. 히브리인의 율법은 장자만이 태어난 곳에서 살도록 되어 있었다. 그리고 둘째부터는 새로운 땅을 찾아 떠나야 했다. 땅의 지력이 떨어져 한데 모이면 가축에 먹일 풀이 넉넉지 않았기 때문이다. 이렇게 뿔뿔이 흩어진 덕에 척박한 땅에서 근근이 먹고 살 수는 있었다. 그러나 인구가 줄어들자 외부에서 가해지는 폭력에 늘 쫓겨다닐 수밖에 없었다. 메소포타미아에서 가나안 지역으로 이주한 것도 결국 정착민들의 압박 때문이었다. 이후 히브리인의 역사는 아브라함, 야곱, 모세 등 걸출한 지도자와 몇 가지 사건을 중심으로 나누어볼 수 있다.

족장의 시대, 아브라함의 이동

아브라함을 조상으로 하는 유대·이슬람·기독교를 믿는 사람은 세계인의 절반이 넘는다. 근세 많은 수난을 겪었던 유대교는 2000만 명 정도에 불과하지만 이슬람 15억, 기독교 20억 명을 합치면 물경 35억에 이른다. 성서나 코란에 많은 기록이 있기는 하지만 역사학자들은 아브라함이 실재하는 사람인지 언제 살았던 사람인지 분명하지 않다고 말한다. 잘 짜인 틀을 갖추고는 있지만 성서 역시 하나의 신화라는 관점에서 보면 일리 있는 말이다. 아무튼 지금은 히브리인의 여정이 언제부터 시작되었는지 성서 기록을 통해 유추해볼 수밖에 없다. 홍수로부터 살아난 노아에게는 함, 야벳, 셈이라는 세 아들이 있었다. 함은 이집트 서쪽 아프리카 지역에, 야벳은 흑해와 지중해 위쪽 유럽에, 셈은 메소포타미아 유역에 터를 잡고 살았다. 히브리인은 셈의 후예다. 이들이 살았던 기원전 20세기경 메소포타미아에는 이미 많은 유목민이 살고 있었고 기원전 5000년경부터 이미 우르라는 고대도시가 자리 잡고 있었다.

아무르 사람들이 서쪽으로 이동해 가나안[38]으로 갔다는 기록은 아브라함의 이동을 유추해볼 수 있는 말이다. 성서에는 아브라함이 우르를 떠난 것이 신의 계시였다고 하지만 실제로는 전쟁의 혼란 때문이었을 것이다. 기원전 23세기 메소포타미아에 세워졌던 아카드 왕조는 이후 우르 왕조와 오랜 기간 세력 다툼을 벌였고 이어서 기원전 19세기부터는 힉소스[39]가 중동의 강자로 부상하면서 혼란이 계속되었다. 이 때문에 메소포타미아 유역에 흩어져 살던 유목민들은 이리저리 쫓겨다녀야 했는데 히브리인들도 그중 하나였을 것이다. 성서에 의하면 우

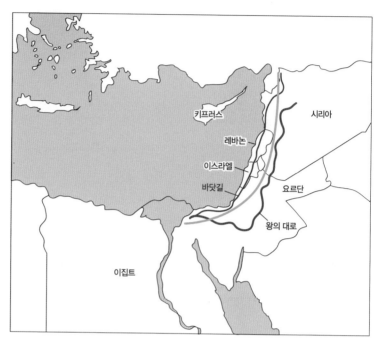

연두색 부분이 비옥한 초승달 지대

르를 떠난 아브라함은 유프라테스 강을 따라서 북쪽으로 이동하여 하
란Haran에 정착한다. 그러나 전란이 없는 땅을 피해 북쪽으로 올라오기
는 했지만 하란[40]이라는 이름이 의미하듯이 이곳은 춥고 메마른 땅이
었다. 이곳에 아버지를 묻은 아브라함은 다시 지중해를 따라 남쪽으로
내려온다. 그리고 에볼라, 예리코, 소돔을 거쳐 마침내 가나안에 정착
하게 된다.

히브리족의 성장과 비극

히브리인이 정착한 가나안 지역은 메소포타미아와 이집트 그리고 아시아를 잇는 요충지다. 기름진 초승달 지대로 불리는 곳이다. 가나안 주변으로는 왕의 대로와 바닷길Via Maris 등 고대의 중요한 길이 펼쳐져 있다. 히브리인들은 이 길을 도성과 연결하고 도성 안에도 정밀하게 계획된 길을 만들어나갔다.[41] 이렇게 정비된 길을 통하여 12개 지파로 나뉘어 있던 세력은 비로소 하나로 결집될 수 있었다. 주변 도시와 교역하면서 문물을 빠르게 받아들이고 통상 이득도 적지 않았을 것이다. 가나안으로 이주해 올 당시는 뿔뿔이 흩어져야 먹고 살 수 있는 유목민에 불과했지만 이후 히브리인은 라기스와 예루살렘, 이스라엘, 유다 등 여러 개의 도성을 갖춘 왕국으로 성장할 수 있었다.

그러나 이렇게 강국들이 세력을 다투는 틈에서 독자적인 종교와 민족을 유지해나간다는 것은 쉬운 일이 아니다. 유대인이 가나안에 정착한 이후 얼마간은 메소포타미아와 이집트로 세계가 양분되어 있었다. 사막을 사이에 둔 두 강력한 세력이 힘의 균형을 유지하면서 그런대로 세계는 안정된 질서에 놓여 있었던 것이다. 그러나 이후 바빌로니아, 아시리아, 히타이트 등 세력의 판도가 변할 때마다 히브리인은 전화에 시달릴 수밖에 없었고 이들의 종교와 삶도 지속적인 영향을 받았다. 바빌론 유수나 이집트 지배 등 민족 전체가 노예 상태가 되는 경우도 몇 번씩이나 되었다. 어떤 민족이든 이렇게 전란을 치르거나 노예 상태를 겪고 나면 흔적도 없이 사라지거나 다른 민족에 흡수되는 게 보통이다. 그러나 히브리인은 수없는 비극을 당하면서도 결국 살아남았다. 그것은 자신의 종교와 언어 그리고 독특한 문화를 가지고 있었기 때문이다.

이집트 이주와 엑소더스

가나안 지역에서 안주하던 히브리인이 이집트로 옮겨 살게 된 것은 외압이 아니라 자발적이었던 것으로 보인다. 당시 건조지대로 빠르게 변해가던 기후로 인해 가뭄과 기근에 시달리는 경우도 적지 않았다. 당시 최고의 문명국이었던 이집트로 사람이 몰려드는 것은 어찌 보면 당연한 일이었다. 자신들 역시 이방인이었던 힉소스 왕조 시절 이집트는 주변에서 흘러드는 사람들에게 관대한 도시였다. 히브리인 요셉Joseph[42]이 재상에 오른 것도 이 무렵이다. 그러나 1552년 힉소스 왕조가 무너지고 다시 이집트인에 의한 신왕조가 시작되면서 히브리인의

히브리인들이 일제히 이집트를 빠져나가는 엑소더스 장면. 데이비드 로버츠, 「이스라엘 사람들의 출발Departure of the Israelites」, 1829

위상은 급격하게 떨어지기 시작한다. 자유로운 유목민이었던 히브리인은 도시 노동자로 전락했으며 관개수로나 신전 건립과 같은 토목공사에 동원되었다.

기원전 13세기경 메르엔프타하 왕은 아예 이스라엘의 본거지였던 가나안 일대까지 복속시키면서 이집트 세력을 유프라테스 강 상류까지 확대시킨다. 람세스 2세[43]는 테베, 아비도스, 아부심벨에 자신의 조상과 장제 신전 등 많은 건축물을 만들었으며 평생을 정복 전쟁에 바쳤다. 이 때문에 이집트 최고의 군주였다는 칭송을 받지만 이방인들에겐 오히려 비극이었다. 그 모든 건축물이 히브리인 등 노예 노동에 의해 이루어졌으니 얼마나 고통스러운 삶을 살았겠는가. 하지만 히브리인은 400여 년 가까운 노예 생활에도 인구가 계속 늘어났다. 급기야 파라오는 히브리인의 출산을 억제하라는 명을 내리기도 했는데 이를 어길 경우 유아 살해가 벌어지기도 했다.

우여곡절 끝에 이집트 왕가의 아들이 된 모세의 전설도 이 때문에 탄생했다. 모세는 히브리인을 이끌고 엑소더스[44]를 실행에 옮긴다. 그 길은 40년에 걸쳐 이어졌지만 그중 38년은 가데스 바네아라는 황량한 광야에 머물러 있어야 했다. 수십만 명에 이르는 히브리인을 받아줄 곳은 어디에도 없었기 때문이다. 이들은 광야에서 고난의 삶을 견디고 지도자인 모세까지 잃어야 했지만 그 시련을 통해 더욱 강인해질 수 있었다. 모세에 이어 유대의 족장이 된 여호수아는 결국 예리코를 정복할 수 있었고 그 뒤 헤브론, 예루살렘, 라기스를 차례로 점령해나갔다. 이집트로 떠난 지 400여 년 만에 다시 가나안으로 돌아온 것이다.

바빌론 유수

아시리아의 침략

가나안 지역으로 돌아와 이곳에 흩어져 살던 부족을 복속시킨 히브리인은 아시리아와 이집트 사이에 끼어 어려움을 겪긴 했지만 가나안 지역의 맹주로 군림할 수 있었다. 그러나 기원전 931년 내분으로 인해 히브리인이 이스라엘[45]과 유다 왕국[46]으로 분리된 이후에는 서서히 세력이 약해졌다. 동족 간의 전쟁, 이집트·아시리아와 평화를 유지하기 위해 이국의 신을 인정한 뒤로는 정신적인 지주까지 잃었다. 이를 틈탄 아시리아의 침략으로 기원전 722년 이스라엘이 멸망하고 곧이어 히브리인들의 주요 요새였던 라기스[47]도 결국 함락되었다.

아시리아의 침략을 막아낸 건 히스기야 왕이 다스리던 예루살렘[48]뿐이었다. 예루살렘은 700미터의 고지에 있어 방어에 유리했지만 전쟁이 지속되면 물 때문에 스스로 무너질 수밖에 없었다. 히스기야 왕은 이러한 약점에 대비해 지하 터널을 뚫어 외부의 샘을 성 안으로 끌어오고 장기간 물자를 비축하여 유대 왕국을 지킬 수 있었다. 이후 예루살렘은 200여 년이나 버티면서 히브리인들의 지주가 되었다. 하지만 주변 강대국 속에서 살아남기 위해 유일신을 포기하고 이집트나 아시리아의 신상을 받아들여야만 했다.

바빌론 유수와 키루스 해방

예루살렘을 다시 침략한 것은 아시리아를 무너뜨린 신바빌로니아다. 예루살렘의 요시아 왕은 유일신 근본주의자였다. 그는 강대국의 눈치를 보느라 허용했던 이집트·아시리아의 신상을 모두 철거했다.

이를테면 종교개혁[49]을 단행한 것이다. 이로 인해 신바빌로니아와 마찰이 생겼고 결국 네부카드네자르 2세의 원정으로 예루살렘은 멸망했다. 기원전 601년의 일이다. 신바빌로니아는 1만여 명의 히브리인 포로를 데리고 바빌론으로 돌아갔다. 10년 뒤 시드기야 왕이 다시 항거하자 네부카드네자르 2세는 예루살렘을 완전히 파괴하고 살아남은 히브리인은 바빌론으로 끌고 갔다.[50] 이들은 집단 거주지에 살면서 제방을 쌓거나 지구라트를 건설하는 데 동원되었다.

베르디의 오페라 「나부코」에는 바빌로니아에 항거한 뒤 바빌론에 끌려가 노역에 시달리는 히브리인의 모습이 잘 그려져 있다. 바빌론으로 끌려온 히브리인들은 자신들의 종교를 유지했고 정체성을 지켜나가기 위해 끊임없이 노력했다. 비록 신전에서 격식을 갖춘 제의를 치를 수는 없었지만 주거지에 마련된 회당에서 예배와 기도를 드리며 안식일을 지켜나갔다. 모세의 탈출에서 유다 왕국에 이르는 과정을 기록한 「신명기申命記」, 유다 왕국의 실록이라 할 수 있는 「열왕기列王記」가 바빌론 유수 기간에 쓰였다는 것은 의미심장하다.

히브리인들이 바빌론에서 벗어난 것은 기원전 538년경이다. 신바빌로니아를 멸망시킨 페르시아의 키루스 왕[51]이 이들을 가나안으로 돌아갈 수 있도록 허락한 것이다.[52] 그들이 떠나 있던 동안 가나안은 사마리아인이 차지하고 있었고 귀로에도 많은 우여곡절이 있었지만 결국 이곳에 정착할 수 있었다. 바빌론에 갇혀 있었던 60년은 히브리인에게 고난의 시간임에 틀림없다. 하지만 이집트 탈출 시 40년의 광야생활이 이들을 단련시켰던 것처럼 바빌론 유수도 유대인을 강하게 만드는 담금질이 되었다. 이들은 가나안으로 돌아오자마자 새로운 법전을 만들고 신전을 지었다. 그리고 흩어져 있던 문서들을 종합하여 다시 자신들의 경전을 만들었다.

디아스포라, 다시 시작된 시련

디아스포라는 이산離散을 뜻한다. 과거의 전쟁은 승자가 모든 것을 취했고 사람 또한 마찬가지였다. 죽거나 포로가 되지 않은 자들은 삶의 터전을 잃고 뿔뿔이 흩어져야 했다. 처음 히브리인들의 디아스포라는 아시리아에 의한 이스라엘과 라기스의 멸망으로 시작되었다. 두 번째는 신바빌로니아에 의해 예루살렘이 파괴되고 많은 유대인이 바빌론에 끌려가면서 시작되었다. 기원후 70년 히브리인의 반란으로 찾아온 예루살렘의 파괴는 3번째 디아스포라로 불린다. 이 반란은 네로 황제 재임 중 통치에 공백이 생기면서 시작되었는데 베스파시아누스와 그의 아들 티투스에 의해 철저히 진압되었다. 일부 핵심 세력이 마사다 요새로 옮겨 끝까지 저항했으나 이들도 결국 로마에 의해 진압되었다.

마지막 반란은 132년 새로운 지도자 바르 코시바[53]가 일으켰다. 70년 반란이 실패한 뒤 예루살렘 인근 야브네Yavneh에 모여 살던 히브리인을 중심으로 일어난 반란이다. 바르 코시바는 화폐를 주조하고 각지의 유대 세력을 결집하여 30년이나 항쟁했지만 결국 로마에 완전히 진압되었다. 이로 인해 유대교는 뿌리째 뽑히고 살아남은 히브리인들은 이집트, 아프리카, 그리스 등지로 다시 뿔뿔이 흩어졌다. 로마인은 이들의 흔적조차 철저히 지워버려 반란이 일어났다는 사실조차 역사 속에 묻혀 있었다. 바르 코시바의 반란이 세상에 알려진 것은 20세기 후반 바르 코시바가 쓴 편지와 동전들이 우연히 발견되면서였다. 기원

마사다 요새

전 7세기부터 시작된 수차의 디아스포라로 세계 각지에는 많은 히브리인 거주 지역이 만들어졌다. 가장 많이 모여 살았던 곳은 로마와 알렉산드리아, 안티오키아였으며 로마 시민권을 가진 히브리인도 상당히 되었다.

게토, 히브리인을 가두다

셰익스피어가 『베니스의 상인』을 통해 히브리인을 혐오스럽게 그린 것은 유명하지만 이러한 편견은 이미 로마시대의 문장가인 키케로나 세네카, 타키투스의 저서에서도 엿볼 수 있다. 중세시대 기독교가 장악하고 있던 유럽에서 유대인은 끊임없이 쫓겨 다녀야 했다. 반유대주의가 이렇게 기승을 부린 데는 다른 종교와의 타협을 불허하는 유대교에도 문제가 있지만, 한편으로는 히브리인들의 과도한 경제활동, 배타성도 원인이 되었다.

히브리인 격리를 위해 만들어진 게토Ghetto[54]는 반유대주의의 상징이라 할 수 있다. 처음 만들어진 것은 1179년 라테라노 공의회[55]에서 히브리인의 격리가 공식 결정되고부터다. 1280년 이슬람 지배하에 있던 모로코에서도 게토를 만들어 히브리인을 강제 이주시켰다. 1391년 페스트의 공포에 빠져 있던 서유럽에서는 병균의 전염이 히브리인에게서 비롯되있다는 누명을 씌워 이들을 추방했다. 1492년 스페인에서는 자국 내 모든 히브리인에게 추방령을 내렸는데 이 명령이 철회된 것은 1968년이다.

반유대주의[56]가 다시 기승을 부린 것은 20세기 초부터다. 사회 혼란이 극에 달했던 러시아는 정부의 실정을 히브리인에게 전가시키면

서 키시네프 학살을 주도했고, 프랑스에 패한 독일은 그 원인을 히브리
인에게 돌리면서 민족 단합을 저해하는 가장 큰 해악으로 몰아세웠다.
제2차 세계대전 중 나치가 저지른 히브리인 학살은 이렇게 유럽 사회
에 뿌리 깊이 박혀있던 반유대주의가 표면으로 드러난 것에 다름 아니
다. 게토에 수용되어 있던 히브리인들은 제2차 세계대전 중 다시 아우
슈비츠로 옮겨졌다. 하지만 그곳은 결국 히브리인의 최후 게토가 되어
버렸다.

시오니즘, 다시 가나안으로

시오니즘[57]은 '시온으로 다시 돌아가자'는 뜻이다. 세계 각지에서 핍박을 받아온 히브리인들의 귀향의 열정은 디아스포라가 시작된 때부터 줄곧 가슴에 담겨 있었을 것이다. 하지만 시오니즘이 구체적인 계획으로 옮겨지기 시작한 것은 테오도르 헤르츨[58]에 의해서였다. 그는 『히브리인 국가』라는 소설을 통해 히브리인들의 각성을 일깨웠으며 1897년 시오니즘 회의를 열었다. 뒤에 이스라엘 초대 대통령이 된 하임 바이츠만[59]은 "히브리인이여, 모두 함께 시온으로 가자"고 외치며 시오니즘을 이끌었다. 이들의 노력으로 팔레스타인에 많은 히브리인 정착촌이 만들어졌다. 1917년에는 영국의 외무 장관 밸푸어가 "팔레스타인에 유대인 국가를 수립하는 데 동의한다"고 발표했다. 팔레스타인의 실질적인 지배자였던 영국의 선언은 미국과 프랑스에 의해 지지되었다. 밸푸어 선언 이후 많은 히브리인이 팔레스타인으로 이주했다. 1923년에는 24만 명에 이르렀고 제2차 세계대전 중에 일어난 나치의 학살은 히브리인 이주를 더 가속화했다.

1948년 5월 14일, 히브리인들은 마침내 독립을 선언했다. 이후에도 아랍인과의 마찰로 몇 차례 전쟁이 일어났지만 기나긴 여정이 막을 내리는 순간이었다. 이집트에서 노예 생활을 하던 히브리인이 모세에 의해 팔레스타인으로 돌아오는 데는 400여 년이 걸렸다. 바빌론으로 끌려갔다가 키루스 해방으로 되돌아온 것은 60년이 지난 뒤였다. 로마에 의해 예루살렘이 파괴된 뒤 세계 각지로 떠돌아다닌 세월은 2000년에 이른다.

세 차례의 디아스포라 그리고 바르 코시바의 마지막 반란 이후 세계 각지로 흩어졌던 히브리인들이 떠돌아다닌 길은 얼마나 될까. 참으로 어리석은 물음이다. 중세 이후만 해도 편견과 질시로 삶터에서 쫓겨나거나 게토와 수용소로 끌려다닌 길을 어떻게 다 추산할 수 있겠는가. 그 길은 히브리인이라는 민족이 걸어온 길임에 틀림없지만 전쟁의 와중에서 휩쓸려다닌 모든 민중의 삶 그 자체로 보아도 될 것이다. 인류 역사상 가장 긴 슬픔의 길, 그것은 바로 히브리인의 역사에 쓰여진 디아스포라의 길일 것이다.

떠도는
장돌뱅이,
보부상

소설 「메밀꽃 필 무렵」의 길은 달빛을
받은 메밀꽃이 은은한 정경을 펼쳐놓
지만 집 없이 떠도는 자의 삶이 그렇게
아름다운 것만은 아니었다. 집도 가족
도 없이 등짐을 지고 끊임없이 걸어야
하는 사람들, 어쩌면 그들은 소금 부대
를 등에 얹고 타박타박 사막을 오가는
낙타가 아니었을까.

1920년대의 강경 장터

떠도는 자의 노래, 목계장터

　장돌뱅이, 장을 따라 떠도는 사람이란 뜻이다. 집이 없기 때문에 떠돌아다녀야 하고, 떠돌다 보니 정처를 둘 수가 없다. 장돌뱅이는 천민이었다. 정주하는 천민들은 잠자리와 안위를 얻을 수 있었지만 복종과 천대를 견뎌야 한다. 그러나 떠도는 장돌뱅이들은 잠자리와 안위를 잃었지만 복종과 천대에서는 좀 벗어날 수 있었다. 떠도는 자들은 혼자일 수밖에 없다. 여인과 살림을 꾸리고 아이를 낳아 기르는 것, 우정과 사랑을 나누는 것, 주변 사람들과 끈끈한 관계를 갖는 것 등을 누릴 수 없기 때문이다. 그래서 서로 보듬고 서로에게 기댈 수밖에 없었다. 보부상, 그들은 그렇게 살았던 사람들이다.

> 하늘은 날더러 구름이 되라 하고
> 땅은 날더러 바람이 되라 하네
> 청룡 흑룡 흩어져 비 개인 나루
> 잡초나 일깨우는 잔바람이 되라 하네
> 산은 날더러 들꽃이 되라 하고
> 강은 날더러 잔돌이 되라 하네

—신경림의 「목계장터」 부분

　조선시대 민중은 갇힌 자와 걷는 자로 구분된다. 평생 마을을 떠날 수 없었던 농민들이 갇힌 자라면, 정처를 두지 못하고 떠돌아야 했던 보부상은 걷는 자였다. 신경림의 시는 갇힌 자와 걷는 자의 노래다. 바람과 구름은 보부상처럼 떠도는 자를, 들꽃과 잡초는 농민처럼 정한 터에서 사는 사람을 의미한다. 장은 그렇게 서로 다른 삶을 살아가는 사람들이 만나는 곳이다. 이들은 물건을 사고팔며 이야기를 나누고 마을 바깥 세상의 소식도 전해 듣는다. 저녁이면 떠도는 자는 짐을 꾸리고 물건을 산 자는 집으로 돌아간다. 조선시대 장시에서 벌어졌음직한 풍경이다. 오랜 세월 그렇게 물건을 바꾸고 떠나는 모습이 반복되었다. 이들의 삶은 떠남과 정주로 구분되지만 삶을 이어나가는 형편으로 보자면 서로 나을 것도 없었다. 매일 잠자리를 걱정하며 떠도는 삶이나 농지에 묶여 구차함을 이어가는 삶이나 도긴개긴이었을 테니 말이다. 보부상의 흔적을 따라 걷는 길, 그것은 지난한 삶을 이어온 민중의 소사를 들추는 일이 아닐까 싶다.

장시를 따라 떠돌다

장돌뱅이의 기원을 묻는 것은 어리석다. 마을을 떠돌며 물건을 팔러 다니는 사람들은 언제든 있었을 테니 말이다. 제각기 떠돌던 장돌뱅이들이 언제부터 모임의 틀을 갖추게 되었는지도 역시 알 수 없다. 정처 없는 천민의 삶이 기록으로 남아있을 리 만무고 어엿한 살림을 꾸릴 수도 없었으니 가족사를 이어갈 후사인들 있었겠는가. 아마도 그 시작은 잉여에서 비롯되었을 것이다. 필요한 것보다 조금 더 많은 것을 얻으면서 잉여의 교환이 요구되었고 그 결과 장돌뱅이라는 직업도 생겨났다. 모든 것을 자급자족하던 원시부족사회에서 벗어나면서부터 분업과 교환은 자연스러운 과정이 되었다.

서민들이 물건을 사고파는 장시場市는 고대국가 초기부터 있었다. 점차 촌락이 커지고 도회의 규모가 갖추어지면서 물건을 팔거나 사려는

보부상(독장수)

사람들이 많아진 것이다. 삼국의 통일로 비교적 삶이 안정되기 시작한 통일신라시대 이후에는 교통의 길목마다 장시가 열렸다. 고려시대에는 지방 관아가 있는 곳이나 향, 소, 진 등 마을이 형성된 곳에서는 어김없이 장시가 열렸다. 이때부터는 객주나 대상을 중심으로 장돌뱅이들도 조금씩 조직을 갖추어나간 것으로 보인다. 각지에서 생산되는 특산물을 실어 나르려면 한두 명의 힘으로는 어림없었다. 수공업의 발달로 농기구나 식기, 약재, 의류 등 유통할 만한 물건이 많아진 것도 장돌뱅이의 모임을 부추기는 계기가 되었다.

장돌뱅이들이 보부상이라는 어엿한 이름과 조직을 가지게 된 것은 조선 초의 일이다. 보부상의 두목이라 불리던 박달원朴達元은 개성을 중심으로 활동하던 대상이었다. 그는 재력으로 이성계를 돕기도 했지만 전국을 오가는 장돌뱅이가 알려주는 정보로 이성계의 귀가 되어주었다. 어쩌면 여론 형성에도 영향을 미치지 않았을까. 이성계는 고려 말 국가의 혼란을 틈타 남해안을 노략질하던 왜구를 소탕하고 쓰시마까지 정벌했다. 이로 인해 삼남 지방이 안정될 수 있었는데 조선 창업 당시 이성계가 백성과 사림의 지지를 받았던 것도 이와 무관하지 않다. 하지만 딱히 소식을 전할 만한 매체가 없던 시절 장돌뱅이의 입소문이 아니었다면 과연 이러한 지지 여론이 형성될 수 있었겠는가.

장시와 보부상길

보부상길은 길 이름이 아니다.[60] 조선시대 전국을 떠돌며 장사를 하던 보부상이 걷던 길을 의미하지만 어떤 특정한 길이라고 할 수는 없다. 그것은 길 이름이라기보다는 유통망을 의미한다. 조선 각지

조선시대 장시

에 흩어져 있는 장시를 돌던 보부상들이 조직화되면서 이들의 움직임이 하나의 통신망처럼 기능하게 된 것이다. 조선시대의 통신은 외침이나 급박한 사항은 봉수로, 조정의 중요한 일은 파발이 담당했지만 봉수와 파발은 주요 간선도로만 연결되어 있었다. 반면에 보부상은 각 지역에 거점을 둔 객주와 대보부상[61]을 중심으로 전국적인 망을 갖추고 있었다. 이들의 통신망이 훨씬 빠르고 다양한 정보를 취급했음은 말할 것도 없다.

보부상길은 길 이름이 아니지만 이들이 주로 걷던 길은 정해져 있었다. 보부상들은 보통 한 명의 객주에게서 물건을 받아 다섯 개의 장을 돌면서 팔았다. 5일마다 돌아가며 서는 장을 따라다녔기 때문이다. 상설이 아니라 주기적으로 장시가 열린 것은 사고팔 만한 물건이 충분치 않아서였을 것이다. 장이 열리는 마을은 보통 수십 리마다 한 군데씩

정해져 있었다. 시간으로 따지면 서너 시간 걸리는 거리다. 한 곳에서 장사를 끝낸 뒤 너무 어둡기 전에 걸어서 닿을 수 있어야 했기 때문이다. 보부상들이 다니는 장은 대개 정해져 있었지만 그렇게 엄격했던 것은 아니다. 필요에 따라 서로 구역을 바꿔서 돌기도 하고 조직의 내부 사정으로 역할이 바뀌는 경우도 있었다. 구한말 전국에는 약 1600개의 장이 있었다.

보부상단의 활약

조선 창업을 도운 대가로 이성계는 장돌뱅이를 모아 보부상단[62]을 조직했다. 원활한 상거래로 민생을 안정시키기 위해서였지만 보부상이 전국을 오가며 얻어오는 생생한 정보는 나라를 다스리는 데도 큰 도움이 되었을 것이다. 보부상단은 개성 발가산에 총본부인 임방任房을 두고 각 지방에는 접장을 두었으며 지속적으로 자기조직화의 길을 걸어갔다. 나라로부터 보장받은 오조[63]의 전매 특권은 보부상단을 급속히 성장시켰다. 숫자가 어느 정도나 되는지는 알 수 없으나 국난 시 일시에 수천 명씩 동원했다는 것을 보면 적지 않은 규모였던 것은 분명하다.

보부상단이 국난에 대응해온 사례는 기록으로 전해지는 것만 해도 적지 않다. 임린 시 많은 노력을 기울였던 봉수대는 무용지물이었던 반면 보부상은 빠른 발로 전국에 외침을 알렸다. 왜군의 움직임을 정찰하고 아군의 통신병 역할을 했다는 이야기도 적지 않다. 전국에서 의병이 궐기할 수 있었던 것도 따지고 보면 보부상의 기여인 셈이다. 호란 시에는 자금과 물자를 조달하여 남한산성으로 옮기고 직접 전투에 참여하기도 했다. 1811년 평안도 홍경래가 민란을 일으켰을 때는 관군이 도착하기도 전에 의주접장 허항許沆이 보부상을 이끌고 이를 진압했다. 1866년 강화도에 상륙한 프랑스 함대는 보부상으로 구성된 상병단이 결사 항전을 벌여 격퇴시켰다. 정조가 수원성을 축조할 당시에는 삼남의 도접장이었던 김곽산이 보부상 자비로 석재와 목재를 다듬어 장안문을 축조했다. 이외에도 동학란을 비롯 개화기의 크고 작은 변란시마다 보부상단은 정부에 많은 사역을 했다.

대원군은 보부상이 프랑스군을 격퇴한 것을 기화로 보부청이라는 기구를 만들고 자신의 큰 아들로 하여금 8도의 보부상단을 이끌게 했다. 이후 서구와 일제의 압력으로 민심이 흉흉해지자 고종은 뛰어난 정보망을 갖추고 있던 보부상을 활용하기 위해 혜상공국을 설치했다.[64] 정식 정부 기구는 아니었지만 최고 임원인 도접·도반은 한성부에서 직접 임명했고 도서라는 신분증까지 발급했다. 보부상은 나라에 의해 상권을 보장받는 한편 궂은일을 도맡아 함으로써 구한말 정치 변화에 많은 영향을 미쳤다. 미혼자로 구성된 동몽청은 보부상단 안에서도 가장 큰 역할을 하던 모임이었다. 무력을 행사하거나 대외적인 과시가 필요할 때 앞장에 서는 것은 늘 동몽청에 소속된 젊은 보부상들이었다. 특히 정보를 수집하고 이를 신속히 전달하는 임무를 띠고 있던 사속使屬은 정부의 사역을 가장 많이 담당하는 조직이었다.

보상과 부상

보부상은 괴나리봇짐을 메고 다니는 보상과 지게를 지고 다니는 부상을 합친 말이다. 괴나리봇짐은 물건을 싼 보자기를 둘둘 말

장터 가는 길. 김득신, 「귀시도」, 지본담채, 27.2×33.5cm, 개인 소장

아 어깨에 메고 다니는 것이다. 보상은 값이 많이 나가지만 그리 크지
는 않은 장식품이나 세공품을 메고 다녔다. 부상은 놋쇠나 토기 가내
수공품 등 잡다한 물건을 팔러 다니는 사람이다. 값에 비해 무게가 많
이 나갔기 때문에 지게에 메고 다녔다. 보부상은 같은 처지에 있었지만
서로의 업역을 범하는 것은 철저하게 금지되었다. 보상이 부상의 물품
인 일용품을 팔거나 부상이 보상의 물품인 귀중품을 파는 것은 물론
이고 순회하는 장시도 정해져 있었다. 취급하는 물건이 많아 우마차나
배에 싣고 다니는 경우도 있었는데 이들은 대보상 또는 대부상이라고
불렀다.

보부상은 천민이었고, 조선시대의 천민은 누구나 알아볼 수 있는 표
식을 하는 것이 불문율이었다. 기생이 치마 끝단을 여염집 아녀자와 반
대로 입고 백정이 갓끈에 쇠가죽털을 매달아야 했던 것처럼 말이다.
보부상의 표식은 패랭이였다. 패랭이는 목화송이를 방울처럼 매단 모
자다. 빠른 걸음으로 걷는 보부상의 모습은 이 때문에 멀리서도 알아
볼 수 있었다. 사람들은 흔들리는 방울을 보며 촐랑촐랑 패랭이가 간
다며 놀렸다. 보부상들이 짚고 다니는 물미장은 그들을 표시하는 또
하나의 상징이었다. 지팡이 둘레에는 용이 그려져 있고 속이 비어 있어
서 얼마간 쌀을 담을 수도 있었다. 늘 걸어야 했던 이들은 쉬 해어지는
버선 대신 발감개를 둘렀다. 긴 무명천으로 발을 감싼 것이다. 버선은
바닥이 해지면 버려야 하지만 발감개는 덜 해진 쪽을 밑으로 가게 하
면서 비교적 오래 쓸 수 있었다.

보부상들이 내적인 친목과 단결을 최고의 덕목으로 삼았던 것은 천
민에 대한 사회적 멸시와 하대를 견디기 위한 방편이기도 했을 것이다.
요원 중에 누가 봉변을 당하면 모두 함께 대들었기 때문에 이들을 천

시하기는 했어도 함부로 해코지하지는 못했다. 윗사람을 친아버지처럼 대하고 아랫사람을 내 아기 보듯 보살피는 것을 신조로 삼은 것도 같은 이유에서였을 것이다. 또 하나 중요한 특징은 선거제다. 중앙의 임방과 각 도를 총괄하는 도접장은 중앙에서 임명했지만 그 이하의 임원들은 선거를 통해 선출되었다. 상하 간의 엄격한 질서와 복종을 요구하는 전제 왕권 시대에 선거제 도입은 놀라운 일이다. 선거는 명령이 아니라 의견을 묻는 것이며, 그것도 위가 아닌 아래쪽의 의사를 묻는 것이니 말이다. 이렇게 강목을 두어 내부를 규율하고 투표로 임원을 선출하거나 정기총회에서 안건을 처리한 것을 보면 현대적인 조합과 다를 바 없어 보인다. 천민의 신분이었던 보부상들이 오랜 세월 전국 규모의 사조직을 이끌어나갈 수 있었던 것은 이와 같은 선거제도와 상호부조의 미덕 때문이 아니었을까.

보부상의 삶

소설이나 미술, 오페라 등 보헤미안이나 순례자의 여정을 소재로 한 예술작품은 예를 들 수 없을 만큼 많다. 아마도 정주 환경에서 살아가는 사람들에게는 길 위의 삶에 대한 막연한 환상 같은 게 있는 게 아닐까. 하긴 집에 들어앉아서는 새로운 것을 볼 수도 없고 누구를 만날 수도 없을 테니 말이다. 사르트르는 "인간이 견딜 수 없는 단 하나, 그것은 바로 변화의 부재"라고 말한다. 일리 있는 말이다. 우리나라에도 끊임없이 떠돌아야 했던 보부상을 소재로 한 소설이나 시가 여럿 있다. 아마도 그중의 백미는 김주영의 소설 『객주』와 이효석의 「메밀꽃 필 무렵」이다.

『객주』는 보부상의 눈을 통해 바라본 서민의 삶과 애환을 그린 소설이다. 신분제도와 사회질서가 서서히 와해되고 관료의 횡포와 일제 수탈로 어지럽던 19세기 말이 소설의 배경이다. 주인공 천봉삼은 그 소용돌이 속에서도 의협심을 가지고 역경을 헤쳐나가며 보부상의 강인한 모습을 보여준다. 객주에서 볼 수 있는 보부상은 구한말이라는 시대적인 상황 때문에 조선시대의 보편적인 모습과는 차이가 있을 것이다. 그러나 다양한 계층과 접촉하면서 하룻밤 사랑에 연연해하고 삶의 애잔함을 펼치는 것을 보면 보부상의 삶을 어느 정도 유추할 수 있게 해준다.

이효석의 「메밀꽃 필 무렵」 역시 하룻밤의 사랑으로 혈육의 연을 맺은 장돌뱅이 부자의 이야기다. 장이 파하면 다들 집으로 돌아가지만 보부상은 밤길을 따라 다음 장시로 떠나야 한다. 소설 속의 길은 달빛을 받은 메밀꽃이 은은한 정경을 펼쳐놓지만 집 없이 떠도는 자의 삶이 그렇게 아름다운 것만은 아니었다. 수십 리를 걸어 도착한 여숙은 늘 만원이어서 새우잠이 고작이었고 그나마 방을 얻지 못하면 헛간이나 이슬잠도 마다할 수 없었다. 끊임없이 등짐을 지고 걸으며 자고 일하는 삶의 반복, 어쩌면 그들은 소금 부대를 등에 얹고 타박타박 사막을 오가는 낙타가 아니었을까. 소설 『객주』에서는 보부상의 삶을 파란만장하게 그리고 있지만 조선시대 보부상의 보편적인 모습은 이렇게 단조롭고 지루하게 이어졌을 것이다.

제 4 부

미 지 의
세 계 를
잇 는 길

아버지를 찾아 떠나는 왕자는 수
수께끼를 풀고 괴물과 싸워야 한
다. 마침내 왕의 궁전에 이르면
증표를 보여주어야 한다. 이는 왕
이 겸비해야 할 세 가지 덕목, 즉
지혜·용기·혈통을 갖추고 있
는지 확인하는 과정이다. 그것은
또한 문명의 세계를 지향해온 인
류의 덕목이기도 하다.

터키 히에라폴리스 원형극장

서사,
미지의 세계로
떠나다

불멸의 지혜를 얻기 위한 길가메시의
열정은 부질없는 일이었을까? 그렇지
않다. 불로초를 훔쳐 먹은 뱀이 해마다
허물을 벗고 젊은 몸으로 재생하듯이
4600년 전의 길가메시 역시 우리가 책
을 펼칠 때마다 다시 태어나지 않는가.

　　　　　　　고대의 서사시는 새로운 세계를 찾아
가는 여정이다. 불멸의 지혜를 얻기 위해 길을 떠나는 길가메시나 아버
지의 나라를 찾아가는 유리琉璃의 여정도 그렇다. 그리스 신화의 테세
우스나 오디세우스의 여정 역시 있는 세계에서 벗어나 있어야 할 세계
에 이르는 길 찾기다. 그들은 길에서 친구를 만나고 길에서 아름다운
신부를 얻으며 길에서 괴물과 싸운다. 길이 곧 우정이고 사랑이며 모험
인 것이다. 새로운 세계란 이전까지 그곳에 이르는 길이 없었음을 의미
한다. 그래서 그들의 모험과 걸음은 새로 만들어지는 길의 이정里程이
기도 하다.

서사시는 점토판이나 양피지에 쓰인 문자로 우리에게 전해진다. 그러나 그 내용은 문자가 생기기 오래전부터 이어져온 것이다. 자신이 사는 곳 외에는 아무것도 알 수 없던 원시 인류가 서서히 주변 환경을 인식하고 문자와 도시를 만들어나가던 시절의 이야기인 셈이다. 그렇게 문명의 세계를 향해 발걸음을 내딛은 인류의 여정을 한 인간이 유아기를 벗어나 어른으로 변해가는 개인사로 유비해보면 어떨까. 세계의 건국 서사시에서 차용하는 형식, 바로 아버지를 찾아 떠나는 소년의 이야기는 그러한 맥락에서 이해될 수 있다.

왕이 될 운명의 아이들

문명의 여명기, 인류가 진보를 이루는 과정에서 수많은 고통이 이어졌듯이 어머니에게 모든 것을 의존하던 아이가 점차 성장하여 아버지의 세계로 들어가기 위해서는 몇 개의 관문을 통과해야 한다. 고대 서사시에서 왕이 될 운명을 타고난 아이들은 먼저 아버지로부터 버려진다. 다행히 유모나 어머니와 함께 살거나 히브리인 모세처럼 갈대밭을 떠돌다 이집트 공주 품에 안기는 행운아도 있지만 보통 이들의 유년은 가혹하기 그지없다. 요람에 실려 강물에 떠내려간 아이는 가난한 농부나 사냥꾼의 자식이 되어야 하며 숲에 버려진 아이는 사슴이나 늑대의 젖을 먹고 자라야 한다. 아버지를 찾아가는 길에도 갖은 위험과 장애물이 놓여 있다. 왕자들은 수수께끼를 풀고 용이나 사자와 싸워야 한다. 하지만 이 모든 것을 통과했다고 해서 바로 왕자로 인정을 받는 것은 아니다. 신분이나 혈통을 드러낼 만한 증표가 없다면 쓸쓸히 발길을 돌려야 하기 때문이다.

버려진 왕자가 자라서 아버지를 찾아가는 과정은 왕이 겸비해야 할 세 가지 덕성, 지혜와 용기 그리고 혈통을 갖추었는지에 대한 물음으로 요약된다. 수수께끼는 나라를 다스릴 만한 지혜가 있는지, 용이나 사자와의 싸움은 용기를 갖추고 있는지에 대한 물음이다. 이 모든 난관을 헤치고 내미는 증표는 왕의 혈통을 이어받을 고귀한 신분임을 드러내는 것이어야 한다. 서사시의 골격을 이루는 이 세 가지 덕목은 수없이 변주되며 모험으로 가득한 길을 만들어왔다. 설사 여정의 목적이 아버지를 찾는 것에서 신으로 대체되거나 영원한 삶 또는 지혜를 찾는 것으로 바뀌기도 하지만 그렇다고 길의 아름다움과 공감이 줄어들지는 않는다. 그것은 서사시가 단순히 왕자나 영웅의 이야기가 아니라 성장하는 모든 아이가 경험하는 보편적인 감정이 담겨 있기 때문일 것이다.

길가메시, 불멸과 필멸 사이에서

심연을 본 인간 길가메시, 내가 그를 세상에 알리리라. 아슈르바니팔 도서관 유적에서 발견된 『길가메시 서사시』[1]는 이렇게 시작된다. 길가메시Gilgamesh[2]는 4600년 전 티그리스 강 유역에 있던 우르크의 왕이었다. 그는 키가 크고 혈기가 왕성하여 대신의 아내건 백성의 딸이건 닥치는 대로 겁탈하는 폭군이었다. 인간뿐 아니라 백향나무 숲을 지키는 신의 산지기를 살해하고 사랑의 여신 이시타르를 모욕하는가 하면 그가 아끼는 황소마저 죽인다. 결국 신의 보복으로 절친한 친구 엔키두가 죽자 그는 깊은 절망에 빠진다. 인간의 필멸성, 친구가 죽은 것처럼 자신도 결국 죽을 수밖에 없는 인간임을 깨달은 것이다. 『길가메시 서사시』는 이렇게 죽음 앞에 선 인간이 영원한 삶을 찾기 위해

길가메시

길을 떠나는 이야기다.

길가메시는 영생의 지혜를 얻어 세계의 대홍수[3]에도 살아남았다는 현자 우트나피슈팀을 찾아 나선다. 그가 사는 곳은 죽음의 바다 건너에 있는 '모든 강의 입구'였다. 갖은 고생 끝에 도착한 바닷가에서 길가메시는 다시 한번 이시타르의 유혹을 받는다. 탐스런 과일이 열리는 나무와 보석으로 가득한 정원에서 여신은 말한다. "인간에게 불멸이란 부질없는 거예요. 바다를 건너지 말고 이곳에서 나와 행복한 삶을 누려요." 하지만 그는 여신의 유혹을 뿌리치고 죽음의 바다를 건넌다. 마침내 우트나피슈팀과 만난 길가메시는 현자의 모습이 거울에 비춰본 자신과 닮아 있음을 보고 놀라워한다. 그를 찾아 '모든 강의 입구'까지 오는 여행의 도정에서 이미 길가메시의 몸 안에도 불멸성이 싹트고 있었기 때문일까.

영원한 삶을 찾기 위해서 왔다는 길가메시에게 현자는 말한다. "인간에게 필요한 것은 잠처럼 편안한 죽음뿐이오. 하지만 그 편안한 잠을 7일간 거부한다면 영원히 잠들지 않게 될 것이오." 길가메시는 흔쾌히 동의하지만 지칠 대로 지친 그는 곧바로 잠에 빠져들고 만다. 잠 또한 죽음의 한 형식이며 인간의 의지로 어찌할 수 없는 것임을 현자가 깨우처 주자 길가메시는 쓸쓸히 발길을 돌린다. 그 사이에 뱀과 불로초의 에피소드[4]가 끼어들지만 결국 길가메시는 떠날 때와 마찬가지인 인간의 몸으로 고향에 돌아온다. 서사시는 거기까지다.[5] 길가메시는 127년간 왕으로 군림했으며 그의 죽음으로 수메르를 통치하던 우루크 왕조도 막을 내린다.[6] 길가메시의 모험과 여정이 흔적도 없이 사라진 것처럼 그의 죽음으로 불멸을 얻으려는 모든 노력 역시 도로가 된 것일까. 우트나피슈팀의 예언대로 불멸을 찾는 인간의 열정은 부질없는 일이었을까.

그렇지 않다. 불로초를 훔쳐 먹은 뱀이 해마다 허물을 벗고 젊은 몸으로 재생하듯이 4600년 전의 길가메시 역시 우리가 책을 펼칠 때마다 다시 태어나지 않는가. 점토판에 서사시를 적어나간 신레케 운니니Sin-leqe unnini[7]는 그를 "이 세계의 심연을 본 사람"이라고 말한다. 심연은 물론 불로초가 있는 연못을 이르지만 그 말이 삶과 죽음에 대한 깊은 지혜를 깨달은 사람이라는 뜻임은 자명하다. 현자를 찾아 헤매는 여정에서 수많은 모험과 경험을 통해 그가 얻은 불멸, 그것은 뱀처럼 허물을 벗고 재생하는 몸이 아니라 바로 지혜였다. 인류의 머릿속으로 전해지는 지혜를 통해 그는 불멸을 얻은 것이다. 길가메시라는 이름은 노인을 뜻하는 길가Gilga와 젊은이를 뜻하는 메시Mesh를 합친 말이다. 그의 이름이 '젊음을 다시 얻은 노인'을 의미하듯이 우리가 책장을 펼칠 때마다 길가메시는 새로운 몸으로 우리의 머릿속에서 다시 태어난다.

모난 돌에서 자라는 소나무

출정 중인 왕의 침소에 들어 고귀한 씨를 품는 여인들의 이야

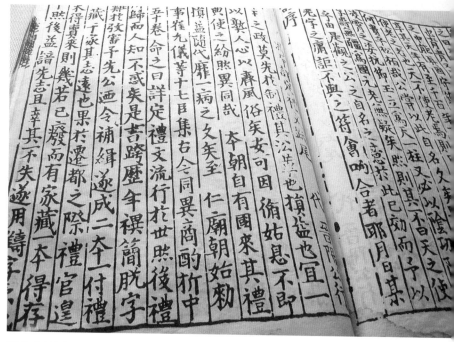

『동국이상국집』

기에서 서사시는 시작된다. 여염집 규수든 귀인의 여식이든 왕과 하룻
밤을 보낸 여인들의 삶은 기구하고 고난스러울 수밖에 없다. 그녀의 아
이 또한 애비 없는 자식이라는 설움을 견뎌야 한다. 고구려 예씨禮氏 부
인과 주몽 사이에서 태어난 유리왕 이야기는 이규보의 『동국이상국
집』[8] 「동명왕」 편에 나오는 서사시다. 아버지는 아들이 성장하면 찾아
오라는 말을 남기고 떠난다. 일곱 모가 난 바위에서 자라는 소나무 밑
에 증표를 남겨두었으니 이를 가지고 오라는 말도 잊지 않는다. 아들
은 증표를 찾기 위해 산을 헤매고 다닌다. 들짐승과 무뢰한으로 가득

한 산길을 헤매며 유약했던 아이는 혼자 여행을 떠날 수 있을 만큼 성장한다. 차츰 눈이 밝아져 주춧돌 위의 나무 기둥이 '일곱 모가 난 바위 위의 소나무'임을 알아차리는 것도 그 무렵이다.

아이는 마침내 주춧돌 밑에 숨겨진 '부러진 칼'을 찾아내고 아버지를 찾아 길을 떠난다. 예씨 부인이 살던 부여에서 졸본[9]은 그리 멀지 않은 곳이어서인지 「동명왕」 편에는 유리의 여행에 관한 이야기가 별로 나오지 않는다. 그러나 이를 토대로 한 설화는 1000여 년 넘게 변주되며 기이한 모험과 신비한 수수께끼로 가득 차 있다. 할머니의 무릎에서 듣던 그 이야기 말이다. 마을에서 천덕꾸러기로 자라던 소년이 친구 셋과 여행을 떠난다. 산길을 넘으며 호랑이와 싸우고 깊은 골짜기를 지날 때는 험악한 산 도둑과 맞선다. 갖은 고생 끝에 아버지의 나라에 도착한 소년은 놀라운 무공으로 왕의 눈에 든다. 마침내 가슴에 품고 온 칼을 내밀자 왕이 가지고 있던 다른 한 쪽과 딱 들어맞는다. 칼이 이어진 자리에서는 뚝뚝 피가 흘러내린다. 이로서 소년은 왕의 혈통임을 인정받고 선왕에 이어 왕위에 오른다. 소년과 함께 여행한 친구들은 그의 부하가 되어 함께 나라를 다스린다.

소년이 아버지를 찾아가는 여정은 단지 공간적인 길만을 의미하지는 않는다. 길을 걸을 때 우리의 몸은 물론 공간 속에서 이동하지만 여행의 도정에서 시간이 흐르고 나이를 먹는다. 여러 마을을 지나고 다양한 삶과 사건을 경험하면서 생각도 바뀐다. 집을 떠날 때는 어린 소년에 불과했지만 마침내 아버지 앞에 설 때는 지혜와 용기, 세상 물정을 경험한 어엿한 성인이 되어 있는 것이다. 이렇게 길을 따라 이어지는 여정 그리고 아버지와 아들로 이어지는 부권 상속은 지혜·용기·혈통과 함께 세계 여러 나라의 서사시에서 보편적으로 볼 수 있다. 우리의 가습에 담겨져 있는 길에 대한 관념 또는 미지세계에 대한 동경은 인간의 삶에 내재된 문화의 보편성 때문이 아닐까 싶다.

바위를 들어라, 그 안에 신발과 칼이 있다

그리스의 테세우스 신화와 2000년 전 고구려 건국설화는 이름만 달랐지 같은 이야기로 생각될 만큼 유사하다. 아테네의 왕 아이게우스는 절친한 사이인 피테우스의 집에서 술을 마시다가 그의 딸 아이트라를 회임시킨다. 아이트라는 약혼하기로 한 남자가 행방불명되어 처녀의 몸으로 과부가 된 상태였는데 이를 가엾게 여긴 아버지가 딸을 친구의 침실에 밀어넣은 것이었다. 아무튼 아들을 얻게 된 아이게우스는 몹시 기뻐서 아이트라에게 말한다. 여기 큰 바위 밑에 칼과 신발을 숨겨 두겠소. 아들이 태어나 이 바위를 들만큼 자라면 그 신발을 신고 나를 찾아오게 하시오. 아이트라가 낳은 테세우스는 현명하고 강한 청년이 되었다.[10] 마침내 16세가 되자 아이트라는 출생의 비밀을 전해준다. 네 아버지는 아테네의 왕이다. 저 바위 밑에 칼과 신발을 신고 아버지를 찾아가라.

아버지를 찾아가는 테세우스 앞에는 수많은 위험이 도사리고 있다. 그러나 테세우스는 뛰어난 무술과 지혜로 하나씩 제거해나간다. 곤봉을 휘둘러 행인을 괴롭히는 페리페테스, 사람을 소나무에 매달아 죽이는 시니스, 땅을 황폐하게 만드는 멧돼지, 무지막지한 레슬러 케르키온, 여행자를 침대에 눕히고 키를 늘리거나 잘라서 죽이는 크로크루스테스 등. 그 모든 모험을 끝내고 테세우스는 케피소스 강에서 정화의식을 치른다. 비록 해치운 자들이 악당이긴 했지만 그를 보살피던 신의 앙갚

테세우스의 모험

음을 당할 수도 있었기 때문이다. 마침내 아테네 궁전에 도착한 테세우스는 왕에게 칼과 신발을 보여준다. 아버지는 아들을 뜨겁게 감싸 안으며 아테네 왕위 계승자로 선포한다. 테세우스는 이후 라비린토스의 괴물 미노타우로스를 물리치고 아테네의 전성시대를 이끄는 왕이 된다.

서사시의 영웅들은 힘과 지혜, 두 덕목을 모두 갖추어야 하지만 굳이 비교하자면 서양에서는 힘을 더 중요하게 여긴 듯하다. 테세우스는 수수께끼를 풀지 않아도 된다. 유리왕은 '모난 바위에서 자라는 소나무'를 찾기 위해 산을 헤매고 다니지만 테세우스에게 필요한 것은 힘이다. 무거운 바위를 들어올릴 수만 있다면 혈통을 인정받는 것이다. 테세우스와 싸우는 자도 몸집이 거대한 거인이나 힘이 센 멧돼지다. 헤라

293

클레스나 아킬레스 역시 지혜보다는 강인한 힘으로 적을 헤치운다. 그러나 동명왕 서사시에서는 힘보다는 지혜와 인정이 중요한 덕목으로 등장한다. 영웅들은 산에서 만난 호랑이와 싸우는 대신 목에 걸려 있는 가시를 꺼내주고 몸을 부딪쳐 싸우기보다는 어려운 수수께끼를 풀거나 산적의 마음을 녹여 위기에서 벗어난다. 테세우스는 왕자로 등극한 이후에도 미궁의 괴물 미노타우로스를 무찌르며 힘을 과시하지만 유리왕은 「황조가」를 부르며 사랑의 그리움을 노래하는 왕으로 그려질 뿐이다. 미세하지만 동양과 서양의 서사시에서 자주 느껴지는 차이점이다.

황금양털을 찾아서, 아르고 호의 항해

그리스는 어떻게 찬란한 문명을 꽃피우게 되었을까. 지중해와 이오니아 해, 에게 해에 뿔뿔이 흩어져 살면서도 서로 끈끈하게 얽힌 해상 제국으로 발전할 수 있었을까. 로마는 어떻게 지중해의 패권을 장악하게 되었을까. 한마디로 말하기는 어렵지만 그 중심에 페니키아로부터 이어받은 멋진 배와 항해술이 있었음은 자명하다. 메소포타미아와 이집트 문명을 융합한 페니키아는 기원전 2500년 전부터 지중해 연안에 해상 도시를 구축하고 크레타와 그리스에 수준 높은 문명을 전해 수었다. 페니키아인들이 해상무역을 위해 개척한 바닷길과 모험 정신도 그대로 전해졌을 것이다. 『아르고 호』『오디세이』『아에네이스』는 기원전 1300년 무렵 미지의 세계를 찾아 모험을 떠나는 영웅들의 이야기다. 그 안에는 새로운 길을 향한 인간의 열정 그리고 인간이 걸어온 발자취가 고스란히 담겨 있다.

장 프랑수아 드 트루아, 「황금양털을 손에 넣은 이아손」,
캔버스에 오일, 55.6×81cm, 1742~1743, 런던 내셔널갤러리 소장

그리스 신화 중에서 미지세계에 대한 열정으로 가득한 길 그리고 가
장 멀고 험난한 길은 황금양털을 얻기 위해 떠난 아르고 호의 항로일
것이다. 이 여행은 화려한 출연진으로도 유명하다. 아르고Argo 호에는
대장 이아손을 비롯하여 당시 최고의 영웅 헤라클레스가 타고 있었고
미노타우로스를 죽인 테세우스, 아폴론과 한판 벌였다는 이다스야, 권
투 챔피언 펠레우스, 리라의 달인 오르페우스 등 이름값 한다는 영웅
이 모두 타고 있었으니 말이다.[11] 이들을 태운 배는 지중해와 이오니아
해 그리고 보스포루스 해협을 거쳐 흑해에까지 이른다. 아르고 호와
함께 항해를 떠났던 음유시인 오르페우스는 이렇게 노래했다.

우리는 미지의 세계로 떠나네

세 개의 바다를 지나서 해가 떠오르는 곳

제우스의 벌을 받은 프로메테우스가 못 박힌

바위산을 지나, 세계의 끝으로 노를 젓네

신은 이미 모든 것을 알고 있겠지만

우리에겐 아름다운 황금양털을 찾겠다는 믿음과

타오르는 심장이 있을 뿐이네

오비디우스의 『변신 이야기』[12] 중 오르페우스의 노래

하지만 이들의 항해는 그렇게 만만한 것이 아니었다. 세 개의 바다 건너에 있다는 혹해는 아직 그리스인이 발을 들인 적 없는 미지의 바다였고, 코르키스라는 나라를 아는 사람 역시 아무도 없었다. 아르고 호는 해가 뜨는 쪽이라는 말만 믿고 뱃머리를 동으로 향한 채 항해해 나간다. 선원들은 여인의 섬 렘노스의 유혹을 물리치고 트로이가 지키던 헬레스폰토스 해협을 무사히 통과한다. 마르마라 해에서는 자신을 도와준 키지코스 왕을 죽여 키벨레 여신의 분노를 사기도 한다.[13] 항해 중에 힐라스, 이드몬, 티피스 세 명의 선원을 잃은 뒤 마침내 코르키스에 도착한다. 그리고 코르키스 공주의 도움을 받아 황금양털을 차지한다.

아르고 호는 돛대에 황금양털을 높이 걸고 그리스로 향한다. 하지만 귀로 역시 수많은 역경이 기다리고 있다. 황금양털을 되찾으려는 아이에테스는 그들을 끝까지 뒤쫓는다. 오디세이를 돼지로 만들었던 키르케의 섬과 아름다운 목소리로 선원을 유혹하는 사이렌의 협곡도 지나야 한다. 아르고 호는 아이에테스를 따돌리기 위해 올 때와는 다른

항로로 귀항한다. 북쪽의 이스테르 강[14]을 따라 올라가는 길이다. 하지만 강의 상류에서 바다로 나가려면 배를 다른 강으로 옮겨야 한다. 지금은 북해와 지중해, 흑해가 모두 운하로 연결되어 있지만 그들은 배를 머리에 이고 걸을 수밖에 없었다.

사막에서 만난 리비아의 요정은 이렇게 예언한다. "지금까지 배가 그대들에게 한 것처럼 이제 그대들이 배에게 그렇게 해야 하리라." 강을 갈아타기 위해 선원들은 배를 들고 6일 동안 모래땅을 건넌다. 50개의 노가 달린 커다란 배를 어깨에 메고 걷는 모습이 잘 그려지지는 않지만 아무튼 아르고 호는 라인 강에 다시 떠워진다. 당시 세계의 끝이라고 생각했던 북유럽에는 사람이 살지 않았기 때문에 아무런 저항을 받지 않고 북해로 나올 수 있었다. 이들은 발트 해와 도버 해협을 따라 내려온 뒤 마침내 헤라클레스의 기둥[15]을 통과해 그들이 떠났던 이올코스 항구에 닻을 내린다.

험난한 여정에 많은 선원을 잃었지만 3년 3개월 만에 고향으로 돌아온 것이다. 황금양털이 그들의 믿음대로 행복을 주지는 않았다. 하지만 이들의 여정을 통해서 그리스 세계는 한층 넓어질 수 있었다. 아르고 호의 항해는 신화 속의 이야기라고는 믿기지 않을 정도로 사실적인 묘사와 상징으로 가득하다. 『일리아스Ilias』가 그리스와 트로이 간의 전쟁을 배경으로 쓰여진 것처럼 아르고 호의 항해 역시 실제 있었던 모험을 바탕으로 쓰여졌을 것이다. 변변한 지도 한 장 없던 시절 이러한 서사시가 나왔다는 건 정말 놀라운 일이다.

오디세이, 지중해를 가로지르다

인간은 바람을 따라 바닷길을 열었지만 목적지에 이르기 위해서는 신의 허락을 받아야 했다.[16] 바다는 늘 바뀌며 어떻게 변할지 알 수 없다. 평온하다가도 갑자기 폭풍우와 파도가 몰아치고 순조로운 바람이 불다가도 어느 순간 배를 무풍지대에 가두어버린다. 그렇게 거친 파도에 둘러싸인 인간은 신에게 의지할 수밖에 없었을 것이다. 호메로스가 그리스와 트로이 전쟁이 양편으로 갈린 신들의 대리전으로 해석하고, 오디세우스의 항해를 신이 그어놓은 선에 따라 움직이는 인간의 숙명으로 그린 것도 이 때문이었을 것이다. 하지만 신화적 아우라에 에둘리기는 했어도 『오디세이』는 신화가 아니다. 변덕스러운 신의 눈치를 보느라 웅크리는 인간이 아니라 기꺼이 드넓은 바다로 나가 운명과 맞서 싸운 인간의 이야기인 것이다.

트로이 전쟁을 승리로 이끈 오디세우스의 귀향은 모험으로 가득 차 있다. 외눈박이 키클롭스 동굴, '연꽃을 먹는 사람'의 섬, 식인종의 나라, 마녀 키르케의 섬……. 항해 중에 키클롭스에게 잡아먹히기도 하고 향락에 빠지거나 동물로 변하기도 한다. 험한 파도로 인해 배도 여러 차례 부서지지만 이들의 귀향은 계속 이어진다. 지하세계 하데스, 아름다운 노래로 유혹하는 사이렌, 암초와 소용돌이의 바다를 모두 헤쳐 나오지만 결국 폭풍으로 인해 배는 난파된다. 이 때문에 모든 선원이 죽고 오디세우스만이 칼립소 여신에 의해 구조된다. 혼자 살아남은 오디세우스는 다시 뗏목을 만들고 바다로 나간다. 그리고 우여곡절 끝에 고향 이타케로 돌아온다.

오디세우스가 항해한 바닷길은 얼마나 될까. 트로이에서 펠로폰네

기원전 700년의 유적에서 발견된 갤리선을 젓는 노예들

소스 서쪽에 있는 이타케는 그렇게 멀지 않다. 하지만 이들이 닿았던 섬과 육지는 지중해 전역에 흩어져 있다. 키르케의 섬은 지중해 북쪽 깊숙이 있고 키클롭스의 섬은 시칠리아 위쪽에, '연꽃을 먹는 사람'의 섬은 지중해 남쪽 끝에 있다. 마지막까지 살아남은 오디세우스가 부서진 뱃조각을 잡고 떠밀려간 칼립소 섬은 서쪽 끝에 있다. 당시는 '헤라클레스의 기둥'이라고 불렸던 지브롤터 해협 바로 옆이다. 트로이 멸망은 기원전 1300년경이고 호메로스가 『오디세이』를 노래한 것은 기원전 700년경이다. 당시에도 돛을 이용하기는 했지만 항해는 주로 연안을 따라 움직이던 때였다. 그러나 오디세우스의 항해는 이렇게 지중해 전

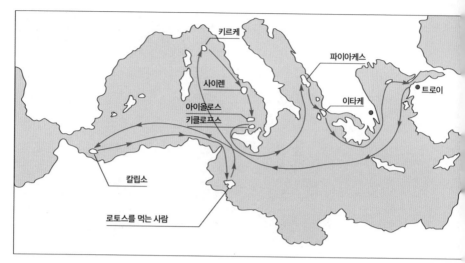

오디세이의 항해 경로

역을 종횡무진 가로지르며 이어져 있다.

고향으로 돌아온 오디세우스는 아들과 힘을 합쳐 성을 되찾는다. 호메로스가 노래하는 『오디세이』는 여기까지다. 그런데 정말 오디세우스의 모험은 이렇게 끝난 것일까. 단테의 『신곡』에는 재미있는 에피소드가 나온다. 지옥 한쪽에는 고귀한 성이 있다. 예수 이전에 살아서 기독교를 모르지만 아름답고 순수한 영혼을 가진 사람들이 사는 곳이다. 단데는 호메로스, 오디세우스, 베르길리우스를 비롯한 고대의 현자를 만난다. 단테는 오디세우스에게 묻는다. "고향으로 돌아와 성을 되찾고 아내, 아들과 함께 살았으니 얼마나 행복했겠소." 그러자 오디세우스는 정색을 하며 말한다. "평생 모험을 하며 살아온 내가 여인의 치마폭에서 죽는다는 게 말이 되오. 나는 친구들에게 말했소. 인간은 짐승처럼 살기 위해서가 아니라 지혜를 따르기 위해 태어났다고. 그러자 모두 나와 함께 모험을 떠나자고 했소. 나는 그들을 이끌고 헤라클레스의 기둥을 빠져나왔소. 왼쪽으로 방향을 틀고 남십자성을 바라보면서 5개월쯤 내려가니 남쪽 끝에 갈색 산이 보였소. 그 순간 거센 풍랑이 우리를 집어삼켰고 그래서 이리로 오게 됐다오."

단테가 살던 시절에는 남극은 물론 아메리카의 존재도 모르던 때다. 서양의 대항해 시대를 이끈 콜럼버스의 신대륙 발견은 단테가 죽은 뒤에도 170년이나 지나서였다.[17] 미지의 세계를 찾던 그리스 뱃사람의 생각이 어떻게 단테에게 전해질 수 있었을까. 아무튼 지도 한 장 없던 시절 아프리카 해변을 따라 끝없이 내려가면 갈색 섬이 있을 거라는 단테의 상상력은 놀랍다. 19세기 아문센이 남극을 탐험하기도 전에 이미 오디세우스가 그곳을 예견했다는 뜻이니 말이다. 이아손, 오디세우스 그리고 단테로 이어지는 미지세계에 대한 추구, 인간의 위대함은 그렇게 끊임없이 길을 열어나가는 열정에 있을 것이다.

아에네이스, 로마를 건국하기까지

『오디세이』와 『아에네이스』[18]는 둘 다 트로이 전쟁을 배경으로 한다. 『오디세이』는 승자인 그리스의 호메로스가, 『아에네이스』는 패자인 트로이의 후예 베르길리우스[19]가 쓴 것이다. 오디세이가 귀향의 모험과 성을 되찾는 과정을 그린 것처럼 『아에네이스』 역시 전쟁에서 진 트로이 왕자가 지중해를 항해하며 숱한 역경을 거친 뒤 로마를 건국하는 과정을 그린다. 그리스에게 패한 아이네이아스는 트로이를 떠나 새로운 나라를 건설하라는 신탁을 받는다. 아이네이아스와 부하들

『아에네이스』를 읽어주는 베르길리우스

은 새로운 나라를 세우기 위해 7년간에 걸쳐 지중해를 항해한다. 잠시 머무르려고 정박한 카르타고에서 아이네이아스는 여왕 디도와 애틋한 사랑에 빠진다. 하지만 새로운 나라를 세우라는 신탁을 지키기 위해 다시 항해를 떠나고 이들은 마침내 이탈리아 라티움[20]에 도착한다. 그는 먼저 저승으로 내려가 아버지 앙키세스[21]를 만난다. 앙키세스는 아들이 세우려는 로마의 위대한 미래와 수많은 영웅에 대하여 들려준다.

아이네이아스는 라티움, 에트루리아와 힘을 합쳐 이미 이곳에 터를 잡고 있던 투르누스를 몰아내고 로마를 건국한다. 『아에네이스』에서 역사의 서술은 앙키세스의 예언이라는 독특한 형식으로 이루어진다. 기원전 70년에 태어난 베르길리우스가 트로이에서 현재에 이르는 역사를 모두 알고 있음은 자명하다. 하지만 서술의 시점을 1300년 전으로 되돌림으로써 로마의 현재가 신탁에 의해 예언된 필연이었다고 말하는 것이다. 이렇게 건국의 뿌리를 트로이까지 끌어올림으로써 로마인에게 신화적인 자부심을 안겨준 베르길리우스는 이후 로마 최고의 시인으로 추앙된다. 고대의 서사시는 한 인간의 영웅담으로 시작되지만 그가 걸어간 길은 바로 그 민족의 역사가 된다.

에게 해

바다,
벽에서
길이 되기까지

계절 또는 조석에 따라 바람이 일정한 방향으로 분다는 것을 알자 사람들은 해안을 벗어나 바다를 건너갈 수 있었다. 오랜 세월 벽이었던 바다가 비로소 길이 된 것이다.

"카르타고의 어머니, 노를 돌려드립니다."[22]

침몰하는 배에서 페니키아 선원이 드렸다는 이 짧은 기도문은 가슴을 서늘하게 한다. 삶은 노를 젓는 것이었고 죽음은 노 저을 사람이 바뀌는 것, 페니키아인들은 그렇게 바다를 항해하다 죽는 것을 숙명으로 받아들인 듯하다. 삶의 가치가 무엇이고 어떻게 사는 것이 의미 있는 삶인지 말하기는 쉽지 않다. 그러나 자신의 소명을 묵묵히 받아들이고 이를 위해 최선을 다하는 사람에게서는 어떤 숭고함이 느껴진다. 헤밍웨이의 『노인과 바다』에서 탈진에 이를 때까지 배를 젓는 노인이 우리

305

에게 주는 감동도 이 때문일 것이다. 모든 수고가 무위에 그칠 것을 알면서도 끊임없이 바위를 밀어올리는 시시포스처럼 어쨌든 인간은 자신에게 주어진 업을 치르며 살아갈 수밖에 없는 것이다. 폭풍과 파도를 헤치며 바다로 나갔던 페니키아인, 그들 역시 항해를 신이 내려준 소명으로 받아들인 것이 아닐까.

초기 페니키아인처럼 지중해 연안을 따라 항해하던 시절 배를 이끌어가는 도구는 인간이 젓는 노였다. 이들이 해상 제국을 세웠던 지중해는 그렇게 큰 바다가 아니었지만 바람을 이용할 수 없었던 시절에는 당연한 일이었을 것이다. 그러나 계절에 따라 또는 조석에 따라 바람의 방향이 일정하게 분다는 것을 알게 된 뒤 인간의 항해술은 빠르게 발전하기 시작했다. 연안을 따라서 움직이던 배들은 과감하게 지중해를 가로질러 맞은편 도시로 갈 수 있게 되었다. 헤라클레스의 기둥[23]을 빠져나가 아프리카나 북해로 올라가는 배도 점차 늘어났다. 지중해뿐 아니라 인도양이나 남중국해에서도 바람의 길이 점차 알려지게 되었다. 바람을 알게 되자 비로소 바다는 벽이 아니라 길이 되었다. 그 뒤로 이어진 항해의 역사는 계절 또는 조석으로 변하는 바람의 길을 찾아내는 과정이었다고 말할 수 있다.

바람은 왜 부는 것일까

가벼운 건 뜨고 무거운 건 가라앉는다.
따뜻한 공기는 가볍고 차가운 공기는 무겁다.
지구는 늘 한쪽으로 돈다.

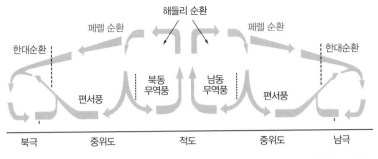

해들리 순환

페렐 순환

페렐 순환

한대순환

한대순환

북동
무역풍

남동
무역풍

편서풍

편서풍

북극   중위도   적도   중위도   남극

무역풍과 편서풍이 생기는 이유

바람이 부는 이유는 이 때문이다. 거대한 태풍이나 토네이도는 물론
이고 시원한 산들바람이나 강바람도 그렇다. 기압이나 밀도, 습도, 구
름, 지형에 따라 바람의 크기와 방향이 바뀌지만 모두 공기 온도에 따
른 변화일 뿐이다. 바람이 생기는 가장 큰 이유는 햇빛이다. 적도 바다
에는 하루종일 뜨거운 햇볕이 내리쬔다. 그러면 공기가 뜨거워지면서
위로 올라가고, 빈 곳을 채우기 위해 양쪽에서 공기가 밀려온다. 다시
말하면 중위도에서 적도를 향하여 바람이 부는 것이다. 밑에서 더워진
공기가 계속 올라오면 적도 상공에 먼저 올라와 있던 공기는 양옆으로
밀려날 수밖에 없다. 하늘 높은 곳은 춥기 때문에 공기가 빨리 식는다.
그래서 옆으로 밀려났던 공기는 다시 아래로 내려온다. 이렇게 땅에서
는 중위도에서 적도로, 하늘에서는 적도에서 중위도로 도는 공기의 흐
름을 해들리 순환이라고 한다. 중위도와 극지방에서도 이와 비슷한 현
상이 벌어지지만 해들리 순환처럼 일정하지는 않다. 남·북극에서는
6개월에 걸쳐 낮과 밤이 바뀌기 때문이다.

지구의 자전도 바람에 영향을 준다. 지구는 서쪽에서 동쪽으로 돈
다. 이 때문에 공기는 동쪽에서 서쪽으로 밀려가게 된다. 지구 자전에

의해 부는 이 바람과 해들리 순환이 만나면 바람은 사선으로 분다. 반대로 남·북반구의 중위도 지역에서는 항상 서쪽에서 동쪽으로 부는 편서풍이 분다. 지구 자전과 같은 방향이다. 편서풍은 높은 하늘에서는 제트 기류[24]라고 하는 빠르고 일정한 형태로 불지만 지표면과 가까워지면 기압 변화가 심해 방향이 요동친다. 편서풍이 항해보다는 항공기 운항에 주로 이용된 것도 이 때문이다. 그러나 지표면이 적은 남반구나 대서양에서는 편서풍이 일정하게 불어 항해에 도움을 주기도 한다.

계절풍과 무역풍

계절풍monsoon[25]은 여름과 겨울이 바뀔 때마다 방향이 바뀌는 비람이다. 바닷물은 계절이 바뀌어도 온도 변화가 크지 않지만 육지는 빨리 식거나 뜨거워진다. 이 때문에 겨울에는 육지에서 바다로, 여름에는 바다에서 육지로 바람이 분다. 이렇게 일정하게 방향이 바뀌는 덕에 출항과 기항 시기만 잘 잡으면 바다 건너 먼 곳까지 갈 수 있었다. 계절풍의 효과는 육지와 바다가 위아래로 놓여 있는 인도양 북쪽에서 가장 크다. 1세기경에는 아라비아 상인들이 계절풍을 이용해 항해했으며 8세기경에는 항저우에서 남중국해를 거쳐 인도까지 가는 항로도 개척되어 중국의 물품이 서역으로 흘러갔다. 16세기경 아라비아에서 만들어진 항해지에는 계절풍이 부는 시기가 항로별로 정확하게 기록되어 있어 규칙적인 항해를 할 수 있게 되었다.

무역풍은 적도 부근에서 일정하게 부는 바람이다. 해들리 순환과 지구 자전 때문에 북반구에서는 북동풍, 남반구에서는 남동풍이 분다. 계절이나 날씨에 관계없이 항상 같은 방향으로 불기 때문에 항신풍恒信

風이라고도 불렸다. 무역풍이 가장 뚜렷하게 나타나는 곳은 대서양이다. 이 덕분에 유럽에서 신대륙으로 가는 가장 빠른 길이 개척되었다. 1492년 콜럼버스가 신대륙을 발견할 당시에도 무역풍은 많은 도움이되었다. 지브롤터 해협에서 카나리아 제도까지 내려오자 순조로운 바람이 신대륙까지 배를 밀어준 것이다. 대서양처럼 일정하지는 않지만 무역풍은 태평양에서도 효과적이다. 당시 유럽인이 태평양의 무역풍을 이용하지 않은 것은 중앙아메리카가 가로막고 있었기 때문이다. 계절풍의 효과가 탁월한 인도양은 이로 인해 공기의 흐름이 흐트러져 무역풍의 효과는 크지 않다.

페니키아인의 항해

터키의 차탈회위크 유적은 기원전 7000년경, 메소포타미아의 관개 유적은 기원전 4000년경까지 거슬러 올라간다. 선사시대 이전이기는 하나 이미 도시 형태의 문명이 싹트기 시작했음을 보여준다. 문명은 이렇게 제한된 지역에서 꽃피웠지만 기원전 3000년경에는 주변 지역으로 빠르게 퍼져나간다. 이집트의 고왕조나 메소포타미아의 우루크Urk, 애게 해 주변의 초기 그리스……. 이렇게 문명이 퍼져나간 것은 어떤 계기에서였을까. 답은 해상 제국을 건설한 페니키아에서 찾을 수 있다. 지중해 서쪽 티레에 살았던 페니키아인들이 처음 바닷길을 개척한 것은 기원전 3200년경이다. 그리스 신화에 나오는 아르고 호의 항해보다 천 년은 앞선다.

페니키아인들은 레바논의 울창한 삼목지대에서 자란 질 좋은 나무를 이집트에 팔면서 부를 축적했다. 이들이 개척한 항로가 지중해

페니키아인의 배

연안을 따라 길게 이어진 것은 삼나무의 유통로였다. 그 덕에 기원전
2500년 무렵 이미 지중해 서해안에는 티레를 비롯 시돈, 비블로스, 베
이루트 등 페니키아의 여러 도시가 세워졌다. 기원전 814년에는 아프리
카에 카르타고를 건설했고 이후 이베리아 반도에도 식민지를 만들었다.
또 하나의 업적은 항해 기술을 바탕으로 메소포타미아와 이집트 등 지
중해 주변의 모든 문명을 하나로 묶은 것이다. 서구인들이 쓰고 있는
알파벳, 선박 항구의 축조와 항해술 등 당시 가장 앞선 지식들이 페니
키아에서 태어난 것도 우연이 아니다.

　페니키아의 항해술은 조수간만의 차와 해류의 흐름은 물론이고 천
문 관측까지 모두 이용되었다. 특히 삼나무를 이용한 선박 제작과 쇠를

다루는 기술[26]은 누구도 뒤따를 수 없었다. 초기의 배는 노를 이용해 주로 해안을 따라 이동했지만 점차 돛과 노를 갖춘 갤리선이 만들어졌다. 빠른 속도를 위해 선체는 유선형이었고 전면에는 충각이라는 뾰족한 돌기가 있어 적선을 공격할 수 있었다. 하지만 상선은 많은 짐을 싣기 위해 중간 부분을 넓고 둥글게 만들었으며 돛을 이용해 항해했다. 하역을 위해 별도로 작은 배[27]를 이용했다는 기록을 보면 이들의 배가 웬만한 항구에는 정박할 수 없을 정도로 컸음을 알 수 있다. 이렇게 큰 상선과 강력한 전함을 갖춘 페니키아였지만 기원전 539년에는 페르시아에 당하고, 기원전 332년에는 마케도니아의 식민지가 되면서 쇠락의 길을 걸었다. 유일하게 남아 있던 카르타고는 로마와 벌인 세 차례의 포에니 전쟁을 끝으로 기원전 146년 역사 속으로 사라졌다. 페니키아는 로마에 앞서 처음으로 지중해 전역을 항해하고 지브롤터 해협을 통해 대서양 위·아래쪽으로 항로를 개척한 최초의 해상 제국이었다.

계절풍, 로마·인도·중국을 잇다

인도양의 계절풍은 기원전부터 알려져 있었다. 1세기경 이집트인이 쓴 에리트레아Erythrea 항해지[28]에는 계절풍을 이용한 정기적인 항로가 기록되어 있다. 지금은 에리트레아가 홍해의 좁은 영역을 지칭하지만, 당시에는 홍해와 페르시아 만 그리고 인도양까지 포함하는 이름이었다. 이를테면 바다가 아니라 항로의 의미를 담고 있었던 것이다. 항로 끝에 있는 남인도의 마하발리푸람Mahabalipuram 항구는 고대세계의 허브 도시였다. 해마다 6월경이면 계절풍을 타고 각지로 가기 위해 기다리는 배가 항구 주변까지 넓게 줄지어 있었다. 항구 인근의 유적지

마하발리푸람 해변의 불교 유적

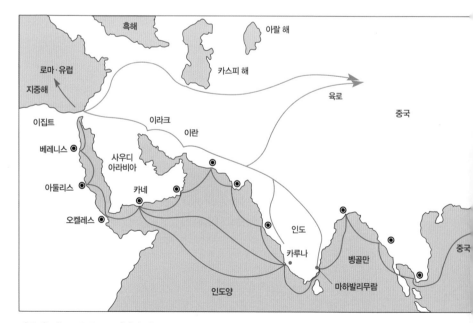

지중해·인도·중국으로 이어진 항로

에서는 로마 테오도시우스 1세[29] 때 주조된 동전과 중국에서 사용되던 화폐가 함께 발견되기도 했다. 이외에도 동서양의 많은 유물이 발견되어 마하발리푸람이 동·서양을 잇는 허브 도시였음을 말해준다.

마하발리푸람 항구에서는 여러 개의 항로가 동·서양으로 뻗어 있었다. 서쪽 항로는 인도 서해안을 따라 홍해에 이르는 길로 이라크·이란 등 메소포타미아 지역이 연결되었다. 또 하나는 아라비아 해를 가로질러 페르시아 만으로 들어가는 항로로 이집트·로마가 연결되었다. 동쪽으로 가는 항로는 벵골 만과 남중국해를 지나 중국 항저우로 연결되었다. 인도 동해안을 따라 인더스 강 하구까지 간 뒤 여기서 육로를 이용해 중국으로 가는 길도 열려 있었다. 로마에 의해 평화가 지속되던 1~2세기경 중동과 지중해 연안 도시는 온갖 사치품과 생활용품이 필요했고 그 수요를 마하발리푸람이 충족시켜준 것이다. 중국에서 건너온 얇고 눈부신 비단은 로마 여인의 눈을 사로잡았을 것이다. 귀인의 몸을 가리면서도 몸매의 아름다움을 그대로 드러내주는 비단의 유혹을 어떻게 마다할 수 있었겠는가.

무역풍, 대항해 시대를 이끌다

콜럼버스를 신대륙으로 이끈 것은 적도 주변에서 항상 일정하게 부는 북동풍이었다. 처음 신대륙을 발견한 1492년의 항로는 카디즈에서 모로코까지 내려온 뒤 바로 서쪽으로 가는 것이었다. 이 항로는 70일 정도 걸렸는데 북위 30도 위쪽에 있어 무역풍의 효과가 비교적 덜했다. 콜럼버스는 이후 10년 동안 모두 네 번에 걸쳐 신대륙을 찾아가는데 무역풍의 효과가 점점 탁월해지는 항로를 찾아 적도 쪽으로

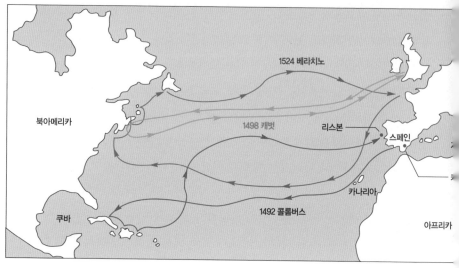

대서양 항해 경로

내려감으로써 항해 기간을 줄일 수 있었다. 이후 유럽에서 신대륙으로 가는 길은 아메리고 베스푸치, 조반니 다 베라치노로 계속 이어졌고 이는 유럽이 세계로 퍼져나갈 계기가 되었다. 콜럼버스는 죽을 때까지 신대륙을 인도라고 생각했지만 의심도 있었던 듯하다. 아프리카를 돌아 인도로 가면 10개월[30]이 걸리는데 북반구로 가면 왜 70일밖에 걸리지 않을까. 결국 그는 지구가 둥글지 않으며 북반구는 좁고 남반구는 넓은 기형이라고 결론을 내린다.

이후 내륙으로 들어가 태평양을 확인한 아메리고 베스푸치는 이곳이 인도가 아니라 신대륙임을 밝힌다. 아메리카 대륙에 그의 이름이 붙은 것은 이 때문이다. 베스푸치는 배를 태평양으로 옮기기 위해 해안선을 조사했지만 결국 해협을 발견할 수 없었다. 그의 생각을 이어받은 것은 포르투갈의 마젤란이었다. 1519년 스페인을 떠난 마젤란은 남아 메리카 해안을 따라 계속 내려가 결국 태평양으로 나가게 된다. 이들은 남동풍을 타고 계속 서쪽으로 항해하여 필리핀 마크탄 섬에 이른다. 마젤란은 여기서 원주민과의 교전으로 죽지만 선단은 보르네오를 지나고 아프리카의 희망봉을 돌아 마침내 산루카르 항으로 돌아온다. 3년에 걸친 세계일주였다.[31] 유럽이 세계로 뻗어나간 대항해 시대로 인해 세계는 돌이킬 수 없는 길로 들어섰다. 신대륙의 원주민은 이들이 가져온 전염병과 탄압으로 거의 몰살되다시피 했고 세계로 흩어진 유럽의 병기는 각지에서 전쟁의 참화를 불러왔다. 이는 가슴 아픈 일이지만 대항해로 인해 바닷길이 열리자 비로소 세계는 하나로 묶이게 되었다.

아프리카를 돌아 인도와 중국으로

15세기 말 유럽이 그렇게 바다로 나가게 된 이유는 동양의 향신료를 얻기 위해서였다. 로마시대 이후 유럽은 육로를 이용해 후추나 정향, 생강을 동방에서 수입해왔다. 하지만 1453년 콘스탄티노플이 이슬람에 의해 함락되자 보스포루스 해협을 통해 인도, 아시아로 연결되던 통상로가 끊겨버렸다. 육류의 느끼한 맛을 없애주던 향신료가 품귀를 보이자 유럽은 뱃길을 찾을 수밖에 없었던 것이다. 서쪽 항로를 개척하여 신대륙을 발견한 스페인이 향신료를 구해오지 못하자 포르투갈은 동쪽으로 가는 길을 택했다. 1497년 7월 바스쿠 다가마는 세 척의 배를 이끌고 리스본을 출발하여 아프리카 해안을 따라 남쪽으로 내려 갔다. 이 구간은 거의 바람을 이용할 수 없었기 때문에 아프리카 끝의 희망봉까지 가는 데 4개월이나 걸렸다. 이보다 앞서 출항한 바르톨로뮤

인도에 도착한 바스쿠 다가마

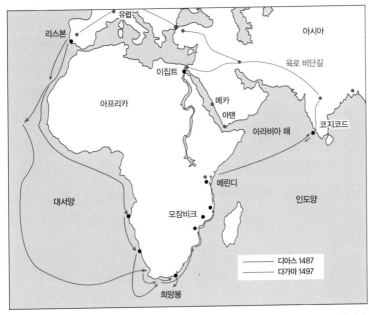

리스본

유럽

아시아

육로 비단길

이집트

메카

아덴

아라비아 해

코지코드

아프리카

대서양

메린디

모잠비크

인도양

희망봉

디아스 1487
다가마 1497

인도 항로의 개척

디아스도 희망봉까지 내려왔지만 여기서 배를 돌려야 했다. 하지만 바스쿠 다가마는 아프리카 동해안을 따라 계속 메린디까지 올라갔고 여기서 아라비아 해를 건너 인도 코지코드까지 갈 수 있었다.

아라비아 해는 여름·겨울철에 일정하게 부는 바람에 대해 기원전부터 알려져 있었지만 바스쿠 다가마가 건넌 것은 봄철이었다. 이들은 1498년 5월에 도착했는데 항해가 10개월이나 걸린 것은 바람의 효과를 보지 못했기 때문이다. 하지만 이후 이슬람 상인들이 아라비아 해에 개척해놓은 바람길을 이용하면서 인도 항로는 훨씬 짧아질 수 있었다. 당시 인도는 이슬람과 중국에 의해 평화로운 교역이 이루어지는 자

317

유 무역 지대였지만 유럽이 진출하자 마찰이 빚어졌다. 결국 포르투갈은 1509년 인도의 주요 항구를 점령하고 주도적으로 교역을 시작했으며 1517년에는 중국의 마카오까지 점령하기에 이른다. 포르투갈이 일본에 상륙한 것은 1543년이다. 이때 전해진 서양의 조총은 이후 한국·중국·일본을 전쟁으로 몰아넣는다. 이슬람에 의한 콘스탄티노플 붕괴, 육로 통상의 단절, 대항해 시대의 개막, 포르투갈과 일본의 만남. 15세기부터 이어진 일련의 사건들이 이렇게 임진왜란으로 이어지는 과정을 보면 아무리 멀리 떨어져 있어도 세계의 구석구석이 서로 연결되어 있다는 생각이 든다. 눈에 보이지 않는 바람과 해로, 이렇게 세계를 하나로 이어주는 길 말이다.

수로,
물을 위해
만든 길

생명은 유한하지만 그가 품었던 물은
생명에서 생명으로 끝없이 이어진다.
생명의 정보가 유전자에 담겨지듯이
한 개체가 살아낸 삶의 여정도 물에 담
겨질 수 있을까. 물을 의식이 있는 생명
체로 보는 에모토 마사루의 가설은 신
선한 영감을 준다.

　　　　　　　　사막을 헤매던 어린왕자가 꽃에게 길
을 묻는다. "사람이 사는 곳으로 가려면 어디로 가야 하니." 꽃은 이파
리를 흔들며 방향을 가르쳐준다. 지친 모습의 어린왕자가 타박타박 걸
어가는 것을 보면서 꽃은 혼자서 중얼거린다. "사람들은 뿌리가 없어서
불편할거야. 그래서 끊임없이 걸어야 하는 거겠지."

　꽃은 제자리에서 뿌리를 내려 물을 얻을 수 있다. 그러나 사람들은
물을 찾아 계속 돌아다녀야 한다. 꽃의 눈에는 그 모습이 얼마나 가엾
고 힘들게 보였을까. 하지만 사람들이 늘 물이 있는 곳으로 찾아간 것
만은 아니다.

319

세고비아 수로교

샘에서 물을 길어다 먹던 사람들은 언제부턴가 물을 자신이 사는 곳으로 끌어들이기 시작했다. 샘에서 집까지 또는 강에서 농경지까지 말이다. 처음에는 간단히 도랑을 파내는 정도였지만 점차 바위를 깎아 내거나 땅속으로도 물길을 만들었다. 로마시대에 들어와서는 거대한 다리를 놓아 수십 킬로미터 떨어진 곳에서 물을 끌어오기도 했다. 물이 흐르는 길, 수로로 인해 인간이 정주할 수 있는 공간은 크게 늘어났고 삶의 질도 높아질 수 있었다. 로마인들은 문명과 야만의 차이를 청결하게 몸을 씻는 목욕 문화에서 찾으려 했다. 좀 과한 감이 있지만 도시의 문화 수준을 그 도시에서 사용할 수 있는 물의 양으로 가늠해보는 것은 꽤나 근거가 있어 보인다.

생명과 물 그리고 문명

지구는 어떻게 생명이 가득한 행성이 되었을까. 적당한 온도와 공기, 햇빛, 자전 등 다양한 조건을 들지만 근원적인 것은 물이다. 일본의 물 전문가인 에모토 마사루[32]는 물은 생명의 근원일 뿐 아니라 그 자체가 의식을 가진 생명이라고 말한다. 생명을 구성하는 물질 중에서 가장 비중이 큰 것은 당연히 물이다. 인간의 몸 역시 7할이 물이니 생명의 주체를 물이라고 보는 시각도 나름 일리가 있어 보인다. 생명은 유한하지만 그가 품었던 물은 생명에서 생명으로 옮겨가며 끝없이 이어진다. 생명의 정보가 유전자에 담겨지듯이 한 개체가 살아낸 삶의 정보도 물에 담겨질 수 있을까. 과학적인 근거는 접어두고 물을 의식이 있는 생명체로 보는 마사루의 가설은 신선한 영감을 준다.

물만 있으면 나무는 어디에서든 살 수 있다. 웬만큼 춥거나 더워도

물의 행성 지구

상관없다. 단단한 바위산이나 깎아지른 절벽에도 아슬아슬하게 매달려 뿌리를 내린다. 동물도 마찬가지다. 물이 있는 곳이라면 그 주변에는 늘 먹을 게 있기 마련이다. 물이 곧 생명이라는 말은 그저 은유적인 표현이 아니다. 삶이란 물을 품고 있음을 의미한다. 바꾸어 말하면 생명은 물을 품었을 때만 비로소 유지될 수 있다. 동물은 물론이고 식물이든 미생물이든 마찬가지다. 물이 없다면 물이 있는 곳을 찾아 떠나야 한다. 천변에 움집을 짓고 산 초기 인류도 그렇고, 강가에서 고대 문명이 발원한 것도 이 때문이다.

신석기 시대 아나톨리아 고원에서 시작된 농경[33]은 인류의 삶을 현저하게 바꿔놓았다. 사냥과 채집이 목축과 재배로 바뀌면서 좀더 안정적인 생활을 할 수 있게 된 것이다. 농경으로 인한 잉여는 신관, 군인, 장인, 상인 등 전문적인 직업과 신분의 차이를 만들었다. 수로가 처음 등장한 것은 기원전 6000년 무렵이다. 빗물에만 의지하던 사람들이 강물을 끌어와 농사를 짓기 시작한 것이다. 이집트에서 먼저 시작되었다고는 하지만 '비옥한 초승달 지대'[34]로 묶여 있던 메소포타미아에서도 비슷한 시기에 수로 농경이 시작되었다. 이 무렵 이란의 관개시설은 당시 수로를 이용한 농사가 주변에 널리 퍼져 있었음을 시사한다. 시기적인 차이는 있지만 황허 문명, 인더스 문명 역시 정교한 수로를 갖춘 농경지가 있었다.[35] 아즈텍이나 잉카와 같은 중앙아메리카에서도 수로는 고대도시의 중요한 시설이었다. 이렇게 세계 각지에서 발견되는 수로는 물과 생명 그리고 문명이 얼마나 깊이 관계되어 있는지 알 수 있게 해준다.

이집트·수메르, 최초의 수로

관개수로는 단순히 물길을 내는 것만을 의미하지 않는다. 이를 위해서는 먼저 계절의 변화를 알아야 하고 천문을 통한 홍수의 예측도 가능해야 한다. 또한 제방 축조와 같은 장기적이고 조직적인 계획도 뒷받침되어야 한다. 홍수를 막기 위해 쌓은 제방 위로 물을 퍼올리기 위해서는 수차와 같은 장치도 필요하다. 관개수로는 이 모든 것을 갖추어야 비로소 움직이기 시작한다. 오랜 세월 천문을 관측해온 이집트와 수메르에서 가장 먼저 수로가 만들어진 것도 우연이 아니다. 치수를 위한 지식과 이를 실행할 수 있는 강력한 왕권 그리고 노동력이

고대 이집트의 농업

뒷받침되지 않고는 어렵기 때문이다. 지리적으로 바다와 사막에 의해 고립되어 있던 이집트가 고대 문명의 중심지가 될 수 있었던 것은 수로를 만들 만한 체계적인 능력 덕분이었다.

나일 강은 6700킬로미터에 이르는 긴 흐름을 통해 상류의 기름진 토양을 하류로 옮겨다 놓는다. 이와 함께 거의 매년 강의 범람이 이어졌다. 이집트인은 넓고 기름진 농경지로 인해 윤택한 삶을 누렸고, 일정한 시기마다 찾아오는 범람에 대처하는 과정을 통해서는 지식을 쌓아 갈 수 있었다. 곡식의 잉여로 인해 조세제도가 마련되고 이로 인해 종교, 군사, 정치 등 직업의 전문화와 신분 계급도 발생되었다. 지금도 그렇지만 기원전 3000년의 중동 지역은 강우량이 그리 많지 않았다. 이 때문에 수메르와 이집트에서 시작된 수로 농경은 주변 국가로 널리 퍼져 나갔다. 지금의 이란 지역에 있던 우라르투[36] 왕국에서도 대규모 수로 농경의 유적이 발견된다. 가장 번성했던 메이누아 왕[37] 시기에는 28킬로미터에 이르는 수로가 만들어지기도 했다. 이 수로는 아직도 물이 흐르며 농사에 이용되고 있다.

강물을 길어올리다

물은 위에서 아래로 흐른다. 그러나 농경지는 강물보다 위쪽에 있어야 한다. 강물이 불어도 농작물을 안전하게 보호하려면 당연하다. 이 때문에 수로를 만드는 것 못지않게 물을 길어올리는 장치를 만드는 것도 중요한 일이었다. 사람들이 가장 먼저 고안해낸 것은 사두프다. 두레박과 같은 원리로 디딜방아처럼 만들어진 발판을 사람이 밟으면서 조금씩 위쪽으로 물을 길어올리는 장치다. 하루에 20입방미터의 물을 길어올렸다고 하는데 높낮이의 차가 크면 중간에 여러 대의 사두프를 두어야 했다. 사두프는 지금도 이란이나 아프가니스탄의 농경지

사키아(수단)

에서 볼 수 있지만 힘이 많이 드는 반면 긷는 양이 적어 큰 농경지에서는 사용하기 어려웠다.

사두프에 이어서 만들어진 것은 물레바퀴 형태의 수차다. 사키아 Saqia라고 불리던 이 장치는 이집트와 메소포타미아에서 비슷한 시기에 사용되기 시작했는데 사두프에 비해 적은 힘으로 훨씬 많은 물을 길어 올릴 수 있었다. 처음 만들어진 사키아는 사람의 힘으로 물레바퀴를 돌리는 것이었다. 우리나라 서해안에서 염전에 물을 대기 위해 발로 밟아 돌리는 물자애와 비슷하다. 하지만 점차 소나 말이 끌어서 물레바퀴를 돌리는 장치가 만들어지면서 좀더 높은 곳으로 물을 끌어올릴 수 있었다. 그 뒤로도 수차나 두레박의 형태가 바뀌거나 장치 구조가 꾸준히 개선되었지만 기본적인 원리에서는 2000년 전의 사키아와 큰 차이가 없다.

카나트, 지하에 만든 물길

인간이 만든 길 중에서 땅 밑으로 만들어진 가장 긴 것은 단연 카나트다. 카나트는 산악지대 만년설에서 흘러내린 물을 주거지까지 끌어오기 위해 만든 지하수로다. 가장 먼저 카나트를 만든 것은 기원전 8세기 이란을 장악하고 있던 우라르투 왕국이다. 우라르투는 메이누아 왕 시기에 절정에 달했는데 이 무렵에 만들어진 왕궁 성곽과 물을 끌어오기 위해 만든 운하[38]가 아직 남아 있다. 이때 만들어진 고나바드[39] 수로는 2700년이 지난 지금도 맑은 물이 흐른다. 카나트는 이후 호라산[40]과 케르만[41]을 거쳐 주변으로 확산되었다. 얼마 지나지 않아 중앙아시아를 거쳐 중국까지, 서쪽으로는 이라크, 이집트를 거쳐

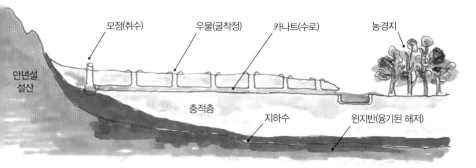

모정(취수)　　우물(굴착정)　　카나트(수로)　　　농경지

만년설
설산

충적층

지하수　　　　원지반(융기된 해저)

카나트의 구성

북아프리카 유럽에서도 카나트가 만들어졌다. 이렇게 세계 각지로 전파되면서 형식이나 구조는 물론 카나트를 부르는 이름도 조금씩 달라졌다. 그러나 어느 곳에 있든 그 엄청난 규모는 인간의 생존 능력과 적응에의 의지를 잘 보여준다.

카나트는 대부분 지하에 만들어진다. 지상에 만들면 햇빛 때문에 금방 말라버리기 때문이다. 물은 일정한 경사가 있어야 흐르지만 너무 급하면 점점 우물이 깊어져 불편하게 된다. 또 흐름이 빠르면 벽면이 쉽게 파여서 무너진다. 지하수로가 적당한 크기와 형태 그리고 기울기를 유지해야 하는 것은 이 때문이다. 카나트는 대부분 충적층 지반에 만들어지기 때문에 파내는 건 비교적 쉬운 반면 이를 무너지지 않게 관리하는 데는 세심한 주의가 필요하다. 깊이를 유지하는 것도 중요하다. 너무 깊으면 소금기가 섞이고 낮으면 잘 흐르지 않는다. 카나트는 수원지에 만들어지는 모정母井과 터널을 파기 위한 간정間井 그리고 수로터널로 구성된다.[42] 이 모든 작업은 4명이 한 조가 되어 파나간다.

카나트를 만들 때는 마을의 모든 사람이 힘을 합쳐야 한다. 완성될

수로, 물을 위해 만드는 길

위성사진으로 본 카나트

때까지 워낙 오래 걸리고 비용도 많이 들기 때문이다. 카나트가 완성되면 이를 운영하기 위한 길드Guild가 조직된다. 만드는 것도 어렵지만 이를 관리하는 것도 만만치 않은 일이기 때문이다. 드디어 카나트가 완성되어 물이 흘러나오면 마을 사람들은 모두가 힘을 합친 만큼 공평하게 물을 나누어 쓴다. 필요에 따라서는 물 사용료를 내거나 물 값만큼 일을 하는 식으로 카나트 관리에 참여하기도 한다. 물을 얻기 위해 어쩔 수 없다고는 하지만 이렇게 땅속에 길을 낸다는 것은 예나 지금이나 힘들고 위험스러운 일이다. 이렇게 만들어진 수만 킬로미터의 지하수로, 그것은 자연에 대한 도전이며 척박한 땅에서 살아남기 위한 처절한 몸부림이 아닐 수 없다.

카나트가 전 세계에 얼마나 되는지는 알 수 없다. 그만큼 널리 퍼져 있고 많은 사람이 카나트에 의지해 살아가고 있기 때문이다. 투루판 박물관 자료에 따르면 하미, 우루무치 등 이 일대 오아시스 도시에만도 1000여 개가 넘는 카나트가 있고 전체 길이를 합치면 5000킬로미터에 이른다고 한다. 연 강수량이 20밀리미터 내외에 불과한 투루판이 세계적인 포도 생산지로 유명해진 것은 이 덕분이다. 현재 카나트가 가장 많이 이용되는 나라는 이란이다. 가장 먼저 카나트를 만들어낸 나라답게 규모도 가장 크다. 유럽이나 아프리카에도 카나트가 있지만 대부분은 중동과 동양에 만들어져 있다. 서양 문명은 지중해 주변과 유럽의 온화한 기후대에서 발달한 반면 이슬람의 무대는 그 외곽의 척박한 사막지대였다. 비가 거의 오지 않는 척박한 땅에서 이슬람 문명은 어떻게 인류 문명의 한 축을 유지할 수 있었을까. 많은 이유가 있겠지만 사막을 옥토로 바꾸고 생존할 수 있게 한 카나트가 중요한 역할을 했음은 자명하다.

이란과 오만의 고대 수로

슈슈타르는 다리우스가 맹위를 떨치던 기원전 5세기 무렵 페르시아의 고대도시. 성곽 앞으로는 카룬 강이 흐르고 3면을 해자가 두르고 있어 다리를 통해서만 출입할 수 있다. 슈슈타르는 말 그대로 완벽한 요새였지만 도시 안에도 구석구석까지 이어지는 정교한 물길을 갖추고 있어 사람들은 윤택한 생활을 할 수 있었다. 3세기경 사산 왕조는 카룬 강의 물을 슈슈타르로 끌어오기 위하여 3개의 댐을 만들었다. 이 물은 가르가르Gargar 수로를 통해 성 안으로 흘러들어왔고 다시 각 집에 마련된 저수조로 연결되었다. 슈슈타르의 날씨는 한낮에 50도에 이를 정도로 뜨거웠지만 차가운 물로 채워진 저수조 덕에 집안에서

슈슈타르 성곽과 카룬 강

는 서늘하고 쾌적한 생활을 할 수 있었다. 쓰고 남은 물은 다시 지하수로를 통해 미나브Mianab라는 드넓은 농경지대로 보내졌다. 지금도 이곳에서는 석류와 포도, 사탕수수 등 많은 작물이 자란다. 슈슈타르 관개시설은 페르시아의 세력과 함께 주변 지역으로 뻗어나가 세계 각지에 유사한 시설이 만들어졌다.

오만의 아플라즈 수로도 슈슈타르 못지않게 오래된 수로다. 수로 형태는 카나트와 유사하다. 지금 오만에서 사용되고 있는 수로는 대부분 6세기 이후 만들어진 것이지만 훨씬 이전에 만들어진 흔적도 많다. 가장 오래된 것은 기원전 2500년경으로 이집트나 수메르와 비슷한 시기에 만들어졌다. 물은 인근 계곡으로 흐르는 빗물이나 지하로 대수층까지 파내려가 퍼올린다. 그리고 다시 땅속으로 길을 만들어 주거지나 농경지까지 끌어오는 것이다. 오만에는 이렇게 만들어진 수로가 1만 여개에 이르며, 사용되는 것만도 4000여 개가 넘는다. 이 수로를 관리하고 물을 공평하게 나누어 쓰기 위해 오만 사람들은 많은 노력을 기울인다. 그들에게 수로는 생명 자체이기 때문이다. 오만은 아라비아 반도 끝 광야지대에 자리 잡은 작은 나라다. 이렇다 할 자원도 없고 유목을 하는 것도 만만치 않다. 수로가 없으면 변변한 나무 하나 자라지 않는 척박한 땅이다. 하지만 사람들은 수로에 기대어 수천 년간 농사를 지으며 삶을 이어올 수 있었다. 물을 얻을 수 있다면 사람은 어디서든 살 수 있다.

페트라, 암벽을 따라 이어진 물길

페트라Petra[43]는 요르단 사막지대에 있는 도시다. 도시 전체를 알굽타Al Kubtha 산이 감싸고 있고 좁은 협곡을 통해서만 닿을 수 있는 천혜의 요새였다. 지금은 나무 한 그루 볼 수 없는 척박한 땅이지만 1600년 전에는 수많은 주민과 세계 각지에서 온 상인들로 북적이던 도시였다. 연 강수량이 10밀리미터에 불과한 지역에서 어떻게 도시가 번성할 수 있었을까. 그것은 와디 무드흘림wadi mudhlim[44]에서 물을 끌어오기 위해 만든 수로 덕분이다. 나바테아인은 먼저 수원을 확보하기 위해 건천에 댐을 쌓았다. 평시에는 물이 거의 없었기 때문에 댐을 쌓는 일은 그리 어렵지 않았을 것이다. 댐은 주변 지형을 이용하여 물이 모여들 수 있도록 만들어졌다. 모든 시설이 도시의 높낮이를 고려하여 정밀하게 계획되었음은 당연하다. 현재의 지형은 당시와 차이가 있지만 지금도 비만 오면 얼마든지 물을 가둘 수 있을 정도다. 여기에 채워진 물

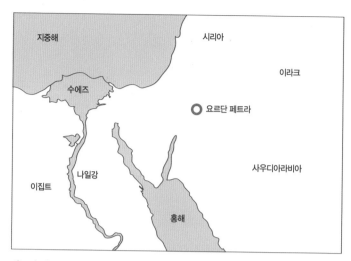

페트라 지도

페트라의 암벽 수로

은 바위산을 관통하는 88미터의 터널을 따라 도시로 흘러들어왔다.

모든 수로는 바위를 파내 만들었다. 이를테면 바위벽에 도랑을 낸 것이다. 수로를 바닥에 설치하면 지반의 높낮이 때문에 경사를 유지하기가 어려웠을 테지만 바위 벽면에 수로를 만들면 구배를 맞추기가 한층 수월하다. 사암 특성상 물이 잘 새어나가는 문제는 도랑 바닥과 벽에 석회를 발라서 해결했다. 도시 안에도 수로가 잘 정비되어 물을 필요로 하는 곳으로 적정한 양이 흘러갈 수 있게 만들었다. 순수하게 자연 경사만으로 물을 이동시켰던 당시에 이렇게 정밀하게 계획한 것은 정말 놀라운 일이다. 이렇게 각 지역으로 흘러간 뒤 쓰고 남은 물은 도시의 가장 아래쪽에 있는 큰 저수조에 저장되었다. 이 덕분에 가뭄이 웬만큼 지속되어도 도시는 안전하게 유지될 수 있었다. 비가 거의 오지 않는 사막 한 가운데서 3만여 명이 사는 페트라가 오랜 세월 번영을 누릴 수 있었던 것은 바로 무드흘림 수로 덕분이었다.[45]

히스기아, 예루살렘을 구한 물길

유대인에게 히스기아 수로는 매우 중요한 시설이다. 아시리아의 침략으로 멸망 직전에 있던 예루살렘을 구하고 히브리교의 명맥을 현재까지 이어지게 한 중심에 이 수로가 있기 때문이다. 성을 중심으로 한 고대 전쟁에서 물은 성을 방어하거나 공격하는 강력한 무기였다. 성곽은 방어에 유리하도록 높은 곳에 만들어지는 경우가 많은데 지대가 높을수록 물은 더 귀해진다. 그래서 침략자들은 위험부담을 안고 높은 성을 공격하는 대신 성안에 물이 떨어질 때까지 기다리는 것만으로도 효과적인 공격을 할 수가 있었다. 701년 아시리아도 이러한 전략을 펼

예루살렘의 히스기아 수로 터널

쳤다. 그러나 예루살렘에는 풍족한 물이 있었고 아시리아는 쓸쓸히 발길을 돌려야 했다. 어떻게 그 많은 물이 성안에 있었던 것일까. 그것은 침략에 대비하여 만든 히스기아 수로 덕분이다.

예루살렘 인근 키드론 계곡에는 늘 맑은 물이 솟는 샘이 있었다. 이 물은 지표면의 수로를 통해 실로암으로 흘러들어왔다. 그러나 아시리아가 성을 포위하면 가장 먼저 이 수로부터 파괴할 것은 자명한 노릇이었다. 이를 고민한 히브리인들은 샘에서 성안까지 연결되는 터널을 파나갔다. 이 과정은 『성서』[46]와 실로암 비문[47]에 자세히 기록되어 있다. 533미터의 터널이 완성된 뒤 지표에 있던 물길의 흔적은 말끔히 지워버렸다. 지반이 비교적 무른 석회암 지대여서 7개월 만에 공사는 끝낼 수 있었다. 하지만 터널 형태나 공사 기간을 고려해보면 수로를 만들기 전부터 어느 정도 물이 흐른 듯하다. 직선으로 뚫지 않고 S자로 굽게 한 것이나 터널 단면이 들쭉날쭉한 것을 봐도 그렇다. 자연동굴을 다 듬어서 수로를 만들었다면 7개월 만에 뚫었다는 것도 이해가 가지 않는다. 다시 말해 히스기아 수로터널은 인간과 자연의 합작품이었던 것이다. 그렇긴 해도 환기와 조명도 제대로 갖추지 못한 좁은 공간에서 만든 이 물길은 매우 의미 있는 유적임에 틀림없다.

로마, 수로가 만든 물의 도시

로마를 대표하는 가장 거대한 시설은 도로지만 정교함에 있어서는 단연 수로를 꼽는다.[48] 로마 수로는 당시까지 알려진 모든 기술이 총동원된 건축물이다. 기하학이나 측량, 수리, 건축 등은 물론이고 미적으로도 탁월한 균형과 조형미를 갖추고 있다. 수로는 모두 11개 축으로 이루어졌으며 이를 통해 로마 시내로 쏟아져 들어오는 물은 하루에 9억8000만 리터나 되었다. 로마에 천 개가 넘는 목욕탕이 있었다는 기록을 보면 얼마나 많은 양일지 실감이 간다. 수로의 일반적인 형식은 땅 위에 도랑을 파서 만드는 것이었지만 높낮이를 맞추기 위해 다리나 터널도 마다하지 않았다. 가장 먼저 만들어진 것은 기원전 312년 아피우스 클라우디우스가 만든 수로로 16킬로미터 떨어져 있던 아니네 강물을 로마로 끌어온 것이다. 기원전 272년에는 거의 63킬로미터가 지하에 놓여진 아니오 베투스Anio Vetus 수로가 완성되었다. 기원전 144년 아치교 형식으로 만들어진 마르키아 수로는 연장이 91킬로미터에 이른다.

트레비 분수

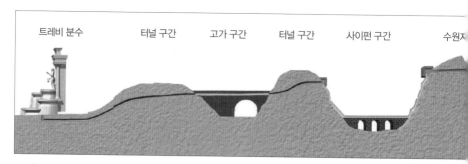

트레비 분수　　　터널 구간　　　고가 구간　　　터널 구간　　　사이펀 구간　　　수원지

베르지네 수로Acqua Vergine

이후 따뜻한 물이 흐르는 테프라 수로를 비롯하여 많은 수로가 차례로 건설되어 로마를 물의 도시로 바꿔놓았다.[49] 모든 수로는 나름의 특징이 있지만 가장 뛰어난 것을 고르라면 단연 베르지네 수로다. 처녀라는 뜻의 베르지네는 물에 석회분이 거의 없고 투명하여 아직까지도 트레비 분수의 수원으로 사용되고 있다. 물은 로마 시내에서 15킬로미터 정도 떨어진 루쿨라누스 샘물에서 끌어온다. 이 사이에는 둔덕과 계곡이 많아 터널과 아치교는 물론 사이펀[50]까지 갖추어야 했다. 당시 공학 기술이 모두 동원된 것이다. 일반적인 구간에서는 구거溝渠[51]를 적용하고 석재의 틈을 시멘트로 잘 메워 물이 새나가지 않게 했다. 프랑스의 가르Gard는 수로 기술이 절정에 이른 기원전 12년에 만들어진 것이다. 특히 가르 강의 다리는 로마의 공학 기술과 예술적 감각을 한 눈에 볼 수 있는 아치교의 백미다.[52]

로마가 어떤 나라였는지는 이렇게 남아 있는 수로만 봐도 얼추 가늠이 간다. 그런데 이렇게 거대한 제국이 왜 무너졌을까. 도덕적 타락, 고트족 침입, 전염병 등 많은 이유를 들지만 나는 물을 이유로 들고 싶다. 아우렐리우스 황제는 고트족을 막기 위해 로마를 완전히 감싸는 성곽을 건설했다. 그러나 성안으로 물을 보내주던 수로를 파괴하자 로마는 점차 무너져내리기 시작했다. 팽창기에 건설한 수로가 수축기에는 로마의 멸망을 재촉하는 역할을 하게 된 것이다. 수로가 파괴되자 음식을 만들기 위한 기본적인 식수마저 구하기 어려워졌고 불결한 환경으로 전염병이 나돌았다.[53] 이렇게 쇠약해진 로마는 378년 아드리아노플 전투에서 고트족에게 완패한 뒤 서서히 무너지기 시작했다. 이후 고트족에게 황제 자리까지 넘겨주면서 476년까지 근근이 연명했지만 로마 멸망의 서곡은 모든 수로가 파괴되었을 때 이미 시작된 게 아니었을까.

운하,
세계를 잇는
강

해수면의 높이는 지구 어디에서든 같
다. 태평양, 대서양은 물론이고 육지로
둘러싸인 지중해나 흑해, 북극해 어디
든 마찬가지다. 가벼운 바람으로도 거
대한 범선이 세계 어디로든 미끄러져
갈 수 있는 것은 이 때문이다.

육지에 배가 다닐 수 있는 강을 만들
려는 생각은 언제 시작되었을까. 아마도 물을 끌어오기 위해 수로를 만
들면서 운하도 같이 생각했을 것이다. 수로의 폭을 조금만 넓히면 뱃길
로도 너끈할 거라는 생각은 자연스럽게 떠올랐을 테니 말이다. 수로로
물건을 나르는 것의 유용함을 알게 되자 사람들은 점점 더 넓은 물길
을 만들어나갔다. 지금은 세계의 모든 바다가 하나로 이어져 있다. 대
서양과 태평양을 잇는 파나마 운하, 지중해와 홍해, 인도양을 잇는 스
웨즈 운하, 북극해와 발트 해, 대서양을 잇는 킬 운하 등. 인류가 만든
가장 거대한 길, 그것은 세계의 바다를 하나로 이어놓은 운하임에 틀림
없다.

내륙과 바다, 대서양과 태평양, 지중해와 홍해를 잇는 물길이 만들어
지면서 인간은 물류를 편리하고 빠르게 얻게 되었다. 그러나 모든 길이

1913년 파나마 운하가 건설되는 모습

그렇듯이 운하 역시 숱한 애증과 갈등의 역사를 품고 있다. 천신만고 끝에 운하가 완성되었다 해도 배가 계속 다닐 수 있게 하려면 많은 수고가 필요하다. 흘러들어오는 토사를 계속 걸러줘야 하고 바닥에 쌓인 것들도 수시로 파내야 한다. 강은 국경이 없이 흐르기 때문에 이권을 둘러싼 갈등이나 나라 간의 분쟁이 일어나기도 한다. 애써 만든 운하가 역사의 뒤안길로 흔적 없이 사라져버린 것도 이 때문이다. 길은 한 번 만들어지면 꽤 오랫동안 지속되는 특징이 있다. 조금 관리를 소홀히 했다 해도 길이 사라지는 일은 거의 없다. 그러나 운하는 다르다. 그 길은 지속적인 수고와 관심을 두지 않으면 역사의 뒤안길로 사라져버리는 예민한 길이다.

고대의 시설

나일 강 운하의 흔적은 기원전 20세기까지 거슬러 올라간다. 이미 수로를 만들어 강물을 경작지까지 끌어오던 이집트인이 반대로 경작지에서 강까지 뱃길을 놓으려 했던 것은 자연스러운 생각이었을 것이다. 그 이전까지 이집트의 농작물은 육로로 날랐는데 약탈과 부패로 잃는 곡식이 많았다. 운하가 만들어지자 테베의 곡간은 나일 강의 넓은 경작지에서 쏟아져 들어오는 곡식으로 가득 채워질 수 있었다. 이집트 푼트에는 기원전 15세기경 하셉수트 여왕[54]이 시도했던 운하의 흔적이 지금도 남아 있다. 기원전 14세기에 쓰여진 고문서에는 이 운하에 대한 구체적인 기록이 나온다.[55]

기원전 13세기에는 나일 강 상류에서 홍해를 잇는 운하가 완성되었지만 매년 홍수 때마다 쏟아져 들어오는 토사로 곧 매몰되었다. 기원전 5세기에도 운하를 개설하려는 노력은 계속 되었지만 그다지 큰 효과는 보지 못했다. 수많 은 노예를 이용해 운하를 파는 것은 가능했지 만 매년 아프리카 상류에서 쏟아져 들어오는 토 사는 감당할 수가 없었기 때문이다. 기원전 5세 기에는 네카우 2세[56]가 나일 강 상류에서 홍해 로 연결되는 운하 공사를 벌이기도 했다. 이 작 업은 10여 년간 계속되며 수십만 명의 인부가 희 생되었다고 하지만 물길을 뚫는 데는 성공하지 못했다. 흙을 퍼내는 모든 작업을 순수하게 인 력에 의존해야 했던 어려움도 있었지만 홍수 때 마다 물과 함께 쏟아져 들어오는 토사를 어찌할 수 없었기 때문이다. 나일 강을 홍해로 연결하려 는 생각은 이후에도 끊임없이 이어졌지만 수에 즈 운하가 완성된 것은 1869년의 일이다.

네카우 2세

네카우 2세가 운하 공사를 벌일 즈음 그리스, 페니키아, 바빌로니아 등 지중해 연안과 메소포

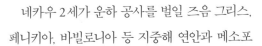

타미아의 고대도시에도 운하를 만들려는 시도가 있었다. 기원전 510년 경 나일 강 상류에서 홍해로 이어지는 운하를 건설했던 페르시아는 기 원전 480년경 그리스 침공을 위해 테살로니키 반도에도 운하를 뚫었 다. 중국에서는 끊어진 바다를 연결하는 정도가 아니라 대륙 안에 거 대한 물길을 만드는 작업이 기원전부터 이어져왔다. 징항 운하京杭運河 라고 불리는 이 물길은 2000여 년간 계속 늘어나 지금은 1800킬로미 터에 이른다.

운하, 세계로 이어진 길목

신대륙에서 많은 농작물이 쏟아져 들어오고 산업혁명 이후 유럽의 공장에서 만들어진 물건이 세계 각지로 흘러나가던 18세기에는 세계적으로 운하 건설의 붐이 일었다. 근대 이후 내륙의 물류는 운하에서 철도로 점차 재편되었지만 바다와 직접 접할 수 있는 운하는 해운과 연결되며 무역의 중심이 될 수 있었다. 독일의 라인·도나우[57], 프랑스의 랑그독, 네덜란드의 암스테르담·라인 등이 당시 만들어진 운하다. 국토의 많은 지역이 해수면보다 낮은 네덜란드는 중세 이전부터 많은 운하가 만들어졌다. 14세기 말 운하와 바다의 수위 차를 해결하는 갑문이 처음 설치된 것도 네덜란드였다. 이 덕분에 네덜란드는 세계 해운의 중심으로 빠르게 발돋움하게 되었다. 인근의 덴마크, 벨기에, 스페인도 운하를 이용한 물류 시설이 잘 갖추어져 있으며 이 나라의 기업들은 선적 편이를 위해 운하 곁에 자리 잡고 있다.

영국의 그랜드 트렁크 운하는 1761년 2.6킬로미터의 터널을 뚫고 완성되었다. 이때 흑색 화약이 처음 사용되었는데 이후 바위의 단단함은 더 이상 장애가 되지 않았다. 유럽보다는 뒤늦게 시작되었지만 미국은 지구상에서 운하가 가장 많은 나라다. 거리로 따지면 5만 킬로미터가 넘는다. 지구를 한 바퀴 돌고도 남는 거리다. 텍사스와 플로리다를 잇는 1700킬로미터의 운하는 지금도 많은 배가 다닌다. 운하의 역사를 보면 비교적 평탄한 지역이 넓게 펼쳐지고 바다와 접한 나라에 많이 있음을 알 수 있다. 하지만 우리나라는 이렇다 할 운하가 만들어지지 않았다. 강이 많고 삼면이 바다이기는 하지만 평탄한 지역이 드물고 강의 수위 차가 크기 때문이다. 지표 가까이 암반이 많은 것도 이유 중 하나일 것이다.

크세르크세스의 테살로니키 운하

페르시아의 다리우스가 마라톤 전투에서 패한 뒤 아들 크세르크세스는 설욕을 위해 10년 동안 전력을 가다듬는다. 헤로도토스의 『역사』에는 당시 크세르크세스가 침공을 준비하는 과정에서 만든 운하가 나온다.[58] 그리스 테살로니키에 있는 이 운하는 불과 2킬로미터 남짓하지만 역사적으로 중요한 의미를 가진다. 기원전 492년 그리스를 침공하던 다리우스가 이곳에서 무릎을 꿇었기 때문이다. 당초 다리우스의 침공 목적은 이오니아의 반란을 평정하고 트라키아를 점령하는 것이었다. 그러나 번번히 싸우지도 않고 쉽게 목적을 이루자 다리우스는 내친 김에 그리스까지 차지하겠다며 남쪽으로 방향을 돌렸다. 그러나 이번에는 운이 따르지 않았다. 전함들이 다르다넬스 해협을 빠져 나와 아토스 곶을 돌아설 즈음 갑자기 물살이 빨라지고 폭풍이 불었다. 배들은 서로 엉키고 부딪치면서 침몰하기 시작했다. 결국 다리우스는 그리스와 싸움 한 번 해보지 못하고 300척의 배와 2만 여명의 군대를 잃어야 했다.

당시 아버지를 따라 전쟁에 참여했던 크세르크세스는 이 사실을 잘 알고 있었다. 그는 침공이 시작되기 3년 전 명장 부바레스와 아르타카이에스를 시켜 운하를 만들도록 했다. 아토스 곶을 통과하지 않고 반도 초입부에서 바로 필로폰네소스로 질러가기 위해서였다. 당시 페르시아 군은 히타이트, 이집트, 페니키아 등 여러 민족이 섞여 있었는데 이들에게 각각 한 구간씩 맡겨졌다. 운하를 파는 작업은 만만치 않았

1917년 무렵의 테살로니키 앞바다

다. 공사 도중에 계속 흙이 무너졌으며 이로 인해 많은 군사가 죽었다. 하지만 페니키아가 맡은 구간은 아무런 문제가 없었다. 이들은 파야할 깊이만큼 더 넓게 폭을 잡고 경사를 주면서 파내려갔기 때문이다. 완성된 운하로는 삼단노선[59]이 나란히 서서 통과할 수 있었다. 하지만 헤로도토스는 운하 건설이 쓸데없는 짓이었다고 말한다. 그 정도 거리면 지상으로 배를 끌어 옮겨도 충분한데 그저 이름을 남기기 위해 운하를 팠다는 것이다. 헤로도토스는 나름대로 객관적인 시각을 유지하기 위해 애를 썼지만 그의 저서에는 페르시아를 폄하하는 부분이 많이 나온다.[60] 그 역시 그리스인이었기 때문이 아닐까.

끝없이 이어진 물길, 징항 운하

로마가 제국을 통치하기 위해 땅 위에 길을 놓았다면, 중국은 대륙을 통치하기 위해 운하를 만들었다. 징항京沆 운하에는 세계에서 가장 길다거나 오래 되었다는 등의 수식어가 많이 붙는다. 그럴 만하다. 기원전 5세기에 처음 만들어지기 시작하여 지금까지도 계속 늘어나고 있으니 말이다. 징항 운하는 베이징에서 상하이, 항저우까지 이어지며 중간에서 다섯 개의 강, 황허 강, 장강, 화이허 강, 하이허 강, 첸탕 강과 연결된다. 그 덕에 강과 운하, 바다가 자연스럽게 하나로 이어진다. 운하가 처음 만들어진 것은 진나라 때다. 황허와 화이허를 잇는 물길이 먼저 만들어졌고 뒤이어 하이허와 창장 강도 이어졌다. 운하의 모

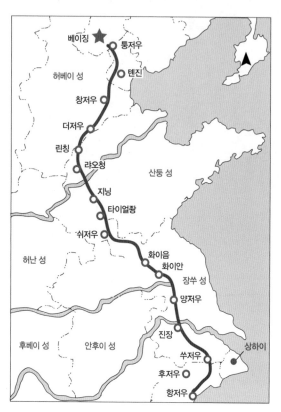

징항 운하

습이 갖추어진 것은 춘추시대부터다. 그 뒤 한나라 때부터는 곡창지대
인 강남과 도읍지를 연결하는 중요한 교역로가 되었다. 4세기 무렵에는
중국이 남북조로 나뉘면서 그 중간쯤에 있던 이 운하들은 모래에 묻
혀버렸다.

운하가 다시 만들어진 것은 수나라가 중국을 통일한 이후다. 문제는
시안으로 도읍을 옮기고 근처에 있던 황허 강, 화이허 강, 창장 강을 다

시 연결해나갔다. 문제에 이어 황제에 오른 양제는 수도를 뤄양으로 옮겼지만 운하는 지속적으로 이어나갔다. 이로 인해 611년에는 베이징에서 항저우까지 연결되는 운하가 완성되었다. 양제는 운하를 따라 40여 개의 거처를 만들고 이를 오가며 사치스러운 생활을 누렸다. 한때는 운하 주변 창고에 보관된 곡식으로 50년을 먹을 수 있었다고 한다. 하지만 결국 국고의 탕진과 고구려 전쟁의 패배로 몰락하고 말았다. 수나라의 운하를 물려받은 당나라는 이후 원활한 곡물 수송으로 안정된 체제를 유지할 수 있었다. 특히 중국의 변방이었던 베이징은 이민족 침입을 막기 위해 매우 중요한 요새였지만 식량이 부족해 늘 애를 먹었다. 하지만 베이징 성문 앞까지 이어진 물길로 이러한 문제는 해결될 수 있었다. 항저우에서 베이징에 이르는 운하 주변에는 많은 창고가 만들어져 곡식 저장과 유통도 활발하게 이루어졌다.[61] 이렇게 모습을 갖춘 운하는 당나라는 물론 명·청대에 이르기까지 중국의 중심적인 물류 시설로 기능했다.

하지만 청나라 말기 영국·일본 등 제국주의 세력의 침략으로 중국이 혼란에 빠지고 국민당과 공산당의 내전까지 겹치면서 많은 구간이 훼손되었다. 징항 운하가 현재 모습으로 다시 태어난 것은 중국이 산업국가로 변신하기 위해 벌였던 대약진운동[62] 이후다. 마오쩌둥은 중국의 5대 강과 바다를 하나로 연결하고 운하를 현대화하는 대규모 사업을 벌였다. 만곡부를 펴서 거리를 단축시키는 바람에 실질적인 거리[63]는 많이 줄어들었지만 폭과 깊이는 전 구간에 걸쳐 일정한 수준을 유지하게 되었다. 단순한 물류 기능뿐만 아니라 농·공업 용수를 확보하고 홍수 방지의 기능도 추가되었다. 운하와 강을 연결하는 구간에는 갑문과 접안 시설이 만들어졌고 수백 톤급의 선박이 자유롭게 다닐 수

중국 강남 지역을 유유히 흐르는 징항 운하

있었다. 이렇게 중국의 운하는 모든 시설이 현대화되면서 경제 발전의 상징으로 다시 태어났다. 하지만 지금은 고대 운하의 모습은 찾아보기 힘들다. 아쉽긴 하지만 2000년이 넘는 세월 서민과 함께하며 이어져온 운하는 그 자체로 문명을 이끌어온 길이 아닐까 싶다.

수에즈, 지중해를 벗어나려는 3500년의 꿈

페니키아와 그리스는 지중해와 흑해를 넘나들며 식민지를 건설했지만 소아시아를 넘어서지는 못했다. 로마 역시 지중해 연안의 모든 나라와 북유럽, 이집트, 메소포타미아를 정복했지만 남쪽으로는 카르타고, 동쪽으로는 중동 지역을 벗어나려고 하지 않았다. 당연하다. 그들의 배는 지중해에 갇혀 있었기 때문이다. 흑해로 넘어가는 보스포루스 해협처럼 홍해와 지중해에도 물길이 열려 있었다면 이들은 좀더 일찍 인도와 아시아로 눈을 돌리지 않았을까. 하지만 홍해가 생각보다 가깝다는 것을 잘 알고 있었던 이집트에서는 이 길을 이으려는 노력이 끊이지 않았다.

페르시아 다리우스 1세의 이집트 정복 이후 운하에는 다시 배가 다니기 시작했다. 마케도니아 프톨레마이오스 왕조는 이를 이용해 지중해와 중동, 소아시아 교역을 장악함으로써 엄청난 부를 누릴 수 있었다. 로마 제국의 전성기였던 2세기 무렵 트라야누스 황제는 대대적으로 운하를 확장해 많은 배가 지중해에서 홍해로 빠져나갈 수 있었다. 당시 귀족의 사치품이었던 중국의 비단도 이 물길을 따라 지중해로 흘러들어왔다. 물길이 간헐적으로 끊기기는 했지만 로마를 거쳐 이슬람 치세에 이르기까지 1000년간 뱃길로 이용되었다.

수에즈 운하 위로 항공모함이 지나가고 있다.

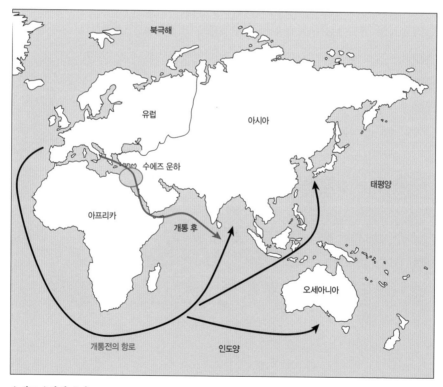

수에즈 운하의 효과

767년 이슬람 내전으로 매몰된 물길은 이후 오래 잊혀졌다가 대항해시대 이후 다시 꿈틀거리기 시작했다. 16세기에는 베네치아에서, 17세기에는 프랑스 루이 14세가 운하를 복구하려는 시도가 있었다. 18세기 말 이집트를 정복한 나폴레옹은 운하 건설에 많은 투자를 했다. 그러나 측량을 담당했던 찰스 페레가 지중해와 홍해의 수위 차가 10미터가 넘는다고 주장하여 운하 계획은 포기할 수밖에 없었다. 그 말이 사실이라면 지중해 연안의 많은 도시가 물에 잠길 게 뻔했기 때문이다. 하지만 그것은 잘못된 주장이었다. 지중해와 홍해는 조수 간만의 차이는 있지만 수위 차는 거의 없었기 때문이다.

수에즈 운하가 다시 개통된 것은 1869년이다. 19세기 들어서면서부터 운하 건설을 주도해온 프랑스는 영국의 간섭으로 어려움을 겪었지만 착공 10년 만에 지중해와 홍해는 다시 연결되었다. 767년 이슬람에 의해 끊겼던 물길이 1100년 만에 다시 흐르게 된 것이다. 운하 길이는 168킬로미터에 불과하지만 그 효과가 세계에 미친 영향은 실로 엄청나다. 아프리카 희망봉을 돌아 인도·아시아로 가던 뱃길은 절반 가까이 줄어들었고, 지중해 연안에 있는 나라들은 지브롤터 해협을 통과하지 않고 바로 중동으로 빠져나갈 수 있었다. 이로 인해 영국이 주도해오던 세계 무역은 서서히 프랑스로 넘어갔으며 아시아와의 교역이 자유로워진 지중해 연안국들도 큰 이득을 얻을 수 있었다.

수에즈 운하는 이렇게 오랜 역사가 있지만 물길이 계속 이어지지 못한 것은 기술적인 문제보다는 주변 세력 간의 갈등 때문이었다. 기원전 5세기 이집트 네카우 2세가 완공을 눈앞에 두고 공사를 중지한 것도 적의 침입이 걱정되어서였다. 지금도 이슬람 정세 변화에 따라 자주 물길이 막힌다. 이스라엘과 아랍연합국 간에 벌어졌던 중동전쟁을 비롯,

걸프 만에서 벌어진 이라크·이란, 이라크·미국의 전쟁 때도 수에즈 운하는 갑문을 닫아야 했다. 최근에는 이슬람국가Islamic State[64]의 테러로 운하를 관리하는 사람들이 죽고 시설이 파괴되기도 했다. 이권이 있는 곳에 다툼도 있다고 한다. 그 말은 인간의 마음속에 길을 이으려는 의지와 길을 차지하려는 욕심이 함께 하고 있음을 보여준다.

파나마, 대서양과 태평양을 잇다

대서양을 넘어 아메리카에 도착한 유럽인은 원주민을 노예로 삼고 여기서 얻은 농작물로 마음껏 배를 채울 수 있었다. 이들은 남·북 아메리카를 잇는 잘록한 허리에서 태평양을 바라보며 해협을 찾으려 애썼다. 하지만 아무리 찾아보아도 해협은 없었고 그들의 전함은 신대륙 동해안을 벗어날 수 없었다. 마젤란의 세계일주로 태평양 너머에 많은 나라가 있다는 것을 알고는 있었지만 전함을 이끌고 남아메리카를 돌아가는 건 만만치 않은 일이었기 때문이다. 만약 파나마에 해협이 있었다면 어떻게 되었을까. 생각만 해도 아찔하다. 오세아니아와 인도네시아는 물론 아직 잠이 덜 깨어 있던 동양에 이들이 들이닥치면 적지 않은 혼란이 이어졌을 테니 말이다.

파나마에 운하를 뚫으려는 계획은 1529년 스페인의 카를로스 5세 때 시작되었다. 거리도 64킬로미터로 그리 긴 편이 아니었지만 가툰 호수가 34킬로미터를 차지하고 있어 손쉬워 보였다. 태평양 쪽으로도 미라플로레스 호수까지 물길이 이어져 있어 실제로 흙을 파내야 할 구간은 얼마 되지 않아 보였다. 그러나 막상 조사를 해보니 가툰 호수와 미라플로레스 호수 사이의 구릉지는 파내기가 만만치 않았다. 거리상으

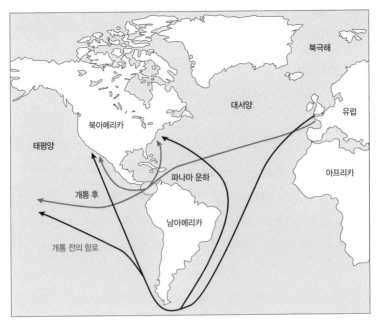

북극해

대서양

유럽

북아메리카

아프리카

태평양

파나마 운하

개통 후

남아메리카

개통 전의 항로

파나마 운하의 효과

파나마 운하와 태평양이 만나는 지점

로는 15킬로미터에 불과했지만 암반의 구릉지가 완곡하게 버티고 있었기 때문이다. 실제로 이곳은 남·북 아메리카를 잇는 등뼈였다.[65] 변변한 암반 굴착 기술이 없던 당시로서는 어쩔 수 없이 운하 계획을 접어야 했다.

파나마 운하 건설이 본격적으로 시작된 것은 1881년 프랑스에 의해서다. 이에 앞서 168킬로미터의 수에즈 운하를 끝낸 프랑스는 7년 만에 운하를 완수하겠다고 장담했다. 그러나 계속되는 사고와 열대병으로 어려움을 겪었다. 수에즈 운하는 지중해와 홍해의 물 높이가 같아 어려움 없이 물길을 연결할 수 있었지만 파나마 운하 구간의 물 높이는 최고 26미터나 차이가 있었다. 프랑스는 결국 9년 만에 공사를 중지하고 운하 권을 미국에 넘겼다. 미국은 먼저 주변 조사와 방역 조치를 취한 뒤 공사에 착공했다. 최신의 굴착 기계와 준설 기계가 동원되었으며 양쪽에 3단의 갑문을 만들어 물 높이를 해결했다.[66] 수에즈 운하는 10년간의 공사를 거쳐 1914년 개통되었다. 이로 인해 남아메리카를 돌아서 갈 때보다 1만 5000킬로미터를 단축할 수 있었고 북미의 동·서해안은 하나의 경제 구역으로 묶일 수 있었다.

킬 운하, 북해의 폭풍을 비껴가다

황금양털을 찾아서 흑해까지 올라갔던 이아손의 모험은 나일 강을 통해 북쪽의 바다로 빠져나왔다고 한다. 그들이 어떻게 북해를 돌아 나왔는지는 알 수 없지만 폭풍우 때문에 많은 어려움을 겪었을 것임은 틀림없다. 독일이 처음 운하를 놓으려 했던 것도 유틀란트 반도[67] 주변 바닷길의 악천후 때문이었으니 말이다. 유틀란트 반도를

킬 운하

가로지르는 물길이 처음 뚫린 것은 1748년이다. 발트 해의 킬에서 아이더Eider 강을 통해 북해로 빠져나가는 운하가 완성된 것이다. 이 운하는 길이가 175킬로미터에 이르지만 폭이 29미터로 좁고 깊이도 3미터로 얕아 큰 배가 통과하기는 어려웠다.

해군기지가 북해와 발트 해로 나뉘어져 있어 군함이 다닐 수 있는 운하가 필요했던 독일은 다시 운하 건설에 착수하여 1895년 킬Kiel 운하를 완성했다. 발트 해의 킬에서 북해로 흐르는 엘베Elbe 강까지 98킬로미터의 물길을 뚫은 것이다. 유틀란트 반도를 돌아서 가는 것보다

500여 킬로미터를 단축시켰지만 거리로 따지면 수에즈나 파나마 운하에 비할 바가 못 된다. 그러나 운하의 건설로 독일 해군의 기동력은 크게 향상되었으며 북해의 악천후 문제도 피할 수 있게 되었다. 어쩌면 독일이 두 차례의 세계대전을 벌인 것도 킬 운하를 통해 강해진 해군력과 관계가 있을지 모른다. 운하의 관리는 세계대전의 와중에서 우여곡절이 있었지만 지금은 베르사유 조약에 따라 국제사회가 공유하는 시설이다. 현재 킬 운하를 통과하는 배는 연간 4만여 척에 이르며 물동량에 있어 세계 최고의 자리를 차지하고 있다.

굴포의 꿈, 경인 아라뱃길

굴포는 땅을 파서 만든 포구라는 뜻으로 사람이 만든 뱃길을 말한다. 굴포의 역사는 고려시대까지 거슬러 올라간다. 13세기 무신정권 시절 최이는 조운선이 안전하게 통과할 수 있도록 인천 앞바다에서

한강까지 물길을 만들려 했다. 당시 경기도 평야지대에서 나오는 쌀은 한강을 통해 개경으로 운반되었다. 그러나 한강 하구와 강화도 사이는 조수간만의 차이가 심하고 물살이 급하여 배가 좌초되는 일이 많았다. 최이의 굴포 공사는 거의 전 구간이 완료되었지만 '원통이 고개'[68]에서 암반층에 막히면서 실패로 끝나고 말았다. 조선시대에는 화흥법[69]이라는 암반 굴착 기술을 알고 있었지만 당시에는 속수무책이었다. 그 뒤에도 여러 차례 운하 계획이 있었지만 뜻을 이루지 못하다가 1966년에 다시 시도되었다. 동란으로 휴전선이 그어지면서 바다에서 강으로 올라오는 뱃길이 막히게 된 것이다. 이제는 암반을 파내는 건 어려운 일이 아니었지만 도시화가 진척되어 사업이 중지되었다.

굴포 운하가 다시 논의된 것은 1987년 대홍수로 굴포천 일대에서 많은 사람이 희생되면서다. 굴포 인근 지역은 홍수 때의 물 높이보다 지대가 낮아 여름철마다 물난리를 겪었다. 이 때문에 홍수 때 물이 빨리 빠지도록 방수로를 계획한 것이다. 하지만 방수로의 가치를 높이기 위

경인 아라뱃길

해 평시에는 운하로 활용하자는 '경인 아라뱃길' 계획이 더해지면서 사업은 다시 표류하게 되었다. 정권이 바뀔 때마다 환경문제와 경제 효과가 재검토되다가 2009년에 가서야 공사가 착공되었다. 운하의 타당성을 검토하는 데는 20여 년의 세월이 걸렸지만 공사 기간은 2년 남짓밖에 걸리지 않았다. 13세기 처음 굴포 공사가 시도된 뒤 800년 만에 배가 다니게 된 것이다. 경인 아라뱃길로 인해 김포·부천·부평 일대는 홍수 걱정에서 벗어날 수 있었다. 운하의 경제적 효과에 대하여는 아직도 이견이 분분하다. 사업의 성과를 분석하고 효과를 측정하는 것은 물론 중요한 일이다. 하지만 이미 만들어진 시설에 대한 비난이나 폄훼보다는 어떻게 활용 가치를 증진시킬 것인지 같이 고민해야 한다.

우리나라의
옛길

영남대로는 청운의 꿈을 안은 이들이
도성으로 향하던 길이었다. 이들 중에
는 귀인의 자리에 오르기도 했지만 더
러는 다른 길을 따라 도성을 떠나기도
했다. 호남대로나 관동대로 같은 쓸쓸
한 귀양의 길 말이다.

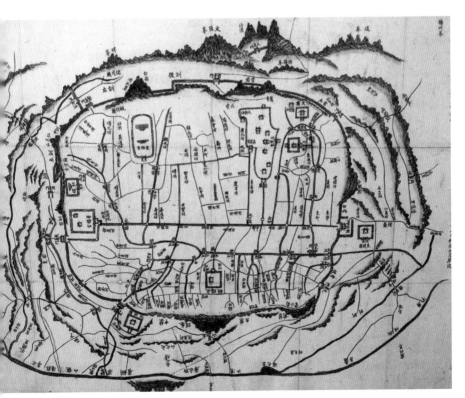

서울 고지도

길을 만들지 마라

대관령 고갯길이 수레가 다닐 만하게 넓혀진 것은 조선 중종 때인 1511년이다. 강원도 관찰사로 부임한 고형산[70]이 사재를 털어 만든 것이다. 길을 만드는 데 3개월 정도 걸렸다는 것을 보면 규모는 그리 크지 않았던 것 같다. 강릉은 삼국시대 이래 경주와 직접 연결되는 중요한 도시였고 소금과 양곡이 풍부했지만 태백산맥이 가로막고 있어 한성 쪽으로는 왕래가 쉽지 않았다. 횡성이 고향이었던 고형산이 부임하자마자 길부터 닦은 것을 보면 저간의 사정을 잘 알고 있었던 것이 분명하다.

신사임당이 어린 율곡의 손을 잡고 대관령을 넘을 수 있었던 것은 이렇게 정비된 수레길 덕분이었다. 그러나 고형산은 죽은 지 100여 년이 지난 1636년 다시 세상으로 끌려나와 부관참시라는 고초를 치르게 된다. 그의 죄명은 길을 닦아 왜병이 쉽게 대관령을 넘게 했다는 것이었다.[71] 가슴 아픈 이야기다. 임진과 병자, 국란을 겪으면서 이후 조선은 길보다는 성을 쌓으면서 점점 수구로 빠져들었다. 길을 닦았다고 이미 죽은 사람까지 끌어내 다시 죽이는 마당에 누가 길을 닦을 생각을 했겠는가.

길은 원래 있었던 게 아니라 누군가 걷기 시작하면서 만들어진다. 처음에는 보잘 것 없고 희미하지만 한 사람 두 사람 지나가면서 차츰 모양을 갖춘다. 사람들의 걸음걸음이 조금씩 땅을 더 단단하게 만들고 길다운 길로 만드는 것이다. 지금이야 중장비와 아스팔트로 빠르게 길을 내지만 조선시대 이전까지의 길은 대부분 그렇게 만들어졌다. 물론 도읍이나 대처에는 많은 노역을 들여 만든 길도 있었고, 한양과 각 지역을 연결하는 간선망도 있기는 했지만 말이다. 구한말 조선에 들어온 서양인들은 길을 보면서 의아하게 생각했다. 도성 주변에는 널찍한 길과 석재 교량이 잘 놓여 있는 반면 제물포에서 서울로 들어오는 길은 수레가 비껴 다니기도 힘들었기 때문이다. 지방과 지방을 잇는 길도 사정은 다르지 않았을 것이다. 이렇게 보면 조선시대 이전의 길을 두고 언제 만들어졌는가, 고려시대인가 삼국시대인가를 나누는 것은 의미가 없어 보인다.

사라진 길과 수레

길을 닦는 데 이렇게 소홀해진 것은 몇 가지 이유가 있다. 먼저 생각해볼 수 있는 것은 말과 수레가 많지 않아 길이 필요치 않았다는

신라시대의 수레길(서울 금천구)

것이다. 물론 이것은 고려 후기와 조선시대 얘기다. 수레는 고조선 무렵부터 사용되었으며 삼국시대에는 귀인들의 일반적인 이동수단이었으니 말이다.[72] 고려시대 중기까지도 행차에는 수레가 보편적으로 이용되었고 서민들의 물류 역시 우마차가 주를 이루었다. 고구려 고분이나 국가 행사를 기록한 그림에서도 이러한 사실은 어렵지 않게 확인된다.[73] 신라시대에는 말과 수레를 관리하던 승부가 있었다. 이는 많은 수레가 이용되었고 이를 위해 도로가 잘 정비되어 있었다는 것을 의미한다.

서울 금천구에서 발굴된 신라시대의 수레길은 진흥왕이 한강 유역을 장악했던 6세기경 만든 길이다. 도로 양측에는 배수로가 설치되어 있는데 이를 합친 폭은 6미터 정도다. 중앙에는 2미터 폭으로 패인 수레바퀴 흔적이 있다. 신라의 초기 도읍지였던 금성[74]은 수레를 중심으로 한 계획 도로가 세밀하게 정비되어 있었다. 고구려 장안성이나 백제 사비성 역시 궁성을 중심으로 수레가 다닐 수 있는 길을 정비했으며 백제 궁남지 유적, 능산리 유적에서는 지금도 그 흔적을 찾아볼 수 있다. 대구 죽곡리 유적은 경주의 외곽이었지만 이곳에서도 폭이 8미터가 넘는 도로가 보인다.

한민족이 말을 잘 다루는 기마민족이었다는 것은 무용총의 벽화만 봐도 알 수 있다. 이 때문에 중국에서 보면 대륙 귀퉁이의 작은 나라에 불과했지만 함부로 얕잡아볼 수 없었다. 대륙을 평정한 수나라도 고구려 정복에 실패했고 당나라도 신라와 오랜 혈전을 벌였지만 결국 물러갈 수밖에 없었다. 거란의 10만 대군도 뛰어난 고구려 기병 앞에서는 속수무책이었다. 동서양의 강력한 제국들이 제대로 싸워보지도 못하고 몽골의 기병 앞에 무릎을 꿇을 때도 고려는 수차례나 맞서 싸우며 40년이나 버텨낼 수 있었다. 이를 잘 알고 있던 중국은 우리나라에서

고구려 무용총 수렵도

말을 가지는 것을 늘 경계했고 원나라 이후 많은 말을 조공으로 바치도록 했다. 아예 목장까지 만들었던 원나라는 말할 것도 없고 조선 개국 초기 30여 년간 명나라가 가져간 말만 해도 5만9000여 필에 이른다.[75]

기병이 탈 수 있는 말이 중국으로 넘어가면서 우리나라에는 조랑말밖에 남지 않았다. 관직이 높아도 말이 끄는 마차가 아니라 가마를 탈수밖에 없었다.[76] 마차가 다닐 만한 길도 거의 없었다. 수레도 기껏해야 소달구지 정도였다. 말과 마차가 사라지고 기병이 없어지자 조선은 웅크릴 수밖에 없었다. 당시 전쟁에서는 말이 없다면 군대가 없는 거나 마찬가지였으니 말이다. 그나마 중국에 의해 평화가 지속될 때는 별 문제가 없었다. 하지만 중국이 혼란기에 접어들고 세력의 판도가 변하면 속수무책으로 당할 수밖에 없었다. 임진왜란이나 병자호란 시 혹독한 시련을 겪은 것도 결국 기병이 없었기 때문이다. 군사력이 약할 때 취하는 방어는 성을 쌓고 적이 침입하기 어렵게 길을 막는 것뿐이다. 임진왜란과 병자호란을 겪으면서 조선의 길은 점점 더 협소해졌고 치도

治道는 금기시될 수밖에 없었다. 구한말 그리피스[77]가 쓴 책 『은자의 나라』의 속뜻은 숨어사는 사람들이었다.

대동여지도의 길

지도를 만드는 가장 큰 이유는 길찾기다. 길을 닦았다고 부관참시를 당하는 나라에서 길의 안내서인 지도가 만들어질 수 있었을까. 고개가 저어진다. 침략을 위해서는 군대보다 먼저 필요한 것이 지도다. 그래서 신대륙에 도착한 유럽인이 먼저 한 일도 지도 제작이었고 19세기 서구 열강들이 우리나라 해안을 돌며 지도를 만든 것도 이 때문이다. 김정호[78]의 지도는 그러한 때 만들어졌다. 당연히 그는 많은 고통을 감내해야 했을 것이다. 그가 실제로 옥살이를 했는지, 대원군 묘자리를 위해 불려다녔는지는 알 수 없다. 하지만 수십 년간 전국을 떠돌며 만든 지도가 얼마나 어려운 과정을 거쳤을지는 능히 헤아려진다.

대동여지도는 목판 인쇄본이다. 남북 120리, 동서 80리를 한 면으로 하여 병풍식으로 만들었다. 모두 이어 붙이면 한 권의 서책이 된다. 길은 가는 직선으로 표시했다. 산이나 하천 등 지형지물에 따라 꾸불꾸불 이어지는 길을 실제대로 그린다는 것은 의미가 없었을 것이다. 검은색 한 가지 잉크로 찍는 목판이었기 때문에 산줄기나 물줄기와의 혼선을 피하려는 의미도 있었을 것이다. 길에는 10리마다 표시를 하여 성·읍·현 간 얼마나 떨어져 있는지 쉽게 알 수 있게 했다. 길은 직선으로 표시한 반면 산과 골짜기는 산악투영법[79] 원리를 이용하여 실제대로 정확하게 연결했다. 길은 물이나 계곡 등 지형지물과 자연스럽게 관계하면서 만들어지기 때문에 쉽게 유추할 수 있었다.

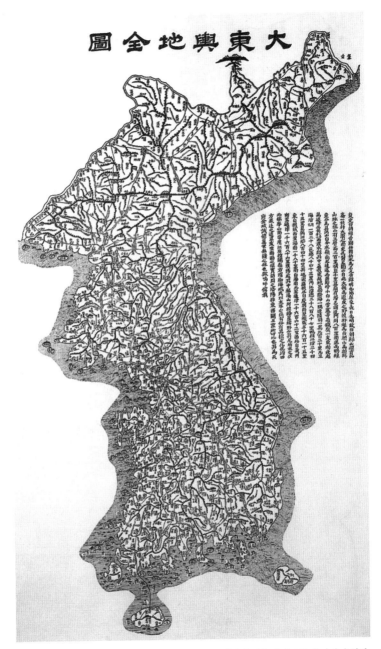

대동여지도에는 조선시대 주요 간선도로가 나타나 있다.

지형지물은 현재의 지도처럼 군영·역참·산성·능침·읍현 등을 기호로 표시하고 이에 대한 범례를 두어 간결하게 만들었다. 이를 보면 당시 사람들이 어떻게 살았고 그들이 살던 주변에 어떤 시설이 있었는지, 서로 어떻게 교통했는지 알 수 있다. 지도는 단순히 지리의 표시가 아니다. 길과 건축물, 강과 바다, 들과 산에는 그 터에서 살아온 사람들의 이야기가 스며들기 마련이다. 땅에 남긴 흔적은 자연스럽게 역사로 이어진다. 이를테면 지도는 그림과 기호로 표시된 종합 인문서인 셈이다. 지금 우리가 알고 있는 조선시대의 모습은 많은 부분 김정호의 지도를 바탕으로 하고 있다. 길은 더 말할 나위도 없다. 조선시대 9대 간선도로나 각 지방을 연결하던 길을 지금 살펴볼 수 있는 것도 모두 대동여지도 덕분이니 말이다.

조선시대의 길 관리

왕조가 바뀌고 도읍이 옮겨지면 주된 길은 이를 중심으로 조금씩 방향을 틀게 된다. 통일신라시대에는 경주를 향하던 길이 고려시대에는 개성을 중심으로 꿈틀거리며 방향을 틀었을 것이다. 조선은 한양으로 천도한 이후 도읍을 중심으로 전국의 길을 재편했다. 의주, 한양, 영남 그리고 경흥, 한양, 의주를 잇는 X자 형태의 중심축을 두고 그 사이를 적절하게 잇는 10개의 간선을 정비한 것이다. 중국과의 무역과 사신 왕래가 빈번하던 의주대로는 가장 먼저 정비되었다. 이 길은 압록강을 넘어 중국 선양과 베이징까지 이어졌다. 명나라의 수도였던 난징은 의주대로에서 황해도 풍천으로 비껴간 다음 여기서 바닷길을 이용했다.

수선전도에 나타난 한양의 도로

한양에서 문경과 안동을 거쳐 동래까지 이어지는 영남대로는 조선 건국을 이끌었던 사대부의 중심지였던 이유도 있지만 왜와의 사신 왕래로 조선 내내 가장 통행량이 많은 길이었다. 이외에도 해남과 제주로 이어지는 삼남대로, 두만강 끝까지 이어진 경흥대로, 대관령을 넘어 강릉 평해로 이어지는 평해대로도 정비되었다. 간선도로에서 갈라져 나간 길로는 봉화대로, 수원별로, 수영별로가 있었고 군사 요충지였던 통영은 영남대로와 삼남대로에서 갈라져 나온 두 개의 길이 따로 이어져 있었다.

도성은 경복궁을 중심으로 도로를 재편하기 위해 먼저 도로의 기준[80]을 정하고 종묘와 사직단을 잇는 종로, 사대문과 사소문을 잇는 대로를 정비했다. 지방에도 도성의 기준을 준용하여 대·중·소로를 구분하고 관아나 병참 등 주요 시설 주변을 정비했다. 도로의 이정은 매 10리마다 소후小堠를, 30리마다 대후大堠를 설치하고 이면에는 지명과 거리를 표기했다. 대후 주변에 설치되었던 원院은 도로를 관리하고 공무 수행자의 편의를 도모했다. 경사가 급한 곳은 잔도棧道[81]를 놓고 개울에는 목교나 징검다리를 놓아 건너다닐 수 있게 했지만 하폭이 크고 깊으면 나룻배를 두었다.

조선시대 길의 흔적을 보면 산악과 하천 경사지가 많아 길을 내기가 쉽지 않았겠지만 나름대로 길을 잇고 유지하기 위해 많은 애를 쓴 것으로 보인다. 그러나 신경준이 쓴 『도로고道路考』[82]를 보면 대체적으로 길에 대한 관리는 소홀하지 않았나 싶다. 그는 서문에서 우리나라 도로가 표지나 시설이 부족하고 거리를 재는 단위도 불규칙하여 국정에 미치는 피해가 크다고 적고 있다. 10개의 간선도로도 이정과 원을 갖추고 있기는 했지만 수레가 비껴 다니거나 번듯한 다리[83]가 간단 없이 놓

인 길은 아니었으니 말이다.[84]

나루와 바닷길

대동여지도나 청구도를 보면 길의 이름은 거의 볼 수 없는 반면 나루와 고개는 수없이 나온다. 길은 굳이 이름을 붙일 이유가 없었다. 사람들이 많이 다니는 길이 아니라고 해도 집이나 논밭을 돌아서면 어디로든 제한 없이 다닐 수 있었기 때문이다. 논두렁이나 강변, 산 둘레에는 어디든 사람의 발길이 있었다. 가급적 빨리 갈 수 있는 길을

과거 마포나루의 모습

369

따라가면 그뿐이었다. 대동여지도의 길이 직선으로 그어져 있는 것도 이 때문이다. 그러나 강이나 산을 만나면 발길을 멈출 수밖에 없었다. 안전하게 강을 건너자면 나루가 있는 곳에서 기다려야 했고 산을 넘자면 고개를 찾아야 했기 때문이다.

나루는 물을 건너는 곳이다. 장에 가거나 제사, 학교, 과거 등 일을 치르려면 나룻배를 타고 물을 건너야 했다. 나루가 꼭 물을 건너기 위해서만 있었던 건 아니다. 나루는 땅길이 물길로 바뀌는 지점이다. 실제로 큰 나루들은 물을 건너는 것보다는 짐을 부리는 역할이 더 컸다. 양곡은 역참과 조운을 통해 도읍으로 옮겨졌는데 나루는 두 곳이 만나는 지점이었다. 큰 강에는 일정 구간마다 나루가 설치되어 있었다. 한강만 해도 마포나루, 광나루, 미음나루가 있었고 영산강이나 금강, 예성강, 대농강도 예외 없이 나루가 설치되어 있었다.

조선시대의 조운은 거의 나루와 바닷길이 이용되었다. 전국을 잇는 10대 간선이 있었다고는 하지만 고개와 하천이 많아 수레를 끌기가 마땅치 않았기 때문이다. 조운이 제도적으로 정립된 것은 고려시대인 992년(성종 11)이다. 조운선은 주로 연안을 따라 이동했는데 크게 3개의 노선이 있었다. 가장 많은 조운선이 오가던 노선은 곡창지대였던 전라도에서 충청도 해안을 따라 북상한 뒤 강화 손돌목을 통해 마포나루로 들어오는 경로다. 하나는 의주에서 평안도, 황해도 해안을 돌아 강화도 교동을 거쳐 마포나루에 닿는 경로다. 동해안의 물류는 그리 많지 않았지만 함경도 서수라를 출발하여 강원도, 경상도 해안을 따라 동래에 이르는 뱃길이 있었다. 해로와 한강을 따라 마포나루에 도착한 조운은 여기서부터 육로를 따라 한성까지 옮겨졌다. 조운선이 출발하는 곳에는 조창과 진이 정비되어 물류의 편이를 도모할 수 있었다.[85]

백두대간과 고갯길

지명 중에서 나루 못지않게 많은 것이 고개다. 김정호는 우리나라 산맥을 대간, 정간, 정맥, 지맥으로 나눈다.[86] 대간은 백두산에서 금강산, 설악산, 속리산, 지리산으로 이어지는 등뼈다. 여기서 동서방향으로 차령산맥, 소백산맥 등 늑골 같은 정맥이 뻗어 있다. 우리나라의 국토는 이렇게 산맥에 둘러싸여 있다고 해도 과언이 아니다. 지역의 이름이 영동, 영서, 영남 등 산맥에 의해 갈라지는 것도 이 때문이다. 사정이 이렇다보니 어디든지 고개를 넘지 않으면 갈 수가 없다. 가장 험하고 높은 고개는 대부분 백두대간을 넘어가는 길에 있다.

가장 큰 고개는 대관령이다. 강릉 지역을 일컫던 관동도 이 때문에 붙여진 이름이다. 한계령·진부령·미시령 역시 영동과 영서를 잇는 고개다. 북한에도 황초령·마식령·추가령 등 큰 고개가 많기는 마찬가지다. 산맥과 지맥 그리고 그 사이에 강줄기가 있고 강의 시원에 고개가 있다. 산이 클수록 물은 좁고 산이 작을수록 물은 크다. 대동여지도를 자세히 보면 이렇게 반복되는 지형에서 일정한 규칙성이 나타난다. 근대 이전 우리나라의 길이 자연스러워 보이는 것은 이렇게 산맥과 골짜기 그리고 강과 지천을 따라서 이어졌기 때문이다. 고개와 나루도 비교적 산을 넘고 강을 건너기 쉬운 곳에 자연스럽게 놓여졌다.

대륙으로 나가는 길, 의주대로

비단길이 끝나는 곳은 어디일까. 유럽에서 파미르 고원, 둔황을 거쳐 오는 비단길의 종점을 보통은 중국의 시안이라고 말한다. 그러

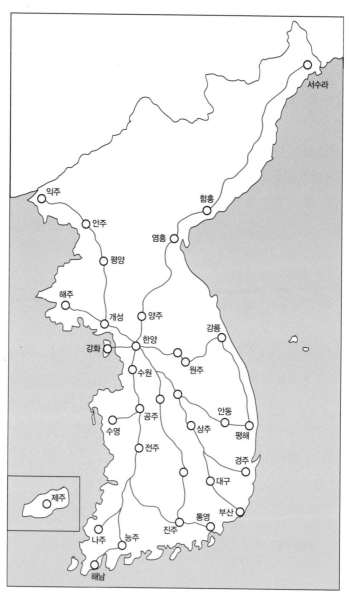

조선시대 주요 간선도로

나 시안은 비단길의 끝이 아니다. 시안에서 다시 베이징, 의주를 지나 한양까지 이어지니 말이다. 의주대로는 동서양 문명이 교류되는 길이었다. 한양에서 무악재를 넘어 개성, 평양, 의주까지 약 430킬로미터에 이른다. 근대 이전의 길 중에서 가장 번듯한 길이다. 이 길에는 매년 명나라, 청나라로 오가는 사절단이 붐볐고 중국과 무역하는 상인들도 적지 않았다. 정초와 동지에 떠나는 정기적인 사절단은 400여 명에 이르렀다. 이외에도 수시 행차가 잦아 의주대로에는 곳곳마다 숙식소가 있었고 이들을 접대하기 위해 개성과 평양에서는 화려한 연회가 끊이지 않았다.

의주대로는 조선시대 가장 활발한 길이었지만 이미 삼국시대부터 중국과 교역이 이루어지던 오래된 길이다. 육로로는 중국과 우리나라를 잇는 가장 빠른 지름길이었다. 이 때문에 평상시에는 문물이 오가는 길이었지만 전시에는 침략로로 바뀌는 아픔의 역사도 간직하고 있다. 고려시대 여러 차례의 몽고 침입 역시 이 길을 통해서였다. 병자호란을 보면 의주대로가 얼마나 잘 닦여진 길인지 실감이 간다. 청 태종이 압록강을 건넌 것은 1636년 12월 9일이었지만 이틀 뒤 평양, 나흘 뒤에는 개성까지 올 수 있었다. 12월 14일 인조는 강화로 피난을 가려고 했으나 이미 청군은 서울 근교에 진을 치고 있었다. 무려 12만 명의 대군이 움직이는데 압록강에서 한양까지 5일도 채 걸리지 않은 것이다.

통신사의 길, 영남대로

영남대로와 의주대로는 우리나라를 남북으로 잇는 가장 빠른 길이었고 그 중심에 도성이 있었다. 임란 당시에는 왜군이 명나라로

문경 세재(제3관문)

가기 위해 내달라는 길이 영남대로와 의주대로였지만 평상시 이 길은
한·중·일 3국의 사절단이 오가는 평화의 상징이었다. 의주대로는 중
국의 연행사, 영남대로는 일본과의 통신사가 왕래하는 길이었으니 말
이다. 조선 초기부터 시작된 한·일간의 교류는 국란으로 중간에 단절
되는 경우도 있었지만 1428년부터 1811년까지 400년 가까이 이어졌다.
우리나라에서 일본으로 떠나는 조선통신사는 임란 이전 60여 차례,
임란 이후 12차례 정도였다. 일본에서 우리나라로 보내온 일본국왕사
는 횟수를 헤아리기 어려울 정도로 훨씬 많았다. 별로 아쉬울 게 없었
던 우리나라가 교린 차원에서 통신사를 보냈던 데 비해 일본은 대륙의
문물을 받아들이기 위해 그만큼 적극적일 수밖에 없었다.
　우리나라 구간인 영남대로는 서울에서 출발해 문경, 밀양, 부산까

지 400킬로미터가 조금 못 된다. 뱃길은 쓰시마와 시노모세키를 거쳐 오사카까지 약 1000킬로미터에 이른다. 조선 초기에는 오사카에 인접한 교토에 막부가 있었기 때문에 일정이 짧았다. 그러나 임란 이후 일본의 중심이 도쿄로 옮겨가면서 통신사의 여정도 오사카에서 교토를 지나 도쿄까지 가게 되었다. 이렇게 길어진 육로는 영남대로와 비슷한 400킬로미터 정도였다.[87] 이 길을 모두 합치면 1800킬로미터에 이른다. 거리도 그렇지만 500여 명이나 되는 사절단의 경비도 만만치 않았다. 한 번 다녀오는 기간은 1년 가까이 소요되었는데 이들을 접대하는 데 들어가는 경비는 양국의 큰 부담이었다.

통신사와 국왕사의 왕래는 정부 간 교류뿐 아니라 민간에 있어서도 활발한 문물이 교류되는 효과를 가져왔다. 비록 아픈 역사가 있기는 하지만 오랜 세월 길항해온 한·일 양국이 통신사와 국왕사의 전통을 되살린다면 보다 긍정적인 관계가 되지 않을까 싶다. 최근 아시아 32개국이 함께 추진하는 아시안 하이웨이[88]의 첫 번째 도로(AH1)는 통신사가 오가던 일본의 육로와 영남대로 그리고 의주대로를 따라가는 길이다.[89] 현재는 북한이 가입하지 않아 끊겨져 있지만 모두 연결된다면 고대 실크로드가 다시 이어진다는 점에서 의미가 깊을 것이다.

육로 교통의 중심, 삼남대로

해남에서 한양을 거쳐 경흥까지 이어지는 삼남·경흥대로는 의주·영남대로와 함께 우리나라의 남북을 잇는 또 하나의 축이다. 그 중에서도 한양과 충청·전라·경상을 잇는 삼남대로는 우리나라 육로 교통의 중심이다. 실제로도 가장 많은 사람이 다니는 길이었다. 산악

천안삼거리 입구(1960년대)

과 고개가 많은 영남대로에 비해 삼남대로는 거의 평탄한 길이 이어졌기 때문에 다니기가 편했다. 곡창지대가 넓어 그만큼 사람도 많이 살았다. 영남대로에는 유명한 문경 새재를 비롯 험하기로 소문난 하늘재나 토끼비리 등 많은 고갯길이 있었지만 삼남대로에는 그다지 고갯길이 많지 않았다. 현재 행복도시가 들어선 전월산의 쌍령고개가 그나마 큰 고개에 속하며, 차령산맥의 끝자락이긴 하지만 숲이 깊어 산적이 많았다고 한다.

삼남대로는 한양에서 수원, 천안을 거쳐 해남까지 이어진다. 천안삼거리는 삼남대로의 중심이며 상징적인 곳이다. 여기서 논산 쪽으로 가면 전주를 거쳐 해남에 이르고 청주 쪽으로 가면 문경 새재를 넘어 상주, 경주, 부산으로 이어졌다. 북쪽으로는 평택, 수원을 거쳐 한양에 이른다. 삼남대로는 해남의 이진항까지 이어진다. 한양에서 과천, 수원, 천안삼거리, 그리고 다시 논산, 정읍, 나주를 거쳐 해남까지 물경 400킬로미터가 넘는다. 그러나 해남 이진항은 삼남대로의 끝이라고 할 수 없다. 여기서 다시 제주까지 뱃길이 이어지니 말이다. 이진항에서 제주 조천항까지 뱃길로, 그리고 제주목사가 근무하던 관덕정까지 가는 길을 합치면 삼남대로는 500킬로미터를 훌쩍 넘긴다.[90] 조천항은 제주가 탐라국으로 불리던 삼국시대 이전부터 뭍을 잇는 중심 항구였다. 관덕정은 고려시대 탐라총관부가 있었고, 조선시대에는 제주목사가 근무하던 관아가 있던 곳이다.[91]

영남대로와 삼남대로가 대비되는 또 하나는 조선시대 양반사회의 희비가 엇갈리는 과거와 귀양이다. 조선시대 영향력이 큰 서원은 주로 영남 지역에 분포되어 있었고 서원을 통해 많은 인재를 정계에 진출시켰다. 영남대로에 과거길이라는 대명사가 붙은 것도 이와 관계가 깊다. 영남에서 한양으로 가기 위해 반드시 넘어야 했던 문경 새재에 과거와 얽힌 이야기가 그렇게 많은 것도 이해가 된다. 반면에 삼남대로는 정변의 와중에서 실각한 양반들이 귀양 떠나는 길이었다. 조선 초만 해도 귀양은 관직을 삭탈하고 고향으로 되돌아가게 하는 것이었다. 그러나 한때 조정의 요직에 있던 이들의 귀향은 자칫 큰 문제를 일으킬 수도 있었다. 이 때문에 연고지가 배제되자 상대적으로 정계 진출이 적었던 전라도나 제주 지역이 귀양지가 될 수밖에 없었다.[92] 제주도로 귀양 간 광해군이나 김정희, 송시열을 비롯하여 강진의 정약용, 흑산도의 정약전, 보길도의 윤선도 등은 모두 삼남대로를 따라 귀양지로 갔다.

제 5 부

터널,
길의 경계를
허물다

"국경의 긴 터널을 빠져 나오자 눈의 나라였다." 야스나리의 『설국』은 첫 문장부터 우리를 아득한 이국으로 이끌고 간다. 두 세계를 잇는 통로라는 점에서 터널은 다리와 같다. 그러나 다리가 잇는 양안은 우리가 눈으로 보아온 세계인 반면 터널로 이어지는 양쪽은 시인視認할 수 없었던 미지의 세계다.

터널과
인간

미래의 터널을 우리나라가 이끌어 갈
것은 확실하다. 세계적인 암반 굴착 기
술을 가지고 있는 것도 그렇지만 전산
환경과 재료 분야에서도 어느 나라 못
지않은 기초 인프라가 구축되어 있기
때문이다. 보스포루스 해협에 해저 터
널을 뚫는 한국인을 보면 페르시아 크
세르크세스 대왕도 눈이 휘둥그레질
것이다.

　　　　　　　"국경의 긴 터널을 빠져나오자 눈의
나라였다." 이렇게 시작되는 가와바타 야스나리의 소설 『설국』은 첫 문
장부터 우리를 아득한 이국으로 이끌고 간다. 두 세계를 잇는 통로라
는 점에서 터널은 땅의 한 쪽과 다른 쪽을 이어주는 다리와 같다. 그
러나 다리가 연결하는 양쪽의 땅은 우리가 눈으로 보아온 세계인 반
면 터널로 이어지는 양쪽은 시인視認할 수 없었던 미지의 세계다. 지금
이야 여행을 다니는 게 예삿일이 되었지만 근대 이전까지만 해도 사람
들은 태어난 곳에서 평생을 살아야 했다. 농지와 농부를 하나로 여겼
던 로마는 말할 것도 없고 중세의 장원 역시 농부는 영지에 묶여 있었

『설국』의 배경인 니카타 현과 그 주변의 항공사진

다. 우리나라에서도 살던 곳에 난리가 나거나, 야반도주를 해야 할 일이 생기지 않는다면 농민은 대대로 같은 곳에서 살았다. 이 때문에 정처를 두지 못하고 떠도는 보헤미안이나 장돌뱅이는 가엾은 사람으로 취급되었고 과거를 보러 떠난다거나 여행을 하는 건 특별한 계층에서나 가능한 일이었다.

야스나리의 소설에서 국경[1]은 물론 나라의 경계를 의미하는 말이 아니다. 하지만 산 너머가 다른 나라와 다를 바 없다면 그 경계에 놓여 있는 산은 국경이나 마찬가지였을 것이다. 어두운 터널을 빠져나오며, 산을 넘어야 만날 수 있었던 다른 세계의 풍경을 만날 때의 느낌은 어땠을까. 물론 하루에도 여러 차례 터널을 지나다니는 우리에게는 이미 평범한 일이다. 알프스를 가로질러 프랑스에서 스위스나 이탈리아로 갈 수 있고 섬과 섬, 나라와 나라를 잇는 해저 터널도 수없이 많으니 말이다. 2015년 관통된 보스포루스 해저 터널을 이용하면 마치 공상영화처럼 아시아에서 유럽으로 옮겨갈 수 있다. 하지만 산의 한쪽에서 평생을 살아온 사람이 터널을 통과해 만나는 세계는 신선한 충격을 주었을 것이다.

터널과 인간의 관계, 떨어진 두 세계를 잇는 터널이 인간에게 주는 상징적인 의미는 혈거시대까지 거슬러 올라가볼 수 있다. 대지를 여신의 몸으로 생각했던 고대인에게 있어 동굴은 신성한 의미를 지닌 곳이었다. 인간의 삶이 길고 좁은 터널을 빠져나오며 시작되는 것처럼 지상과 지하를 연결하는 동굴은 삶을 마친 뒤 다시 여신의 자궁으로 회귀하는 퇴행의 경로였던 것이다. 현세와 정령의 세계를 소통시키는 샤먼이 그 경계라 할 수 있는 동굴에 머무른 것도 이 때문이었을 것이다. 동굴에서 신탁을 전하는 델포이의 무녀 피티아Pythia 또는 동굴의 휘장 뒤에서 조상신의 계시를 알려주는 인디언 샤먼은 인간과 동굴의 관계를 천착하게 해준다. 인간이 만든 터널은 물리적으로 떨어진 두 세계를 잇는 구조물에 불과하지만 그 근저에는 이렇게 오랜 세월 형성해온 동굴 인식과 깊이 관계되어 있다.

인간과 동굴

모체에서 무중력상태로 평온하게 있던 인간은 어느 날 갑자기 이 세상에 던져진다. 몸을 감싸던 따뜻한 양수와 탯줄로 전해지던 자양분은 사라지고 이제는 스스로 먹고 스스로 숨을 쉬어야 한다. 누군가 부드러운 천으로 몸을 감싸주긴 하지만 양수 속의 평온에 비하면 이물스럽고 허하기 그지없다. 심리학에서는 아이들이 구석진 곳을 선호하거나 새우처럼 웅크려 자는 것을 이렇게 잠재되어 있는 무의식 때문이라고 말한다. 유아기를 벗어나 성장하는 과정에서 태내와 출산, 배냇저고리에 감싸여 있던 기억은 모두 잊혀지지만 인간의 무의식에는 모체 내로 회귀하려는 욕구가 깊이 자리 잡고 있을 것이다. 아마도 인간의 퇴행 욕구, 모태로의 회귀 본능은 인류가 호미니스로부터 분리되기 이전부터 형성된 본질이 아닐까 한다.

엉거주춤 걷는 호미니스[2]를 보면 그들이 들판보다는 나무에 매달리거나 숲에 사는 데 유리하게 진화해온 게 분명해 보인다. 초식동물처럼 빠르지도 못하고 육식동물처럼 강한 발톱도 없는 호미니스에게 유리한 게 하나 있다면 아마도 나무에 매달리기 좋은 꼬리 정도가 아닐까. 게다가 유난히 여린 피부와 둔감한 청각을 가진 인류가 어떻게 나무에서 내려와 들판에서 살 수 있게 되었을까. 맹수의 위협과 혹한의 날씨를 견디며 지금의 인간을 후손으로 남길 수 있었을까. 사회성이나 도구의 사용 등 이에 합하는 많은 생각이 있지만 중요한 역할 하나를 더 꼽으라면 동굴을 들 수 있다.

자연환경은 수시로 변한다. 낮과 밤이 바뀌고, 계절의 순환에 따라 기온과 날씨도 바뀐다. 그러나 동굴은 정적인 세계다. 오래 전에 살던 짐승 뼈는 육탈이 된 상태로 그대로 쌓여 있고 벽에 그려놓은 그림은 수만 년의 세월을 견뎌 그릴 때와 같이 남아 있다. 들판에서는 물난리와 가뭄이 반복되고 천둥과 번개가 치지만 동굴에는 침묵이 흐른다. 이러한 동굴은 원시 인류에게 얼마나 소중한 공간이었을까. 쉼과 육아의 공간에 머무르며 수렵이나 채취를 위해서 들판으로 나가는 것은 감수할 만한 위험이었을 것이다. 들것으로 무장한 수컷 여럿이서 함께했을 테니 말이다. 사위 가득한 맹수의 위협에서 벗어나 조금쯤 경계를 풀 수 있는 곳, 적을 방어하기 쉽고 적당히 따뜻하며 서늘한 곳, 먹을 것이나 도구를 저장해놓은 동굴에서 인간은 비로소 문명으로의 진화를 시작할 수 있었을 것이다.

자연동굴을 넓히다

동굴은 여러 가지 이유로 만들어진다. 흐르는 지하수가 만든 석회암 동굴, 화산 분출로 생긴 용암 동굴[3], 오랜 세월 반복된 파도가 뚫은 해식 동굴이 있다. 단층이나 지각변동으로 만들어진 거대한 틈이 동굴의 형태를 취하고 있는 곳도 많다. 규모는 작지만 짐승들이 동굴을 만들기도 한다. 이렇게 규모나 형태는 다양하지만 어떤 것이든 인간에게는 소중한 보금자리였다. 그리고 언제부터인가 인간은 직접 굴을 뚫

니아 동굴 입구

기 시작했다. 한정된 자연동굴만으로는 부족했기 때문일까. 지금까지 알려진 동굴 중에서 인간이 파낸 흔적이 남아 있는 가장 오래된 동굴은 스와질란드의 라이언 케이브lion cave다. 약 4만3000년 전 구석기 시대의 유적인데 주거 목적은 아니고 얼굴에 칠하거나 그림을 그릴 무언가를 파내려 했던 듯하다. 붉은 선으로 그린 동굴 벽화로 미루어보면 산화철을 얻으려 했던 게 아니었을까.

말레이시아 사라와크의 니아Niah 동굴은 지하 광장을 방불케 하는 공동[4]을 포함하여 모두 다섯 개의 동굴이 합쳐진 거대한 지하 공간이다. 이곳에서는 동아시아에서 가장 오래된 인골을 비롯하여 석기시대의 다양한 유물이 발견되었다. 특이한 점은 고대인의 주거지였을 뿐 아니라 동굴이 발견된 19세기까지도 줄곧 사람이 살았다는 것이다.[5] 니아 동굴은 워낙 공간이 넓어서 따로 파낼 필요는 없었지만 혈거에 편하도록 다듬거나 통로를 넓힌 흔적이 보인다. 바위산에서는 자연동굴을 이용할 수밖에 없었지만 비교적 땅이 무른 석회암 지대나 풍적토 지역에서는 직접 동굴을 파는 경우도 적지 않았다. 중국 황허 강 유역의 야오둥窯洞은 구석기시대부터 사람이 직접 파내서 만든 주거 동굴이다. 고비에서 날아온 황토와 황허 강 범람으로 점토가 번갈아 쌓여 찰지면서도 파내기 쉬운 지반을 만들었기 때문이다.[6] 터키의 데린쿠유 지하 유적도 기독교인이 정교하게 다듬고 확장한 것은 사실이지만 처음 만들어진 건 신석기시대부터다. 화산재와 모래가 섞인 이 지역의 응회암은 비교적 물러서 파내기는 쉽지만 일단 파내면 서서히 굳어지는 성질이 있다.

문명이 시작된 이후

동물의 뼈나 뾰족한 돌 등 간단한 손도구만 가지고도 팔 수 있었던 데린쿠유 지하 유적이나 황허 강 유역의 야오둥은 예외적인 경우다. 이를 제외하고는 선사시대 이전 인간 스스로 만든 동굴은 거의 찾아보기 힘들다. 아무리 유용한 동굴이라고 해도 바위를 파낼 만한 변변한 도구가 없었기 때문이다. 청동기나 철기시대의 유물은 무기나 귀족의 장식물이었을 뿐 땅을 파내는 데 쓰였음직한 연장은 찾아볼 수 없었다. 인류가 제법 깊은 동굴을 파나가기 시작한 것은 서서히 문명의 눈이 뜨기 시작한 이후다. 대장장이와 얽힌 고대 신화가 많은 것을 보면 고대국가 형성기에는 정이나 망치 등 철물로 만든 도구도 적지 않았을 듯싶다. 이때 만들어진 동굴은 주거나 길을 만들기 위해서가 아니라 주로 광물이나 보석을 캐기 위한 것이었다. 이집트의 와디 메가르Wady maghareh 일대에는 고대 이집트부터 터키석을 채굴한 동굴이 여러 개 있다. 이곳에서 나온 보석들이 유럽은 물론 중국이나 인도에서도 발견되는 것을 보면 채굴 규모가 적지 않았을 듯싶다. 미국의 세릴로스 지역[7]에서도 터키석을 채굴하기 위해 뚫은 고대동굴을 여럿 볼 수 있다.

자원 채취 목적이 아니라 지하통로나 수로 등 터널로 볼 수 있는 시설은 기원전 5000년경의 고대도시에서 발견된다. 예나 지금이나 도시를 계획할 때 가장 먼저 고려하는 것은 도로와 수로다. 우르나 모헨조다로, 바빌로니아, 그리스 등의 고대도시에서는 물과 사람을 소통시키기 위한 다양한 형태의 통로를 볼 수 있는데 개중에는 땅 아래쪽에 만들어진 것도 적지 않다. 일반적으로 잘 알려져 있는 이집트의 장제 신

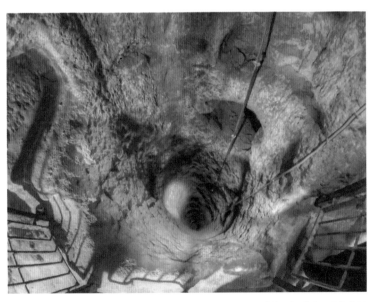

데린쿠유 지하도시의 우물

기혼 샘 터널

전이나 피라미드의 하부에는 석물을 이용하여 정밀하게 계획된 지하 통로가 놓여 있다. 땅 아래 놓인 길이라는 의미에서 터널임이 틀림없지만 사람의 소통이라는 본래의 목적으로 만들어진 가장 오래된 터널은 고바빌로니아의 하저 터널이다.[8] 적의 침입 시 신속하게 강 건너 요새로 대피하기 위해 건설되었다는 이 터널은 건설 기술이나 규모 면에서 현대의 터널 축조 방법과 그리 다르지 않았을 것으로 보인다. 현재는 헤로도토스의 기록과 추정을 통해서만 확인할 수 있을 뿐 정확한 규모나 건설 과정은 알 수 없다.

지금까지 남아 있는 유적 중에서 가장 오래된 터널은 기원전 687년경 사모스 섬에 만들어진 에우팔리노스Eupalinos 터널이다. 샘물을 도시로 끌어들이기 위해 만든 터널이지만 높이와 폭이 2미터 가까이 되어 사람의 통행도 가능했다. 기원전 701년경에는 예루살렘에도 기혼 샘 Gihon siloa(533미터) 터널이 만들어졌는데 이는 석회암지대의 지하수 동굴을 확장해서 만든 것이다. 로마시대에 들어와서는 도로를 놓는 과정에서 적지 않은 터널이 만들어졌다. 플루로Furlo 터널(기원전 220)은 이탈리아 반도를 동서로 가로지르는 플라미니우스 가도Via Flaminius에 만들어진 것이다. 그러나 도로 규모가 8만 킬로미터에 이를 정도로 광대한 것에 비하면 터널은 그다지 찾아보기 힘들다. 바위를 뚫는 작업이 어렵기도 했지만 불가피한 경우가 아니면 돌아가는 방법을 택했기 때문이다.

하지만 수로는 달랐다. 물 흐름의 특성상 일정한 높낮이가 유지되어야 하므로 지대가 낮으면 받치고 산이 있으면 뚫어야 했다. 물 사정이 좋지 않았던 로마는 많은 수로를 건설했다.[9] 기원전 272년 만들어진 아니오 베투스Anio Vetus 수로는 63킬로미터 대부분을 구거溝渠 터널로 건설했다. 이외에도 로마에 건설된 11개 수로에는 지형 조건에 따라 많은 터널이 포함될 수밖에 없었다. 도로와 수로를 건설하는 과정에서 터널을 뚫는 것은 일반적인 일이 되었지만 바위를 깨내는 작업은 여전히 원시적인 방법에 의존할 수밖에 없었다. 피라미드나 그리스 신전에서 볼 수 있듯이 돌을 다듬고 건축물을 짓는 기술은 나날이 발전되어 갔지만 좁은 갱내에서 바위를 뚫는 것은 사정이 달랐기 때문이다. 고작해야 소수의 인원을 교대로 투입하여 망치와 정으로 일일이 쪼아나가는 방법은 수천 년간 변함이 없었다.

중세, 좀더 정교해진 도구

     망치나 정 외에 별다른 도구가 없었다고는 해도 대규모 노예 노동이 가능했던 로마시대에는 비교적 긴 터널이 만들어지기도 했다. 그러나 중세에는 눈여겨볼 만한 터널이 거의 축조되지 않았다. 서로마에 이어 신성로마제국까지 몰락하면서 지중해 연안은 매우 혼란스런 상태가 지속되었으며 길은 조각조각 단절되었다. 모든 국력이 군사력에 집중되어 도로를 관리할 수도 없었고 공공사업을 벌일 만한 여유도 없었던 것이다. 이 때문에 터널은 도로나 수로보다는 군사적 목적을 위해 축조되는 경우가 많았다. 이를테면 요새와 다름없었던 수도원과 성곽을 연결하는 지하통로 또는 유사시 성을 벗어나기 위한 터널 등이다. 하지만 이러한 터널은 암반 굴착이 아니라 선축물을 축조하기 전에 미리 돌을 쌓고 흙으로 덮는 것이었다. 화약[10]은 14세기경 이미 정밀한 제조 기법이 알려져 있었으나 소총이나 대포 등 군사용 목적으로 활용되었을 뿐 암반을 굴착하기 위해 화약을 사용한 사례는 발견되지 않는다.

『모탈리카』 표지

     중세에 만들어진 도로나 수로터널이 거의 없는 반면 광물을 얻기 위한 터널은 많이 발견된다. 금속은 군사력과 직결되었기 때문에 이슬람이나 기독교 문명권을 막론하고 광산을 확보하기 위해서는 전쟁도 불사했다. 당시 공학 기술을 집대성하고 있는 『모탈리카De Re Metallica』[11]를 보면 암반을 파내는 기술에도 상당한 진전이 있었던 것으로 보인다. 이 책에는 암반을 굴착하는 기술 외에도 붕락을 방지하거나 터널 내 정밀한 측량을 위한 기구도 볼 수 있다. 터널 안에서 지하수를 배출하는 일은 광석 채취는 물론 안전을 확보하는 데도 중요한 일이었는데 이를 위해 만든 펌프는 톱니바퀴와 체인 회전축이 정밀하게 조합된 기계였다. 이 무렵의 터널로는 프랑스의 메닐몽탕Menilmontant 터널(1370)[12], 이탈리아의 부코Buco 터널(1484)[13] 등이 있다.

17세기, 화약으로 바위를 깨다

암반을 뚫는 기술이 한 단계 진전을 이룬 것은 운하 붐이 일기 시작한 17세기 이후다. 르네상스 시대 각 분야에서 시작된 기술적인 도약은 터널에도 많은 영향을 미쳤는데 그중에서도 화약을 이용한 암반 굴착은 그 이전과 분명한 선을 그었다. 터널을 파는 데 화약이 처음 이용된 것은 1679년 프랑스의 랑그도크Languedoc 운하다. 바위 틈에 화약을 넣어 불을 붙이자 한꺼번에 많은 바위가 떨어져 나왔다. 그 뒤 바위에 틈을 내는 작업은 천공기라는 장비가 대체하게 되었고 발파 효과도 점점 커졌다. 화약을 다루거나 도화선을 만드는 기술도 점차 발전하여 시간이 갈수록 안전하고 정교하게 사용할 수 있었다.

화약이 터널을 뚫는 데 처음 이용된 것은 영국의 헤어캐슬Harecastle 터널이다. 1766년 완공된 이 터널의 길이는 무려 2620미터에 이른다. 당시 제조되던 흑색 화약은 연소 가스가 많아서 어려움이 많았는데 이 터널에서는 지금의 환풍기와 같은 장치까지 사용되었다. 이외에도 굴착한 단면을 지지하고 터널에서 발생하는 물이나 암버럭(잔돌)을 반출하는 장치도 고안되어 효율적인 작업이 이루어질 수 있었다. 당시 헤어

캐슬 터널에 적용한 말발굽형 단면은 지금도 터널의 기본 형식으로 이용된다. 화약 굴착의 성공으로 자신을 얻은 영국은 이어서 밴튼 터널, 아미티지 터널, 브래스톤 터널 등을 건설했다.

영국이 산업혁명의 중심으로 떠오르고 그 효과가 주변으로 퍼져나갈 수 있었던 것은 이렇게 뚫은 터널이 큰 역할을 했기 때문이다. 시기적으로 차이는 있지만 운하 터널은 유럽뿐만 아니라 북미나 일본에서도 많이 건설되었다. 미국 펜실베이니아의 어번Auburn 터널(1821)과 레바논Lebanon 터널(1828) 역시 운하를 만들며 뚫은 것이다. 일본의 하코네 수로터널은 1660년대에 만들어진 것으로 길이가 1780미터에 이른다. 하지만 이 터널은 곡괭이와 정, 망치를 이용해 뚫은 터널이다. 당시 일본에도 흑색 화약이 있기는 했지만 군사적 목적으로만 이용되었을 뿐 바위를 굴착하는 데 쓰이지는 않았다.

19세기, 알프스 산맥을 뚫다

산맥과 바다는 오랜 세월 문명의 경계로 여겨져왔다. 하지만 비교적 일찍부터 바다를 통해 서로 다른 세계가 만날 수 있었던 반면 산맥은 근세까지도 문명권을 지켜주는 장벽일 수밖에 없었다. 칭기즈 칸은 거침없이 세계로 뻗어 나갔지만 알프스를 넘지는 못했고 히말라야 산맥 아래쪽에 있던 인도도 전화를 피할 수 있었다. 로마 제국이 세계를 호령할 때도 알프스 산맥 위쪽의 북유럽은 평온했다. 히말라야 산맥이 없었다면 로마와 중국 두 개의 제국이 양립할 수 있었을지 의문이다. 그러나 19세기에 들어서면서 인간은 드디어 산맥을 뚫어나가기 시작했다. 유사 이래 두 문명권으로 나뉘어 있던 알프스 산맥의 양

알프스의 마터호른 봉

쪽을 이으려 한 것이다.

산업혁명 초기 섬나라였던 영국은 물류 대부분을 해운에 의지할 수밖에 없었다. 그러나 점차 산업혁명의 열기가 유럽 전역으로 퍼져 나가고 엄청난 물류가 쏟아지자 이를 대체할 만한 운송 수단이 절실해졌다. 유럽 전역에 많은 철도와 터널이 만들어진 것은 이 때문이다. 철도는 수로와 마찬가지로 일정한 높낮이와 직선성이 요구되기 때문이다. 터널 길이도 계속 늘어났다. 증기기관, 철강 산업, 측량 장비 등 기계 기구의 발달이 뒷받침된 것도 있지만 무엇보다 운하를 만들며 축적된 경험으로 어떤 터널이든 뚫을 수 있다는 자신감이 생겼기 때문일 것이다. 비록 완성되지는 못했지만 영국과 프랑스 사이의 도버 해협을 해저[14]로 뚫겠다는 야심찬 계획이 세워진 것은 당시 터널에 대한 자신감을 잘 보여준다.

알프스를 관통하겠다는 계획은 프랑스와 이탈리아의 합작품이다. 이 계획이 추진된 것은 1782년으로 약 2500미터까지 굴착했지만 기술 부족으로 중단될 수밖에 없었다. 이후 몽세니Mont Cenis(1857) 쪽으로 옮겨 다시 작업이 시작되었는데 완공된 터널 길이는 무려 1만2847미터에 이른다. 터널 굴착에는 착암기와 안전성과 폭발력이 개량된 화약이 이용되었다. 자유면을 만드는 기술도 발파효율을 크게 높여주었는데 이는 도망갈 구멍을 보고 쥐를 쫓으라는 말처럼 바위가 깨어져나갈 틈을 미리 만들어주는 기술이다. 몽세니 터널의 관통으로 자신감을 얻은 프랑스와 이탈리아는 곧이어 1만5000미터의 생고타르St. Gotthard 터널도 완성했다.

바위를 뚫는 것은 위험한 일이다. 손도구로 작업하던 시절은 말할 것도 없지만 화약과 착암기 등 효율적인 장비를 갖춘 뒤에도 사정은 별로 나아질 게 없었다. 역설적이게도 효율적인 장비를 통해 터널이 점점 길어지고 단면이 커지면서 사고와 재해는 더 크게 일어났다. 알프스 관통 터널은 위대한 업적임에는 틀림없지만 공사과정의 열악한 환경과 지반 조건 그리고 희생된 사람을 생각하면 안타깝기 그지없다. 고타르 터널을 지을 때는 지하수 분출이나 막장 붕괴로 인한 사망자가 310명이나 되었다. 사고로 불구가 된 사람도 877명에 이른다. 산정이 3400미터나 되어 이 때문에 생기는 지열도 작업자를 괴롭히는 큰 요인이었다. 보통 땅 밑으로 내려가면 100미터에 3도 정도로 온도가 올라간다. 이 때문에 수천 미터에 달하는 알프스 산맥 밑에서 일하는 작업자는 50도에 이르는 열기를 견딜 수밖에 없었다.

터널을 파기 위해서는 지반 상태를 정확히 조사해야 하지만 알프스는 지질조사를 할 수 있는 방법이 없다. 기껏해야 막장면의 금을 살펴보거나 앞쪽으로 구멍을 뚫어보는 정도였다. 지금 터널을 설계하는 사람의 입장에서 보면 한마디로 목숨을 내놓고 하는 일인 것이다. 그러나 당시 공사에 참여했던 사람들은 역설적으로 무지가 공사의 성공 요인이었다고 말한다. 만약 엄청난 지열과 용수 조건 그리고 지반 정보를 미리 알았더라면 감히 터널을 뚫으려는 엄두를 내지 않았을 것이라는 뜻이다. 알프스를 뚫겠다는 계획은 이후에도 계속 이어져 20세기 초까지 4개의 터널이 더 만들어졌다.[15]

현대, 새로운 터널의 시대

시대의 구분은 관점에 따라 차이가 있겠지만 터널의 역사에서 현대는 대체로 1960년대 이후로 보는 것이 적당할 듯하다. 정밀

유로 터널

한 설계 기법인 나틈NATM 공법[16]과 대형 굴착 장비인 쉴드 TBM[17] 그리고 다양한 발파 기법이 이 시기 이후 쏟아져나왔기 때문이다. 특히 1980년대 이후 전산 환경과 접목된 뒤에는 굴착으로 인해 변화하는 암반의 미세한 움직임까지 일일이 검토할 수 있게 되었다. 이후 인간은 더 이상 지하 공간의 규모나 암반 강도, 터널 연장에 제한을 받지 않게 되었다. 이는 단순히 암반 굴착 기술의 발달로 이루어진 것이 아니라 조명, 환기, 에너지 등 산업 전반의 환경 변화와 재료, 기계, 금속, 건축 등 공학 제 분야의 발달에 따른 시너지 효과로 봐야 할 것이다.

현대의 상징적인 터널은 도버 해협을 물 밑으로 통과한 유로Euro 터널을 들 수 있다. 물론 이보다 어렵고 거대한 터널도 많다. 그러나 18세기 처음 계획된 뒤부터 약 200년에 걸쳐 추진과 중단이 반복되어온 과정을 보면 기념비적인 공사로 보는 데 무리가 없다. 진행과정은 이렇게 오래 걸렸지만 실제 공사 기간은 1987년 착공된 지 불과 6년 만에 완성되었다. 유로 터널의 바다 밑 구간은 38킬로미터에 이른다[18]. 이와 비교되는 일본의 세이칸 터널은 해저 구간이 23킬로미터다.[19] 연장이나 개통 시기는 세이칸 터널이 조금 앞서지만 해저 구간으로만 보면 단연 유로 터널이 길다. 현재까지 세계에서 가장 긴 터널은 2010년 관통된 스위스 고타르 베이스 터널Gotthard Base로 연장이 57킬로미터에 이른다.

미래, 대륙을 하나로 잇다

미래에는 어떤 터널이 만들어질까. 가장 큰 변화는 해저를 이용한 대륙의 연결일 것이다. 강선을 이용하는 현수교나 사장교 역시 재료가 강해질수록 점점 길어질 수 있겠지만 지상에는 태풍이나 지진 등 고려해야 할 요인이 많기 때문에 한계가 있다. 터널도 물론 지각변동 등 고려해야 할 위험이 없는 것은 아니지만 지상 환경에 비해서 안정성은 비교할 수 없을 만큼 뛰어나다. 인간이 이용할 수 있는 지각 두께는 지역마다 큰 차이가 있지만 몇 가지 기술적 문제만 해결하면 10여 킬로미터는 무난할 것으로 보인다.[20]

미래 터널에 있어 우리가 선두 주자 중 하나가 될 것은 확실하다. 세계적인 암반 굴착 기술을 가지고 있는 것도 사실이지만 전산 환경과 재료 분야에서도 어느 나라 못지않은 기초 인프라가 구축되어 있기 때문이다. 과거에는 국토의 상당 부분을 산악이 차지하고 또 강한 암반으

유라시아 해저 터널 조감도

로 되어 있어 어려움을 겪었지만 이는 오히려 큰 장점이 될 것이다. 암반이 단단할수록 더 안전한 터널을 만들 수 있기 때문이다. 우리나라는 세계적으로 유례가 없을 정도로 인구의 도시 집중이 심하다. 국토 면적의 0.6퍼센트에 불과한 서울에 20퍼센트가 넘는 인구가 모여 사니 말이다. 수도권까지 따지면 문제는 더욱 심각해진다. 이러한 조건에서 도로, 철도, 수로 등 도시 기반 시설을 지하화 하는 것은 선호의 문제가 아니라 불가피한 선택이라고 할 수 있다. 서울을 비롯한 대도시들이 대심도 지하 도로망, 지하 배수 터널을 이용한 재해 방지 등에 관심을 기울이는 것은 이 때문일 것이다.

동굴,
자연이 만든 틈

자연동굴은 물이 지구에 남긴 흔적이
다. 그렇게 지상과 지하를 오가는 지하
수를 지구라는 생명체 또는 가이아 여
신의 피돌기로 바라볼 때 자연에 대한
우리의 이해는 한층 깊어질 것이다.

코소보의 마블 케이브(석회암 해식동굴)

대지의 여신 가이아

가이아Gaia는 그리스 신화의 대지모신大地母神이다. 이름은 다르지만 바빌로니아, 이집트, 아즈텍 등 세계 여러 신화에서 대지의 상징은 보편적으로 여신이다.[21] 땅에 뿌리를 내리고 살아가는 나무는 물론 모든 생명을 품는 대지를 자애로운 어머니로 상상한 것은 자연스러워 보인다. 제임스 러브록[22]은 신화적 상상력으로서가 아니라 실제로 지구는 살아 있는 생명체라고 말한다. 45억 년 전 지구가 태어난 이후 지금과 같은 물리·화학적인 환경이 구축되고 수많은 생명이 함께하게 된 것은 지구 의지의 현현이라는 것이다. 이를테면 지구 스스로 생태환경에 적극적으로 개입하면서 변화를 이끌어왔다는 뜻이다. 러브록은 자신의 생각을 뒷받침하기 위하여 생명의 진화과정은 물론 지질 변화, 기후와 생명의 관계를 추적하여 많은 증거를 제시한다. 가설의 진위를 떠나서 신화의 세계를 과학의 영역으로 끌어들이는 그의 연구는 아름답다.

지구를 살아 있는 유기체로 바라보는 러브록의 생각은 탁월하긴 하지만 일반적으로 정의해온 생명의 개념과는 차이가 있다. 지금까지는 대사와 복제, 즉 외부에서 자원을 흡수하여 삶을 유지하면서 자신을 닮은 개체를 복제하는 것이 생명이라고 정의해왔으니 말이다. 지구의 생태 환경이 태양에너지를 통해 조성되는 것은 분명하지만 아무리 봐도 지구가 자신을 복제하는 것 같지는 않아 보인다. 그렇긴 해도 어느 한 쪽을 택해야 한다면 나는 러브록의 손을 들어주고 싶다. 어쩌면 문제는 생명의 개념 자체에 있는지도 모른다. 인간은 자신의 영역을 중심으로 동물과 식물, 생물과 무생물, 인간과 동물을 끊임없이 가르면서 차이를 만들고 이를 통해 자신의 존재를 설명해왔다. 그렇게 무생물에서 생명을 떼어내고, 동물에서 인간을 분리해내는 동안 생명의 본질을 이루는 소중한 가치들이 수없이 떨어져나갔고 결국 '대사와 복제'라는 건조한 개념만이 남은 게 아닐까.

다시 의미의 분화가 이루어지기 전의 동양적인 사고로 되돌아가 '외부와 관계를 맺으며 서로 영향을 주고받는 모든 것'을 생명이라고 하면 어떨까 생각이 든다. 물론 이렇게 정의하고 나면 생물과 무생물의 차이는 모호해질 수밖에 없다. 모든 물질은 어떤 형식으로든 서로 관계되어 있으니 말이다. 바람은 그저 공기의 흐름일 뿐이지만 바람이 스칠 때 나무는 이파리를 떨며 화답한다. 햇빛과 바다, 대기는 서로 관계하며 지구의 환경을 변화시킨다. 우주의 모든 물질은 중력에 의해 서로 얽혀 있고 영향을 주고받는다. 행성이 태양을 돌고 달이 지구를 도는 게 모두 서로 관계하고 있음을 말해주지 않는가. 생명의 개념을 이렇게 확대하고 지구를 하나의 유기체로 바라보면 그 몸 안에 있는 수많은 자연동굴은 새로운 의미로 다가온다. 지상과 지하를 오가며 지구를 정화하는 지하수의 작용을 가이아 여신의 피돌기로 바라보는 순간 자연이 만들어놓은 땅속의 길에 대한 우리의 이해는 한층 깊어질 것이다.

자연동굴의 생성

생명에 대한 기존의 정의에서 벗어나 지구라는 하나의 유기체가 탄생하는 과정을 생각해보자. 45억 년 전 처음 생성된 이래 지구는 어떤 생명체 못지않게 왕성한 활동을 해왔다. 대륙의 이동, 운석의 충돌, 빙하기 등 전 지구적 사건은 물론이고 화산, 해일, 지진 등 지엽

동굴, 자연이 만든 틈

403

적인 크고 작은 사건이 끊임없이 지구를 흔들어댔다. 자연동굴은 그 와중에 생겨난 땅속의 간극이며 지구의 숨구멍이다. 물론 지각변동이 나 지하수 석유 채굴로 생겨나는 수많은 공간을 모두 동굴이라고 부르 지는 않으며 어떤 식으로든 지상과 연결되었을 때 동굴이라고 한다. 동 굴이 만들어지는 원인은 다양하지만 어떤 동굴이든지 지각 운동이나 지구의 역사와 깊이 관계되어 있고 그만큼 오랜 세월의 자취가 남겨져 있다.

지구 표면의 바위는 크게 화성암, 퇴적암, 변성암으로 구분된다. 화 성암은 지각 깊은 곳에서 완전히 녹았다가 지표로 올라와 굳어진 바위 다. 퇴적암은 바람이나 비로 인해 풍화된 흙과 다양한 물질이 한데 섞 이고 눌려서 만들어진다. 대부분의 동굴은 퇴적암층에 만들어진다. 퇴 적암의 성분과 다양한 원소를 품고 있는 물이 서로 화학반응을 잘 일 으키기 때문이다. 퇴적암은 다른 바위에 비해 결이 많고 물러서 물에 잘 씻겨나가는데 이것도 한 이유다. 변성암은 화성암과 퇴적암이 지각 변동으로 고압, 고열을 받으면서 성질이 변한 바위다. 동굴은 이렇게 지 구에서 일어난 충격과 변화 그리고 지구를 구성하는 광물과 그 틈에서 살아온 유기체가 함께 만들어낸 합작품이다.

만들어진 원인이나 형성과정, 암석 성분에 따라서 자연동굴은 석회 암동굴, 얼음동굴, 소금동굴, 해식동굴, 화산동굴 등으로 나누어볼 수 있다. 석회암동굴은 전 세계에 분포되어 있고 다양한 형태를 갖추고 있 다. 소금동굴은 자연이 만든 것도 많지만 오스트리아 잘츠부르크나 폴 란드 빌리츠카Wieliczka 등 사람이 소금을 캐내는 과정에서 만들어진 것 도 있다. 바닷물의 영향으로 생겨나는 해식동굴은 바람이나 파도가 바 위섬에 낸 동굴이다. 하지만 지반이 융기하거나 해수면이 변하기 때문에 해식동굴이 꼭 바닷가에만 있는 것은 아니다. 용암동굴은 제주도와 같은 화산섬에서 용암이 흐르는 과정에서 만들어진 동굴이다. 얼음동굴은 말 그대로 고위도 지역이나 만년설이 뒤덮인 산의 얼음 속에 나 있는 틈을 말한다. 이곳으로는 지하수가 흐르며 거대한 동굴이 만들어지기도 한다.

지하수가 만든 땅속의 길

낙숫물이 처마 밑의 돌을 뚫는다는 말처럼 동굴이 만들어지는 과정을 잘 설명하는 말도 없다. 동굴은 주로 석회암[23] 지대에 만들어진다. 석회암은 생명의 대폭발이라고 불리는 캄브리아기와 관계가 깊다. 식물이 광합성 작용을 통해 대기의 조성을 바꾸어놓자 각질의 뼈를 가진 생물이 탄생했고 이들의 사체가 쌓여 만들어졌기 때문이다. 석회암에서 다양한 생물 화석을 볼 수 있는 것도 같은 이유다. 우리나라역시 석회암 지대가 많지만 대부분 화학적 석회암이기 때문에 생물 화석은 보기 어렵다. 암반에는 지각운동으로 인해 단층이나 부정합,[24] 절리와 같은 틈이 많다. 다른 바위는 이러한 틈이 있어도 별다른 변화가없지만 석회암 틈으로 물이 흐르면 바위가 깎여 동굴이 만들어진다.

석회암 동굴은 세계 전 지역에 고르게 분포되어 있다. 규모도 거대해서 미국 켄터키의 매머드Mammoth 동굴은 현재까지 조사된 구간만 해도 579킬로미터에 이른다. 융기나 침식작용을 심하게 받은 지역은 수직으로 깊은 형태의 동굴도 만들어진다. 가장 깊은 것은 그루지아 보로냐Voronya의 수직동굴로 2140미터를 내려가야 동굴 바닥에 닿을 수 있다. 이에 미치지는 못하지만 우리나라 정선의 유문동 동굴도 아래로 184미터나 뻗어 있는 수직동굴이다. 석회암 동굴은 규모뿐만 아니라 동굴 내부에 만들어지는 다양한 형태와 생성물[25]로 아름다운 모습을 보여준다. 가장 흔하게 볼 수 있는 종유석을 비롯하여 벽면에 만들어지는 커튼 유석, 바닥에 만들어지는 석순 등이 있다. 종유석과 석순이 이어져 기둥처럼 된 것은 석주라고 한다. 석회암과 물이 땅속에서 만나면 이렇게 멋진 동굴이 만들어지지만 점점 규모가 커져 무너지면 지상에는 카르스트라는 멋진 지형이 나타난다.

흐르는 용암이 만든 동굴

화산 폭발로 용암이 분출되면 경사면을 따라 산 아래로 흘러내린다. 대기와 접하는 용암의 표면은 빨리 식어서 굳어지지만 바로 밑에서는 녹은 상태로 계속 흘러나간다. 결국 이 뜨거운 용암이 다 빠져나가면 지표면의 굳은 바위 아래 멋진 공간이 만들어지는 것이다. 석회암 동굴이 장구한 세월에 걸쳐 조금씩 만들어지는 것과는 달리 화산동굴은 분출된 용암이 흘러내리는 짧은 시간에 만들어진다. 화산동굴에서 종유석이나 석순과 같은 생성물을 거의 볼 수 없는 것도 이 때문이다. 그 대신 화산동굴에서는 용암이 흐르면서 남겨놓은 다양한 형태의 바위가 장관을 이룬다. 만들어지는 곳도 용암이 지표면을 따라 흐르기 때문에 지표 바로 밑에 만들어진다.

화산동굴에는 지상과 연결되는 숨구멍[26]이 많다. 아무래도 지표와 가까이 있기 때문이다. 이 숨구멍은 자연스럽게 환기구 역할을 하며 빛이 새어들거나 생물이 드나들 수 있다. 이로 인해 화산동굴에는 멋진 생태 환경이 조성되기도 한다. 거문오름 동굴계에서 다양한 생물을 볼

제주 빌레못 화산동굴의 입구

수 있거나 빌레못 동굴[27]에서 선사시대 유적이 발견되는 것도 그 덕분이다. 제주도에는 과거 화산 분출이 있었던 수백 개의 오름 주변에서 지금까지 160여 개의 화산동굴이 발견되었다. 화구에서 분출된 용암은 물이 흐르듯 지표의 낮은 곳을 따라 흘러내리기 때문에 강의 지류나 나뭇가지와 같은 모습을 보인다. 물론 하구로 갈수록 합쳐지는 강과는 달리 화산동굴은 갈라지거나 합쳐짐이 다양한 형태로 나타난다. 화산동굴을 개개의 동굴로 다루지 않고 오름을 중심으로 주변 지역을 묶어 동굴계라고 부르는 것도 이 때문이다.

제주에서 가장 유명한 것은 거문오름 동굴계다. 이 동굴계는 20~30만 년 전 화산 분출로 만들어졌으며 김녕굴, 만장굴, 벵뒤굴, 용천굴, 당처굴 등 여러 개의 지류가 한데 묶여 있다. 거문오름[28]에서 바다까지 이어지는 14.6킬로미터에 형성된 동굴 생태계는 매우 아름다워 유네스코 문화유산으로 지정되기도 했다. 길이라는 측면에서 바라보면 화산동굴만큼 오래되고 독특한 길도 없을 것이다. 땅 밑에 머물러 있던 뜨거운 용암이 화산을 통해 분출되고 바다에 흘러가는 경로를 그려보라. 태양계가 처음 생성되던 때부터 수많은 변화를 겪어온 지구의 모습이 상상되지 않는가. 화산동굴은 그 자체의 경관도 빼어나지만 그 안에 지구의 역사와 관련한 다양한 흔적을 품고 있어 더욱 가치를 지닌다.

해식동굴, 파도의 흔적

오랜 세월 반복되는 파도는 바닷가 모든 바위에 영향을 미치지만 어느 한 곳이 먼저 파이면 이곳에 계속 파력이 집중되면서 동굴

이 깊어진다. 해식동굴은 거의 퇴적암 지층에 만들어진다. 간혹 단단한
화성암이나 변성암에 만들어진 해식동굴도 있지만 규모는 그리 크지
않다. 동굴이 시작되는 곳은 주로 절벽의 바위틈이나 절리면 단층과
같은 약한 부분이며 점차 안쪽이나 주변으로 확대된다. 어느 정도 깊
이 파인 동굴의 안쪽에는 파도가 칠 때의 물리적 충격뿐만 아니라 거
대한 수압이 가해진다. 이로 인해 입구는 좁고 안쪽이 매우 넓은 지하
공간이 만들어지거나 섬의 반대편과 관통되어 자연적인 터널이 되기도
한다.

해식동굴은 보통 파도가 드센 곳에 만들어지기 때문에 접근하기가

쉽지 않다. 조수간만으로 잠겨 있던 동굴이 물 밖으로 드러나는 경우도 있지만 수중을 통해서만 접근할 수 있는 경우도 많다. 해식동굴은 석회암동굴이나 화산동굴처럼 규모가 크거나 다양한 2차 생성물이 만들어지지는 않지만 오랜 세월 바닷물의 작용을 받아 기이하고 아름다운 형태를 갖추는 경우가 많다. 우리나라 도서에서 볼 수 있는 관통형 동굴이나 지반 융기로 절벽 중간쯤에 있는 동굴, 수중동굴이 육지로 이어져 파도가 칠 때마다 물을 내뿜는 분수동굴 등은 해식동굴에서만 볼 수 있는 특징이다.[29]

좁고 긴 수중동굴 끝에서 자유 수면이 생기거나 육상 공간이 만들어지는 경우도 있는데 이러한 공간은 외부세계와 고립되어 독특한 생태 환경을 갖추게 된다. 미국 오리건 주에 있는 바다사자 동굴 역시 이러한 형태의 수중 해식동굴이다. 변화가 심한 바닷가 한켠에 해식동굴과 같은 정적인 환경이 안락한 번식터로 이용되는 것은 당연한 일이다. 제주 우도의 수중 해식동굴에도 물속으로 길게 이어진 동굴 끝에 지하세계와 같은 육상 공간이 있다. 물리적으로도 외부세계와 단절되어 있지만 지하수가 동굴 밖으로 빠져나가기 어렵기 때문에 민물과 바닷물이 섞여 생물 종도 그만큼 다양하다. 다윈을 놀라게 한 갈라파고스 섬의 생물들처럼 우도의 해식동굴은 생태계의 보고로 불린다.[30]

소금산의 동굴

바다 밑에 있다가 융기된 지형이 오목한 형태라면 그 안에는 바닷물이 가득 고여 있었을 것이다. 오랜 세월에 걸쳐 바닷물이 증발되고 그 위에 흙이 쌓이면 그 안에 소금은 바위처럼 단단하게 굳는다. 소

고대 잉카인들이 만든 산악 염전

금산이 되는 것이다. 이러한 소금산은 눈에 보이지 않아도 땅에서 흘러나오는 샘물이 짜다면 그 안쪽에 소금동굴이 숨겨져 있음을 알 수 있다. 석회암이 지하수에 의해 침식되면서 다양한 형태의 카르스트 지형이 나타나는 것처럼 소금산 주변에서도 이와 유사한 모습을 볼 수 있다. 소금 역시 물에 녹는 성질이 있고 그 속도도 석회암에 비해 월등히 빠르기 때문이다. 소금산에 절리나 단층 또는 크레바스[31]가 생기면 그 사이로 지하수가 흐르며 자연스럽게 소금동굴이 만들어진다.

남미의 안데스 산맥은 원래 바다 밑에 있다가 지각변동으로 솟아오른 지역이다. 이 때문에 산속에는 엄청난 소금바위가 들어 있다. 잉카인들은 오래전부터 땅에서 솟아나오는 소금물을 이용하여 염전을 만들었다. 중국 차마고도에도 샘물을 이용한 염전이 많다. 밖으로 드러난 소금동굴은 많지 않지만 오랜 세월 인류가 샘물 염전을 일궈온 것을 보면 그 안에 얼마나 많은 동굴이 숨겨져 있을지 미루어볼 수 있다. 지하수가 석회암을 녹이는 것에 비해 소금바위를 녹이는 속도는 비교할 수 없을 정도로 빠르기 때문이다. 자연적인 소금동굴과는 달리 사람이 소금을 파내는 과정에서 만들어진 동굴도 적지 않다. 오스트리아 할슈타트 소금동굴은 1만여 년 전 신석기시대부터 중세를 거쳐 최근까지 계속 소금을 파내온 동굴이다. 폴란드의 비엘리치카 소금동굴은 할슈타트보다는 뒤늦은 13세기경부터 만들어졌지만 700여 년 동안 소금을 채취하면서 거대한 지하 터널이 만들어졌다.

오래된
터널

조악한 손도구밖에 없던 시절 인간은 어떻게 단단한 바위를 뚫을 수 있었을까. 달리 살펴볼 만한 수단은 떠오르지 않는다. 그저 협소한 막장에서 몇 명이 교대로 붙어 앉아 조금씩 바위를 쪼아 나갔을 것이다. 그들이 가진 건 정과 망치 그리고 시간뿐이었다.

근대 이전 땅속에 길을 만드는 것은 아주 어렵고 힘든 일이었다. 돌을 쌓아 다리를 놓거나 건축물을 만드는 것은 노예 노동을 통해 얼마든지 규모를 확대할 수 있었다. 그러나 좁은 막장에서 일일이 바위를 쪼아내는 작업은 그럴 수도 없었다. 지상에 만들어지는 다리나 건축물과는 달리 땅속에 만들어지는 터널은 쉽게 훼손되지 않는다. 그럼에도 지금 우리가 볼 수 있는 고대의 터널이 많지 않다는 것은 땅을 파내는 것이 아주 특별한 일이었음을 말해준다. 기원전에는 물을 얻기 위해 뚫은 터널이 몇 군데 있지만 인마人馬의 통행을 위한 터널은 거의 찾아볼 수 없다. 바빌로니아 시대에 유프라테스

히스기아 수로 터널(예루살렘)

강 밑 터널이 있었다고는 하나 이것은 바위를 굴착한 것이 아니라 돌로 쌓은 뒤 되묻은 석조물이다. 아마도 인마의 통행을 위해 바위를 뚫은 것은 로마시대에 들어와서일 것이다. 이 당시에도 터널은 사람이 통행하기 위해서라기보다는 수로나 하수도를 위해서였다.

강 밑에 길을 만들다

유프라테스 강에 다리를 놓고 그 밑에 터널을 만들었다는 기록은 디오도루스의 『세계사Bibliotheca historica』나 헤로도토스의 『역사 Historiai』에서 볼 수 있다. 하지만 디오도루스나 헤로도토스의 기록도 터널이 있던 도시가 사라지고 오랜 세월이 지난 뒤였기 때문에 이들의 기록을 그대로 믿기는 어렵다.[32] 여러 정황을 따져보면 터널을 지은 것은 유프라테스 강변에 화려한 공중정원을 만든 바빌로니아의 삼시 아다드 5세[33]와 그의 왕비 사무라마[34]가 아닐까 싶다. 삼시 아다드 5세는 당시 님루드였던 수도를 바빌론으로 옮기고 유프라테스 강 양안에 왕궁과 성곽을 건설했다. 이때 만들어진 공중정원[35]은 세계의 불가사의로 불릴 만큼 거대했는데 왕궁과 성곽을 연결하는 교량을 지으면서 터널도 함께 만들었을 것으로 여겨진다.

실물은 사라지고 없지만 헤로도토스의 기록에는 다리와 터널의 규모가 자세히 나와 있다. 다리는 기둥을 3.6미터 간격으로 세우고 그 위에 널을 놓아 만들었으며 폭은 9미터에 이른다. 두 대의 마차가 빗겨갈 수 있는 폭이다. 기둥은 물론 석재였겠지만 상판은 다리 규모로 볼 때 목재였을 것으로 추정된다. 터널은 강바닥을 파내고 구운 벽돌을 쌓아 만들었으며 벽돌 틈에는 물이 새지 않도록 역청을 칠했다.[36] 다리 전체 길이는 900미터였지만 그 밑에 터널은 접근경사로가 필요하기 때문에 훨씬 길었을 것이다. 터널의 규모는 사람이 말을 타고 지나갈 수 있는 정도였다.[37] 작업은 흙댐 쌓기 식으로 이루어졌는데 이 방법은 지금도 흔히 쓰인다. 먼저 터널이 놓일 구간 주변을 흙으로 쌓아 물이 들어오지 못하도록 한다. 그 다음 안쪽의 흙을 파내고 바닥을 다진 뒤 터널과 다리 기초를 놓는다. 이 작업이 끝나면 흙을 채워 터널을 묻고 다리를 놓으면 된다.

그러나 지금은 다리와 터널은 물론 화려했던 바빌로니아의 유적을 찾아볼 수가 없다. 신바빌로니아는 기원전 539년 페르시아에 멸망했으며 기원전 486년에는 크세르크세스 1세에 의해 도시가 완전히 파괴되면서 화려했던 유적이 대부분 모래 속으로 사라져버린 것이다. 바빌론의 폐허는 지금도 사막 속에 그대로 방치되어 있다. 그동안 이라크는 유네스코의 지원을 받아 바빌론 고대 성곽과 공중정원이 있던 '왕의 언덕'[38]을 복원해왔다. 그러나 최근 이란과 미국 등 여러 차례의 전쟁으로 인해 복원은커녕 남아 있던 유적까지 파괴되고 있는 실정이다. 오랜 세월 인류에게 아름다운 영감을 불러일으켰던 도시의 유적과 왕비의 사랑 이야기가 깃든 공중정원을 다시 볼 수 있을까. 어쩌면 복원과정에서 강 밑 터널이 발견될지도 모른다. 땅속의 터널은 입구가 사라지면 금방 뇌리에서 사라지지만 어지간해서는 파괴되지 않기 때문이다. 온전한 형태로 발견되지는 않겠지만 부분적인 흔적이라도 찾게 되면 인류 최초의 강 밑 터널은 물론 여러 의미를 가진 유적으로 자리매김할 것이다.

사람이 다닐 수 있는 최초의 터널

바위를 뚫어 사람이 지나다닐 수 있게 한 최초의 터널, 그것은 기원전 687년 완성된 사모스 섬의 에우팔리노스Eupalinos 터널이다.[39] 원래 목적은 수로를 위해서 만들었지만 바닥을 나누어 한쪽으로는 물길을, 한쪽으로는 사람이 다닐 수 있게 했다. 비슷한 시기에 만들어진 히스기아 수로터널의 최소 단면이 0.7평방미터인데 비해 에우팔리노스 터널의 단면은 3.7평방미터나 된다. 처음부터 사람이 다닐 수 있도록 계획했음이 분명하다. 터널이 있는 암페로스 산은 225미터로 나지막하지만 암질이 단단하다. 이 터널을 뚫은 이유는 산허리쯤에 있던 아이아테스 샘물을 반대쪽 해안에 있던 도시까지 끌어오기 위해서였다.[40] 샘 근처에는 케르케테우스 산[41]을 포함한 수목지대가 넓게 분포되어 있어 늘 풍부한 물이 넘쳐흘렀다. 헤로도토스는 이 터널을 보고 깊이 감명을 받은 듯하다. 그의 저서에는 이렇게 기록되어 있다.

내가 사모스인에 대하여 상세히 설명하는 이유는 그리스 전역에 걸쳐 무엇과도 비교할 수 없는 훌륭한 대사업을 완성한 사람이 바로 그들이기 때문이다. 그 업적 중에서도 가장 첫 번째로 꼽을 수 있는 건 물길을 내기 위해서 암페로스 산에 터널을 뚫은 것이다. 이 터널은 길이가 7스타디온, 폭과 높이가 각각 8푸스에 이른다. 터널 바닥에는 깊이 20페키스, 폭 3푸스의 도랑을 파서 물이 흐르도록 했는데 이 물로 도시에 사는 사람들 모두가 풍족하게 물을 쓸 수 있었다.[42]

헤로도토스, 『역사』 3권

417

에우팔리노스 터널

    샘에서 터널 입구까지 그리고 터널에서 도시까지는 정교하게 도랑을 파고 석회로 물이 새지 않도록 처리했다.[43] 암페로스 산을 관통한 터널의 길이는 1036미터다. 터널 폭과 높이는 위치별로 조금씩 차이가 있지만 1.8미터 내외다. 바닥에는 폭과 깊이가 0.7미터 가량의 수로를 팠다. 수로 깊이는 위치별로 조금씩 다른데 이는 물이 흐르는 경사를 맞추기 위해 정밀하게 조정된 것이다. 터널이 완성되자 사모스는 더 이상 부족할 게 없었고 고대 문명이 활짝 피는 도시로 변모했다. 도시로 흘러든 아이아테스 샘물은 더할 수 없이 풍요로운 목욕 문화를 만들었다. 도시 중심부에 있는 목욕탕에는 사슴이 조각된 화관花冠이나 물고기를 낚아채는 독수리 상 등 화려한 부조가 지금까지 남아 있다. 기원전 580년 이곳에서 태어난 피타고라스를 기념하기 위해 지금의 도시 이름은 피타고리온이라고 불린다.

로마의 도로 터널

로마를 상징하는 시설물로는 콜로세움이나 바티칸 궁전, 판테온 신전 등을 들지만 도로는 이와 비교할 수도 없을 만큼 거대한 시설이다. 기원전 3세기부터 시작된 도로 건설은 이후 한 해도 거르지 않고 계속 확장되어 나갔다.[44] 로마가 유럽, 아프리카, 아시아에 흩어져 있는 113개의 속주를 통제할 수 있었던 것은 이렇게 닦여진 도로 덕분이었다. 도로는 군사들이 신속하게 이동할 수 있도록 마차가 교행할 수 있을 만큼 넓고 튼튼하게 만들어졌다.[45] 하지만 도로 길이가 8만 킬로미터에 이르는데도 남아 있는 터널은 손에 꼽을 정도다. 골짜기나 하천에는 많은 다리를 놓았지만 산을 만나면 거의 돌아가는 방법을 택했기 때문이다. 도로와 다리는 충분한 노예 노동으로 얼마든지 공사 기간을 줄일 수 있었지만 겨우 몇 명밖에 들어갈 수 없는 터널은 작업이 더딜 수밖에 없었다.

플라미니우스 가도의 플루로Furlo 터널은 예외적이다. 험준한 아펜니노 산맥을 넘어가는 이 구간은 터널 외에는 달리 방법이 없었기 때문이다. 터널 전후의 길도 많은 바위를 깎아내면서 만들어야 했다. 플라미니우스 가도는 기원전 220년부터 시작되었지만 터널이 놓인 것은 기원후 76년경이다. 다른 사정이 있었다고는 해도 터널을 뚫는 게 얼마나 어려운 일이었는지 가늠할 수 있게 해준다.[46] 터널의 길이는 38미터로 그렇게 길지는 않다. 그러나 아치 형태로 만들어진 단면은 높이 5.47미터, 폭 5.95미터로 로마 도로 기준을 만족시킬 만하다. 말을 타고 달리

플루로 터널

거나 수레가 지나가는 데도 전혀 어려움이 없다. 지금은 차량이 다니는 도로 터널로 이용된다. 터널에서 가장 어려운 문제는 빛과 환기 문제였다. 수로 터널과는 달리 사람이 다니는 터널은 상시 조명이 필요했고 이럴 경우 공기가 탁해지기 때문이다. 로마시대에는 수로 터널이나 하수도, 카타콤베 등 많은 터널이 만들어졌지만 유독 도로 터널이 이렇게 적은 것은 굴착의 문제뿐 아니라 지은 뒤 빛과 환기의 어려움도 영향을 미쳤을 것이다.

배수 터널, 문명을 떠받쳐온 땅속의 길

도시 문명의 화려한 뒤란에는 늘 전염병이라는 그늘이 있었다. 전염병이 어떻게 감염되는지는 알 수 없었겠지만 불결한 환경이나 오염된 물과 관계가 있다는 것은 짐작하고 있었을 것이다. 이 때문에 고대 도시의 건설자들은 도시를 계획할 때부터 쓰고 난 물을 어떻게 처리할 것인지 많은 고민을 한 듯하다. 로마가 인구 100만의 도시로 성장한 배경에는 클로아카 막시마Cloaca maxima라는 잘 갖추어진 배수로가 있었다. 11개의 수로에서 쏟아져 들어오는 엄청난 물을 다시 강으로 되돌려보내는 배수로가 아니었다면 로마의 화려한 문화는 오래 지속될 수 없었을 것이다. 로마의 배수로는 에트루리아[47] 시기까지 거슬러 올라간다. 로마 광장은 원래 늪지였던 땅으로 물을 빼내기 위해 기원전 6세기부터 배수로를 놓았다. 광장을 가로지르는 배수로는 이때 놓은 것으로 아직까지도 거뜬히 기능을 유지하고 있다.

로마의 배수로가 처음부터 터널로 만들어진 것은 아니다. 바닥돌이 없는 배수 터널이 많은 것을 보면 초기에는 실개천과 같은 도랑으로 자

로마 시대의 배수 터널　　　　　　　　　　　　트로이 유적의 하수관

연스럽게 흘러나가게 했던 것으로 보인다. 그러나 테베레 강 범람 피해를 줄이기 위해 도시 지반을 높이면서 도랑은 터널로 바뀌어갔을 것이다. 주변의 지반 높이와 맞추기 위해 도랑 위에 아치를 씌운 뒤 흙을 덮은 것이다. 물론 처음부터 터널로 만들어진 시설도 적지 않을 것이다. 테베레 강과 연결된 배수 터널을 보면 실개천 형식의 배수로가 하나둘씩 터널로 바뀌어가는 과정을 엿볼 수 있다. 로마뿐 아니라 폼페이나 헤르쿨라네움, 에페수스 등 지중해 주변 도시에서도 배수 터널은 어렵지 않게 볼 수 있다.

　히스기아 수로터널에서 볼 수 있듯이 예루살렘은 물을 사용하고 배수하는 데 있어서도 로마 못지않은 기술이 있었다. 예루살렘 중심에 있는 배수 터널은 성전을 지을 때 미리 땅을 파서 만든 것으로 길이가 800미터에 이른다. 이 터널은 예루살렘 남문을 통해 사해까지 연결되어 있는데 기원전 70년 로마 침공 시에는 유대인의 탈출로로 이용되었다.[48] 서기 79년 폼페이와 함께 묻혀버린 헤르쿨라네움[49]의 배수 터널은 여러 개의 터널이 지하에서 연결되어 관망의 형태를 이루고 있으며 정화조의 기능까지 갖췄다. 지금까지 발굴된 헤르쿨라네움의 간선도로망과 목욕탕 팔라이스트라(신체단련장) 피스키나(수영장)를 보면 시설물 밑으로 잘 정비된 배수로 터널이 갖추어져 있다. 티그리스 강 하구의 항구도시인 셀레우키아Seleucia[50]에는 바위를 뚫어서 만든 1380미터의 배수 터널이 있다. 평시에는 생활하수를 흘려보내기 위해 만들었지만 주 목적은 비가 많이 올 경우 도시가 범람하는 것을 막기 위해서였다.

우리나라의 오래된 터널

근대 이전 우리나라에 만들어진 터널을 찾아보기는 쉽지 않다. 신라·백제의 경계에 있는 나제통문이나 함경도 단천의 은광, 통영 하저 터널 등 몇몇 특이한 사례를 살펴볼 수 있지만 터널의 규모로 볼 때 다른 나라와 비교하는 것은 의미가 없어 보인다. 우리나라는 자연환경이나 지정학적 조건으로 볼 때 길을 만드는 데 소극적일 수밖에 없었다. 터널은 도로나 수로를 놓는 과정에서 부수적으로 만들어지는 경우가 많은데 오랜 세월 외부 침략에 시달려온 터라 길을 닦고 물길을 바꾸는 치도치수治道治水가 금기시되었기 때문이다. 설사 길을 놓는다 해도 화강암을 뚫어 터널을 만든다는 것은 엄두도 내기 어려운 일이었다. 『목민심서』에는 바위를 뜨겁게 달군 뒤 물로 식혀 깨내는 화흉법火洶法이 소개되어 있는데 이는 바위 굴착이 얼마나 어려운 일이었는지를 역설적으로 말해준다.

전북 무주에 있는 나제통문羅濟通門은 길이 40미터의 작은 터널이다.

나제통문

지금은 차가 다닐 수 있는 규모지만 처음에는 사람이 겨우 지나다닐 수 있는 정도였다. 『삼국사기』에는 이곳이 전략적인 요충지이며 치열한 싸움이 벌어지던 곳이라고 기록되어 있지만 터널이 언제 만들어졌는지는 정확히 알 수 없다. 『적성지』[51]에는 1910년 김천과 거창을 잇는 도로를 내면서 수레가 다닐 만큼 넓혔다고 기록되어 있다. 지금처럼 차량이 다닐 수 있게 확장한 것은 1960년대에 들어와서다. 암반은 풍화가 심한 상태로 자연적으로 벌어진 틈이나 절리가 많다. 이런 조건이라면 정이나 망치만으로도 충분히 뚫을 수 있었을 것으로 보인다.

통영 해저 터널은 일제 강점기인 1932년에 만들어진 것으로 현존하는 최초의 해저 터널이라는 점에서 의미가 깊다. 유프라테스 강 밑 터 널은 기록으로만 전할 뿐이고, 유로 터널은 18세기부터 시작되었지만 최근에야 완성되었으니 말이다. 터널 길이는 483미터로 통영과 미륵도 를 연결하기 위해 만들어졌다. 차량 통행이 가능하지만 현재는 보도용 으로만 이용된다. 터널 공사는 먼저 공사 구간 주변에 흙을 쌓아 물을 막은 뒤 그 안에서 땅을 파고 콘크리트 구조물을 만드는 방법으로 이 루어졌다. 규모는 작지만 조수간만이 큰 지형 조건과 당시의 재료로 볼 때 쉽지 않은 공사였을 것이다.

근대 이전의 터널로 살펴볼 수 있는 것은 광산이다. 우리나라에서 가장 오래된 역사를 가지고 있는 광산은 함경도의 갑산광산甲山鑛山[52]이 다. 갑산 바위는 단단한 현무암이고 또 산이 높아서 당시의 열악한 도 구로 채굴하기에 어려움이 컸다. 이 때문에 처음에는 표면 채취에 그쳤 지만 점차 깊은 곳까지 굴을 뚫어 주변에서 많은 광산 터널을 볼 수 있 다. 구리와 함께 오랜 채굴 역사가 있는 것은 은광이다. 17세기 무렵 전 국 은광은 70개소 정도였는데 광맥을 따라 계속 파들어가야 하는 특 성상 은광 주변에는 많은 터널이 만들어졌다. 가장 오래된 것은 함경도 단천 은광으로 삼국시대부터 채굴했다는 기록이 나온다. 이때의 터널 은 안전을 위한 기술이 열악하여 인명 피해가 적지 않았을 것이다. 이 익의 『성호사설』(5권 「만물문」 편)에는 "은혈銀穴을 파헤치면 인심人心이 죽는다"고 말하고 있는데 아마도 동굴에서 자주 발생되는 사고 때문에 한 말이 아닐까 싶다.

현대의
터널

> 땅을 파는 일은 이제 좀 쉬워졌다. 물론
> 쉽다는 것은 상대적인 말이다. 도구나
> 장비가 변변치 않던 과거에 터널을 뚫
> 는 일은 목숨을 담보로 하는 일이었다.
> 그러나 이전에 비하면 터널의 붕괴나
> 예상치 못한 변화 때문에 위험에 처하
> 는 경우는 아주 드물다.

현대를 대표하는 터널을 고르는 것은 쉬운 일이 아니다. 이전에는 상상도 할 수 없었던 터널들이 1960년대 이후 세계 각지에서 만들어졌기 때문이다. 섬과 섬 또는 섬과 육지를 잇는 해저 터널은 물론이고 아시아와 유럽을 잇는 보스포루스 해협 터널도 만들어지고 있다. 이렇게 엄청난 사업들이 우리나라 기술진에 의해 추진되고 있다는 것은 정말 대단한 일이다. 땅을 파는 일은 이제 좀 쉬워졌다. 물론 쉽다는 것은 상대적인 말이다. 도구나 장비가 변변치 않던 과거에 터널을 뚫는 일은 목숨을 담보로 하는 일이었지만 지금은 덜 그렇다는 것이다. 터널 공사장에는 중장비가 수시로 오가고 바위를

426

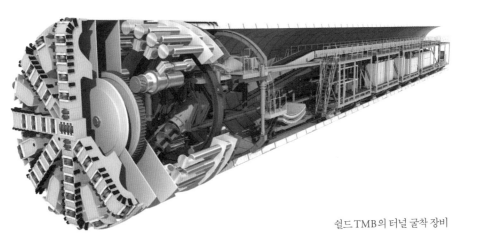

쉴드TMB의 터널 굴착 장비

나틈 터널 공사

파쇄하기 위한 충격이나 발파 등 큰 힘을 사용하기 때문에 늘 사고 위험이 버티고 있다. 그러나 이전에 비하면 터널의 붕괴나 예상치 못한 변화 때문에 사람이 위험에 처하는 경우는 아주 드물다.

지금은 정밀한 탐사 기술의 지원을 받아 보이지 않게 움직이는 암반의 변화를 충분히 예측할 수 있다. 또 탄성파나 초음파를 통해 터널을 뚫고 갈 앞쪽의 바위가 어떤지도 미리 확인할 수 있고 미심쩍으면 먼저 조그만 구멍을 깊이 뚫어 눈으로 직접 볼 수도 있다. 설계와 장비의 변화도 눈부시게 발전했다. 터널의 역사에서 화약의 사용이 고대와 근대를 긋는 획이었다면 정밀한 설계 기법인 나틈NATM 공법과 대형 터널 굴착 장비를 이용한 쉴드Shield 공법의 적용은 근대와 현대를 가르는 변곡점이라 할 수 있다. 이렇게 변화를 거듭하는 기술을 살펴보면 앞으로 터널이 어떻게 진화해나갈지 방향성이 보이기도 한다. 현대의 터널을 살펴보기에 앞서 먼저 기술의 변화부터 얘기하는 것은 이 때문이다.

현대의 터널 기술

근대까지는 암반 강도나 공간 규모가 터널 공사에 큰 영향을 미쳤다. 그러나 나틈 공법과 쉴드 공법, 자재나 장비 기구 등 거의 모든 부분에서 눈부신 발전이 이루어진 1960년대 이후에는 이에 연연할 필요가 없게 되었다. 최근에는 암반이 단단할수록 더 안정적인 굴착이 가능하기 때문에 오히려 강한 암반지대로 굴착 계획을 잡는다. 거대한 정거장이나 경기장 등 공간 규모가 웬만큼 커도 마다할 이유가 없다. 강이나 바다 밑에 길을 만들거나 기존에 있던 거대한 지하 시설물 밑으로도 거뜬히 터널을 뚫을 수 있게 되었기 때문이다. 1990년대 이후로는 전자감응 장치Senser를 이용한 정밀한 계측과 전산 환경을 이용한 구조해석 프로그램이 지원되면서 설계와 시공에 있어 훨씬 안전하고 효율적인 작업이 가능해졌다. 파력을 마음대로 조정할 수 있는 발파 기법과 유압 장비를 이용한 무진동 파쇄 기법도 눈부시게 발전했다. 초기에는 이러한 기술을 거의 오스트리아나 북유럽, 일본에 의존했지만 지금은 자체 기술로 빠르게 대체하고 있다. 분야별로는 우리나라 기술이 선두로 나서는 부분도 적지 않다.

쉴드 공법은 선박에 붙어서 목재를 갉아먹는 좀조개를 보고 처음 고안해낸 공법이다. 1824년 영국 템스 강 밑으로 터널을 설계하던 브루넬[53]은 목선 바닥에 붙어서 여기저기 구멍을 뚫는 좀조개를 주의 깊게 바라보고 있었다. 좀조개는 껍질이 없기 때문에 나무속에 들어가야만 안전해진다. 그래서 톱니 같은 단단한 입으로 나무를 갉아내는데 일단 나무속으로 들어가면 분비물로 주변을 굳게 하여 다른 벌레가 들어올 수 없게 한다. 브루넬은 여기서 힌트를 얻어 막장에서 바위를 파내면 바로 강판으로 만든 함체를 밀어넣었다.[54] 이 덕분에 인부들은 터널 붕괴에 따른 걱정 없이 안전하게 일할 수 있었다. 이 공법은 점점 발달하여 현재는 강력한 회전체[55]를 전방에 붙여 바위를 갈아내면서 전진한다. 장비를 일단 가동시키면 터널을 파내고 콘크리트 벽을 만드는 모든 일이 전자동으로 이루어진다. 붕괴 위험이 있는 막장에 사람이 들어갈 필요가 없어 그만큼 안전하다. 한중 해저 터널이나 보스포루스 해저 터널 등 긴 구간의 바다 밑을 뚫겠다는 것도 쉴드 공법 덕분에 나온 생각이다.

현대의 터널 기술을 대표하는 또 하나는 나틈 공법이다. 이전에는 터널을 뚫을 때 그 안에 있는 모든 바위를 단단히 받쳐왔다. 그러나 암반이 변하는 과정을 보니 굳이 그럴 필요가 없었다. 땅을 파내면 처음 얼마간은 안전한 상태로 있다가 시간이 지나면서 서서히 변하기 시작한다. 그래서 변화가 일어나기 전에 빨리 콘크리트를 쳐주면 별다른 받침이 없어도 터널이 안전해진다는 것을 알게 된 것이다. 나틈 공법은 터널 내부를 받치는 지지대가 전혀 없지만 안전성은 오히려 뛰어나다. 그 대신 굴착면에 숏크리트Shotcrete[56]를 뿜어 붙이거나 록볼트Rock Bolt[57]를 박아서 원 지반을 안정시킨다. 나틈 공법의 원리는 1962년 처음 알려졌지만 이후 고강도의 숏크리트나 다양한 보조 공법이 개발되면서 터널 공사를 좀더 안전하고 쉽게 만들어주었다. 우리나라에서는 1983년 서울 지하철 2호선에 처음 도입된 이후 도시철도 사업에 일반적으로 적용되었다.

알프스 고타르 베이스 터널

알프스는 프랑스와 이탈리아는 물론 오스트리아와 우크라이나까지 뻗어 있는 거대한 산맥이다. 이 때문에 산맥의 위아래는 선사시대 이전부터 두 개의 문화권으로 나뉘어져 있었다. 바빌로니아와 페르시아 세력이 팽창할 때에도 알프스 위쪽에서는 비교적 평온한 삶을 유지할 수 있었던 것도 이 때문이다. 그리스·로마 시대에는 지중해를 통해 소통이 이루어지고, 카르타고의 한니발이 대군을 이끌고 알프스를 넘었다고는 하지만 여전히 알프스는 문화적 장벽일 수밖에 없었다. 그러나 19세기부터 알프스 산맥을 관통하는 여러 개의 터널이 만들어지면서 유럽은 명실공히 하나의 문화권으로 재편될 수 있었다. 유럽이 1992년 마스트리히트 조약을 통해 같은 화폐를 사용하는 단일 경제권

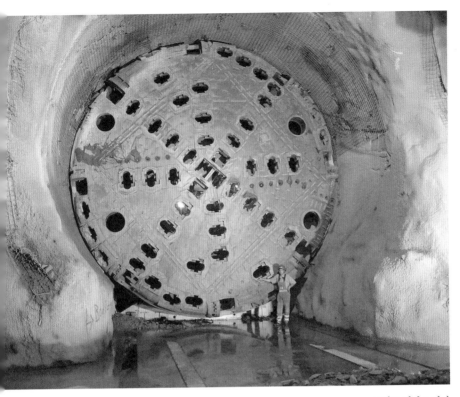

고타르 베이스 터널

으로, 외교·안보에 있어서 공동 시민권 제도를 도입한 근저에는 알프스 터널이 있다고 해도 과언이 아니다. 두 지역을 하나의 문화권으로 묶을 수 있는 터널이 없었다면 과연 유럽의 통합이 가능했겠는가.

고타르 베이스 터널GBT, Gotthard Base Tunnel[58] 이전에도 1960년대 이전까지 알프스에는 6개나 되는 터널이 뚫려 있었다. 터널 길이가 11킬로미터에서 20킬로미터에 이르지만 모두 알프스의 지류를 뚫은 것으로 알프스 산맥을 관통했다는 표현은 쓰기 어려웠다. 그러나 고타르 베이스 터널은 스위스 취리히에서 이탈리아 밀라노까지 57킬로미터에 이르는 알프스 산맥 전 구간을 터널로 뚫은 것이다. 터널은 두 개로 구성되어 있고 현재까지 세계에 만들어진 터널 중에서 가장 길다. 이중 나틈 공법이 적용된 구간은 12킬로미터, 쉴드 공법이 적용된 구간은 45킬로미터다.

고타르 베이스 터널처럼 큰 토목 사업은 공사과정은 물론 운영과정에서도 주변 환경에 많은 영향을 미친다. 그러나 터널을 뚫기로 결정한 배경은 아이러니하게도 환경 보호였다. 터널 사업은 12조 원에 이르는 엄청난 예산 때문에 국민투표에 붙여졌다.[59] 투표는 여러 차례의 공청회를 거쳐 찬성과 반대 여론이 조율되면서 결국 추진하는 것으로 판가름났는데 가장 중요한 이슈는 터널 공사가 알프스의 환경에 유리하다는 것 때문이었다. 터널이 만들어지기 이전에는 이탈리아에서 스위스를 오갈 때 차량으로 산맥을 넘을 수밖에 없었다. 연간 120만 대의 화물 트럭으로 인해 발생하는 매연이 터널을 공사하는 과정에서 발생하는 영향보다 훨씬 더 크다고 판단한 것이다. 터널 공사와 차량 매연이 미치는 영향을 합리적으로 조사하고 국민적인 합의를 구하는 과정을 보면 높은 수준의 민주주의를 일궈온 스위스의 역량이 엿보인다. 국가적인 사업을 계획할 때마다 환경 문제와 경제 논리 틈에서 몸살을 앓는 우리나라에서도 눈여겨볼 필요가 있다.

유로 터널, 200년의 여정

현대를 대표하는 터널은 유로Euro터널[60]이다. 길이나 규모가 세계 최대는 아니다. 유로 터널보다 앞서 지어진 해저 터널도 많기 때문에 최초의 해저 터널이라고 볼 수도 없다.[61] 그런데도 어떻게 현대를 대표하는 터널이라는 명예를 얻은 것일까. 그것은 200여 년에 걸쳐 추진해온 역사성과 1993년 유럽연합의 탄생과 발맞추어 완공되었다는 상징성 때문일 것이다. 이 터널을 운행하는 테제베TGV와 유로스타는 런던과 파리를 3시간 만에 연결시켜준다. 터널이 개통되기 전에는 자동차와 배를 번갈아 타며 하루가 꼬박 걸리던 길이었다.

도버 해협을 물밑으로 통과해 영국과 프랑스를 연결하려는 계획은 18세기 말부터 시작되었다. 그러나 프랑스 혁명과 나폴레옹의 등장으로 유럽 전역이 전화에 빠져들면서 깊이 논의될 수는 없었다. 터널 계획이 다시 추진된 것은 1865년이다. 산업혁명과 세계 각국에 식민지 건설로 팽창 일로에 있던 영국은 해저 지질까지 조사하면서 터널 건설에 의욕을 보였다. 하지만 이번에는 프랑스가 냉담한 반응을 보였다. 1812년 모스크바 침공 실패와 나폴레옹 실각 이후 프랑스는 점차 수구적 입장으로 돌아섰기 때문이다. 1882년에는 양국의 합의가 이루어지고 양쪽에서 각각 2킬로미터씩 파들어 가기도 했지만 정치적인 이유로 중단되었다. 이후 20세기에 들어와서도 지속적으로 시도되었지만 두 차례에 걸친 세계대전으로 무산될 수밖에 없었다. 결국 1986년에야 양국 간 조약이 체결됨으로써 공사가 시작되었으며 1993년 완공될 수 있었다.

유럽연합 탄생과 발맞추어 개통된 유로 터널이 유럽의 공동체 의식을 크게 고무시켰음은 당연하다. 터널 계획이 세워진 뒤 공사 착공까지는 무려 200여 년이나 걸렸지만 실제 공사 기간은 6년 남짓한 시간밖에 걸리지 않았다. 유로 터널의 길이는 50킬로미터로 쉴드 공법이 적용된 원형터널이다. 이중 도버 해협의 직하부, 즉 해저 터널 구간은 37킬로미터다. 터널 직경은 7.6미터로 상·하행선 2개로 구성되어 있으며 그 사이에는 만약을 대비하여 직경 4.8미터의 보조 터널이 만들어졌다. 유로 터널의 개통으로 영국과 프랑스는 가장 많은 이득을 얻을 수 있었지만 유럽 전체의 경제 회복에도 큰 영향을 미쳤다. 섬나라인 영국은 육지와의 연결이라는 심리적 만족까지 덤으로 얻을 수 있었다.

세이칸 해저 터널

일본의 세이칸 해저 터널은 유로 터널이 착공될 무렵인 1988년에 개통되었다. 터널 길이는 유로 터널보다 조금 긴 54킬로미터지만 해저구간은 23킬로미터로 비교적 짧다. 세이칸 해저 터널은 현대 터널 공사 중에서도 어렵기로 손꼽히는 공사로 불리고 있다. 1942년 이미 3.6킬로미터의 간몬 해저 터널[62]을 완성한 일본은 쓰가루 해협을 통과하는 세이칸 터널에도 강한 자신감을 보였다. 공사 기간도 9년 정도면 충분히 뚫을 수 있을 것으로 보았다. 그러나 실제 공사가 시작되면서 예상할 수 없었던 많은 난관에 부딪쳤고 기간도 당초보다 두 배가 넘는 24년이 걸렸다.[63] 길이가 비슷한 유로 터널이 6년 만에 완공된 것

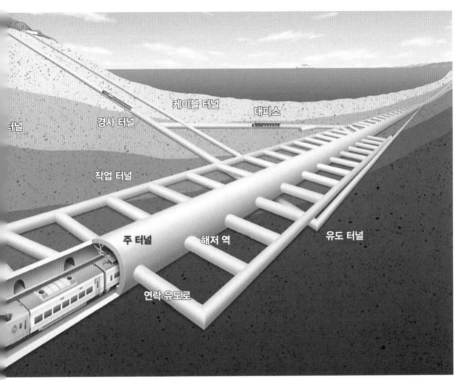

케이블 터널   대피소

경사 터널

...널

작업 터널

주 터널   해저 역   유도 터널

연락 유도로

세이칸 해저 터널의 개요도

과 비교하면 무려 4배의 시간이 걸린 것이다. 일본의 쉴드 공법은 세계 최고 수준이었지만 세이칸 터널은 대부분 재래식 공법과 나틈 공법으로 뚫어야 했다. 쉴드를 추진하기 위해서는 터널 주변에 의해 단단하게 지지되어야 하지만 지반이 약하고 지하수 용출이 심해 적용이 어려웠다.[64]

일본의 몸통인 혼슈 섬과 홋카이도 사이의 쓰가루 해협은 폭이 20킬로미터로 도버 해협보다 훨씬 좁지만 쓰시마 해류가 태평양으로 빠져나가는 길목으로 물살이 빠르고 수심이 449미터로 깊다. 도버 해협의 수심이 50미터 내외인 것과는 차이가 크다.[65] 이 때문에 쓰가루 해협에서는 고대부터 해상 사고가 끊이지 않았다. 1954년에는 여객선 침몰로 수백 명이 숨지는 사건도 있었다. 수심이 깊으면 터널 계획 시 매우 불리하다.[66] 경사 조건이 까다롭게 제한되어 접근 터널이 그만큼 길어지기 때문이다. 지진이 많은 일본의 특성상 섬과 섬을 잇는 장대터널은 고려해야 할 사안이 한두 가지가 아니다. 지반도 좋지 않아 안정적인 지반을 찾아 해저 100미터까지 내려가야 했다. 본 터널을 뚫기 전 직경 5미터의 작은 터널을 미리 뚫은 것도 전방의 지반을 미리 조사하기 위해서였다.[67] 이렇게 깊이 내려가면 암반은 거의 안정된 상태를 보이지만 이곳은 여건이 달랐다. 지하수가 갑작스럽게 터지거나 낙반 사고로 많은 인부가 사망한 것도 지반이 좋지 않았기 때문이다.

공사과정은 이렇게 어려웠지만 세이칸 터널이 일본 경제에 미친 영향은 일일이 따지기 힘들다. 일본의 주요 섬이 비로소 육로로 이어져 하나가 되었다는 상징성도 빼놓을 수 없다. 홋카이도는 면적이 남한과 맞먹을 만큼 크고 혼슈 섬과 20킬로미터밖에 떨어져 있지 않지만 일본에서는 거의 오지로 여겨져 왔다. 실제로 북쪽 지방은 지금도 원시림이 밀집되어 있는 청정 지역이며 홋카이도 원주민인 아이누족, 비브흐족, 에벤크족 등은 일본과는 다른 이질적인 문화를 유지하고 있었다. 하지만 25분 만에 본 섬과 연결되면서 홋카이도는 눈부시게 변모했다. 수산업은 물론 농업, 관광 등에서 일본을 대표하게 된 것도 터널 덕분이다.[68] 영국과 프랑스 사이에 놓인 유로 터널이 유럽의 경제 회복에 기여한 것처럼 세이칸 터널은 일본의 경제 구조를 재편할 만큼 큰 효과를 가져왔다.

유라시아의 꿈, 보스포루스 해저 터널

유럽과 아시아는 우랄 산맥과 카스피 해 그리고 보스포루스 해협으로 이어지는 선으로 경계를 긋지만 지형적으로는 딱히 구분할 만한 이유가 없다. 유럽과 아시아를 합쳐 유라시아라고 부르는 것도 이 때문일 것이다. 양 대륙에 걸쳐 있는 유라시아 평원을 따라가면 유럽과 아시아의 경계가 어디쯤인지 분간하기도 쉽지 않다. 고대세계의 패권을 장악했던 로마가 유라시아 평원과 우랄 산맥 건너편에 관심이 없었던 것은 별로 쓸모가 없다는 생각 때문이었다. 그래서인지 지형적으로 두 지역을 나눌 만한 이유가 없음에도 유사 이래 유럽과 아시아는 서로 다른 문화권으로 나뉘어져 있었다. 최근에는 이렇게 나뉜 유럽과 아시아는 물론이고 세계의 대륙을 하나로 이으려는 움직임이 점차 가시화되고 있다.

지중해는 보스포루스 해협을 통해 흑해와 연결되고 지브롤터 해협을 통해 대서양으로 연결된다. 아시아와 유럽, 유럽과 아프리카를 가르는 이 두 개의 해협을 잇는 것은 인류의 오랜 꿈이었지만 바다 밑으

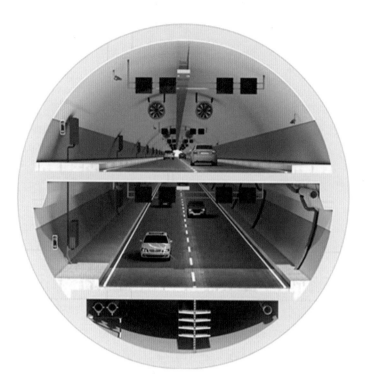

터널의 단면

로 터널을 뚫으려는 계획은 최근에야 시작되었다. 아시아와 아메리카를 잇는 베링 해협 터널 계획도 점점 구체화되고 있다. 아마도 가장 먼저 완성되는 대륙 간 터널은 보스포루스 해협 아래에 놓여질 것으로 보인다. 2008년부터 우리나라 SK건설 콘소시엄[69]이 추진하고 있는 이 사업은 접근로까지 합치면 15킬로미터에 이르지만 해저 구간의 터널은 3.34킬로미터다. 비교적 짧은 터널이지만 보스포루스 해협을 비롯한 이스탄불과 아나톨리아 주변은 지진이 많고 지반도 연약한 퇴적층으로 공사 조건이 매우 까다로운 구간이다.

가장 어려운 문제인 지진은 터널 벽면에 설치하는 세그먼트 Segnemt[70]에 프렉시블Flexible 소재를 적용하여 해결했다. 이 벽은 고무와도 같은 유연성이 있어 지진이 일어나도 대부분의 충격을 흡수할 수 있다. 해저 터널은 보통 두 개의 터널로 나누어 만들지만 보스포루스 해협 터널은 하나의 터널을 복층으로 설계하여 안정성은 물론 공사 기간도 획기적으로 줄일 수 있었다. 세계 건설을 주도해온 프랑스의 빈치 Vinci를 누르고 SK건설이 설계와 시공권을 따낼 수 있었던 것은 이렇게 뛰어난 안정성과 경제성 때문이었다. 2015년 12월 스위스에서 개막된 ITA[71]에서는 세계 최고 메이저 프로젝트 어워즈[72]에 보스포루스 해저 터널을 성공적으로 관통한 SK건설 컨소시엄을 수상자로 선정했다. 역사적으로 의미가 큰 보스포루스 해협 터널과 그 곁에서 건설 중인 보스포루스 장대 현수교량이 완성되면 우리나라 건설 기술을 세계에 알리는 계기가 될 것이다.

사하라 사막을 옥토로, 리비아 대수로 터널

인류가 만든 가장 거대한 토목 공사는 무엇일까. 많은 사람이 중국의 징항 대운하나 만리장성을 든다. 하지만 이는 오랜 세월 조금씩 만들어진 것으로 단일한 토목 공사로 보기는 어렵다. 이란, 중국 등 세계 각지에 흩어져 있는 카나트도 규모는 크지만 단위 시설로 보면 100킬로미터를 넘지 못한다. 그러나 '거대한 강'[73]으로 불리는 리비아 대수로 터널은 인간이 벌인 어떤 사업보다 규모가 크며 옥토로 바꾼 사막의 면적 또한 유례를 찾아볼 수 없다. 이 사업은 사하라 사막 아

리비아 대수로 터널 공사

래 매장되어 있는 약 35조 톤의 지하수를 끌어와 121만 평방킬로미터의 사막을 옥토로 만드는 사업이다. 남북한을 합친 것에 6배나 되는 면적이다. 리비아는 경작이 가능한 땅이 국토에 1.4퍼센트밖에 되지 않아 식량 대부분을 수입에 의존하는 나라다. 현재는 석유 수출로 1인당 GDP가 6000달러나 되지만 석유가 고갈된다면 국가 전체가 위기에 처할 수밖에 없는 실정이다. 그래서 당시 리비아를 이끌던 카다피가 사막을 옥토로 바꾸는 녹색혁명의 기치를 걸고 시작한 것이 바로 대수로 터널이다.

이 사업은 계획부터 설계·시공까지 우리나라에서 맡아 주도적으로 추진했다. 1차 공사는 1983년부터 1996년까지 3547킬로미터를 완공했다.[74] 수로를 만드는 데 들어간 콘크리트 관PCCP[75]은 직경 4미터이며 하나의 길이는 7.5미터다. 하나의 무게가 75톤이나 되는 콘크리트 관을 무려 47만 개나 이어서 물길을 만든 것이다. 공사를 위해서는 많은 중장비와 건설 자재가 필요하며 이를 운반하는 도로와 항만 등 기반 시설도 있어야 한다. 그러나 당시 리비아는 이러한 조건이 하나도 구비되어 있지 않았다. 이 때문에 비행장을 비롯해 항만과 도로부터 건설하고 자재를 생산하는 시설까지 만들면서 사업을 추진했다. 이 사업이 세계 8대 불가사의라 불리거나 브리태니커 연감에 세계 최대 터널 공사로 기록된 것은 당연해 보인다. 재스민 혁명으로 야기된 중동의 혼란으로 잠시 주춤거리고는 있지만 앞으로도 1720킬로미터의 터널이 더 만들어질 예정이다. 향후에도 우리나라가 중요한 역할을 할 것임은 자명하다.

미래의
터널

"인간의 내면은 우주와 대칭을 이룬
다." 스티븐 호킹의 말이다. 눈에 보이
는 우주와 마찬가지로 우리의 몸과 의
식 역시 하나의 우주라는 의미. 꿈을
꾸고 그것을 현실의 세계로 옮겨온 인
류의 역사를 보면 호킹의 생각은 꽤 그
럴듯해 보인다.

미래의 터널은 어떤 모습일까. 터널
속으로 달리는 열차의 속도는 어느 정도나 될까. 과연 대서양 횡단 특
급열차 시대가 열릴까. 인간은 아직 자신의 두뇌 능력이 어디까지인지
잘 모르는 듯하다. "인간의 내면은 우주와 대칭을 이룬다"는 스티븐 호
킹의 말은 눈에 보이는 우주와 마찬가지로 우리의 몸과 의식 역시 하
나의 우주라는 말이다. 인간이 꿈을 꾸고 그것을 현실의 세계로 옮겨
오는 과정을 보면 호킹의 생각은 꽤 그럴듯해 보인다. 지금 우리가 흔히
볼 수 있는 기기들을 보라. 불과 수백 년 전만 해도 상상조차 할 수 없
었던 것들이 얼마나 많은가. 자동차, 비행기, 잠수함, 우주선은 물론이

지구순환열차

고 집안의 소소한 가전제품이나 통신기기도 마찬가지다. 앞으로 어디까지 갈 수 있을까.

　미래의 터널을 살펴보는 것도 어쩌면 꿈을 꾸는 것일지 모른다. 어떤 꿈은 아주 가까이 있지만 어떤 꿈은 먼 미래의 일로 보이기도 한다. 어차피 모든 꿈은 현재 미완이라는 점에서 등가等價다. 그러나 지금까지 문명의 이기들이 만들어진 과정을 보면 어떤 꿈이든 곧 현재할 것이라는 점에서도 등가로 볼 수 있다. 미래의 터널에서 가장 주목할 만한 변화는 해저 터널을 통한 국가 간 네트워크 구축이 아닐까 싶다. 아시아와 유럽을 잇는 보스포루스 해협 터널은 이미 관통되었지만 유럽과 아프리카를 잇는 지브롤터 해협이나 아시아와 아메리카를 잇는 베링 해협에도 멀지 않아 해저 터널이 놓일 것이다.

　2013년 12월 중국은 산둥 반도와 랴오둥 반도 사이의 요하이 해협을 터널로 연결하겠다고 발표했다. 기술적인 문제보다는 정치·경제적인 이유나 감정 문제로 답보 상태에 있는 한·중·일 해저 터널을 생각하면 마음이 조급해진다. 해저 터널에 있어서 우리나라는 세계 어느 나라 못지않은 기술 보유국이다. 이미 가덕도와 거제도를 잇는 거대한 침매 터널[76]을 완성했으며 서해안 보령·태안을 잇는 해저 터널도 건설한 바 있다. 한강 밑으로 놓은 하저 터널만 해도 5호선 광진 구간과 여의도 구간, 분당선 왕십리 구간, 전력 및 통신구 하저 터널 등 모두 나열하기가 어려울 정도다. 세계를 주름잡는 다국적 기업과 겨뤄 당당히 설계와 시공권을 따낸 보스포루스 해협 터널을 보라. 잠시 지연되고는 있지만 서해와 대한 해협을 통과하는 장거리 해저 터널이 구축되면 터널의 역사는 새로운 장을 추가해야 할 것이다.

한·중·일을 하나로 잇다

오랜 세월 바다는 경계와 분리를 의미해왔고 섬은 고립의 상징이었다. 그러나 공학적 기술 한계에서 빠르게 벗어나고 있는 지금, 바다는 열린 세계로 나가는 관문일 뿐이다. 바다를 이용한 대륙·국가의 연결은 세계 각지에서 추진되고 있지만 우리에게 가장 관심이 깊은 것은 중국·일본과 우리나라를 연결하는 해저 터널일 것이다. 한·중·일 해저 터널은 섬나라인 일본에서 가장 적극적이지만 물류 사정으로 볼 때 사정이 급한 것은 우리나라도 마찬가지다. 분단으로 인해 섬 아닌 섬에 갇혀 육로 운송이 불가능하니 말이다. 국가 간 자유무역협정이 점점 확대되고 있는 시점에서 물류를 여러 차례 싣고 내리는 해운에만 의지한다는 것은 여간 불리한 게 아니다.

한·중 해저 터널은 비교적 최근에 논의되기 시작했지만 한·일 해저 터널에 비해 훨씬 빠르게 진행되고 있다. 아무래도 일본에 비해 심리

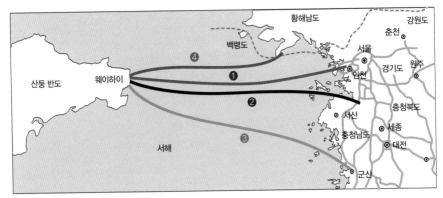

한중 해저 터널 검토 노선

적 부담이 적고 이해관계도 맞아떨어지기 때문이다. 서해는 지반 조건 과 해저 지형에 있어서도 아주 유리한 편이다. 한·중 양안이 모두 유라 시아 판에 속해 있어 지진에 대한 부담이 그만큼 적기 때문이다. 그러 나 연장으로 따지면 지금까지 지어진 어떤 해저 터널과도 비교할 수 없 는 엄청난 규모다. 인천에서 산둥 반도의 웨이하이를 연결하는 노선은 약 340킬로미터에 이른다. 다른 안도 사정은 비슷하다.[77] 이 때문에 중 간에 여러 개의 인공 섬을 구축하고 쉴드 TBM으로 뚫어나간다 해도 10여 년 이상이 걸릴 수밖에 없다. 인공 섬은 공사 중에는 굴진이나 버 력을 반출하는 작업장으로 쓰이겠지만 공사 완공 이후에는 국제적인 자유무역지대나 관광·연구·어업기지 등 다양하게 활용될 수 있을 것 이다.

부산에서 쓰시마를 거쳐 후쿠오카로 이어지는 한·일 해저 터널은 1913년부터 조사가 시작되었으니 벌써 100년이 넘은 셈이다. 일본은 1917년 한일 철도 해저 터널 연구, 1938년 시험 터널 굴착, 1986년 한

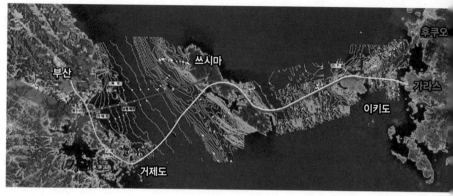

한일 해저 터널 검토 노선

일터널 연구회 결성 등 지속적으로 해저 터널에 매달려왔다. 그러나 우리나라에서는 그리 관심을 보이지 않았다. 물론 감정적인 문제도 있겠지만 경제적인 불균형으로 얻을 게 없다는 생각 때문이었다. 유로 터널이 200년이나 논의가 지속된 것도 따지고 보면 세력의 불균형이 늘 암초였다. 해저 지반이나 지형 조건도 서해에 비해 불리하다. 대한 해협은 50킬로미터로 비교적 짧지만 수심이 깊고 해류가 빨라 해상 작업에 어려움이 많다. 지각판이 달라 지진이나 단층대의 부담도 적지 않다. 물론 기술적으로 해결하지 못할 정도의 어려움은 아니지만 공사 기간이나 비용에는 상당한 영향을 줄 것으로 예상된다.

국가 간 해저 터널을 구축하는 것은 물리적인 공사과정의 어려움 외에도 경제적인 이해와 정치적인 관계, 국민의 정서도 고려해야 하는 대규모 사업이다. 사업 효과와 비용의 관계를 분석한 연구도 많이 이루어지겠지만 고려해야 할 변수가 워낙 많아서 적정한 분석에 어려움이 많다. 국민투표로 고타르 베이스 터널의 시행 여부를 결정한 스위스처럼 국민적인 합의가 필요할 수도 있다. 그러나 한·중·일 삼국이 협력 관계를 유지해야 한다는 대전제는 꼭 지켜져야 하지 않을까 싶다. 베세토BESETO[78]는 하나로 연결된 베이징·서울·도쿄를 상징하는 약어다. 유럽, 미주 등 세계와 어깨를 견주기 위해서는 동북아 삼국이 지속적으로 힘을 합치고 함께 대응해야 한다는 생각에서 나온 말일 것이다. 아베 총리의 수구적 발언으로 잠시 삐걱거리고는 있지만 되도록 빨리 한·중·일 3국이 과거사를 매듭짓고 눈을 앞으로 돌렸으면 한다.

요하이 해협 해저 터널

랴오둥 반도와 산둥 반도 사이의 요하이 해협을 터널로 연결하려는 계획은 1992년부터 시작되었다. 랴오둥 반도 끝에 있는 뤼순에서 산둥 반도의 펑라이는 약 122킬로미터 떨어져 있다. 적지 않은 거리지만 육로로 돌면 1500킬로미터가 걸리기 때문에 터널로 직접 연결하자는 것이다. 처음 계획이 제시될 때는 실효성이 없는 것으로 생각되었지만 최근에는 사정이 많이 달라졌다. 요하이 만 주변이 중국의 공업 단지로 각광받으면서 터널 효과가 적지 않을 것으로 분석되었기 때문이다. 중국의 주요 사업을 전담하는 공정원은 2013년 요하이 해협 터널을 추진키로 공식 결정하고 현재 해저 지형을 조사하고 있다. 요하이 해협 터널이 완공되면 스위스의 고타르 베이스 터널은 물론 세이칸 터널, 유로 터널을 제치고 세계 최대의 터널로 자리매김할 것이다.

현재는 전 구간을 터널로 계획 중인데 이를 기준으로 계산해보면 공사 비용은 현재 가치로 35조 원 정도가 들 것으로 추산된다. 해상공사에서 교량보다 터널이 선호되는 이유는 아무래도 태풍과 같은 기상

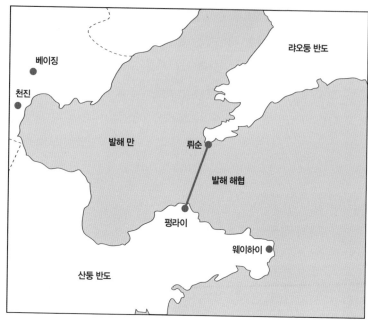

베이징

천진

라오둥 반도

발해 만

뤼순

발해 해협

펑라이

웨이하이

산둥 반도

요하이 해협 터널 구간

영향을 덜 받기 때문이다. 완공 후의 시설물을 관리하는 비용도 교량 은 터널에 비해 두 배 가까이 더 들어간다. 지진 영향도 무시할 수 없 다. 암반에 묻혀 있는 터널은 지진이 올 경우 암반과 같이 거동하기 때 문에 피해가 적은 반면 주탑에 거의 전적으로 의지한 사장교나 현수 교는 구조물의 변위가 커져서 상대적으로 불리할 수밖에 없다. 구간 별로 적정한 공법이 무엇인지는 구체적인 조사가 완료되면 알 수 있 을 것이다. 해상 공사에서 터널이 유리한 점이 많은 것은 사실이지 만 수심이 낮고 표층 지반이 안정되어 있다면 교량으로 건설하는 것 도 좋은 방법이기 때문이다. 아무튼 해협 터널이 건설되면 요하이 만 주변을 둘러싸고 있는 공업 도시들은 더욱 활성화될 것이 분명하다.

지브롤터와 베링, 대륙을 잇는 해협 터널

아시아와 유럽을 잇는 보스포루스 해협 터널은 이미 공사 중이지만 머지 않아 유럽과 아프리카를 잇는 지브롤터 해협 터널 사업도 추진될 것이다. 헤라클레스의 기둥이라는 이름으로 더 잘 알려져 있는 지브롤터 주변 해협은 물살이 거세고 수심이 깊어 그리스 시대부터 선박 사고가 끊이지 않던 곳이다.[79] 현재는 조사 단계로 영국과 스페인, 모로코, 프랑스 등 지브롤터 해협과 이해가 있는 나라들이 협의를 계속하고 있다. 지브롤터는 이베리아 반도 끝에 붙어 있는 스페인 속의 작은 영국이다. 스페인의 왕위 계승 전쟁이 한참이던 1704년에 영국 함대가 지브롤터를 강제 점령한 후 지금까지 영국령으로 삼고 있기 때문이다. 해협 터널이 지연되고 있는 것은 이렇게 이해관계가 얽혀 있기 때문이다.

아마도 사업이 추진된다면 비교적 구간이 짧은 스페인의 테리파Terifa와 모로코의 탕게Tange가 아닐까 싶다. 이 구간의 길이는 14킬로미터 정도로 비교적 짧고 영국과의 마찰 우려도 없기 때문이다. 하지만 해협의 폭이 좁다고 해도 심도가 깊어서 터널 길이는 38킬로미터에 이를 것이다. 현재로서는 구체적인 계획이 없어서 터널 완공은 2030년 이후에나 가능할 듯하다. 물론 기술적인 문제는 이미 충분히 해결되었기 때문에 이해관계만 맞아떨어진다면 그 시기는 앞당겨질 수도 있다. 유로 터널이나 세이칸 터널에서 효과를 확인한 것처럼 지브롤터 해협 터널의 연결은 상대적으로 낙후된 아프리카의 삶의 질을 향상시키는 계기가 될

지브롤터 타리크 산

것이다.

대륙을 연결하는 또 하나의 터널은 아시아와 미국을 잇는 베링 해협
이 될 가능성이 높다. 베링 해협을 통한 북해 항로는 1730년 비투스 베
링Vitus Bering에 의해 처음 발견되었지만 영하 70도에 이르는 추위와 빙
원으로 인해 그동안 관심에서 밀려나 있었다. 그러나 유럽에서 아시아
를 거쳐 아메리카 대륙으로 연결되는 길목인 베링 해협은 최근에 관심
이 집중되고 있다. 베링 해협의 길이는 90킬로미터로 짧지 않지만 물
류 효과가 크고 알래스카가 자원의 보고라는 점이 크게 작용하고 있
기 때문이다. 아직은 베링 해협에 다리가 만들어질지 터널을 놓을지 구
체적인 계획이 없다. 어떻게 되든 베링 해협의 연결은 시베리아 설원과
알래스카 환경에 많은 영향을 줄 것으로 보인다. 인간의 이기심이 계속
눈독을 들이겠지만 베링 해협만큼은 좀 그대로 두었으면 좋겠다.

수중 터널로 제주까지

얼마 전 서울에서 호남까지 KTX 전 구간이 개통되었지만 앞
으로는 기차에 가만히 앉아서 제주까지 갈 수 있게 될 것이다. 2010년
한국교통연구원에서는 호남에서 제주까지 고속철도를 연장할 경우 미
래의 성장동력이 될 것이라는 연구결과를 발표했다. 「호남-제주 고속
철도 타당성 조사」에서 밝힌 것처럼 목포에서 보길도, 추자도를 거쳐
제주까지 KTX가 연결된다면 서울에서 제주까지 2시간 40분 만에 갈
수 있다. 이 연구 결과에서 눈에 띄는 것은 해저 터널이 아니라 수중에
튜브와 같은 원형 구조물을 설치하는 수중 터널의 제안이다. 이 아이
디어는 수중부양 터널(Jacket SFT 공법)[80]으로 더욱 구체화되면서 바다

깊이에 영향을 받지 않는 해양터널 시대에 강한 영감을 주었다.

수중 터널은 간단히 말해 파랑의 영향을 거의 받지 않는 해저 30미터 정도에 중력과 부력을 조화시킨 원형 구조체를 설치하는 방법이다. 수중 터널 공법을 적용할 경우 사업비는 지중 터널에 비해 65퍼센트로 줄어들며 사업 기간도 절반 정도로 줄일 수 있다. 원형의 튜브 구조체를 여러 곳에서 만들어 부설해나가면 공사 기간 단축이 얼마든지 가능하기 때문이다. 해저 지반을 뚫지 않는다면 노선 선정도 굳이 추자도를 경유할 필요가 없어 그만큼 거리도 짧아진다.[81] 수중 터널의 장점은 한·중 해저 터널과 비교해보면 명확해진다. 인천과 웨이하이를 연결하는 구간은 약 340킬로미터다. 쉴드 TBM으로 하루 50미터씩 뚫는다 해도 20년 이상 걸린다.[82] 물론 이 기간은 순전히 터널을 뚫는 시간만 계산한 것으로 여기에 기계, 설비, 선로 등 부대시설 설치에 필요한 시간까지 합치면 물경 30년은 걸리게 된다. 하지만 수중 터널로 건설한다면 이러한 고민은 상당히 줄어든다. 터널 세그먼트는 지상에 마련된 공장에서 필요에 맞추어 생산이 가능하기 때문에 얼마든지 공사 기간 단축이 가능해지기 때문이다.

수중 터널은 멋진 아이디어이긴 하지만 해결해야 할 과제가 산적해 있다. 물은 조류나 해류의 영향을 받는 유체이며 특히 해상에서 태풍이 통과할 때 해수면이 올라가는 현상[83]이나 쓰나미 같은 엄청난 위력을 가진 수압파가 지나가기도 한다. 자연적인 위험 외에도 고래와 같은 대형 해양 생물의 충돌이나 테러 등 인위적인 위험에 대해서도 대비해야 한다. 아마도 가장 큰 위협은 쓰나미일 것이다. 조류나 해류가 일정한 방향성을 가지고 흐르는 반면 쓰나미는 전혀 예측할 수 없다. 이러한 위협에 대처하기 위해서는 앞으로도 많은 연구가 이루어지고 소재

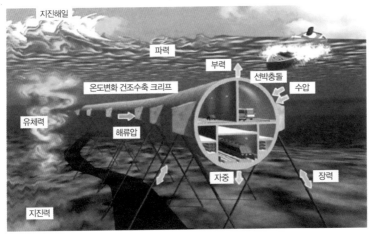

지진해일

파력

부력

선박충돌

수압

온도변화 건조수축 크리프

유체력

해류압

자중

장력

지진력

수중 터널 개념도와 위협 요소

개발도 뒤따라야 한다. 그러나 결국 이러한 문제는 모두 해결될 것이며 자동제어 장치, 계측 시스템 등 최첨단 설비를 갖춘 수중 터널 속으로 는 KTX가 멋지게 달릴 것이다.[84] 인간은 늘 그래왔지 않은가.

태평양을 터널로

우리나라에서 인도양을 건너 유럽으로, 태평양을 건너 캘리 포니아로 터널을 놓을 수 있을까. 수심이 깊은 해저는 수압과 지열이 만만치 않아서 터널을 뚫는다는 것은 거의 불가능한 것으로 보인다.[85] 인도양이든 태평양이든 적게 잡아도 1만 킬로미터가 넘는 바다를 뚫으 려면 시간 문제도 따른다. 쉴드 TBM 기술이 비약적으로 발전해 하루 에 50미터를 뚫는다고 해도 1만 킬로미터를 뚫으려면 550년이 걸린다.

공사가 잘 마무리 되었다고 해도 1만 킬로미터를 가려면 시속 600킬로미터로 달리는 자기부상열차라 해도 17시간은 꼬박 달려야 한다. 아무리 봐도 무모해 보인다. 인간은 늘 꿈을 현실로 바꾸어왔지만 인도양이나 태평양을 횡단해 유럽이나 미국을 연결하겠다는 생각은 너무 먼 얘기인 것 같다.

그러나 해저 터널을 뚫는 게 아니라 수중에 튜브를 가설해나간다는 관점에서 보면 그렇게 꿈같은 얘기만은 아니다. 수중 터널에 대한 연구도 빠르게 진척되고 있고 나날이 새로운 소재가 개발되고 있는 것을 보면 지금은 단단한 벽처럼 보이는 문제들도 결국 해결될 것이 분명하다. 해저 지반을 쉴드 TBM으로 굴착하면 270년이 걸리겠지만 수중 터널이라면 얼마든지 공사 구간을 나누어 시공할 수 있지 않겠는가. 수중 터널 재료도 지금은 무겁고 다루기 힘든 철근 콘크리트나 강관을 생각하겠지만 가볍고 튼튼한 튜브가 개발된다면 해저 케이블을 깔듯 빠르게 진척시킬 수도 있다. 여기에 플라네트 런과 같은 고속운행 열차를 적용한다면 1시간 남짓한 시간에 대양을 건널 수 있지 않겠는가. 실현 가능성은 꿈꾸는 자의 몫이 아니다. 미래의 엔지니어들은 좀더 멋진 장비와 재료를 손에 들고 있을 테니 말이다.

아진공 튜브터널

KTX는 시속 300킬로미터 정도로 운행하고 있지만 최고 속도는 400킬로미터에 이르고, 자기부상열차는 시속 600킬로미터까지 달릴 수 있다. 그러나 이 정도의 속도로 1만 킬로미터에 이르는 태평양이나 대서양을 횡단하는 것은 어림도 없다. 아무것도 보이지 않는 터널

속에서 20시간 가까이 버틴다는 것이 쉬운 일이겠는가. 고속철도나 자기부상열차의 속도가 이렇게 제한되는 것은 레일 또는 공기저항 때문이다. 만약 이러한 저항이 없다면 어떻게 될까. 지구를 한 바퀴 도는 데 90분이면 충분한 인공위성을 생각하면 된다. 저항이 없다면 시속 3만 킬로미터도 가능해진다. 이렇게 인공위성이 우주를 항해하는 것처럼 터널 내부를 진공 상태로 만들고 자기부상처럼 터널 벽면과의 마찰이 없도록 구상한 것이 아진공 튜브터널이다.

미국 MIT 데이비슨 교수는 미국에서 그린란드, 유럽을 연결하고 다시 아시아, 태평양을 거쳐 미국으로 돌아오는 튜브터널 계획을 구상했다. 이 터널 속으로 달리는 열차는 지구Planet를 연결하는 규모에 걸맞게 플라네트 런Planet Run[86]이란 이름이 붙여졌는데 시속 1만 킬로미터로 달릴 수 있으며 어떤 경로로 튜브가 놓이든지 4시간이면 지구를 한 바퀴 돌아 원점으로 돌아올 수 있다. 아직 구상 단계에 머물러 있지만 기술의 발전 속도로 볼 때 넘지 못할 벽으로 보이지는 않는다. 우리나라에서도 튜브터널에 대한 이야기는 심심치 않게 흘러나온다. 2009년 열린 '동북아 고속 교통망 구축 국제 세미나'[87]에서는 튜브터널을 시속 700킬로미터로 질주하는 네트워크를 한국·중국·일본에 구축하는 계획이 발표되기도 했다. 보스포루스 해협 터널을 비롯 세계 각지에 우리나라 기술진이 건설하는 구조물을 보면 초고속을 넘어 초음속 튜브터널 시대도 거뜬히 선도해나가지 않을까 생각된다.

제 6 부

다 리,
틈 을 잇 다

유로화에는 다리가 그려져 있다. 로
마의 수로교에서 현대의 사장교와
아치교까지. 강이나 해협, 바다로
나뉘어 있던 유럽을 하나로 잇는다
는 점에서 보자면 다리와 같은 상징
물이 또 있을까.

다 리 와
문 명

다리의 개념은 계속 바뀌어왔다. 처음에는 발을 적시지 않고 물을 건너려는 소박한 생각에서였을 것이다. 지금은 반대로 물을 건네 보내거나, 자동차나 기차, 심지어는 배를 건네 보내기 위해서도 다리를 만든다. 이제 다리는 '땅 위에 놓인 모든 길'이라는 개념으로 만족해야 한다.

다리, 문명을 이끌다

이보 안드리치[1]의 소설 『드리나 강의 다리』는 다리가 세워진 1516년부터 제1차 세계대전으로 다리가 파괴될 때까지 400여 년간의 이야기를 그려낸 대하소설이다. 드리나 강은 발칸 반도를 관통하며 흐르는 강이다. 한쪽에는 무슬림과 보스니아인들이, 건너편에는 그리스정교회를 믿는 세르비아인들이 산다. 강은 오랜 세월 갈등 관계에 있던 두 민족 사이로 흐르며 두터운 단절의 벽이 되어왔지만 다리가 놓이자 많은 변화가 일어났다. 두 민족의 이질적인

드리나 강의 다리

소설 『드리나 강의 다리』 초판본

언어와 문화는 서로에게 영향을 미치며 점차 융화되어 갔다. 다리를 통해 상거래가 이루어지면서 삶은 윤택해졌고 서로를 필요로 하게 되었다. 아이들은 서로 친구가 되었다. 다리를 넘어 하루종일 놀다가 저물녘에는 아쉬워하며 걸음을 돌려야 했다.

종교적인 갈등으로 분쟁도 끊임이 없었지만 다리를 배경으로 이보 안드리치가 그려낸 200여 개의 에피소드에는 종교적인 편견이나 인종, 민족의 갈등에도 불구하고 우정과 삶을 이어나가려는 사람의 본성이 따뜻하게 그려져 있다. 400여 년간 다리를 중심으로 교차해온 평화와 분쟁의 역사는 마침내 다리가 폭파되면서 막을 내린다. 소설은 여기서 끝난다. 그러나 발칸의 비극은 그 이후에도 끊임없이 이어지고 있다. 1993년 세르비아군이 저지른 보스니아인 학살은 인류의 가슴을 멍들게 했고 1998년의 코소보 사태는 발칸의 비극이 현재 진행형임을 재차 확인시켜주었다. 그럼에도 이보 안드리치는 "다리는 인간이 만들어낸 가장 뛰어난 건축물"이라고 말한다. 아마도 숱한 갈등에도 사랑과 우정을 나누며 상생했던 시간의 소중함을 일깨우려는 뜻에서 한 말이 아닐까 싶다.

유고슬라비아는 현재 세르비아, 보스니아 등 7개의 독립국가로 분리된 상태지만 이보 안드리치는 종교와 국가를 떠나서 가장 존경받는 작가로 여겨진다. 애민의 감정과 따뜻한 시선을 전해주는 것, 단지 이야기를 들어주는 것만으로 이들의 상처가 치유되지는 않겠지만 이보 안드리치의 글이 이들을 다독이고 상생과 공존의 추구를 불러일으킨 것은 틀림없어 보인다. 다리와 문명이라는 글을 '드리나 강의 다리'로 시작하는 것은 이 때문이다. 언어와 종교가 다르고 생김새와 문화 관습이 다르지만 어쨌든 서로 만나고 화해하기 위해서는 다리가 있어야 하지 않겠는가.

다리는 무엇일까

처음에 만들어진 다리는 물을 건너기 위해서였다. 그러나 고대부터 지금까지 다리가 변모해온 과정을 보면 다리를 짓는 이유가 계속 바뀌어왔음을 알 수 있다. 다리의 모양이나 목적도 끊임없이 변하여 '다리가 무엇이다'라고 간단히 정의하기는 쉽지 않다. 주변을 둘러보라. 보도 육교나 고가 차도, 머리 위로 지나가는 도시철도 등 물과는 상관이 없지만 다리라고 부르는 수많은 구조물이 눈에 들어올 것이다. 조금만 상상력을 발휘하면 더 많은 다리를 볼 수 있다. 신과 인간을 잇는 이리스의 무지개다리, 견우직녀가 건너는 은하수의 칠석교, 이승과 부처님의 나라를 잇는 불국사의 청운교 등. 그 안에는 오랜 세월 인류와 함께 해오면서 삶에 스며든 수많은 이야기가 담겨 있다.

다리를 정의하기가 쉽지 않은 것도 이 때문이다. 그곳에 깃들어 있는 상징과 은유를 대체할 만한 말을 어디서 찾을 수 있겠는가. 일반적으로 쓰이는 교량橋梁은 차도橋와 보도梁를 합쳐서 이르는 말이었다. 한나라 시대 유학 주해서인 『경주經紸』[2]에는 마차가 다닐 수 있는 든든한 길을 교橋, 사람이 걸어 다닐 수 있는 길은 양梁이라고 구분해놓았다. 두 한자에 모두 나무木가 들어 있는 것을 보면 당시 만들어진 다리가 대부분 나무다리가 아니었을까 싶다. 다리에 대한 사전적 정의는 별로 신통해 보이지 않는다. '물을 건너기 위해 만든 것'이라고 단순하게 설명한 사전이 있는가 하면 가설 방법이나 형태까지 곁들여 장황하게 설명한 사전도 있다. 옥스퍼드 사전에서 브리지Bridge는 "계곡이나 물 등을 넘어가기 위해서 만든 구조물"이라고 정의되어 있다.

반면에 신화나 종교 문학작품에서 볼 수 있는 다리의 개념은 좀더 사색적이다. 『드리나 강의 다리』에서 이보 안드리치는 다리가 두 개로 나뉘어 있던 세계를 하나로 잇는 문명의 가교라고 말한다. 발을 적시지 않기 위해 놓은 징검다리에서 나뉘어 있는 두 세계를 잇는 것, 문명의 화합까지 어의를 넓혀온 인류의 생각에 나는 아름다움을 느낀다. 어쩌면 그 생각의 근저에는 차이를 무화시켜 모든 것을 하나로 이으려는 관계의 욕구 또는 융화의 본능이 자리 잡고 있는 게 아닐까.

징검다리에서 농다리까지

징검다리에서 시작해보자. 언제부터라고 할 수는 없지만 아마도 가장 먼저 만들어진 다리는 시냇물에 듬성듬성 놓은 징검다리였을 듯싶다. 처음에는 발을 적시지 않으려고 자연스럽게 흩어져 있던 돌을 밟고 건넜을 것이다. 그러다가 차츰 근처에 있던 큰 돌을 옮겨 가지런히 놓으면서 멋진 징검다리가 만들어지지 않았을까. 아마도 이렇게 놓인 돌을 밟고 물을 건너본 경험은 누구나 있을 것이다. 조심조심 물을 건널 때 짓궂게 물을 튀기는 아이, 흔들리는 돌을 헛디뎌 신을 적신 기억 등. 도회에서 온 소녀와 시골 소년의 풋풋한 사랑이 시작되는 「소나기」의 돌다리를 떠올리면서 우리는 애틋함과 아련한 추억을 되새기게

징검다리

진천 농다리

된다. 그것은 개울가의 추억이 가슴에 스몄기 때문일 것이다.

징검다리는 이렇게 아름다운 추억이 깃들어 있기는 해도 조금만 물이 불어도 발을 적시기 십상이었다. 무거운 짐이라도 지고 건너다 중심을 잃고 낭패를 보는 일이 어디 한두 번이었겠는가. 잠시도 가만 있지 못하는 시냇물처럼 돌 역시 물살에 흔들리고 떠내려가면서 수시로 모양을 바꾸니 말이다. 그렇긴 해도 한 여름 큰물이 지나가고 나면 징검다리는 늘 다시 놓여졌다. 평상시는 물높이나 개울 폭이 거의 일정했기 때문이다. 디딤돌을 놓는 것도 그리 힘들 게 없었다. 개울가에 흔하게 널려 있는 돌을 옮겨다 평평한 쪽이 위로 오게 하고 적당히 움직이지 않게 괴면 그뿐이었으니 말이다.

널다리는 징검다리가 조금 더 발전한 형태다. 징검다리 폭과 높이를 일정하게 만들고 그 위에 넓적한 돌을 얹어놓으면 널다리가 된다. 다리는 밑을 받치는 교각과 사람이 밟는 상판이라는 두 개의 구조로 나눌 수 있다. 징검다리는 교각이 상판의 역할까지 하지만 널다리는 둘을 모두 갖추고 있는 어엿한 구조물이다. 고려시대 만들어진 진천의 농다리는 지금까지 거의 온전하게 실물이 전하는 아름다운 널다리다. 물이 깊어 하나의 돌로 받치기가 어려워지자 여러 개의 돌을 정교하게 엇갈려 쌓고 받침돌을 놓은 것이다. 그 위에 널돌을 올려놓자 교각과 상판을 제대로 갖춘 든든한 다리가 되었다. 자연적인 돌을 가공하지 않고 이용했다는 점에서 석교와는 차이가 있지만 널다리는 최초로 구조를 갖춘 걸작임에 틀림없다.

외나무다리에서 나무다리로

　외나무다리 역시 징검다리만큼 오래되었을 듯싶다. 자연스럽
게 놓인 돌을 밟고 물을 건너듯이 쓰러진 나무를 걸쳐 놓으면 발을 적
시지 않고 물을 건널 수 있었을 테니 말이다. 굳이 벌목을 하지 않아도
개울가에는 죽은 나무나 상류에서 휩쓸려 내려온 나무가 많다. 징검다
리가 개울이 좀 넓긴 해도 그리 깊지 않은 곳에 놓였다면 외나무다리
는 폭이 좁고 깊은 곳에 어울리는 다리다. 하지만 외나무다리는 위험
하다. 둥그런 나무는 디딤 폭이 좁고 잘 흔들리기 때문이다. 조금이라
도 방심하면 중심을 잃고 떨어질 수도 있다. 그래서 생각해낸 것이 나
무를 연이어 놓는 방법이 아닐까 싶다. 도끼나 톱을 사용하면서부터는
굵은 통나무를 잘라내는 데도 어려움이 없었기 때문이다.

　이렇게 몇 개의 나무를 이어 붙인 나무다리는 훨씬 든든하고 안전하
다. 개울 폭이 넓어 나무 하나로 양 끝에 닿을 수 없으면 가운데 나무
를 세워 지지할 수도 있다. 여러 개의 나무와 지지대를 놓아야할 때는
칡넝쿨이나 밧줄로 단단하게 얽어매면 흔들리지도 않는다. 이와 같은
나무다리에서 조금 더 발전한 것이 흙다리다. 물론 흙다리라고 해서 지
지 구조를 흙으로 만든 다리는 아니다. 다리의 이름은 교각이나 보가
무엇으로 만들어졌든 사람의 발이 닿는 곳에 무엇을 깔았는가에 따라
지어진다. 돌다리, 나무다리, 흙다리도 그렇게 구분해서 붙인 이름이다.

　흙다리의 기둥과 보는 통나무로 만든다. 먼저 통나무 길이에 맞추어
중간 중간 지지대를 세우고 그 위에 통나무를 걸쳐 나간다. 그리고 다
리 너비에 맞게 자른 작은 나무를 옆으로 놓고 칡넝쿨이나 동아줄로
단단하게 묶는다. 이렇게 다리 구조가 완성되면 그 위에는 뗏장을 떠

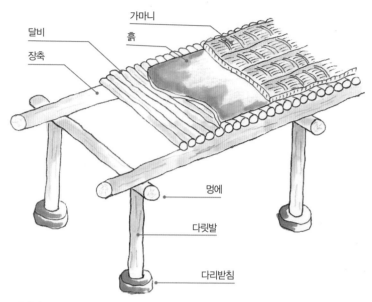

흙다리의 구조

다가 얹거나 흙을 덮어 마무리한다. 아마도 이렇게 세심하게 마무리한 것은 소나 말이 놀라지 않게 하려는 뜻이 아니었을까 싶다. 물론 수레를 끄는 데도 한결 편했을 테지만 말이다. 흙다리는 기둥과 가로보, 수평재를 갖춘 구조적으로 뛰어난 다리지만 이 역시 영구적인 다리는 아니었다. 매년 한 번씩 휩쓸고 지나가는 홍수를 배겨낼 재간이 없었기 때문이다. 그래서 규모를 크게 만들기보다는 수레나 마소가 지나가는 데 어려움이 없을 만큼만 지어 매년 다시 짓더라도 별 어려움이 없도록 했다.

돌로 다리를 놓다

돌을 다듬는 기술은 문명의 역사만큼이나 오래 되었다. 고대의 거석문화에 쓰인 돌을 보면 정교하고 강력한 장비를 갖춘 현대의 석공과 고대 구조물을 만든 석공의 기술에 어떤 차이가 있는지 구분하기 힘들 정도다. 군이 따지자면 돌을 다듬는 데 들어가는 시간이 좀 빨라졌다는 것뿐이다. 아무튼 이렇게 정교하게 돌을 다듬을 수 있게 되면서 다리도 점점 든든하고 아름다운 구조물로 바뀌어 갔다. 돌은 나무에 비해 강도도 크고 썩지도 않는다. 자체의 무게 때문에 웬만한 물살에는 떠내려가지도 않는다. 나무다리나 흙다리에 비해 돌다리를 만드는 것은 아주 드물었지만 지금 우리가 볼 수 있는 것은 거의 돌다리뿐이다. 돌다리에는 기둥을 세우고 보를 얹는 형교와 아치 형태로 돌을 쌓고 그 위에 채움돌과 판석을 까는 홍예교가 있다.

형교식의 돌다리를 만들 때 가장 중요한 것은 바닥의 지지 부분이다. 바닥이 바위면 큰 문제가 없지만 흙이나 모래일 때는 충분히 파내고 넓은 판석을 깔아서 기둥을 받쳐야 한다. 기둥이 세워지면 가로 멍에와 판석을 놓아 다리를 완성한다. 형교는 다리 밑 공간이 넓어 큰물을 소통시키는 데는 유리하지만 모든 무게가 기둥과 멍에에 얹히기 때문에 큰 힘을 받는 데는 불리하다. 특히 가로로 놓이는 멍에나 널에 쓰일 돌은 흠결이 없는지 까다롭게 살펴야 한다. 청계천에 놓인 수표교나 광교 등 많은 다리가 형교식으로 만들어진 것은 홍수 시 많은 물이 흘러갈 수 있도록 하기 위해서였다.

반면에 홍예교는 다리에 얹히는 힘이 바닥과 측면으로 분산되기 때문에 구조적으로 유리하다. 다리의 모양이 우아한 곡선이어서 보기에

형교(청계천 수표교)

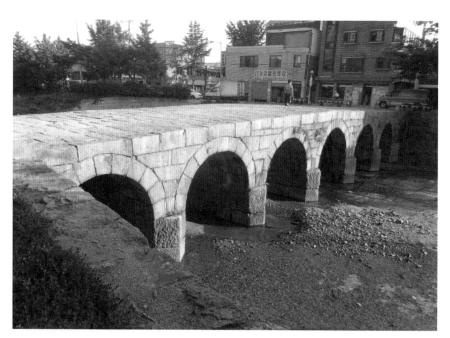

홍예교(안양천 만안교)

도 좋은 것은 물론이다. 돌을 둥글게 쌓으면 큰 힘에 견딜 수 있다는 것을 알게 된 뒤부터 다리 짓는 기술은 눈부시게 발전했다. 돌기둥에 널을 얹는 형교는 돌의 강도가 한계가 있었기 때문에 촘촘하게 교각을 세울 수밖에 없었다. 물론 흠결이 없는 긴 돌을 구하는 것도 쉬운 일은 아니었다. 하지만 그리 큰 돌이 아니어도 홍예 식으로 쌓으면 웬만한 계곡이나 강에도 거뜬히 다리를 놓을 수 있었다. 실제로 근대 이전에 만들어진 돌다리는 거의 홍예 형식이다. 다리가 길고 높으면 형교 식의 다리는 아예 처음부터 고려될 수 없었기 때문이다.

근대 이전에 만들어진 우리나라의 다리를 살펴보면 형교의 교각 폭은 길어야 3미터 정도에 불과하다. 그러나 홍예 식으로 놓은 다리는 반원형의 양 끝이 10미터를 훌쩍 넘기는 것들이 많다. 여천 흥국사의 홍예교는 다리 폭이 11미터에 이른다. 이외에도 선암사의 승광사, 태안사의 능파교 등은 아름다운 홍예교로 유명하다. 고대 로마나 유럽에서 볼 수 있는 다리도 하나같이 홍예교다. 로마를 가로지르는 테베레 강의 수많은 다리를 비롯하여 런던 템스 강, 프랑스 센 강, 독일 라인 강에 놓인 다리는 홍예의 역사가 얼마나 오래 되었는지 잘 보여준다.

다리의 개념이 바뀌다

고대에 만들어진 다리 중에서 가장 규모가 크고 오래된 다리는 가르 강의 수로교다. 그런데 이 다리는 사람이 건너다니기 위해서가 아니라 물을 위해 만든 다리다. 주체가 바뀐 것이다. 물은 높은 데서 낮은 데로 흐르며 일정한 경사가 있어야 한다. 경사가 너무 커도 안 되고 작아도 안 된다. 그래서 물을 긷는 곳에서 쓰는 곳까지 정밀하게 측량

다리의 문명

471

한 뒤 높은 곳을 지날 때는 땅을 파내고, 낮은 곳을 지날 때는 다리를 놓아서 평평하게 해야 한다. 가르 수로교[3]는 석회암을 3단으로 쌓아올린 홍예교다. 물살을 많이 받는 아래쪽은 넓게 하고 위쪽은 작게 했다.

가르 수로교는 당시까지 알고 있던 기하학과 측량 수리 건축 기술이 모두 동원된 멋진 다리지만 가장 핵심적인 기술은 홍예다. 홍예 구조가 안전하게 다리를 지탱할 수 없었다면 로마는 물의 도시로 불리지 못했을 것이다. 수로교가 만들어지자 다리의 개념은 또 한 번 바뀌게 되었다. 이 세상에 징검다리 외에는 별다른 게 없었을 때 다리는 '사람의 보폭에 맞게 물 가운데 돌을 놓아 사람이 건너다닐 수 있게 한 것'이라는 개념으로 충분했다. 나무다리나 흙다리, 널다리가 만들어진 뒤에는 물 가운데가 아니라 '물 위의 공간에 사람이 건너다닐 수 있게 만들어진 것'이라는 개념으로 바뀌어야 했다.

수로교가 만들어진 뒤에는 이 개념도 마땅치 않게 되었다. 수로교는 사람이 아니라 물이 건너기 위해서 만들어졌기 때문이다. 또 놓인 곳도 물 위가 아니라 땅 위였다. 다시 말해 '물 위든 땅 위든 공중에 무언가가 지나갈 수 있게 만든 것'이라는 개념으로 바뀌게 되었다. 그 무언가가 사람이든 물이든 상관없었다. 하지만 수로교 이후에도 다양한 목적의 다리가 만들어지면서 다리의 의미는 지속적으로 넓어져왔다. 최근에 만들어지는 다리의 목적은 단연 '빠름'을 위해서다. 물을 흐르도록 하기 위해 일정한 구배로 다리를 놓은 것처럼 지금은 오르막이나 내리막이 거의 없는 평탄한 길을 위해 다리를 놓는다.

KTX는 최고 속도가 시간당 400킬로미터에 이른다. 이렇게 속도를 낼 수 있는 핵심은 평탄성에 있다. 기차는 오르막에서는 많은 에너지를 소모하고 속도도 줄어들지만 반대로 내려갈 때는 감속을 위해 브레이

크를 밟아야 한다. 브레이크는 속도를 내는 데 써야 할 에너지를 열에
너지로 날려버리는 것이다. 그러나 오르막이나 내리막이 없이 평탄하
게 길을 만들어주면 거의 모든 에너지를 열차가 달리는 데 쓸 수 있다.
가속의 효과도 그만큼 좋아진다. 고속철도에 다리나 터널이 많은 것은
이 때문이다. 높낮이가 심한 지상에서 어느 정도 떨어져 일정한 높이로
달릴 수 있게 함으로써 에너지와 속도 효율을 동시에 얻게 되는 것이
다. 고속철도뿐 아니라 자동차 도로에서도 경사를 줄이고 평탄성을 얻
기 위해 많은 다리가 놓여진다. 도심의 고가 차도 역시 빠름을 위해 놓
인 다리다.

다리는 공중에 만들어진 길

　　사람을 위해서가 아니라 물을 위해서 만든 수로교 역시 멋진
다리라고 받아들일 때 우리는 이와 유사한 수많은 다리를 발견한다.
다리는 공중에 만들어진 길이며, 길은 일정한 움직임이 반복되는 공간
이다. 그러므로 어떤 길이 지표나 지중이 아니라 공중에 있다면 그것은
다리라고 할 수 있지 않을까. 20세기를 그 이전과 완전히 다른 문명으
로 바꾸어놓은 전기와 통신을 생각해보자. 우리는 이미 정보나 전기가
지나다니는 전선이 하나의 길임을 알고 있다. 다리를 '공중에 무언가
지나갈 수 있게 만든 것'이라고 생각해보자. 그러면 송전탑이나 전신주
를 교각으로 보고, 전기와 정보가 지나다니는 전선은 상판의 한 형태
로 볼 수 있다.
　　지금은 사라진 세계무역센터 꼭대기에서 줄타기를 했던 필립 프티
Philippe Petit를 떠올려보라. 그는 높이가 541미터나 되는 쌍둥이 건물 사

무역센터 사이의 공중을 건너는 필립 프티

이에 가느다란 줄을 걸어놓고 맨몸으로 건넜다. 사람이 건너기 위해서 공중에 걸쳐놓은 줄, 얼마나 멋진 다리인가. 사람만 다리를 만드는 게 아니다. 매년 일정한 길을 따라 이동하는 철새의 이동은 인간이 지구상에 나타나기 전부터 시작되었을 것이다. 우리 눈에 보이지는 않지만 철새의 움직임은 매년 반복되며 그 궤적은 분명히 존재한다. 그렇다면 공중에 그어진 철새의 이동로를 다리로 부르지 못할 이유가 어디 있는가. 바람을 타고 나무와 나무 사이를 옮겨다니는 거미는 바람에 의해 어렵게 옮겨가지만 일단 하나의 줄이 연결되면 이를 이용해 수십 번씩 오가며 여러 갈래의 길을 만들어낸다. 기하학적으로도 비할 바 없이 완벽하다. 이렇게 만들어진 거미집, 거미가 다니는 공중의 길 역시 멋진 다리다.

다리가 아니지만 다리라고 부른다

불국사에는 청운교와 백운교라는 다리가 있다. 아래쪽은 아름다운 홍예가 받치고 있고 양옆에는 난간까지 세워져 있다. 하지만 청운교와 백운교는 다리가 아니다. 바닥에서 위쪽 대웅전으로 올라가는 33개의 계단일 뿐이다. 그런데 왜 계단이라 하지 않고 다리라는 이름을 붙였을까. 그것은 피안과 속세를 연결하는 관념의 다리이기 때문이다. 계단의 아래쪽은 인간이 사는 세계이고 위쪽은 부처의 세계다. 계단 중간에 놓인 홍예 밑으로는 보이지 않는 강이 흐른다. 인간과 부처의 세계를 가르는 도리천, 상상 속의 강이다. 다리 위에서

무지개

바라보는 하늘은 도솔천이다. 계단은 부처의 세계에 이르기 위해 수행해야 할 33개의 단계를 의미한다. 한 칸 한 칸 계단을 오르고 도리천을 건너 부처의 세계로 가는 여정이다. 디딤돌마다 연꽃무늬를 아름답게 수놓은 것도 불국에 이르는 길을 드러내기 위해서였을 것이다. 그러니 청운교와 백운교가 왜 다리가 아니겠는가.

잘 살펴보면 우리 주변에는 다리가 아니지만 다리라고 부르는 것들이 많다. 상상이나 신화를 통해 만들어온 다리도 적지 않다. 한여름 밤 별 사이에 늘어선 까마귀는 은하수를 건너는 다리가 되고, 가을 초입 하늘에 길게 늘어선 철새들은 객지생활에 지친 나그네를 고향으로 이끄는 상념의 다리가 된다. 운이 좋다면 비온 뒤 먼 산에 놓인 빛의 다리를 볼 수도 있다. 그리스 시대부터 무지개는 땅과 하늘, 인간과 신의 세계를 잇는 상상의 다리였다. 풋풋한 동심으로 바라보면 그 위로 분주하게 오가는 이리스Iris 여신을 보게 될지도 모른다.

하늘과 땅을 잇는 상상의 다리는 무지개뿐만이 아니다. 하늘의 거인 나라로 가는 재크의 콩나무, 선녀와 나무꾼을 하늘로 끌어올리는 동아줄은 둘로 나뉜 세계 또는 인간과 신의 간극을 잇는 다리다. 성서에서 야곱은 하늘로 이어진 사다리를 꿈꾼다. 광야에서 돌을 베고 잠드는 고단한 삶과 하늘로 이어진 사다리는 오랜 세월 시적인 상상력을 자극해왔다. 사이먼과 가펑클은 '험한 세상의 다리가 되어' 사람들을 희망의 세계로 이끄는 디딤돌이 되겠다고 노래한다. 사람과 사람을 잇는 가교, 그 역시 얼마나 멋진 다리인가.

다리, 틈을 잇는 모든 것

교황을 의미하는 폰티프Pontiff는 라틴어 폰티펙스Pontifex에서 유래된 말이다. 다리를 뜻하는 폰스pons와 만든다는 뜻의 파치오facio가 합쳐진 것이다. 이를테면 교황을 '사람과 신을 잇기 위해 다리를 만드는 사람'이라고 본 것이다. 물론 이는 인류의 여러 문명권에서 보편적으로 형성해온 샤머니즘의 개념과 다르지 않다. 우리나라의 무당은 물론이고 인디언 샤먼, 그리스의 무녀 피티아pythia나 쿠마에 시빌Cumaean Sibyl 등이 모두 신과 인간을 이어주는 다리 아니겠는가.

결국 다리의 가장 근저에 있는 개념은 '이음'이다. 땅이나 바다 세계를 포함하여 나뉘어 있거나 차이를 가진 모든 것을 서로 이어주는 것은 모두 다리다. 꽤 그럴듯해 보인다. 하지만 이렇게 쓰니 글을 시작하면서 정의한 길의 개념 속으로 다시 되돌아온 느낌이다. 떨어져 있는 두 곳을 잇는 모든 것이 길이듯이 다리 역시 나뉘어 있는 두 곳을 잇는 길, 차이를 가진 모든 간극을 메우는 것으로 어의를 넓혀도 좋을 듯하다.

다리 양식의
변화

예술가와 마찬가지로 탁월한 설계자는
주류를 거부하는 본능이 있어서 이들
의 구축물을 양식이라는 틀에 가두어
두기는 쉽지 않다. 그럼에도 어떤 구축
물을 이오니아나 로마네스크, 르네상
스 또는 바로크라고 구분해보는 것은
나름대로 의미 있는 일이다. 이를 통해
어떤 한 시대의 거시적인 변화와 생각
의 흐름을 유추해볼 수 있기 때문이다.

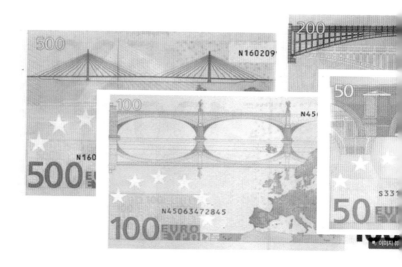

어떤 한 시대를 풍미하는 생각의 틀
이 미술, 문학 또는 도시의 구성물에서 보편적으로 드러날 때 사조나
양식을 붙여 부른다. 이러한 구분은 그 시대의 주류를 이해하는 데는
도움이 되지만 사실 하나의 다리를 두고 그것이 어떤 양식인가를 말
하는 것은 쉽지 않은 일이다. 예술가와 마찬가지로 탁월한 설계자들은
기존에 있던 것이나 주류를 거부하는 본능이 있어서 이들의 구축물을
양식이라는 틀에 가두어두기가 쉽지 않기 때문이다. 그럼에도 우리는
어떤 구축물을 이오니아라거나 로마네스크, 르네상스 또는 바로크라
고 말하는 데 익숙해 있다. 미시적으로는 설계자에 따라 많은 차이가
있지만 거시적인 측면에서 확인되는 공통점을 찾을 수 있기 때문이다.
이러한 관점에서 그리스 시대부터 현재까지 조금씩 변화해온 다리 짓
기의 사조를 살펴보면 어떨까.

유로화에 그려진 다리들

유로화, 다리로 유럽을 상징하다

유로화에는 다리가 그려져 있다. 강이나 해협, 바다로 나뉘어 있던 유럽을 하나로 잇는다는 점에서 다리와 같은 상징물이 또 있을까. 5유로에 그려진 다리는 이오니아 양식의 가르Gard 수로교다. 이 다리는 강을 가로지르는 3층의 아치 구조물로 당시의 모든 공학 기술이 집적된 최고의 결작이다. 10유로에는 석재와 벽돌로 홍예를 놓은 다리가 그려져 있다. 물살이 교각을 상하게 하지 않게 전면에 보강물을 설치한 모습이 이채롭다. 로마시대 테베레 강의 다리부터 프라하의 카를 교까지 교각을 보호하기 위한 방법으로 로마네스크 양식을 엿볼 수 있는 부분이다. 20유로에 그려진 다리는 고딕 양식이다. 두 개의 곡선이 만나는 중심부를 자연스럽게 솟아오르게 하여 고딕의 안정감과 아치의 조형미를 드러나게 했다.

50유로에는 조각상을 비롯해 중후한 장식물로 교각을 장식했던 르네상스 양식의 다리가 그려져 있다. 오랜 잠에서 깨어나 그리스·로마시대로의 회귀를 추구하며 문예부흥을 이끌었던 중세의 분위기가 느껴진다. 100유로에 그려진 다리도 다양한 무늬와 장식물이 설치되어 있지만 분위기는 좀 다르다. 화려함과 다양성, 여성적인 아름다움을 추구했던 바로크 시대의 유구遺構여서 그럴 것이다. 이외에도 200유로에는 19세기 철의 시대를 상징하는 강교가, 500유로에는 현재까지 가장 진화된 형태의 다리인 사장교가 그려져 있다. 이렇게 유로화에 그려진 다리를 살펴보면 시대별로 사조를 달리해 왔던 문명의 흐름을 읽을 수 있다.

고대 그리스의 세 양식

　도리아, 이오니아, 코린토스는 고대 그리스의 건축물을 분류하는 세 양식이다. 신전이나 다리와 같은 거대한 구축물은 물론 도자기, 장신구와 같은 생활용품에서도 이러한 구분은 유용하다. 가장 앞선 시기에 형성된 것은 힘을 중시하던 그리스인의 취향이 가장 잘 드러나는 도리아 식이다. 전체적으로 간결하면서도 안정된 구조를 갖추고 있어 남성적이라고 표현한다. 남아 있는 가장 오래된 유구는 기원전 7세기경 만들어진 올림피아의 헤라 신전이다. 이외에도 코린토스의 아폴론 신전, 아테네의 파르테논 신전을 들 수 있다. 파르테논 신전은 기둥이 굵고 받침이 없다. 중간부는 두툼하게 처리했지만 위로 올라갈수록 점점 가늘어지면서 안정된 형태를 취한다.[4] 기둥머리도 별다른 장식

왼쪽부터 도리아, 이오니아, 코린도스 양식

코린트 식 올림피아의 제우스 신전

이 없이 간결하게 처리되어 있다. 다른 양식과 유사점을 찾아볼 수 있는 것은 세로로 줄을 넣은 도랑뿐이다.

반면에 이오니아 양식은 화려하고 섬세하다. 도리아가 남성적이라면 이오니아에서는 여성적인 아름다움을 엿볼 수 있다. 이오니아인에 의해 시작된 이 양식은 기원전 7세기경 에게 해 연안 도시국가에서 처음 모습을 보인 뒤 그리스 전역으로 퍼져나갔다. 사모스의 헤라 신전이나 에페소스의 아르테미스 신전에서 볼 수 있는 섬세한 표현은 전형적인 이오니아 양식이다. 에게 해 연안을 비롯한 소아시아 지역이 오리엔트의 영향을 받아들이는 길목에 있었기 때문에 부드럽고 우아한 곡선을 중시하는 동양적 조형미가 가미되었을 것이다. 기둥을 보면 전체적으로 날씬하며 기둥머리에는 두루마리 서책 모양의 조각이 받쳐져 있다. 아테네의 에레크레온 신전[5]은 이오니아 양식의 절정으로 일컬어진다. 기원전 5세기경 완성된 이 신전의 백미는 기둥 자체를 여신상으로 조각한 방 구조다. 여신의 머리 위에 대들보가 있다는 게 좀 어색하긴 하지만 전체적으로 방 구조와 잘 조화를 이루고 있어 불안정한 느낌은 들지 않는다.

코린트 양식은 알렉산더의 동방 원정 이후 동·서양의 문화가 융합되던 헬레니즘 시대에 주축을 이루던 양식이다. 기원전 5세기 이전의 건축물에서도 부분적으로 볼 수는 있지만 건축물 전체에서 볼 수 있는 것은 판테온 신전 등 로마의 전성기에 들어와서다.[6] 코린트 양식은 기본적으로 이오니아 양식을 계승했지만 조형미가 한층 더 풍부하다. 기둥 두께도 훨씬 가늘어졌으며 기둥머리는 두루마리 서책이 아니라 사치스러울 정도로 화려한 조각으로 장식되었다. 무엇보다도 가장 큰 변화는 어떤 틀에 얽매이지 않으려는 자유분방함이다. 설계상에서도 구조적인 조건만 허락된다면 얼마든지 형식의 변용이 가능했다. 코린트는 로마시대 거의 모든 신전에 적용되었다. 르네상스와 중세시대 이후에도 빈번히 코린트식 건축물이 지어졌는데 이는 고정된 형식을 고집하지 않는 자유로움 때문이었을 것이다.

화려한 이오니아 양식

건축물에서는 기둥의 형태나 조형성 등으로 어떤 양식인지 판단하는 게 비교적 용이하지만 다리에서는 이렇게 말하기가 쉽지 않다. 그저 안정감과 미관성 또는 전체적인 형태를 보고 설계자의 의도를 판단해볼 수 있을 뿐이다. 사실 다리의 양식이 무엇인가는 설계자 입장에서 그리 중요한 사항이 아니다. 설계자의 가장 중요한 관심은 주어진 지형 조건에 맞는 구조물을 어떻게 중력에 저항할 수 있게 하느냐는 것이기 때문이다. 차후에 공사 기간이나 미관과 경비 등을 고려하지만 양식은 애초부터 관심 사항이 아니다. 대체로 보면 설계자가 선택하는 양식은 설계자의 의도라기보다는 그가 작업하는 시대와 공간을 에두르고 있는 도시 환경과 사회적인 분위기에 의존하는 경향이 짙다.

가르 수로교는 로마의 구축 기술이 절정에 올랐던 기원전 12년에 만들어진 다리로, 기술과 예술적 감각을 한눈에 볼 수 있는 아치교의 백미다.[7] 당시까지 지어진 다리를 보면 대부분 안정성을 위하여 아치의 폭보다는 교각을 두껍게 하고 별다른 장식은 보이지 않는다. 그러나 가르 수로교는 홍예석 하나하나까지 섬세하게 배치하고 조형성을 위해 교각 윗부분에 돌을 살짝 도드라지게 했다. 3층 구조 중 가장 아래층은 급류의 영향을 적게 받도록 하기 위해 구조적 안정성에 집중했다.

그러나 2층과 3층은 아름다움을 드러내기 위한 문양과 조형성을 다양하게 드러내고 있다. 가르 강의 수로교를 이오니아 양식의 다리로 구분하는 것은 이 때문이다. 높이가 49미터에 이르고 길이도 275미터나 되는 다리를 설계하면서 이렇게 세세한 부분까지 신경을 썼다니 설계자의 섬세함이 느껴진다.

로마네스크 양식

로마네스크는 로마와 유사하다는 뜻으로, 로마시대부터 이어진 기법을 따르면서 중세 비잔틴과 게르만, 이슬람 등 모든 전통이 가미된 화려한 양식을 말한다. 로마네스크 양식은 8세기부터 고딕 양식이 시작되기 전인 13세기까지 약 5세기 간 유럽 각지에 걸쳐 유행했다. 가장 큰 특징은 기둥 위에 놓인 반원형의 아치다. 원형 지붕은 돔dome으

로마네스크 풍의 아치들

로 올릴 수 있지만 건축물이 사각형일 경우 돔을 그대로 올릴 수가 없다. 그래서 반원통이 서로 관통되었다고 생각할 때 나타나는 형상으로 지붕을 만들었다.

로마네스크의 또 하나의 특징은 돔의 무게를 안정시키기 위한 벽체의 형태다. 아치는 아래로 향하던 무게를 옆과 아래로 나누어 지지토록 한 구조다. 이러한 분담이 다리에서는 측벽의 교대로 자연스럽게 전달되지만 건축물은 옆에서 막아줄 만한 지지대가 없다. 이 때문에 로마네스크 양식의 건축물은 창문이 거의 없는 두꺼운 벽체와 굵은 기둥이 많아질 수밖에 없었다. 벽체는 지금의 벽돌집처럼 작은 석재나 벽돌 사이에 모르타르를 넣어 쌓았다. 벽체 표면을 화려한 아치 조형물과 필라스터Pilaster[8] 장식으로 가득 채운 것은 두툼한 벽체의 단조로움을 피하기 위해서였을 것이다. 영국의 런던 탑과 다리, 이탈리아의 피사 대성당은 이러한 특징을 잘 보여준다.

로마네스크 양식은 8세기 이후에 나타났지만 다리의 구조는 로마시대에 놓인 테베레 강의 다리에서 살펴볼 수 있다.[9] 테베레 강의 섬을 잇는 케스티우스 다리는 기원전 27년경 만들어졌다. 처음 세워질 당시는 2개의 반원형의 아치를 세우고 그 사이는 조그만 석재를 시멘트 모르타르로

테베레 강의 케스티우스 다리

쌓아나갔다. 만들어진 이후 잦은 홍수로 보수가 이루어졌지만 전체적인 형태는 2000여 년이 넘도록 그대로 유지되고 있다.[10] 로마시대 테베레 강에는 모두 11개의 다리가 있었다. 현재 남아 있는 다리는 다섯 개뿐이지만 로마네스크 양식을 살펴보는 데는 어려움이 없다. 중세시대 만들어진 로마네스크 양식의 다리로는 네덜란드와 벨기에 사이를 흐르는 뫼즈 강의 마스트리흐트 다리와 이탈리아 베로나에 있는 아디제 다리를 들 수 있다.

중세의 고딕 양식

고딕이라는 말은 고트족의 문화라는 뜻이다. 유럽인이 쓰는 고트라는 표현은 중국이 자신 이외 모든 민족을 오랑캐라고 부르던 것과 비슷하다. 고딕이라는 말도 이후 르네상스 화가들이 그 이전 시대를 저급하게 바라보기 위해 붙인 이름이기 때문이다. 고딕 양식의 특징은 뾰족한 아치와 길고 화려한 창문이다. 중세사회 전체가 종교적인 아우라에 에둘려 있었기 때문에 도시의 모든 구축물은 신앙심과 깊이 관계되어 있었다. 이를테면 높은 첨탑과 뾰족한 아치, 긴 창문은 신을 향한 염원으로 볼 수 있다. 건축물 자체의 분위기는 무겁고 어두웠지만 신의 현현을 위한 창문만큼은 화려한 스테인드글라스로 만든 것도 같은 이유다.

뾰족한 아치는 다양한 방법으로 만들어질 수 있다. 원형의 돔을 정방형의 지붕으로 바꾸면서 로마네스크에서는 반원통을 직교시켰지만 고딕 양식에서는 마주보는 대각선을 잇는 방법을 생각해냈다. 마주보는 대각선을 아치로 이으면 4개의 단면에는 뾰족한 아치[11]가 만들어진다. 또 하나의 특징은 마주보는 대각선에 놓인 아치의 지점을 기둥만으로 지지한 것이다. 이 덕분에 두툼한 벽체가 불필요해지자 더 많은 창문을 낼 수 있었고, 스테인드글라스 창문으로 쏟아져들어온 빛으로 실내가 한층 밝아질 수 있었다.[12] 13세기에 지어진 파리 생트 샤펠 성당은 내부 높이가 30미터에 이르지만 거의 모든 벽이 스테인드글라스로 되어 있어 밝고 화려하다. 이외에도 고딕 양식을 대표하는 건축물로는 파리의 노트르담이나 사르트르 대성당을 들 수 있다.

고딕 양식의 대표적인 다리로는 프랑스 로트 강에 놓인 발랑트레 다

생트 샤펠 성당의 아치

산마르틴 교 일러스트

알칸타라 교

리를 들 수 있다.[13] 다리 위에는 높이 40미터에 이르는 탑 3개가 놓여 있는데 이는 방어 목적으로 지은 것이다. 교각을 중간에 배치하고 교각 사이에 4개의 아치를 놓아 안정성이 뛰어나 보인다. 100년에 걸친 영국의 공격을 버텨내 100년 전쟁의 상징물로 불리는 것도 우연은 아니다. 스페인 톨레도의 타호 강에도 중세시대에 만든 고딕 풍의 다리가 있다. 산마르틴 교[14]라고 불리는 이 다리는 아치의 폭이 40미터에 이를 정도로 크며 다리 양쪽에는 방어용 탑이 높이 솟아 있다. 타호 강에는 산마르틴 교 외에도 알칸타라 교라는 오래된 다리가 있다. 로마시대 트라야누스 치세[15]에 만들어진 다리로 아치 형태로 보면 로마네스크 풍에 가깝지만 다리 입구의 탑을 비롯해 전체적인 형태에서는 이슬람 양식도 엿보인다.

신에게서 벗어나라, 르네상스

로마네스크가 기술적인 측면에서 로마의 기법을 차용했다면 르네상스는 아예 그 이전의 그리스·로마 시대로 되돌아가자는 문화운동이다. 물론 단순한 회귀가 아니라 그리스·로마의 문화를 토대로 한 인간 중심의 새로운 문화를 창조한 것이다. 기독교 공인 이후 종교가 짓눌러온 1000여 년 동안 유럽은 신 중심적인 사고가 모든 것을 지배했다. 르네상스 시대의 작가나 화가들은 이 기간을 모두 야만의 시대라고 부르며 암울한 분위기에서 벗어나기 위해 애썼다.

이탈리아에 의해 시작된 르네상스는 처음에는 문예 중심으로 펼쳐졌지만 이후 유럽의 거의 모든 분야에 영향을 미쳤다. 건축에서 나타나는 가장 큰 특징은 고대 그리스에서 시작된 이오니아 양식과 코린트 양

식의 화려한 재현이다. 단조롭고 둔탁한 느낌을 주던 기둥은 다시 다양한 문양이 더해졌다. 이와 함께 건축물의 안과 밖을 화려하게 장식한 조각에서도 르네상스의 특징을 엿볼 수 있다. 그리스·로마의 고전적인 토대 위에 인간 해방과 합리적인 사고로 무장한 건축가들은 이렇게 15세기 이후 도시를 화려하게 바꾸어나갔다. 건물 전체가 하나의 조각품이라고 부를 만한 두오모 성당은 르네상스를 대표하는 건축물이다.

베네치아의 리알토 다리는 르네상스 시대를 대표하는 다리다. 베네치아 운하에는 12세기경에 만들어진 다리가 있었지만 몇 번의 붕괴 사고를 겪은 뒤 나무다리만 놓여 있었다. 리알토 다리가 만들어진 것은

16세기 말이다. 길이가 28미터에 이르는 아치 하나로 하부구조를 만들었는데 이를 지지하기 위해 다리 밑에는 수많은 나무 말뚝을 박았다. 무게를 지지하기에 유리하도록 거의 반원 가까이 아치를 놓던 이전과는 달리 리알토 다리는 곡선을 완만하게 했다. 다리 밑으로는 배가 통과할 수 있도록 중앙부를 솟아오르게 했는데 완만한 곡선의 아치와 교면의 경사 그리고 다리 밑 공간의 조화가 적절하게 이루어져 통행의 편리와 안정성을 동시에 얻고 있다. 다리 위에는 아름다운 아치 포르티코[16]로 지붕을 만들었다.

바로크, 여성적인 아름다움을 찾다

바로크 하면 먼저 헨델과 바흐를 떠올리게 된다. 반복과 규칙에서 벗어나 자유롭게 변주되는 바로크 음악이 귀에 익었기 때문일 것이다. 르네상스에서 한 발자국 더 나가 화려한 변화와 다양성을 추구했던 바로크 양식의 특징은 건축물에서도 찾아볼 수 있다. 합리나 규칙에 연연하지 말고 보여줄 수 있는 모든 것을 마음껏 과시하라는 바로크의 캐치 프레이즈는 베르사유 궁전에 집약되어 있다. 50년에 걸쳐 건축가, 실내 장식가, 정원 예술가를 총동원하여 지은 호화스러운 궁전과 정원 장식물을 보면 인간이 보여줄 수 있는 모든 것을 다 모아놓은 듯하다.

퐁 네프 다리에서 바라본 파리 전경
니콜라 장 밥티스트 라그네(Nicolas-Jean-Baptiste Raguenet (1715~1793)의 작품이다.

파리의 퐁 네프Pont Neuf 다리는 바로크 분위기가 잘 느껴지는 다리다. 가장 오랫동안 센 강을 지켜온 유서 깊은 다리지만 지금의 모습은 1607년에 다시 지어진 것이다. 흰 석재를 아치 형태로 쌓아 만들고 중앙에는 앙리 4세의 동상을 세웠다. 반원형의 아치는 물론 교각부와 난간도 세심한 조각이나 가스 등 철물로 치장했다. 르누아르의 그림에서 아름답게 차려 입은 파리지앵들이 흰 다리 위를 거니는 모습을 보면 바로크 양식이 왜 파리에서 시작되었는지 고개가 끄덕여진다. 러시아의 상트페테르부르크는 도시 자체가 바로크 양식으로 지어졌다고 해도 과언이 아니다. 도시를 가로지르는 운하에는 400여 개의 다리가 놓여 있는데 하나같이 석재의 조형이 뛰어나고 아름다운 조각으로 채워져 있다. 가장 아름다운 거리로 손꼽히는 네바 강변의 건축물 역시 다양한 석물과 조각으로 화려함을 뽐내고 있다.

철의 시대, 남성적인 아름다움을 찾다

돌은 안락한 집, 쇠는 전쟁을 위한 무기라는 이분법적인 사고는 우리의 유전자에 뿌리 깊이 박혀 있는 듯하다. 구스타프 에펠이 파리 중심에 철탑을 세웠을 때 많은 예술가의 저항을 받았던 것은 석기시대 이후 줄곧 우리의 고정관념을 형성해온 돌과 쇠의 대립된 구도에서 비롯된 것이 아닐까 싶다. 어쩌면 그들의 저항은 인간에게 너무 많은 쇠가 주어졌다는 것에 대한 불길한 예감 때문이었을 것이다. 공교롭게도 제2의 철기시대로 불리는 산업혁명 이후 세계는 끊임없이 광포한 전쟁에 시달려야 했으니 말이다. 유사 이래 쇠가 무기의 재료였던 것은 틀림없는 사실이고 현대에 들어와서도 총포, 군함, 전차 등 강력한 무

비스카야 철교

기들은 모두 쇠로 만들어진다.

하지만 20세기에 들어와서 철의 가장 큰 용도는 도시 문명을 잉태하는 것이었다. 고층 빌딩의 골조는 물론 기차와 자동차를 만들고 다리와 철도를 놓는 데 쇠는 가장 중심적인 재료가 되었다. 그중에서도 가장 눈부신 분야는 협곡이나 강은 물론 웬만한 바다까지 가로지를 수 있게 된 다리 분야가 아닐까 싶다. 19세기부터 시작된 철의 혁명은 다리의 모습을 그 이전과 이후로 확실히 나누었다. 1893년에 완성된 스페인의 비스카야 철교는 형식이나 구조에 있어 패러다임을 바꾸는 다리였다. 160미터에 이르는 현수교도 놀랍지만 45미터 높이에 매달린 곤돌라로 사람과 짐을 운반하는 형식도 이전에는 볼 수 없었던 양식이다.

이후 돌을 이용해 쌓던 다리는 거의 모두 철근 콘크리트로 바뀌었고 어느 정도 다리가 길어지면 강선을 이용한 현수교나 사장교로 놓게 되었다. 유럽과 아프리카를 가르던 지브롤터 해협도, 아시아와 유럽을 가르던 보스포루스 해협도 더 이상 장애물이 아니었다. 지금은 마음만 먹는다면 자동차를 타고 지중해를 한 바퀴 돌아올 수 있다. 물론 배로 갈아탈 필요가 없다. 아시아, 유럽, 아프리카를 하나로 이어보려는 인류의 오랜 꿈이 이루어진 것이다. "모든 게 가능하다, 가능하니까 한다"는 초현실주의의 전언이 20세기를 뒤덮은 것도 우연은 아니다.

우리나라의
다리

공무도하 공경도하 공타하사 당내공
하……
애틋하다. 해마다 반복되는 장마로 얼
마나 많은 사람이 휩쓸렸을까. 하지만
다리를 놓을 수는 없었다. 외침이 잦았
던 이유도 있지만 지형상 여름 한 철 휩
쓸고 지나가는 홍수를 고려할 만한 다
리를 짓는 게 어디 쉬운 일이었겠는가.

우리나라에서는 어디를 가든 산과
들, 개울을 볼 수 있다. 산·내·들의 순서가 바뀌거나 개울이 강으로 커
지고 산이 구릉으로 낮아지기도 하지만 어딜 가든 눈앞에 펼쳐지는 풍
경은 비슷하다. 때로는 들판이 길게 이어져 바다에 이르기도 한다. 「메
밀꽃 필 무렵」에서 봉평장으로 가는 왼손잡이들도 개울을 건너고 언덕
과 들판을 가로질러 걷는다. '꽃이 핀 마을은 어디든 고향 같다'는 시구
에 고개가 끄덕여지는 것도 고향처럼 낯익은 풍경이 우리 가슴에 깃들
어 있기 때문일 것이다. 우리의 걸음 역시 그 풍경을 따라 이어진다. 산
길과 들길 그리고 물을 건너는 과정을 몇 번 거치면 목적지에 닿을 수

화홍문의 홍예

있다.

그런데 이상한 게 하나 있다. 어딜 가든 개울과 하천이 지천인데 왜 다리를 놓지 않았을까.[17] 한양에는 모두 86개나 되는 다리가 있었지만 거의 사대문 안에 지어진 것이다. 왕궁이나 관아가 있던 도읍을 조금만 벗어나도 다리는 찾아보기 힘들다. 미내다리, 농다리, 원목다리 등 오래된 다리가 있긴 하지만 전국에 산재한 하천을 생각해보면 턱없이 적다. 고작해야 징검다리나 흙다리뿐이다. 기술이나 재료의 문제는 아닌 듯하다. 어딜 가든 질 좋은 화강암을 얻을 수 있었고 돌을 다루는 기술은 이미 삼국시대 이전부터 상당한 수준이었으니 말이다. 수표교나 광통교, 홍예교, 불국사와 같은 멋진 석조 구조물을 보라. 돌을 다듬는 솜씨가 얼마나 정교하고 섬세한가.

연암 박지원의 『열하일기』는 사신의 일원으로 중국 열하를 디너오며 적은 여행기다. 압록강을 건너는 것으로 시작되는 이들의 여정에서 눈에 띄는 것은 물을 건너는 것의 어려움이다. 뱃사공을 기다리느라 시간을 지체하는 건 말할 것도 없고 비가 내려 물이라도 불어나면 사나흘 꼼짝 없이 묶일 수밖에 없다. 하루에 크고 작은 냇물을 아홉 개나 건너며 옷을 적시는 일도 허다하다. 『열하일기』가 쓰인 1780년 무렵은 영·정조의 안정된 치세였지만 물을 건너는 것만큼은 그 전 시대와 다를 바 없었다. 왕의 사신이 여행하는데 이 정도라면 평민들의 사정은 어떠했을까.

왜 다리를 놓지 않았을까

공무도하 공경도하 공타하사 당내공하……

애틋한 노래다. 죽방에 넋 잃고 앉아 물에 떠내려간 남편을 그리는 여인의 슬픔이 애절하게 느껴진다. 백수광부의 죽음은 음주가 문제였다. 잔뜩 마신 것도 모자라 아예 술병까지 옆구리에 끼고 물을 건넜다니 말이다. 하지만 해마다 반복되는 장마를 보면 수마水魔처럼 불어난 하천에서 얼마나 많은 사람이 휩쓸려 죽었을까 짐작이 간다. 왜 다리를 놓지 않았을까.

이유는 두 가지로 나누어 볼 수 있다. 하나는 자연적인 이유다. 우리나라는 장마철에는 큰 비가 와서 개울물이 불어나지만 다른 계절에는 평범하게 물이 흐른다. 불어난 물은 웬만한 건 다 쓸고 지나가기 때문에 이를 견딜 만큼 튼튼한 다리를 짓는 건 쉽지 않았다. 하지만 다른 계절에는 몇 개의 돌을 놓은 징검다리나 나무다리만 걸쳐 놓아도 충분히 건널 수 있었다. 발을 적시지 않고 물을 건너는 데 아무런 불편이 없었던 것이다. 또 다른 이유는 앞 장에서 살펴본 것처럼 말이나 수레가 거의 없었기 때문이다. 말이나 수레가 보편적인 통행 수단이었다면 아무리 힘들다 해도 다리를 놓지 않을 수 없었을 것이다.

삼국시대 이전의 다리

중국과 대등한 관계에서 맞서 싸우던 고려시대 이전에는 말이나 수레 이동이 잦아 요소요소마다 많은 다리가 만들어진 듯하다. 하지만 해마다 여름철이면 빠른 물살이 쓸고 가는 하천의 특성상 지금 남아 있는 다리의 흔적은 많지 않다. 『삼국유사』에는 597년 신원사에 귀교라는 다리를 놓았다는 기록이 있다. 신원사는 경주 오릉 근처에 있던 절이다. 지금은 절도 다리도 사라지고 없지만 교각으로 쓰였던 것으로 보이는 돌들이 개울 근처에 흩어져 있다. 고구려시대 다리로는 안학궁[18]에 만들어진 목교를 들 수 있다. 이 다리는 석재 교각 위에 교목을 이용해 상판을 만들었다. 지금은 유구[19] 흔적만이 남아 있다. 구제궁[20]에도 청운교, 백운교가 있었다고 하지만 지금은 볼 수 없다.

백제시대 만들어진 다리[21] 역시 찾아보기가 쉽지 않다. 비운의 역사를 간직한 탓에 제대로 된 사료가 남아 있지 않은 까닭도 있을 것이다. 당나라 소정방은 백마강에서 용을 낚았는데 그 강이 떨어진 곳이 사근다리 옆이라는 이야기가 전한다. 전설에 나올 정도라면 제법 규모가 있는 다리로 보이지만 역시 흔적도 없다.[22] 하지만 익산 미륵사지에 남아 있는 유구를 보면 백제에도 적지 않은 다리가 만들어졌을 것으로 보인다. 미륵사지 다리[23]는 석재 교각 위에 목조 상판을 얹었다. 다리를 만든 목적은 절의 강당과 승방을 연결하기 위해서였나. 이렇게 건물과 건물을 잇는 회랑에 다리가 놓인 것을 보면 궁전이나 사찰을 만들 때 다리가 일반적으로 만들어졌음을 알 수 있다. 백제의 노자강이 일본에 건너가 다리 짓는 법을 전해주었다는 기록은 당시 백제의 다리 기술이 상당한 수준이었음을 미루어볼 수 있게 해준다.

해와 달을 상징하는 경주의 두 다리

통일신라시대는 우리나라 역사를 통틀어 가장 눈부신 황금기가 아닐까 싶다. 삼국전쟁에서 해방되고 당나라까지 물리치면서 자신감이 생긴 신라는 이후 서역을 비롯한 세계의 문물을 주도적으로 수용했다. 이 시기에는 불국사나 석굴암 등 뛰어난 건축물도 많이 만들어졌다. 남아 있는 당시의 건축물은 많지 않지만 불국사만 봐도 기하학적

복원 중인 월정교

인 배치와 석재를 다듬는 기술, 구조 설계에 있어 흠잡을 데가 없다. 월
성의 남쪽으로 흐르는 문천[24]에는 760년경 일정교, 월정교 두 다리가
지어졌다. 월정교가 있던 곳에서는 불에 탄 목재와 기와가 출토되어 누
각을 얹은 다리였던 것으로 보고 있다. 월정교 터에서 발견된 기초석
은 폭이 2.8미터, 길이가 13미터에 이르며 교대의 폭도 기초폭과 같은
13미터였다. 현대의 4차선 교량과 같은 규모다. 문천은 토함산에서 시
작되어 월성과 형산포를 거쳐 동해로 빠져나가는 하천이다. 호남·경기
에서 거두어들인 조곡이 문천을 거쳐 왕궁에 이렀다는 기록을 보면 당
시에도 하천의 폭이나 깊이가 꽤 되었음을 알 수 있다.

두 다리가 지어지기 전에도 문천에는 오래된 다리가 있었다는 기록
이 전해진다. 『삼국유사』에 나오는 설총의 탄생과 얽힌 다리다. 남산에

507

일정교의 기초 흔적

다녀오던 원효는 다리를 건너다 물에 빠졌다. 옷을 말리기 위해 요석궁에 들어간 원효는 공주와 정을 나누었는데 이로써 설총을 낳게 되었다는 이야기다. 하지만 문천교가 언제 만들어졌는지, 돌다리인지 나무다리인지는 알 수 없다. 다만 다리를 건너던 원효가 마주오던 이를 피하려다 물에 빠졌다는 것을 보면 규모는 그다지 크지 않았을 것으로 보인다.[25] 일정교와 월정교는 문천교를 대신하기 위해서 만들어진 다리로, 해와 달을 상징하는 두 다리의 이름[26]에서 알 수 있듯이 왕궁 주변의 길을 정비하면서 계획된 것으로 보인다. 일정교는 남산과 경주 외곽그리고 월정교는 토함산과 왕궁의 서쪽 지역을 연결했다.

두 다리는 신라시대는 물론 고려를 넘어 조선시대까지 사용되었다. 최근 다리를 지탱하던 유구와 교각으로 사용된 석주가 발견되었는데 이를 토대로 보면 교각까지는 석물로 받치고 상판은 나무를 깔아 만든 다리였음을 알 수 있다. 그 위에는 화려한 누각을 올려 회랑을 만들었다. 교각은 모두 화강암을 퇴물림식[27]으로 쌓아올려 안정되게 했다. 특히 다리 양안의 지반을 지지할 수 있도록 교대와 날개벽까지 화강암을 넓게 쌓았다. 두 다리 모두 규모나 형식에서 우리나라를 대표할 만한 다리다.[28] 민간에서 만들어진 다리로는 옥천의 청석교가 있다. 폭은 2미터 남짓하고 길이는 7미터가 안 되는 짧은 다리다. 바닥에 유구 역할을 하는 장대석을 받치고 돌기둥과 널다리를 놓아 만들었다. 신라 문무왕 때 만들어졌다고 하나 그 시기를 알 수 있는 사료는 없다.

고려, 개성의 다리

고려시대에는 도읍을 개성으로 옮기고 궁성을 정비하는 과정에서 많은 다리가 만들어졌다. 개성은 송악산과 용수산, 진봉산이 외곽을 두르고 있어 구릉과 계곡이 많은 지형이다. 궁성 주변으로도 두 개의 하천이 흐르고 있어 다리가 많아질 수밖에 없었다. 성안에는 정몽주의 피살로 유명한 선죽교와 함께 지형에 따라 여러 개의 다리가 있었다. 성 밖에는 광화교, 정지교, 부산교 등 20여 개의 다리가 있었다. 특히 만월대 양옆에 있는 중대교와 만월교는 주변 풍경과 잘 어울리는 아름다운 다리였다. 보정문 곁에는 만부교가 있었는데 이 다리는 나중에 낙타교라고 불렸다. 글안국[29]에서 보내온 낙타를 이 다리에 묶어두고 굶어 죽게 해서 붙여진 이름이다. 고려의 형제 나라인 발해가 글안에 의해 멸망하자 이에 대해 앙갚음을 한 것이다.

개성에는 이렇게 많은 다리가 있었지만 지금까지 남아 있는 다리는

선죽교(개성)

정몽주의 비화가 담긴 선죽교뿐이다. 선죽교는 교각과 상판 모두 화강암을 다듬어 만든 돌다리다. 규모는 작지만 선죽교는 당시 개성에 만들어진 다른 다리를 유추해볼 수 있는 중요한 다리다.[30] 선죽교 아래에는 좌견교라는 돌다리가 있었다고 전해진다. 정몽주는 죽기 직전 이 다리를 건너 선죽교까지 갔다. 좌견교에는 북한산과 관련한 일화가 전해진다. 맑은 날 북한산에 오르면 개성을 볼 수 있듯이 개성에서도 서울의 북한산이 보인다. 산의 높이가 곧 힘을 상징한다고 믿던 시절에 송악산보다 더 우람한 산이 앞에 보인다는 것은 매우 께름칙한 일이었다. 이를 고민한 왕건은 쇠로 만든 12마리의 개를 좌견교에 세워놓았다. 북한산이 개성을 넘보지 못하도록 지키게 한 것이다.

자연스러운 것이 강하다

고려시대 남한에 남아 있는 다리로는 함평의 독다리[31]를 들수 있다. 함평은 서해와 목포, 나주를 연결하는 곳으로 해운과 육로의 중심이기도 했다. 다리가 놓인 고막은 삼국사기에도 나오는 오래된 지명이다. 독다리는 14세기경 영산강 지류인 고막천에 만들어졌다.[32] 사용된 돌은 무늬를 넣거나 다듬은 흔적이 없어 투박한 느낌을 준다. 상판은 목조 형식으로 정교하게 끼워 맞추었지만 사용된 재료는 모두 돌이다. 특이한 것은 대부분의 돌다리가 암반에 지지되는 것과 달리 독다리는 갯벌에 놓여 있다는 것이다. 이 때문에 교각이 세워질 자리에 미리 나무 말뚝을 촘촘히 박아 지반의 침하를 막았다. 독다리가 오랜 세월 비바람을 맞으면서도 지금까지 기능을 유지하고 있는 가장 큰 이유는 이 나무 말뚝 덕분이다.

함평 독다리

　진천의 농다리는 고려시대 초기에 만들어진 다리다. 멀리서 보면 그
저 돌을 쌓아놓은 듯이 보인다. 사용된 돌도 다듬거나 모양을 낸 것이
없고 크기에 따라 위아래로 자리를 잡고 있을 뿐이다. 그 위를 걷다보
면 삐걱거리는 돌도 있다. 하지만 이 다리는 1000년 가까이 원형을 유
지하고 있다. 어떻게 만들었기에 그 오랜 세월을 버틸 수 있었을까. 먼
저 눈에 띄는 비결은 자연스러움에 있다. 28개의 교각은 물 흐름을 방
해하지 않도록 타원형으로 쌓고 큰 돌과 작은 돌이 서로 맞물리게 했

다. 디딤돌은 장마가 올 때 물이 넘어가기 쉽도록 낮추었다. 큰 물살로 인해 몇 개의 돌이 유실되는 경우도 있었을 것이다. 하지만 장마가 지난 뒤 다시 올려놓으면 그뿐이었다. 자연스러움은 아름다울 뿐만 아니라 강하고 튼튼하다.

조선시대, 청계천의 다리들

조선시대에는 도성을 중심으로 꽤 많은 다리가 만들어졌다. 길을 만들고 다리를 짓는 규정이나 관리하는 관청도 지정되어 있었다.[33] 구한말 만들어진 자료를 보면 한양에는 모두 86개의 다리가 만들어졌다.[34] 대부분은 사대문 안이다. 다리는 물을 건너는 목적이지만 사대문에 조성된 다리는 명당의 조건인 배산임수를 구현하거나 구역을 나누는 경계 또는 조경의 목적으로 가설되었다. 궁궐 앞의 금천교禁川橋는 궁 안팎을 구분하는 경계의 의미로 만들어졌다. 경복궁의 영월교, 창경궁의 옥주교, 창덕궁의 김천교가 모두 금천교다. 정사를 돌보는 정전으로 들어가기 전에 사사로운 마음을 금천에 버리고 깨끗한 몸으로 건너라는 뜻에서 만든 것이다.

금천교뿐 아니라 도성 안의 다른 다리도 물을 건넌다는 실용적인 이유보다는 궁궐을 자연스러운 정원처럼 느껴지게 하려는 계획에서 만들어졌다. 다리를 도톰한 구름다리로 만들거나 석물에 많은 조각을 새긴 것도 이 때문이다. 경복궁의 향원정을 잇는 목교는 기초를 석재로 하고 상판은 목재로 만든 다리다. 향원정과 조화를 이루기 위해 난간의 조형미에 특히 신경을 쓴 듯하다. 이와 달리 청계천에는 조경이나 미적 감각보다는 실용성에 맞게 평석교[35] 형식으로 만들어졌다. 수표교는

경복궁 향원정의 목교

청계천의 광통교(1890년대)

1420년에 만들어졌는데 나무를 꿰어 맞추듯이 화강암을 정교하게 다듬어 만든 돌다리다. 원래 이름은 마전교였지만 뒤에 수위 측정을 위한 수표가 설치되면서 수표교로 불리게 되었다.[36] 광통교는 말 그대로 폭이 15미터나 되는 넓은 다리다. 하지만 하폭은 12미터로 좁았기 때문에 큰비가 올 때마다 다리가 유실되는 일이 잦았다.

광통교는 여러 차례 보수를 해오다가 2005년 현재의 모습을 되찾게 되었다. 뚝섬 어귀에 있는 살곶이 다리[37]는 근대 이전에 만들어진 다리 중에서 가장 긴 돌다리다. 길이는 76미터에 폭은 6미터다. 교각은 물의 저항을 덜 받게 하려고 마름모꼴로 세웠다. 특히 각 단면의 4개 교각 중 가운데 2개는 위아래 교각보다 낮게 만들었다. 이는 무게중심을 안쪽으로 쏠리게 하여 안정을 꾀하려는 목적에서였다. 공학적으로 보면 중앙의 무게를 양쪽으로 분산시키는 아치arch 원리를 역으로 이용한 것이라 할 수 있다. 이외에도 청계천에는 오간수교, 영미교, 관수교를 비롯하여 크고 작은 다리가 모두 24개나 있었다.[38] 자동차 길을 위해 하천을 덮으면서 많은 다리가 옮겨지거나 묻혀버렸지만 그나마 청계천 복원을 통해 일부라도 다시 볼 수 있게 된 것은 다행스러운 일이다.

홍예, 아름답고 강한 곡선

조선시대 불교는 좋은 대접을 받지는 못했지만 사찰에는 많은 다리가 만들어졌다. 불교에서 다리는 중요한 의미를 가진다. 부처의 나라를 상징하는 사찰에 가기 위해 다리를 건너는 것은 사바세계에서 피안으로 가는 도정이기 때문이다. 궁궐의 근정전으로 들어가기 전에 먼저 금천교를 건너야 했던 이유와 다르지 않다. 다리의 형식이 계단

선암사 승선교

이나 구름다리로 만들어진 것도 이와 연관이 있다. 물론 산에는 계곡이 많았기 때문에 실용적인 목적도 없지 않았을 것이며 돌을 구하기가 쉽기 때문에 자연스럽게 돌다리가 많이 만들어졌다. 돌다리는 긴 돌을 두 개의 교각이 받치는 평석교平石橋와 다리 밑을 곡선으로 만드는 홍예교虹霓橋로 구분된다. 홍예는 무게를 양쪽으로 분산시키는 아치[39]와 같은 말이다. 구조적으로 안정되면서도 우아한 곡선을 취하기 때문에 다리 공사는 물론 다양한 건축물에 적용된다. 조선시대 사찰에 만들어진 다리로는 선암사의 승선교, 송광사의 삼천교, 흥국사의 홍예교, 태안사의 능파교 등이 있다.

여천 흥국사의 홍예교는 한국적인 아름다움을 잘 드러내는 다리로 유명하다. 아치돌과 쐐기돌을 단단한 화강암으로 놓아 홍예 폭이 11미터가 넘는데도 안정감을 준다. 홍예교는 1639년 만들어진 이후 급류로 인해 부분적인 유실이 있기는 했지만 아직 아름다운 자태를 유지하고 있다. 승주 선암사의 승선교도 홍예 형식으로 만들어진 다리고, 홍예의 끝을 암반이 지지하고 있어 구조적으로도 안정되어 보인다. 선암사는 백제 때의 절이지만 다리는 1698년에 만들어진 것이다. 승주 송광사의 능허교는 누교 형식이다. 다리의 하부구조는 홍예석을 쌓아 만들었지만 위쪽에 누화각이라는 복도를 지어 건물 사이를 오갈 수 있게 했다. 이외에도 고성 건봉사, 곡성 태안사에도 홍예교가 있는데 이렇게 우아한 곡선으로 하부구조를 만드는 것은 사찰에서 다리를 만들 때 가장 많이 쓰던 형식이었다.

해자를 건너는 성곽다리

조선시대에는 드잡이라 불리는 사람들이 있었다. 이들은 성곽이나 다리를 지을 때 돌을 꿰어 맞추는 전문가였다. 궁성이든 집이든 모든 건축물은 땅 위에 기초를 다지는 돌일과 그 위에 집을 짓는 나무일로 나뉜다. 여기서 돌일은 드잡이공, 나무일은 도편수[40]의 역할이다. 길을 만드는 데는 인색했지만 성곽을 짓는 데는 꽤 심혈을 기울였던 조선에서는 기초를 다지고 돌을 꿰어 맞추는 드잡이의 역할이 중요하게 여겨졌다. 지금도 남아 있는 사대문이나 도성을 두르고 있는 성곽을 보면 이들이 얼마나 꼼꼼하게 일했는지 알 수 있다.

성 밖을 두르고 있는 해자를 건너거나 하천이 성을 관통할 경우 물길을 내기 위해 만든 성곽 다리에서도 드잡이의 솜씨를 엿볼 수 있다. 수원성 화홍문은 조선시대의 대표적인 성곽 다리다. 성을 관통하는 하천물이 잘 흐를 수 있도록 남북 양쪽에 다리를 만들었는데 지금은 북쪽 화홍문만 남아 있다. 화홍문 아래는 7개의 수문을 홍예로 만들고 그 위에 누각을 얹어 아름다움이 돋보이게 했다. 서울 성곽 세검정에도 홍제천을 건너는 홍예식 성곽 다리가 있었다. 이외에도 고흥 흥양읍성 홍교, 강진 병영성 홍교 등 지방관아가 있던 읍성에서도 성곽 다리를 많이 볼 수 있다.

민간에서 놓은 돌다리

도읍이나 성곽 사찰에는 주로 화강암을 이용한 돌다리가 만들어졌지만 민간의 다리는 흙과 통나무를 이용해서 만드는 경우가 많

강경 원목교

았다. 매년 반복되는 홍수 때문에 든든하게 만들기보다는 적은 수고로 쉽게 놓을 수 있는 다리를 만든 것이다. 그러나 사람들의 왕래가 잦고 물류가 많은 곳에는 돌을 이용하여 든든하게 만드는 경우도 적지 않았다. 강경의 미내다리는 길이가 30미터가 넘는 비교적 큰 규모의 돌다리다. 3개의 크기가 다른 홍예를 두어 가운데가 볼록하게 솟도록 했고, 홍예와 상판의 곡선이 어울리면서 아름다움을 드러내는 다리다.

원목다리는 미내다리와 가까운 곳에 있다. 규모는 16미터로 좀 작은 편이지만 홍예의 형태나 다리의 구조는 미내다리와 거의 흡사하다. 다리가 만들어진 것은 조선 중기로 추정되지만 지금 볼 수 있는 것은 1900년에 다시 지은 것이다. 『춘향전』의 전설이 서려 있는 남원 오작교도 살펴볼 만하다. 다리 자체는 특별한 꾸밈이나 난간도 없이 평범하게 돌로 쌓아 만들었지만 그 곁에 광한루와 아름다운 연못이 어우러져 더 할 수 없는 운치를 자아낸다. 여기에 더해진 『춘향전』과 견우직녀의 전설은 다리 위를 천천히 걸어보고 싶게 만든다. 하지만 조선시대 역시 대부분의 하천에 놓인 다리는 큰 돌을 보폭에 맞게 놓은 징검다리나 통나무를 두세 개 엮고 나무를 세워 받친 다리 수준이었다.

현대의
다리

최첨단 교량, 현대 문명이 만들어낸 걸
작을 만나기 위해 굳이 외국으로 나갈
필요는 없다. 한강을 따라 걷기만 해도
거의 모든 종류의 다리를 볼 수 있기 때
문이다. 서강대교, 암사대교를 비롯하
여 올림픽대교, 성수대교, 한강대교, 원
효대교 등 30여 개의 다리는 공학적으
로 중요한 의미가 있다.

20세기는 문명의 모든 분야에서 인플
레이션이 일어난 시대다. 두 번의 세계대전과 종말로 치닫던 제국주의
로 인간은 말할 수 없는 상처를 입었지만 지난 한 세기에 이루어낸 기
술 과학의 업적은 실로 혁명과 같다. 데카르트 이후 철학의 궁극으로
여겨져온 인간의 존재와 인식론에 대해서도 과학은 어느 정도 답을 내
놓을 수 있게 되었다. 인간을 포함한 생명의 근원은 게놈Genome 프로젝
트에 의해서, 생각 또는 마음에 대해서는 뇌와 마음의 구조를 분석한
뇌과학[41]으로 설명하게 된 것이다.

우주와 시간에 대한 이해도 관측과 이론을 통해 한층 깊어졌다. 인

간이 만든 로봇은 화성을 돌아다니면서 흙과 공기를 분석하고 지구로 알려온다. 탐사위성은 목성이나 토성은 물론 명왕성의 표면과 태양계의 끝까지 가서 샅샅이 사진을 찍어 전송한다. 이러한 성과는 물론 놀랍다. 그러나 그 변화의 모습을 굳이 멀리서 찾을 필요는 없다. 우리가 사는 도시 구조와 실생활만 살펴봐도 피부로 느낄 수 있는 엄청난 변화를 볼 수 있으니 말이다. 그중에서도 20세기에 만들어진 거대하고 아름다운 다리를 보면 문명 공학[42]의 수혜를 가장 많이 입은 분야는 다리가 아닐까 싶다.

변화는 재료에서 시작된다

문명 공학의 변화는 늘 재료에서 시작된다. 돌이나 구운 벽돌 외에는 변변한 재료가 없었던 근대 이전 인간이 만든 건축물은 돌 자체의 무게를 견디는 데 급급할 수밖에 없었다. 이집트 장제신전이나 파라오 궁전에 놓인 두꺼운 기둥을 보라. 아부심벨 신전의 회랑을 보면 내부 공간의 거의 절반이 기둥이다. 그리스나 로마시대 건축물은 조금 더 단단한 돌을 사용해 기둥 면적을 줄일 수 있었지만 사정은 별반 나아지지 않았다. 무거운 돌을 지붕이나 상판으로 쓰면서도 홍예를 이용해 기둥 사이를 넓힐 수 있었던 것은 그나마 다행스러운 일이지만 과거의 장인들은 모두 재료의 한계와 싸워야 했다. 화산재와 돌조각을 섞은 콘크리트가 있기는 했지만 무게를 받치는 용도로는 사용하기가 어려웠다. 지금은 콘크리트의 강도를 거의 쇠만큼 단단하게 만들 수도 있지만 당시의 콘크리트는 그리 단단하지 못했기 때문이다.

그러나 20세기에 들어오면서 급격하게 발달한 재료의 혁명은 단숨

인천대교

서강대교

에 도시 문명을 바꿔놓았다. 철근과 시멘트를 결합한 콘크리트로는 수 백 미터가 넘는 고층 건물과 교량을 지을 수 있었다. 탄소를 이용해 단 단하게 만든 강재는 다리는 물론 탑이나 건축물의 외형을 자유자재로 지을 수 있게 해주었다. 최근에는 강철보다 수십 배 강한 탄소섬유까지 구조재로 활용함으로써 더 가볍고 거대한 구조물을 짓는 것도 가능해 졌다. 그중에서도 콘크리트나 강재, 고강도 탄소섬유 등 강력해진 재료 의 수혜를 가장 많이 본 것은 다리다. 기술적인 면에서도 첨단을 달리 고 있지만 미학적으로도 그렇다. 덕분에 20세기 이전에는 상상할 수 없 었던 놀라운 다리들이 세계 곳곳에서 지어지고 있다.

첨단의 다리를 보려면 한강을 따라 걸어라

한강을 따라 걷기만 해도 거의 모든 종류의 다리를 볼 수 있다. 현수교인 서강대교, 암사대교를 비롯하여 사장교인 올림픽대교, 강재 트러스교인 성수대교와 한강대교, 이어치기 공법으로 만든 원효대교, 밀어내기 공법으로 만든 행주대교 등 한강에는 공학적으로 중요한 의미가 있는 30여 개의 다리가 놓여 있다. 특히 서울과 공항을 연결하는 방화대교는 아치·트러스Arch·truss라는 구조를 이용하여 비행기의 이착륙을 형상화했다. 다리가 단지 구조적인 안정이나 기능만 충족하는 게 아니라 뛰어난 디자인을 통해 도시 미관을 형성한 것이다.

내륙을 가로지르는 고속철도나 남·서해안까지 눈을 돌리면 규모가 훨씬 크거나 모양이 다른 다리를 어렵지 않게 만날 수 있다. 우리나라는 다리에 있어서도 세계적인 설계 기술과 시공 능력을 보유하고 있다. 바다에 다리를 놓는 건 아주 어려운 일이다. 이를 지을 만한 능력을 갖춘 나라도 몇 안 된다. 사천시의 초양도와 모개도를 잇는 초양대교는 '한국의 아름다운 길'에서 대상을 수상할 만큼 환상적인 다리다. 바다 양쪽에 지지대를 만들고 한 쌍의 강재 박스로 아치를 두어 마치 무지개가 떠 있는 느낌을 준다. 이외에도 인천대교, 거가대교, 영종대교 등 바다를 가로지르는 다리는 교량 강국의 면모를 유감없이 보여준다.

산악이 많은 우리나라에는 산과 산을 연결하는 깊은 계곡[43]에 다리가 많다. 하늘 아래 첫 다리라고 불리는 횡성대교나 충주호를 가로지르는 단양대교는 교각의 높이가 100미터에 이른다. 서울 외곽을 두르고 있는 순환고속도로와 고속철도는 태반이 다리를 놓아 만들었다. 근세 이전까지는 강은 물론 하천이 조금만 깊어도 엄두를 내지 못하던

초양대교

우리나라가 어떻게 세계적인 교량 강국이 되었을까. 한마디로 그 모든 변화는 자신감에서 비롯된다는 것을 보여준다. 로마의 역사를 보면 세력이 뻗어나갈 때는 길을 만들었지만 힘을 잃었을 때는 길 대신 성을 쌓았다. 즉 힘이 약하면 성을 쌓고 강하면 길을 만드는 것이다.

다리 짓는 방법들

근대 이전 다리는 상판의 재료가 무엇인지에 따라서 구분되었다. 즉 넓고 긴 돌로 널을 놓으면 돌다리, 송판이나 통나무를 놓으면 나무다리, 통나무 위에 뗏장과 흙을 덮으면 흙다리가 되었다. 상판을 지지하는 기둥은 나무든 돌이든 상관이 없었다. 하지만 지금은 정

반대다. 지금은 거의 모든 상판이 콘크리트로 지어지기 때문에 재료가 무엇인가는 별로 의미가 없다. 그래서 이 무거운 상판을 어떻게 올려놓느냐, 어떻게 지지하느냐에 따라서 다리의 종류가 결정된다. 강 가운데 높은 기둥을 세우고 여기서 내린 줄에 상판을 매단 다리를 사장교라고 한다. 강 양쪽에 높은 기둥을 세우고 그 사이를 튼튼한 줄로 연결한 뒤 수직으로 줄을 내려 상판을 매단 다리는 현수교다.

또 하나의 구분법은 기둥 위에 상판을 올리는 방법이다. 고대부터 지금까지 이어져온 방법은 일정한 간격으로 기둥을 세우고 그 사이에 흙을 채운 뒤 무거운 돌을 끌어올리는 방법이었다.[44] 강화도나 고흥에서 볼 수 있는 선사시대 고인돌 역시 이렇게 흙을 쌓고 돌을 끌어올린 것이다. 그리스나 로마의 수많은 신전도 마찬가지다. 이 방법이 가장 정교하게 응용된 건축물로는 로마의 판테온 신전[45]을 들 수 있다. 짓는 과정을 보면 먼저 내·외부에 모래를 채워가면서 벽체를 쌓는다. 벽체가 완성되면 안쪽의 모래를 돔형으로 둥글게 만든 다음 여기에 거푸집을 대고 콘크리트를 치는 것이다. 콘크리트가 굳은 다음 모래를 치워내면 건축물의 멋진 모습이 드러난다.

밑받침FSM4[46] 공법은 이렇게 이어져온 흙 쌓기 방법을 응용한 것이다.

구덩이를 파고
받침돌을 세운다.

받침돌 윗부분까지 흙을 채우고
덮개돌을 끌어서 올린다.

주변에 채웠던 흙을
모두 제거한다

고인돌 올리는 방법

흙 대신 비계를 받친다는 것만 다를 뿐 원리는 고인돌 올리기나 판테온 신전과 다를 바 없다. 이 방법은 비교적 단순하고 쉽지만 다리가 높거나 물이 깊으면 쓰기가 어렵다. 이어치기$_{FCM}$[47] 방법은 기둥에서부터 양쪽으로 조금씩 콘크리트를 치면서 이어나가는 방법이다. 요즘은 다리 위에서 직접 콘크리트를 치는 대신 땅에서 만들어놓은 조각을 기중기로 하나씩 들어올려서 붙여나간다.

원효대교를 이렇게 지었는데 상판 아랫부분이 우아한 곡선으로 처리되기 때문에 특히 아름답다. 밀어내기$_{ILM}$[48] 방법은 강 양쪽 넓은 땅에 미리 상판을 만들어놓고 옆으로 밀어서 기둥 위로 올리는 방법이다. 행주대교가 이 방법으로 만들어졌다. 형틀밀기$_{MSSM}$[49] 방법은 기둥에 형틀을 걸쳐놓고 여기서 콘크리트를 치는 방법이다. 이 형틀은 기둥을 따라 계속 옮겨가기 때문에 구간이 긴 고속철도니 순환도로에서 많이 쓰인다. 이외에도 기둥 위에 상판을 올리는 방법은 많이 있지만 원리로 보면 여기서 크게 벗어나지 않는다.

트러스, 재료의 한계를 극복하다

기둥을 세우고 널을 얹는 형교는 돌이라는 재료의 무게와 길이·크기의 한계로 인해 큰 다리를 놓기가 어려웠다. 트러스는 이러한 단점을 보완한 기술이다. 도시에서 고층 빌딩을 짓는 데 쓰이는 타워크레인은 가는 강재를 삼각형으로 이어붙여 만든 것이다. 기둥 역할을 하는 타워는 물론이고 앞으로 쭉 뻗은 팔도 마찬가지다. 이렇게 만들어진 타워크레인은 까마득한 높이에서 무거운 물건을 쉽게 들어올리거나 옮길 수 있다. 어떻게 이렇게 큰 힘을 낼 수 있는 것일까. 그 이유

옆에서 밀었을 경우,

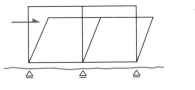

사각형은 쉽게 변형된다

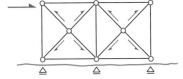

삼각형은 잘 변형되지 않는다

사각형과 삼각형 트러스의 차이

는 쇠라는 재료의 특성에 있다. 돌은 늘이는 힘에 약한 반면 쇠는 누르거나 늘이는 모든 힘에 대해서 상당히 강하다. 하지만 쇠도 한 가지 약점이 있다. 길어질수록 옆으로 휘려는 힘에는 약해지는 것이다. 영화 「라 스트라다」에서 차력사인 잔파노가 철근을 엿가락처럼 휘며 힘자랑하는 것은 이러한 약점을 이용한 것이다. 하지만 아무리 힘이 센 차력사라고 해도 철근을 잡아당겨서 끊는 묘기는 보일 수 없다.

트러스는 강재를 휘게 하려고 옆에서 가해지는 힘을 누르거나 늘이는 힘으로 바꾸어주는 기술이다. 일정한 크기의 강재를 핀[50]으로 연결하여 망을 짜면 가해지는 모든 힘은 누르거나 늘이는 힘으로 바뀌게 된다. 망을 사각형이 아니라 삼각형으로 짜는 것도 이 때문이다. 이렇게 휘려고 하는 힘이 잡아당기거나 누르는 힘으로 바뀌자 휨에 약한 문제가 보완될 수 있었다. 트러스로 짜인 망은 그 외부 단면만큼이나 튼튼하지만 들어가는 재료가 적기 때문에 훨씬 가볍고 경제적이다. 트러스 기술이 처음 사용된 것은 14세기부터다. 나무를 삼각형 격자 식으로 짜면 큰 힘에 저항할 수 있다는 사실이 알려지면서 무거운 것을

방화대교

일본 요코하마의 나미키 교

말레이시아 랑카위 보도교

들어올리는 장치나 건물을 짓기 위해 비계를 만드는 데 응용될 수 있었다.

트러스가 다리 기술에 이용된 것은 18세기 이후다. 기둥과 기둥 사이에 나무로 짠 삼각형 보를 얹자 수십 미터에 이르는 나무다리를 놓을 수 있었다. 하지만 본격적인 트러스 기술이 시작된 것은 강재를 사용하면서부터다. 한강에는 최근에 지어진 방화대교를 비롯하여 한강철교, 동호대교, 성수대교 등 트러스를 이용한 많은 다리가 있다. 과거에는 작은 L형강을 연결하여 만든 트러스교가 많았지만 최근에는 점차 두꺼운 강판이나 빔을 이용하여 단순하면서도 시각적인 아름다움을 얻는 트러스교가 많다. 한강의 방화대교나 일본 요코하마의 나미키 교 등이 그렇다. 말레이시아 랑카 위에 만들어진 파노라마 교는 허공에서 산의 경관을 조망할 수 있도록 산봉우리를 연결한 보도교다. 다리 기둥과 상판 등 주요 구조는 모두 강재를 삼각망으로 짜서 만든 트러스교다. 하지만 다리 전체 무게를 트러스 기둥에서 내린 강선으로 지지한다는 점에서는 사장교라고 볼 수도 있다.

다리를 바라보는 관점의 변화

최근에는 하나가 아니라 여러 공법이 함께 어울려 만들어지는 경우가 많다. 가령 올림픽대교는 상판을 지지하는 방법으로 보면 사장교지만 가설 측면에서 보면 이어치기 공법, 양끝 구간은 밑받침 공법으로 만들어졌다. 기차와 자동차 이중 교량인 청담대교는 주 공법은 강합성교[51]지만 강선에 매달린 하부 철도교는 현수교 기법이 적용된 것이다. 말레이시아 세리 강에 놓인 사우자나 교는 현수교와 사장교

말레이시아 사우자나 교

및 상·하부식 아치교가 혼합된 특이한 구조로 만들어져 있다. 지형 조건에 따라 하나의 다리도 구간을 나누어 여러 개의 공법이 적용되기도 한다. 서해대교나 인천대교처럼 긴 다리는 심해 구간과 육지와 가까운 구간 또는 하부로 배가 통행하는 구간 등을 나누어 각기 다른 공법이 적용되었다. 다리는 보통 완성된 상태에서 눈에 보이는 모습에 따라 현수교, 사장교, 아치교 등으로 부르지만 요즘처럼 모든 기술이 합쳐지는 점에서 보면 다리 공법을 구분하는 것은 상징적인 의미를 가질 뿐이다.

다리에는 무거운 것들이 얹힌다. 이 무게를 다리의 각 부분이 어떻게 지탱하는가라는 관점에서 보면 다리 구조를 이해하는 데 도움이 된다. 가령 올림픽대교 위로 자동차가 달려간다고 해보자. 자동차가 미치는 힘은 바닥을 통해서 양끝의 강선으로 전달된다. 이 힘은 다시 강선을 따라 탑 꼭대기로 올라간 뒤 주두부라는 곳에 모인다. 여기서 힘은 적당하게 분산되어 4개의 교각을 타고 물밑으로 내려오고 마침내 땅속 깊이 박혀 있는 말뚝에 의해 지반에 전해진다.

이 모든 과정은 거의 순간적으로 이루어지지만 정교한 힘의 흐름에는 빈틈이 없다. 무게나 속도가 다른 수백 대의 자동차가 동시에 달려간다고 해도 마찬가지다. 다리의 아름다움은 보통 눈에 보이는 형태로 말하지만 공학자가 보는 눈은 조금 다르다. 구조적인 아름다움이라고 하는 이 관점은 자동차가 달려갈 때 이로 인해 생겨난 힘이 얼마나 자연스럽게 다리의 각 부분으로 전달되고 지반으로 흘러 나가는가다. 그렇다고 해서 두 관점이 전혀 동떨어진 것만은 아니다. 자연스러움은 시각적으로만 아름다운 게 아니라 구조적으로도 아름답기 때문이다.

사라고사 서드 밀레니엄 교

아치,
다리의 진화를
이끌다

크레타 섬의 초기 아치에서 로마와 중세를 거쳐 현대 아치교에 이르기까지 다리 짓기 기술은 쉼 없이 변해왔다. 어쩌면 그 변화를 이끌어온 것은 곡선의 형태가 아닐까. 우리는 보통 직선은 강하고 견고하며 곡선은 부드럽다고 생각한다. 그러나 아치의 곡선은 부드러울 뿐만 아니라 강하고 우아하다.

홍예와 아치는 같은 뜻이다.[52] 최근에는 콘크리트나 강재를 둥글게 배치한 다리를 아치교라 부르고 돌을 둥글게 쌓은 다리는 예전대로 홍예교라 하지만 힘을 분산시키기 위한 구조적 원리는 마찬가지다. 규모나 재료만 좀 바뀌었을 뿐이다. 아치교는 차가 다니는 곳이 어디인가에 따라 세 가지 형태로 나뉜다. 아치 위쪽으로 차가 다니면 상로 아치교, 아래로 다니면 하로 아치교, 차로 상하부에 아치가 걸쳐져 있으면 중로 아치교라고 부른다.

돌 외에 변변한 재료가 없었던 고대부터 아치는 중요한 역할을 해왔다. 메소포타미아의 건축물에서 볼 수 있는 초기 아치는 돌을 삼각형 형태로 놓는 정도였다. 그러나 점차 우아한 곡선 형태로 돌을 배치하면서 석조 구조물의 중심적인 기법이 되었다. 서양의 건축 양식을 말할 때 아치 형태를 중심으로 사조의 설명이 가능한 것도 이 때문이다. 현대 교량의 발전을 이끈 것은 물론 재료의 변화지만 그 재료 효과를 가장 잘 이용한 것은 아치 기법이라고 할 수 있다. 아치의 변화는 바로 다리의 진보와 맥을 같이 한다.

아치의 원리

아치의 기본 원리는 힘의 분산과 전이다. 분산은 위에서 누르는 힘을 아래쪽에서만 바치는 것이 아니라 아래와 양옆에서 나누어 받친다는 뜻이다. 전이는 늘이는 힘을 누르는 힘으로 바꾸는 것이다. 기둥 위에 대들보를 놓고 위에서 누르면 보의 가운데를 기준으로 위쪽에는 눌리는 힘이, 아래쪽에는 늘이는 힘이 생긴다. 돌을 비롯한 대부분의 재료는 누르는 힘에는 잘 버티지만 늘이려는 힘에는 쉽게 깨진다. 돌을 세우고 위에서 누르면 큰 힘에도 견디지만, 옆으로 놓고 누르면 잘 부러지는 것은 이 때문이다. 기둥 위에 긴 돌을 올려놓는 형교를 만들 때 널돌이 깨지지 않게 하려면 기둥을 촘촘하게 놓아야 한다.

하지만 그림처럼 사다리꼴의 돌을 둥글게 배치하고 무거운 것을 올려놓으면 이 무게는 곡선을 따라 내려간다. 그리고 원 끝에 이르면 분산의 원리에 따라서 아래쪽과 옆에 있는 돌이 나누어 받친다. 이 때문에 훨씬 무거운 것을 올려놔도 다리가 잘 버틸 수 있다. 돌에 미치는 힘도 양쪽에서 누르는 힘으로 작용하기 때문에 돌이 견뎌내기가 한결 수월하다. 이러한 원리를 다리나 창문에 응용한 것을 아치, 터널처럼 길

단순교

아래서만 받침

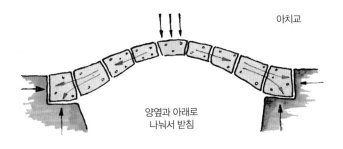

아치교

양옆과 아래로
나눠서 받침

단순교와 아치교의 비교

게 만든 것은 볼트, 성당의 천정처럼 둥글게 만든 것은 돔이라고 한다. 아치와 볼트, 돔은 늘이는 힘을 누르는 힘으로 바꾸어놓는다는 점에서 원리가 같다.

상로 아치교

아치교의 가장 기본 형태는 다리 밑을 둥글게 만드는 것이다. 고대에서 지금까지 변함없이 사용되는 방법이다. 단지 과거에는 돌 외에 달리 재료가 없었기 때문에 아치의 모양을 반원에 가깝게 만들어야 했지만 강도가 높은 콘크리트나 강재를 사용하는 지금은 약간의 곡선을 주는 것만으로도 아치의 효과를 충분히 얻을 수 있다. 로마시대 이

541

후 근대까지 만들어진 거의 모든 돌다리는 상로 아치교다. 때로는 상판의 아래쪽이 아니라 상판 자체를 둥글게 만들기도 한다. 이를테면 강경 미내다리처럼 구름다리로 만드는 것이다. 하부 아치를 비롯하여 다리 전체의 모양이 곡선의 형태로 지어지기 때문에 미관이 뛰어나다. 운하가 많은 베네치아나 네덜란드에는 가운데가 솟아 있는 구름다리가 많은데 이는 다리 밑으로 배가 다니는 데 어려움이 없도록 하기 위해서다.

강재를 이용해 만든 가양대교나 이어치기FCM 공법으로 지어진 원효대교는 아치교라고 부르지는 않는다. 그러나 다리 가운데를 얇게 하고 양끝은 두껍게 한 형태의 구조는 아치 효과를 얻을 수 있도록 하고 있다. 물론 가양대교나 원효대교의 아치 효과는 그리 크지 않다. 그러나

강경 미내다리

미국과 캐나다 사이 나이아가라 강의 레인보우 아치교

최근 사용되는 재료는 강도가 뛰어나기 때문에 이 정도의 굽힘만으로
도 다리의 안전성은 크게 높아진다. 캐나다와 미국 경계로 흐르는 나
이아가라 강 아치교는 양안에 걸친 하나의 아치에 수직재를 세워 상판
을 받친 다리다. 이전에는 아치와 상판 사이를 트러스로 짜는 경우가
많았지만 최근에는 이렇게 강재로 직접 받치기도 한다. 재료의 강도가
그만큼 커진 덕분이다. 전형적인 반원에서 벗어나 다양한 형태의 아치
교가 만들어진 것도 재료 강도와 무관하지 않다.

하로 아치교

상판을 평평하게 두고 그 대신 아치 형태의 둥근 강관이나 강
재 박스를 위쪽에 설치하는 방법이다. 다리 밑으로 배가 다녀야 한다
면 아치를 하부에 배치하기 어려울 때가 있다. 특히 홍수로 인해 10여
미터나 수위가 오르내리는 한강의 다리는 아래쪽에 충분한 공간을 만
들어주는 것이 필요하다. 이 때문에 다리 위쪽에 강관으로 아치를 만
들고 일정한 간격으로 강선을 내려 상판에 연결하는 하로 아치교가 유
리해진다. 이를테면 아치교와 현수교의 원리를 조합한 것이다. 한강에
상로 아치교를 설치하지 않는 것은 이러한 이유도 있다. 보통 하로 아치
교는 다리 밑의 공간 이용에 지장을 주지 않기 때문에 기존에 있는 길
위로 새로운 길을 계획할 때 많이 적용되는 방식이다.

하로 아치교는 고강도의 강재를 만들 수 있게 된 현대에 들어서 가
능해진 공법이다. 다리 위쪽으로 우아한 곡선이 놓이기 때문에 도시
미관상 많이 선호된다. 다리 양옆에 늘어선 직육면체의 건축물과 대비
될 때 직선과 곡선이 서로 잘 어우러지는 느낌이 든다. 하로 아치교는

544

대전 엑스포 아치교

우리나라에서 가장 흔하게 볼 수 있는 아치교다. 서강대교는 다리 양쪽에 경사지게 놓은 두 개의 아치가 다리 가운데서 만나게 한 경사형하로 아치교다. 상하이 엑스포를 기념하여 만든 루푸 교에 비해 규모는 작지만 구조적인 아름다움에 있어서는 대전 엑스포 다리도 눈여겨 볼 필요가 있다. 이 다리는 쌍곡선의 강재를 정교하게 배치하고 강선 역시 이상적인 각도로 배열하여 마치 분수의 물이 퍼져나가는 듯한 느낌을 준다.

상하이 루푸 대교

중로 아치교

가장 진화된 형태의 아치교는 중로 아치교다. 아치를 위쪽에 두면 하부 공간을 활용하기 좋고 경관도 아름답지만 아치가 높아질수록 짓기는 그만큼 어려워진다. 아치를 안정시키기 위해서 필요한 힘도 그만큼 커진다. 그러나 아치가 다리의 밑으로 반쯤 내려오게 하면 외부에서 작용하는 힘을 지탱하는 데는 아무런 차이가 없지만 내부적으로는 훨씬 안전하고 구조적으로도 유리해진다. 아치를 상판과 일체형으로 결합시키기 위해 좀더 세심한 설계가 필요하지만 다리의 상·하부가 우아하게 결합된 형태는 아치교의 백미라 할 수 있다.

한강에 놓인 중로 아치교로는 강재 박스를 이용한 암사대교와 강재 트러스를 이용한 방화대교가 있다. 2010년에 열린 세계 엑스포에 맞춰 중국 상하이에 건설된 루푸 대교Lupu Bridge[53] 역시 구조적인 측면에서는 중로 아치교에 속한다. 이 정도 규모의 아치를 하로 아치교 형식으로 만든다면 아무리 두껍게 교각을 세운다 해도 무게를 감당하기 어려울 것이다. 하지만 아치를 내려 양안 암반에 걸쳐놓음으로써 경제적이면서도 날씬한 다리를 만들 수 있었다.

아치를 응용한 프리스트레스 교

프리스트레스Pre-stress는 미리 힘을 준다는 말이다. 다리가 놓인 이후 지지해야 할 무게를 계산해서 위로 솟구치려는 힘을 미리 다리 안에 묻어둔다는 뜻이다. 하지만 이 힘은 눈으로는 보이지 않기 때문에 프리스트레스 교는 겉으로 보기에 평범한 보다리다. 아치교의 특

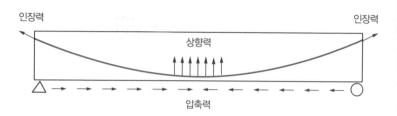

인장력   상향력   인장력

압축력

프리스트레스 교의 원리

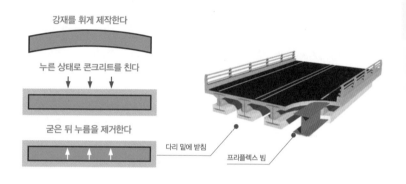

강재를 휘게 제작한다

누른 상태로 콘크리트를 친다

굳은 뒤 누름을 제거한다

다리 밑에 받침

프리플렉스 빔

프리플렉스 교의 원리

성인 곡선 형태는 어디에도 보이지 않는다. 하지만 힘에 저항하는 구조적인 측면에서 볼 때 아치의 원리를 응용한 것임을 알 수 있다. 먼저 둥근 파이프를 안에다 넣은 직사각형 형태의 콘크리트 보를 만든다. 단단하게 굳은 뒤 파이프 안에 강선을 넣고 큰 힘으로 양쪽에서 당긴다. 그러면 보는 위쪽으로 솟구치려는 힘이 작용한다. 이렇게 만든 보를 상판 밑에 걸쳐놓으면 위에서 가해지는 무게와 위로 솟구치려는 보의 힘이 상쇄돼 다리는 안정을 유지할 수 있다.

프리플렉스Preflex 교 역시 아치의 원리를 응용한 다리다. 먼저 강재를 위로 굽게 만든 다음 큰 힘으로 위에서 누른다. 그러면 강재는 평평해지는데 이렇게 누른 상태에서 높은 강도의 콘크리트를 친다. 단단하게 굳은 뒤 누르고 있던 힘을 제거하면 겉보기에 콘크리트 보는 평평한 상태로 놓여 있다. 하지만 그 안에서는 원래 위로 휘어져 있던 강재가 원상태로 돌아가려는 큰 힘과 함께 위로 솟구친다. 그러면 프리스트레스교와 마찬가지로 위에서 가해지는 무게와 위로 솟구치려는 휘어진 강재의 힘이 상쇄된다. 콘크리트를 치기 위해 강재를 눌렀던 힘만큼 구조적인 이점을 얻는 것이다.

현대의 아치교

고강도의 재료를 이용하여 우아한 곡선으로 마음껏 아름다움을 드러낸 아치교는 직선 일변도의 건축물로 가득한 도시를 멋지게 바꿔놓았다. 하지만 최근에 지어지는 아치교를 보면 인간의 상상력이 어디까지 이어질지 자못 궁금해진다. 네덜란드의 에너스 히르마 교는 에이뷔르흐Ijburg 강을 가로질러 암스테르담의 신·구도시를 잇는 다리다. 세 개의 아치가 마치 질주하듯 놓여 있고 여기서 내려진 강선이 단단하게 상판을 붙들고 있다. 에이뷔르흐 강은 물결이 거의 없는 잔잔한 강이지만 다리를 보면 마치 성난 파도가 치는 듯해 보인다.

세계 최고층 빌딩인 버드 두바이를 비롯해 팜아일랜드, 수중 도시로 세계를 놀라게 하고 있는 아랍에미리트는 두바이 크리크 강에 짓고 있는 다리로 또 한 번 세계를 놀라게 할 듯하다. 아치교 형식으로 지어지는 이 다리가 완성되면 현재까지 최고의 자리를 차지하고 있던 상해 루푸 대교는 두바이 크리크 강 아치교에 자리를 내주게 된다. 중앙

네덜란드 에너스 히르마 교

두바이 크리크 강 아치교

의 인공섬을 사이에 두고 양쪽을 잇는 아치교는 하나의 길이가 무려 667미터에 이른다. 높이도 200미터에 달해 이 역시 세계 최고다. 무슬림이 신성시하는 초승달 그리고 두바이 주변의 모래 언덕을 상징적으로 보여주는 모습이 인상적이다. 이 다리가 완성되면 아랍에미리트의 랜드마크가 바뀔 것이다.

　파리의 에펠탑이 세계무역박람회를 앞두고 만들어졌던 것처럼 지금도 엑스포 개최국은 행사를 기념하기 위해 많은 시설물을 짓는다. 1992년 스페인 세비야에서 열렸던 엑스포에서도 바르쿠에타라는 멋진 아치교를 만들었다. 1992년은 콜럼버스의 신대륙 발견 500주년이기도 해서 남다른 의미가 있다. 행사장으로 가는 길에 놓인 이 다리는 하나의 현이 중심에 높이 솟아 있지만 양쪽 끝에서는 두 개로 갈라져 삼각

형의 형태를 이룬다. 이는 구조적으로도 아름답지만 시각적으로 안정
감을 준다. 세 번째의 밀레니엄을 기념하기 위해 스페인 사라고사에 지
은 서드 밀레니엄third Millennium 아치교는 바르쿠에타 교를 모델로 한 다
리로 강선 배치와 곡선의 형태가 훨씬 정교하고 아름다워 보인다. 우리
나라 여수에서 백야도를 잇기 위해 지은 백야대교 역시 바르쿠에타 교
를 모델로 한 것이다.

　이렇게 계속 모습을 바꾸어가는 아치의 형태를 보면 과연 그 끝이
어디일까 궁금해진다. 두 개의 돌을 가운데가 조금 솟게 한 크레타 섬
의 초기 아치에서 로마의 아름다운 석조 교량, 우리나라의 홍예교, 중
세 피렌체를 거쳐 현대의 아치교까지 다리 짓기 기술은 쉼 없이 변해왔
다. 어쩌면 그렇게 이어져온 변화의 핵심에는 곡선 형태가 있지 않을까
싶다. 우리는 보통 직선은 강하고 곡선은 부드럽다고 생각한다. 그러나
아치의 곡선은 부드러울 뿐만 아니라 강하다.

문명의 꽃,
현수교와
사장교

크세르크세스가 놓은 다르다넬스 해협의 배다리는 많은 밧줄이 있었기에 가능했다. 명량해전의 승리도 울돌목을 가로지른 밧줄이 없었다면 쉽지 않았을 것이다. 지금은 밧줄이 강선으로 바뀌었지만 이렇게 질기고 강한 끈은 현대 교량 기술의 핵심이다.

현대 다리 기술을 이끌어온 것이 구조적인 측면에서 아치를 든다면 재료적인 측면에서는 강한 끈을 만드는 기술이다. 이전까지 다리는 기둥으로 상판을 받치는 식이었다. 그러나 현대의 대표적인 교량인 현수교와 사장교는 반대로 위에서 들어올리는 기술이다. 예나 지금이나 물을 건너는 것은 다리의 중요한 기능이다. 하지만 물살이 빠른 강이나 파도가 치는 바다 한가운데 기둥을 세운다는 것은 여간 어려운 일이 아니다. 물 가운데 인공섬을 만들고 땅에서처럼 기초를 만드는 방법이 주로 쓰이지만, 말이 싶지 흙을 날라 섬을 만든다는 게 어디 쉬운 일이겠는가.

광안대교

　사정이 이렇다보니 강폭이 어느 정도 이상 넓거나 물이 깊으면 아예 다리 놓기를 포기하는 경우도 많았다. 그냥 배를 이용해 건너다니는 방법을 택한 것이다. 강폭이 넓지 않으면 배를 잇대어 밧줄로 고정시키는 배다리를 놓기도 했지만 이는 귀인의 행차나 전쟁 등 특별한 경우에 쓰이던 방법이다. 물이 깊지만 그리 넓지 않은 경우 양안에 밧줄을 묶어놓고 이를 이용해 배를 이동시키는 선교도 있었다. 어쩌면 끈을 이용한 다리는 여기서 시작되었을지도 모르겠다. 강 양쪽에 묶인 끈으로 배를 끌어당기다가 아예 끈에 다리를 매달면 어떨까 하는 생각을 해낸 게 아닐까. 아무튼 바다나 긴 강을 건너기 위해 지어지는 최근의 장대 교량은 거의 모두 현수교나 사장교가 적용된다고 해도 과언이 아니다.

동아줄의 원리

실을 꼬면 아주 질긴 끈을 만들 수 있다는 것은 오래전부터 알려져 있었다. 스톤헨지나 피라미드 등 고대의 거석문화는 이렇게 만든 끈이 있었기에 여럿이 함께 돌을 옮길 수 있었다. 우리나라에서 많이 볼 수 있는 고인돌 역시 마찬가지다. 헤로도토스의 역사를 보면 페르시아의 크세르크세스가 다르다넬스 해협의 배다리를 만들 때도 많은 양의 밧줄을 먼저 준비해두었다는 기록이 나온다. 아마 이순신도 울돌목에 설치한 밧줄이 없었다면 명량해전을 승리로 이끌기 어려웠을 것이다. 동아줄[54]이라는 이름에서 알 수 있듯이 처음에 만들어진 밧줄은 덩굴식물의 껍질을 이용했다. 등나무나 칡, 다래, 동아 등 덩굴

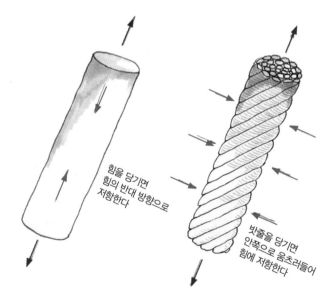

힘을 당기면 힘의 반대 방향으로 저항한다

밧줄을 당기면 안쪽으로 움츠러들어 힘에 저항한다

밧줄의 원리

식물은 세계 어디서든 쉽게 구할 수 있는 재료였기 때문이다.

실을 꼬아서 밧줄을 만드는 것은 얼핏 단순한 일 같아 보이지만 이 안에는 놀라운 과학적 원리가 숨어 있다. 홍예가 늘이는 힘을 누르는 힘으로 바꾸어 강한 무게를 견디는 것처럼 작은 실을 여러 겹으로 꼬아서 만든 밧줄에도 같은 효과가 일어난다. 그림에서 보는 것처럼 꼬지 않은 끈을 당기면 여기에는 늘이는 힘만 작용한다. 하지만 실을 꼬아 놓으면 밧줄 안의 작은 실들은 사선으로 놓인다. 실을 여러 번 꼬면 꼴수록 사선의 방향은 점점 더 당기는 쪽과 수직이 된다. 이렇게 되면 밧줄을 길이 방향으로 당긴다고 해도 이 안의 작은 끈들이 받는 힘은 길이와 사선이 되는 방향 즉 밧줄의 중심을 향하여 작용한다. 다시 말해 인장력이 압축력으로 바뀌는 것이다. 이 때문에 당기면 당길수록 밧줄은 점점 더 안쪽으로 오므라들면서 팽팽해지고 쉽게 끊어지지 않는다.

꼬아 만든 밧줄의 또 다른 효과는 결합의 원리다. 한 가닥의 실은 큰 힘이 없지만 여러 가닥이 합쳐지면 큰 힘을 낼 수 있다. 그러나 여러 가닥이라도 해도 그냥 잡아당기면 약한 것부터 하나씩 차례로 끊어지기 때문에 큰 효과를 보지 못한다. 결합의 원리는 각각의 실이 힘을 합쳐 한꺼번에 저항할 수 있게 한다는 뜻이다. 막대기 세 개를 하나씩 꺾으면 쉽게 부러지지만 세 개를 묶어 놓으면 한꺼번에 부러뜨리기 어려운 것과 같다. 결합의 효과는 실험을 해보면 바로 나타난다. 여러 가닥의 강선을 꼬지 않고 당기면 아무리 고른 재질이라고 해도 미세한 차이에 의해 약한 것부터 차례로 끊어진다. 따라서 한두 줄의 강선이 견딜 수 있는 힘밖에는 받지 못한다. 그러나 여러 가닥의 강선을 꼬아놓고 당기면 각각의 강선을 모두 합친 것만큼의 큰 힘에 저항할 수 있다.

쇠사슬로 만든 현수교

섬유질의 밧줄 다음으로 다리를 짓는 데 사용한 끈은 쇠사슬이다. 쇠는 등나무 넝쿨로 만든 밧줄에 비해 훨씬 튼튼하지만 끈으로 쓸 수 있을 만큼 가늘고 길게 만들 수는 없었다. 그래서 생각해낸 것이 쇠를 둥그런 고리로 만들고 엇갈려 잇는 방법이었다. 페르시아나 이집트 고분에서 발견되는 목걸이를 보면 귀금속을 둥근 고리로 연결하는 세공술은 이미 오래전부터 알려져 있었던 것으로 보인다. 쇠사슬은 고대부터 선박의 닻이나 해자 다리, 성문을 끌어올리는 일 등 다양하

게 이용되었다. 중국이나 인도에서는 고대부터 쇠사슬을 이용해 다리를 지지했다고도 하지만 지금 볼 수 있는 것은 19세기에 만들어진 다리뿐이다.

런던 템스 강에 놓인 헝거포드Hungerford 교는 강 양쪽에 주탑을 세우고 쇠사슬을 연결하여 만든 보도용 현수교다. 이 다리는 15년 정도 사용된 뒤 기차 운행을 위해 철거되고 이곳에는 현재 강재 트러스 교가 놓여 있다. 헝거포드 교에서 철거된 쇠사슬은 클리프턴Clifton 교를 지을 때 다시 사용되었다. 영국 브리스틀의 에이번 강은 계곡이 깊어 기둥을 세우기가 어렵고 폭도 200미터가 넘어 당시로서는 현수교 외에

헝거포드 교

클리프턴 교

다른 방법이 없었다. 이 때문에 좀 둔해 보일 정도의 거대한 주탑을 세우고 쇠사슬을 걸었는데 이 다리는 지금까지 이용된다. 헝거포드 교와 클리프턴 교는 모두 영국의 뛰어난 공학자인 브루넬[55]의 설계로 만들어진 다리다.

현대의 강연선

현수교[56]와 사장교[57]가 현대의 장대 교량을 대표하는 형식이 된 것은 고강도의 강선 덕분이다. 철의 혁명이라고 할 만한 강선의 발명은 헨리 베서머[58]의 제강법에서 시작되었다. 쇠와 탄소가 섞이면 더 단단해진다는 것은 오래전부터 알려져 있었다. 하지만 탄소를 많이 섞은 주철은 강도가 뛰어난 반면 잘 깨지고 적게 섞은 연철은 휨성은 좋아지지만 강도가 떨어진다. 베서머 제강법은 제조과정에서 공기를 주입해 열처리를 함으로써 주철과 연철의 장점을 고루 갖춘 강철을 만들어냈다.

이후 강철은 선박이나 건축물은 물론이고 에펠탑이나 교량 등 다양한 분야에 사용되었다. 베서머 제강법이 나오기 이전 유럽의 강철 사용은 25만 톤에 불과했지만 이후 1000만 톤으로 증가했다. 강철을 거의 유럽에서 수입하던 미국도 이후 700만 톤이나 생산하며 강철을 이용한 고층 빌딩과 교량을 앞다투어 지어나갔다. 두 번의 세계대전을 비롯 20세기에 치른 수많은 전쟁은 정치적인 이해의 대립이 문제였다고 하지만 그 이면에는 강철을 이용해 고성능의 무기를 갖추게 된 것과도 무관하지 않다. 미국 뉴욕에 있는 브루클린 다리는 이 무렵 만들어진 현수교로 지간의 길이가 487미터에 이른다. 강연선이 아니라면 엄두를

뉴욕 브루클린 교

내기도 어려운 길이다. 브루클린 다리가 만들어지면서 장대 교량의 역사는 새로운 지평을 열었다.

섬유나 쇠사슬 대신 잘 휘면서도 질긴 강선을 사용하자 현수교는 빠르게 발전했다. 강연선은 둥근 강선을 꼬아 만든 것으로 보통 7개의 가닥이 한 조를 이룬다. 가운데 1개 주변에 6개가 배치되는 형식으로 마치 벌들이 6각형의 집을 만들어나가는 것과 같다. 설계 필요에 따라 두께가 부족하면 다시 한 줄의 강연선을 추가하면 된다. 이렇게 꼬아 만든 강연선은 웬만큼 무거운 콘크리트 판도 거뜬히 들어올릴 수 있다. 직경 3센티미터 한 개의 강연선이 들어올릴 수 있는 무게는 무려

꼰 강연선의 모습

150톤에 이른다.[59] 끈 하나로 사람이 가득 탄 버스 10대를 동시에 들 수 있는 것이다.

실례로 영종대교 주 케이블에는 5.1밀리미터 두께의 얇은 강선이 무려 6720개나 들어가 있다. 주 케이블 두 줄에 6만 톤이 매달려도 끄떡 없다. 이렇게 튼튼한 다리지만 현수교는 유지 관리가 매우 중요하다. 고무줄을 계속 당기고 있으면 탄성이 줄어들듯 큰 무게가 매달려 있는 강선도 시간의 지남에 따라 점점 긴장이 느슨해지기 때문이다.[60] 최근에는 스테빌리징Stabilizing이라는 고주파 열처리를 통해 이러한 약점을 최소화하고는 있지만 주기적으로 긴장 상태를 확인하고 유지해야 한다. 현수교는 얼마만한 힘을 견딜 수 있을까. 뉴욕에서 스태튼 섬을 연결하는 베라자노내로스 교Verrazano Narrows Bridge[61]를 예로 들어보자. 주탑 사이는 1298미터로 이순신대교보다 좀 짧고 주 케이블은 좌우 2개씩 모두 4개 선이다. 케이블 하나에는 2만6000여 개의 강선이 들어 있다. 강선 하나가 4톤까지 들 수 있다고 보면 4개의 주 케이블이 들어올릴 수 있는 무게는 무려 41만 톤이 넘는다. 예상치 못한 결함이나 불확실성을 고려하여 강선 하나의 힘을 3톤 정도로 잡는다 해도 31만 톤을 거뜬히 들어올릴 수 있다.[62] 현수교에 들어간 강재는 모두 합쳐 16만 톤 정도니

베라자노내로스 교

까 다리에 차량이 가득 차 있고 태풍이 분다고 해도 끄떡없이 버티는 것이다.

우리나라의 현수교

현재 우리나라의 강연선 제작 능력은 세계 최고 수준이다. 이 덕분에 장대 교량 설계와 시공 능력에 있어서 기술을 선도하는 나라가 될 수 있었다. 현수교는 강폭이 넓고 섬이 많은 우리나라 지형 조건에 유리한 점이 많다. 한려해상국립공원의 아름다움을 한껏 돋보이게 한 남해대교를 비롯하여 영종대교, 광안대교, 이순신대교 등 많은 다리가 현수교로 지어진 것도 지형적인 조건과 무관하지 않다. 영종대교[63]는 우리나라를 대표하는 현수교라 할 만하다. 인천국제공항 길목에 세워진 영종대교는 현수교, 트러스 교, 강상형교로 구성된 복합 교량이다. 길이가 4.4킬로미터에 이르며 이중 현수교로 지지되는 구간은 550미터다. 일반적인 현수교는 양안 암반에 설치된 앵커리지에 강연선을 붙들어 매지만 영종대교에는 이러한 구조물이 없다. 그 대신 다리 상판 자체에 강연선이 고정된다. 이 방법은 현재를 자기 몸 안에 정착시킨다는 뜻에서 자정식이라고 부른다.

이순신대교[64]는 바다를 가로질러 여수와 묘도를 잇는 현수교다. 전체 길이는 영종대교보다 짧지만 주탑 높이와 길이에 있어 우리나라에서 가장 높고 길다. 주탑 사이의 길이만 해도 무려 1545미터[65]다. 바다에서 다리 상판까지의 높이가 85미터나 되어 다리 밑으로 아무리 큰 배가 지나간다고 해도 전혀 문제가 없다. 이순신대교는 설계에서 시공은 물론 주요 재료가 모두 국내 기술로 이루어졌다는 점에서 특히 의

이순신대교

미가 크다. 부산의 해운대 앞바다를 가로지르는 광안대교는 현수 구
간은 900미터로 영종대교와 이순신대교의 중간쯤 되지만 전체 다리는
7420미터로 가장 길다. 상판은 복층의 트러스 형식이다. 광안대교는
계절과 시간대별로 다양한 색상을 내는 야간 조명 시설을 갖추어 부산
의 밤을 화려하게 바꾸었다.

세계의 현수교

현대적인 현수교는 영국에서 시작되었다. 산업혁명의 나라답게 많은 물류가 오가던 런던 템스 강은 선박 통행에 지장을 주지 않는 높은 다리가 필요했기 때문이다. 베서머 공법으로 양질의 강재를 이용할 수 있게 되자 석조 아치교는 강교나 트러스 교, 현수교로 빠르게 바뀌었다. 런던 타워브리지Tower bridge도 이때 만들어진 현수교다. 그러나 런던의 현수교는 기술이나 재료 강도가 부족해 규모는 그렇게 크지 않다. 타워브리지도 현수교만으로는 배를 통과시킬 수 있는 높이를 만족시킬 수 없어 가운데는 강상판을 들어올리는 도개교로 만들어야 했다.

20세기 초 미국 샌프란시스코에 만들어진 금문교는 강선을 꼬아 만든 강연선으로 놓은 현수교다. 규모나 아름다움에서도 뛰어난 다리지만 대공황으로 실의에 빠져 있던 나라를 다시 일으켜 세우는 데 기여한 상징물이라는 점에서 미국인의 자부심이 대단한 다리다. 해협을 가로지르는 이 다리의 길이는 2800미터이며 탑의 높이는 227미터다. 하지만 강선의 강도가 그리 세지 않아 직경 90센티미터에 이르는 강선 다발을 사용해야 했다.[66] 당시 기술이나 그 이전까지 만들어

영국 타워브리지

금문교

캐필라노 공원의 절벽에 설치된 다리

진 다리와 비교하면 금문교는 가히 혁신적이다. 해협 조건이나 다리 길이도 그렇지만 공사 기간도 불과 4년밖에 걸리지 않았기 때문이다.

현재 세계에서 가장 긴 현수교는 일본의 아카시 대교다. 고베 시와 아와지 섬을 연결하는 3911미터 중 1990미터가 현수교 구간이다. 고베 대지진 당시 주탑이 뒤쪽으로 침하되면서 1미터가 늘어나 현재 길이는 1991미터다. 리히터 규모 8.5의 강진을 견딜 수 있게 설계되었다지만 생각만 해도 아찔하다. 거센 쓰나미로 도시를 휩쓸고 원자력발전소까지 파괴한 2011년 후쿠시마 대지진은 아카시 대교에 적용한 내진 능력보다 훨씬 큰 리히터 규모 8.9였으니 말이다. 세계 최대도 좋지만 일본의 지진 특성을 고려할 때 무리한 규모라고 생각된다.

하지만 현수교가 바다를 가로지르는 거대한 교량만 있는 것은 아니다. 지금은 사라졌지만 춘천 가는 길목의 강촌 흔들다리나 대둔산 봉우리를 연결하는 구름다리 등도 기억에 남는 현수교다. 캐나다 밴쿠버에는 현수교 공원Suspention bridge Park이라는 애칭으로 유명한 캐필라노 공원이 있다. 공원 안에는 협곡을 가로지르거나 삼나무를 이용해 만든 보도용 다리들이 많이 있다. 규모는 그리 크지 않지만 나무를 주탑으로 보고 그 사이에 드리워진 줄이 다리를 지탱하는 것을 보면 이 역시 멋진 현수교임에 틀림없다.

사장교, 다리의 최고 기술

사장교는 아름답다. 해질 무렵 주탑에서 비스듬하게 내려진 케이블과 그 사이로 저무는 해를 보면 자연과 공학의 조화로움이 펼쳐진다. 다리의 역사에서 사장교는 가장 최근에 만들어진 다리며 기술적으로 볼 때도 가장 진화된 형태다. 현수교는 주탑, 앵커리지, 주 케이블, 수직 케이블 등 4개의 구조가 다리 상판을 지지하지만 사장교는 주탑과 경사 케이블밖에 없다. 물론 비대칭 형식으로 지어질 경우 앵커리지를 두어 균형을 맞추기도 한다. 주탑에서 각기 다른 각도의 케이블이 각 지점을 향해 뻗어 있는 모습은 기하학적으로도 뛰어난 조형미를 보여준다. 사장교는 겉으로 보기에는 현수교에 비해 구조가 간단하지만 실제로는 해석해야 할 힘이 복잡하게 얽혀 있어 고도의 수학적 기법이 요구되는 다리다. 사장교의 장점과 아름다움은 알고 있었지만 근대까지 설계되지 못한 것은 이 때문이다.

스웨덴의 스트룀순드Stromsund 교는 사장교의 효시라고 할 수 있지만 고작 한 줄의 케이블을 걸쳐놓는 정도였다. 여러 가지 이유가 있지만 근본적으로 구조 해석상의 어려움 때문이다. 실제로 다리 자체의 무게와 바람, 차량, 진동 등 각 영향 요소의 해석에 문제가 있어 붕괴로까지 이어진 사장교도 적지 않다. 물론 지금은 사정이 다르다. 컴퓨터를 이용한 고도의 구조 해석이 가능하기 때문이다. 설계가 끝났다고 해도 구조물을 짓기 전에 실제와 똑같은 축소 모형을 만들어 예상할 수 있는 바람 진동에 견딜 수 있는지 시험을 거친다. 이러한 설계 기법 덕분에 최근에는 주탑 자체를 경사지게 만들거나 원형으로 만드는 등 다양한 구조를 선보일 수 있게 되었다. 주탑 하나만 보더라도 A형, H형, I형, ◇형, X형[67] 등 다양한 형태로 만들어진다.

강선 제작 기술이 좋은 우리 역시 사장교 건설에 있어 많은 경험과 노하우가 있다. 바다를 가로지르는 서해대교와 인천대교가 바로 사장교다. 서해대교는 평택과 당진을 잇는 7310미터의 다리로 사장교와 캔틸레버교FCM,[68] 콘크리트 연속교PSM[69]로 이루어져 있다. 사장교는 평

택항의 선박 운행을 위해 만든 것으로 두 개의 주탑을 182미터 높이
로 세우고 여기서 경사 케이블을 내렸다. 주탑 사이의 거리도 470미터
로 넓지만 바다에서 다리 상판 사이가 62미터나 되어 웬만큼 큰 화물
선이라도 아무런 걱정 없이 지나다닐 수 있다. 인천대교는 송도 신도시
와 인천공항을 잇는 21킬로미터의 바닷길이다. 우리나라 해상에 놓인
다리 중에서 가장 길다. 인천대교의 사장교도 대형 선박의 통행을 위해
만들어졌다. 중앙 경간은 800미터, 주탑의 높이는 230미터에 이른다.

세계의 사장교

프랑스의 미요 대교Viaduc de Millau는 주탑의 높이가 가장 높은 사장교다. 프랑스 타른 강 협곡에 놓인 다리로, 길이는 2460미터로 그리 긴 편은 아니지만 주탑의 높이는 342미터에 이른다. 하나의 경간은 그렇게 긴 편이 아니지만 수백 미터 높이에 열 지어 서 있는 주탑의 모습은 형언할 수 없는 아름다움을 드러낸다. 마치 스톤헨지의 열석처럼 고대의 거석문화가 다시 태어난 듯하다. 다리 아래로 구름이 흐를 정도로 높아서 마치 하늘에 떠 있는 다리처럼 보인다. 제2차 세계대전 격전지였던 노르망디의 사장교도 프랑스가 자랑하는 다리다. 조형미와 구조적 안정성을 모두 갖춘 노르망디 사장교는 중앙 경간이 856미터다. 현수교에 비하면 큰 편이 아니지만 주탑에서 직접 사선을 내려야 하는 사장교 형식으로 보면 작지 않은 규모다.

현재까지 주탑 사이가 가장 긴 사장교는 중국 상하이의 수통대교로 1088미터이며 홍콩 스톤 쿼터스 교는 1018미터로 그 뒤를 잇는다. 일본의 타타라 교, 프랑스의 노르망디 교, 우리나라의 서해대교도 장대 사장교로 유명하다. 규모는 작지만 브라질 상파울루에 만들어진 옥타비우 프

미요 대교

리아스 교는 아름다운 사장교로 손꼽힌다.[70] 이 다리는 X형으로 교차하는 복층 교량을 138미터의 X형태 주탑이 지지하는 구조다. 다리 길이 900미터 중 중앙 400미터 구간이 사장교로 지지된다. 야간 조명의 화려한 경관은 축제의 나라를 한층 뜨겁게 달구어놓는다.

다양한 공법의 조화

사장교는 주탑이 높을수록 무게를 견디는 힘이 커져 보통 콘크리트 구조물로 지어진다. 그러나 다리가 그리 길지 않고 무게 부담이 적으면 강재를 이용해 주탑을 만들기도 한다. 소규모의 사장교는 경관 목적이나 선박 통과의 필요성 때문에 계획되는 경우가 많다. 여수의 돌산대교도 강재로 주탑을 만든 다리다. 높이 62미터, 길이 280미터로 규모는 작지만 구조적으로 안정적이고 미관이 뛰어나다. 최근에는 강재로 만든 다양한 사장교가 시도된다. 러시아 모스크바 강에 놓인 서브랴니 교Serebriany Bor Bridge는 '그림 다리'[71]라는 애칭으로 더 유명하다. 서브랴니 교는 중앙 강재 트러스로 올린 주탑에서 사선을 내려 지지하는 구조다. 주탑과 경사 케이블을 보면 사장교가 맞다. 굳이 이름을 붙이자면 아치·트러스·사장교로 불러야할 듯하다.

해상을 가로지르는 다리는 지형 조건에 따라 구간별로 다양한 공법이 적용된다. 그러나 같은 구간 내에서도 여러 개의 공법이 조합되는 경우도 많다. 아치와 트러스를 조합한 방화대교나 현수교와 트러스를 조합한 영종대교 등이 그렇다. 공학적으로 깊게 들어가면 기초, 상판, 지지 및 시공 방법에 따라 많게는 4개 이상의 공법이 적용되기도 한다. 빛의 도시로 불리는 말레이시아 푸트라자야의 세리 사우자나 교는 사장교와 강 아치 그리고 현수교를 조합한 다리다. 취약한 중앙부를 강 아치와 현수 케이블로 보강해 주탑의 높이를 낮추고 다리를 안전하게 지지하도록 만들었다.

다리 길이가 점점 늘어나는 최근에는 주탑 하나에 현수교 주 케이블과 수직 케이블 그리고 사장교의 경사 케이블을 모두 설치하는 공법도 선보인다. 간단히 말하면 주탑과 가까운 곳은 사장교로, 중앙부는 현수로 지지하는 형식이다. 유럽과 아시아를 잇는 보스포루스 해협에 공사 중인 제3보스포루스 교[72]는 현수사장교다. 우리나라의 현대건설과 SK건설이 함께 건설하는 이 다리의 주탑은 높이가 322미터로 세계에서 가장 높다. 사장교와 현수교로 지지되는 다리는 2164미터이며 중앙 경간만 따지면 1408미터다. 현재까지 세계 최고 경간을 자랑했던 중국의 수통대교보다 320미터나 더 길다. 현수사장교는 국내에서도 멀리 떨어진 섬을 연결하는 새천년대교 등 장대 교량에 많이 적용되고 있다.

여수 돌산대교

호모 비아리우스

Homo Viarius

나는 길에 대해서 말했다. 하지만 이 말은 유의가 필요하다. 얼마나 많은 상징과 의미가 길이라는 한 단어에 담겨져 있는가. 가령 따뜻한 마음을 전할 때 우리는 손길을 건넨다고 말한다. 아름다운 풍경이나 예술 작품 앞에서는 눈길이 머문다고 말한다. 열정이 가득할 때는 불길처럼 타오른다고도 한다. 누군가 밤하늘의 별을 바라보면서 오작교나 백조, 오리온이라고 부르면 그 사이에 어떤 길이 그어져 있다는 생각을 하게 된다. 책 속에 길이 있다거나 올곧은 삶의 길을 찾으라고 말하기도 한다. 손길, 눈길, 불길 또는 별 사이에 그어진 길. 그 모든 것을 왜 우리는 길이라고 부르는 것일까. 물론 이 책에서 말하려는 것은 그러한 상징이 아니라 그냥 길이다. 우리가 매일 밟고 다니는 길 또는 자동차나 기차가 다니는 길 말이다. 하지만 그 길에도 다시 인간이 생성해온 다양한 의미가 담겨져 있으므로 '그냥 길'이라고 할 수는 없다.

스무고개 놀이

어렸을 때 형제들과 하던 스무고개라는 게 있었다. 잘 알겠지만 문제를 낸 사람 마음에 있는 정답을 스무 번의 질문 기회를 활용해 찾아나가는 것이다. 나는 이 놀이에서 한 번도 형을 이길 수 없었다. 내가 아무리 꼭꼭 숨겨놓아도 형은 답을 향해 한 발자국씩 좁혀 들어오는 것이다. 스무 번의 질문을 다 쓰기도 전에 정답을 말하는 경우도 허다했다. 어떤 영문일까. 한 번은 마음속에 있던 답을 슬쩍 바꾸어버렸다. 처음에는 '코끼리'를 염두에 두었지만 점점 답을 향해 좁혀 들어오자 그만 심술이 난 것이다. 답을 '매머드'로 바꾸고 회심의 미소를 지을 때 형이 말했다. "너는 두 번 반칙을 했어. 살아 있냐는 물음에 그렇다고 했고, 동물원에도 있다고 했잖니."

나중에 알았지만 그것은 묻는 방법에 있었다. 답을 말하는 데 급급해서 스무 번의 기회를 다 써버리는 나와는 달리 형은 답이 아닌 것을 찾고 있었다. 살아있는가라는 물음으로 광물의 영역을, 눈이 있냐는 질문으로 식물의 영역을, 알을 낳느냐는 질문으로 포유류 또는 조류, 파충류, 어류를 배제해나가는 것이다. 그렇게 하나의 물음이 지나갈 때마다 답의 영역은 차근차근 줄어든다. 물음과 답 사이에 서 있는 공학자들이 가장 많이 쓰는 방법 역시 그러한 반문이다. 즉 대상이 무엇인지 명확히 알기 위해 무엇이 대상이 될 수 없는지 배제함으로써 참의 영역을 좁히는 것이다. 하긴 아무것도 모르는 상황에서 참이 아닌 것에 먼저 눈을 돌리는 것은 미지의 세계를 탐험하는 유일한 방법일지도 모른다. '오캄의 면도날'이란 말 역시 그런 뜻이다. 본질을 가리는 곁가지를 하나씩 잘라내야 그 안에 숨겨진 본질에 이를 수 있다는 것이다.

길이란 무엇일까라는 물음 대신에 '무엇이 길이 아닌가'라는 생각을 해보면 어떨까. 아마 길처럼 뜻이 많은 말도 흔치 않을 것이다. 가령 '평탄하기만 한 길은 없다'라고 할 때 그 의미는 물리적인 실세계의 길뿐 아니라 규범이나 삶의 여정 등 다양한 의미를 갖는다. 정도·순리·눈길·손길과 같은 일반적인 표현은 물론이고 회로·궤적·경로·나선과 같은 공학 용어도 길의 의미를 차용하고 있다. 이렇게 다양한 의미를 품고 있지만 누군가 길에 대해서 말할 때 우리는 대체로 무슨 말을 하려는지 알아듣는다. 그 길이 물리적인 실세계를 의미하는지 학자나 부모의 역할을 의미하는지 아니면 어떤 문제를 해결하기가 쉽지 않다는 뜻인지 말이다.

길이 아닌 것은 무엇인가

얼마나 많은 길이 있을까. 우리는 길을 통해 학교나 일터로 가고 길을 통해 여행을 떠난다. 자동차, 기차, 자전거는 물론이고 걸음도 길을 따라 움직인다. 눈에 보이지는 않지만 항로나 선로라는 말이 쓰이는 걸 보면 비행기나 배도 길을 따라 움직이는 듯하다. 우리는 보통 서로 다른 두 장소로 옮겨가기 위해 길을 이용한다. 집에서 일터나 시장으로 또는 학교에서 집으로. 그렇게 보면 길은 '물리적으로 떨어진 두 공간을 연결하는 것'이라는 정의가 꽤 그럴 듯하다. 이것이 길을 소통의 도구라고 생각하는 이유다. 그런데 목적지라고 생각하는 집이나 시장, 회사, 학교는 길이 아닐까.

천만에, 그 안에 얼마나 많은 길이 있는지 살펴보라. 아침부터 저녁까지 당신은 계속 움직였고 그 움직임은 모두 길을 따라 이루어진다.

알람이 울리면 일어나 세면대로 간다. 주방에서 물을 한 잔 따라 마시고 잠깐 소파에 앉아 신문을 본다. 베란다에 있는 화초에 물을 주거나 흘깃 창밖을 보면서 날씨를 가늠한다. 옷을 챙겨 입고는 출근을 위해 집을 나선다. 아무렇지 않게 반복되는 아침의 모습이다. 그냥 자연스럽게 행동했을 것이다. 그러나 침대, 욕실, 주방, 소파, 베란다, 식탁으로 오가는 발걸음에는 일정한 패턴이 숨어 있다. 방바닥에 희미하게 남아 있는 눌림이나 닳은 흔적, 바로 당신의 무의식이 선택한 동선이 일정한 패턴으로 나타나는 것이다. 어딘가로 갈 때 사람들은 가장 빠른 길을 선택하는 습성이 있는데 동선이란 그 경로를 말한다. 그렇게 오랜 세월에 걸쳐 집안에 만들어진 삶의 궤적은 사진첩만큼이나 당신의 가족사를 잘 보여준다.

이제 회사 빌딩으로 들어서는 당신을 생각해보자. 공간의 규모가 커질수록 내부의 길은 더 다양하게 얽혀 있다. 수직으로 이동하는 엘리베이터, 사무실을 연결하는 복도, 부서 간 협조를 받기 위해 위·아래층으로 이어진 계단 등. 우리는 보통 도시의 물리적 공간을 길과 건물로 나누는 경향이 있다. 그런데 건물까지도 이렇게 길이 가득 채워져 있다면 도대체 길이 아닌 것은 무엇인가. 우리가 흔히 만나는 길, 길이라고 생각조차 않았던 길은 얼마나 많은가.

보이지 않는 길

그런데 집안에서 만날 수 있는 길이 그것뿐일까. 아침에 일어나 당신은 먼저 전등 스위치를 눌렀을 것이고 거의 동시에 방 안이 환해졌을 것이다. 이 전기가 어디서 왔는가. 벙커C유를 원료로 하는 화력

발전소일 수도 있고 수력발전소나 원자력발전소일 수도 있다. 어떤 경우이든 방의 전등을 밝힐 때까지 전기가 이동해온 경로는 짧게 말할 수 없다. 발전소에서 만들어진 전기는 송전탑과 변전소, 도시의 전신주를 따라 숨 가쁘게 움직여왔을 테니까. 그리고 스위치를 누르면 벽 속에 복잡하게 얽혀 있는 전선을 요리조리 통과하며 전구를 밝힌 것이다. 도시의 미관을 해친다고 불평한 전신주 그리고 산을 따라 끊임없이 이어진 송전탑을 따라 만들어진 전기의 길이 아니면 당신의 새벽은 밝지 않았을 것이다.

세면을 위해 수도꼭지를 튼다. 물이 차갑다. 얼른 밸브를 조절한다. 온수와 냉수가 적당히 섞여나온다. 손등으로 전해지는 따뜻함을 느끼면서 기분 좋게 세수를 한다. 그리고 물이 빠져나가도록 방류 버튼을 누른다. 소용돌이치며 물이 빠져나간다. 이 물은 어디서 왔다가 어디로 가는 것일까. 물론 강이다. 강에서 세면대까지 왔다가 다시 빠져나가는 물의 흐름은 우리 몸의 혈류로 비유하면 꽤 그럴듯하다. 심장에서 산소와 자양분을 잔뜩 머금은 피는 동맥을 따라 힘차게 흘러나간다. 그리고 조금씩 작아지는 관을 통해 몸의 부분으로 흘러나간다. 마침내 모세혈관에 이른 피는 산소와 자양분을 필요로 하는 세포에 전달하고 그 반대의 길을 따라 심장으로 돌아온다.

수도꼭지를 틀었을 때 쏟아져 나온 물을 보자. 강에서 취수된 물은 일단 정수장으로 간다. 거기서 소독과 침전 등 몇 차례의 과정을 거치고 상수도관으로 빠져나간다. 피가 동맥에서 모세혈관으로 퍼져 가듯이 물도 큰 관에서 점차 작은 관으로 옮겨지다 마침내 각 가정까지 흘러들어간다. 그 물은 음식을 조리하거나 세면하고 화초를 키우고 더러워진 옷을 말끔하게 바꾼다. 반대 과정도 똑같이 진행된다. 세면대를 빠져나간 물은 가정 하수관을 거쳐 점차 커지는 하수관거를 따라 하수처리장에 이른다. 여기서 몇 단계의 정화과정을 거쳐 말끔해지면 다시 강으로 돌려보내진다. 강에서 취수되어 쓰임을 다하고 다시 강으로 돌려보내지기까지 물이 흘러 다닌 길을 보라. 맑은 물이 흘러오는 상수도와 오염된 물이 빠져나가는 하수도가 도시를 구성하는 중요한 길임은 말할 나위도 없다.

이제 당신은 국을 데우기 위해 가스레인지를 튼다. 파란 불꽃이 솟아오르고 이내 보글보글 끓는 소리가 들린다. 이 도시가스는 어떤 길을 따라 주방까지 흘러왔을까. 오랜 세월 깊은 바다 밑에 잠들어 있던 이 가스는 바다 위에 떠 있는 배에서 해저로 연결된 파이프라인을 통해 채굴된다. 그리고 배로 옮겨져 긴 바닷길을 항해한 뒤 다시 땅속에 매설된 길을 따라 가스레인지까지 온 것이다. 이 길은 전기나 물이 흘러 다닌 길보다 훨씬 복잡하고 정밀하게 만들어진다. 해저 깊은 곳에서 바다 위에 떠 있는 배로, 저장 기지로, 집까지 흘러온 도시가스의 경로는 분명 인간이 만든 멋진 길이다.

아침식사 뒤 잠시 짬이 나면 당신은 TV를 켠다. 독일 분데스리가 축구 경기가 중계되고 마침 손흥민의 멋진 슛이 골키퍼의 손에 튕기며 골문으로 빨려 들어간다. 일제히 환호성이 터진다. 그런데 이 멋진 장면을 우리가 어떻게 볼 수 있는 것일까. 전파가 흘러온 길이다. 독일 레버쿠젠 경기장에서 카메라 속으로 빨려들어온 그 장면은 일단 방송국으로 보내진다. 여기서 우주에 떠 있는 인공위성으로 보내졌다가 다시 서울의 방송국을 거쳐 안방까지 온다. 유럽 대륙에 있는 레버쿠젠에서 아시아의 서울까지 그 전파는 우주를 휘젓고 다녔지만 우리는 그것을 길이라고 생각하지 못한다. 그 모든 과정이 너무 순식간에 이루어졌기 때문일까. 하지만 그렇게 멀리 떨어진 두 장소를 연결하기 위해 전파가 이동해온 경로를 길이 아니라고 할 이유는 전혀 없다.

호모 비아리우스

길은 무엇일까. 그동안 우리는 '어딘가로 옮겨가기 위해 필요한 공간' 또는 '떨어진 두 곳을 잇는 수단, 소통의 도구'로 길을 정의해왔다. 물론 소통이 꼭 물리적인 공간을 의미하는 것만은 아니다. 사람과의 관계를 의미할 수도 있고 학문의 제 분야 또는 사회적인 소통을 의미할 수도 있다. 이동이라는 말도 그렇다. 보통은 장소를 옮겨가는 것을 의미하지만 시간적인 추이나 상태의 변화를 일컬을 수도 있다. 바람직한 삶을 위해 '올바른 길'을 가야 한다고 말할 때 눈에 보이지는 않지만 어쨌든 우리는 그러한 길이 있다고 생각한다. 선인의 삶이나 책속에 길이 있다고 말할 때도 그렇다. 노路, 도道, 관管, 선線, 적適, 교橋…… 많은 단어를 통해 변주되어온 길의 중의성重意性은 인간이 소중하게 생각해온 가치가 그만큼 길에 많이 담겨져 있음을 의미할 것이다.

물리적인 공간이든 이념적인 가치든 인간이 만들어온 그 수많은 길을 보면서 인간을 특징짓는 말로 '호모 비아리우스Homo Viarius[73]'라는 말을 생각해본다. 인간은 길을 만드는 동물이고 인간이 추구하는 모든 가치는 그 길을 따라 이루어진다. 눈에 보이든 보이지 않든 인간의 삶을 구성하는 모든 시설은 길과 관계된다. 길 끝에서 만나는 건축물 역시 그 안에 수많은 길이 있다. 보이지는 않아도 하늘, 바다, 숲, 우주 어디든 길로 가득하다. 무엇이 길이 아닌가라는 물음에 우리는 고개를 저을 수밖에 없다. 그 모든 길은 인간이 직접 만들었거나 아니면 자연

속에 깃들어 있던 것을 찾아낸 것임이 자명하다. 그러니 길을 만들고 길 위에 서 있는 인간을 가리켜 호모 비아리우스라고 하면 꽤 어울리지 않겠는가.

/

　　　　나는 길은 무엇인가라고 물었다. 그리고 지루한 과정을 거쳐 길이 아닌 것이 무엇이냐고 다시 물었다. 나는 그 두 물음이 길에 대한 사색의 출발점에 있다고 생각한다. 모든 것이 길이라면 길이 무엇인가라는 물음은 모든 것에 대한 물음이다. 모든 것에 대한 물음…… 그렇다. 그것은 철학의 시작을 의미한다. 이 책은 세계의 한 부분으로 여겨졌던 길에서 시작하지만 수많은 선인이 걸었던 사색과 동조하며 읽는 이에게 앎을 찾아가는 기쁨을 줄 것이다.

프롤로그

1 블룸스 데이Blooms day. 『율리시스』 출간을 기념하기 위해 정해진 날로 매년 6월 16일 더블린에서 다채로운 행사가 벌어진다.

2 1172년 잉글랜드 헨리 2세에 의해 더블린이 함락된 이후 장기간에 걸쳐 복권의 시도가 있었으나 1534년 헨리 8세의 침공으로 1937년까지 잉글랜드의 식민지였다.

3 아일랜드 대기근(1845~1852). 감자 역병에 의해 시작된 가뭄으로 약 100만 명이 죽고 기근이 지속되는 동안 100만 명이 아일랜드를 떠났다. 그러나 20세기 중반까지 인구는 계속 줄어들어 1937년 독립 당시 아일랜드의 인구는 400만 명 남짓이었다.

4 도시 기반 시설 역시 수요와 공급이라는 시장 법칙에 따른다. 차가 막히는 것은 수요의 과잉이고 이를 해결하는 것은 새로운 도로를 신설하는 것이다. 그러나 도시의 균형성을 확보한다거나 낙후된 지역을 개발한다는 미명하에 그 반대의 과정이 진행되기도 한다. 즉 공급을 통해서 새로운 수요를 창출하는 방법이다.

5 D2D(Door to Door). 사람을 문에서 문까지 이동시켜 준다는 뜻으로 승용차의 교통 특성을 잘 나타내는 용어다.

6 연간 교통사고 사망자는 5000명, 사람의 일평생을 90년으로 보면 45만 명이다. 우리나라 인구의 0.9퍼센트에 해당한다. 같은 방법으로 계산하면 연간 다치거나 불구가 되는 사람은 33만 명, 평생 2970만 명이며 이는 우리나라 인구 60퍼센트에 해당한다.

7 발터 벤야민, 『아케이드 프로젝트 2』, 조형준 옮김, 새물결, 2006, 35쪽.

8 길가메시Gilgamesh. 기원전 2000년경 쓰인 『길가메시 서사시』의 주인공. 친구 엔키두의 죽음을 계기로 영원한 생명을 찾아 여행을 떠난다.

제1부

1 그노시즘Gnosism. 영지주의. 초기 기독교의 신비주의로 1세기경 중요 위치를 점하고 있었으나 이후 이단으로 취급되면서 억압을 받았다. 부분과 전체가 다르지 않다는 생각은 우파니샤드나 불교의 만물일여 사상과도 맥을 같이한다.

2 『구약성서』「창세기」에 나오는 일화로, 높고 거대한 탑을 쌓아 하늘에 닿으려 했던 인간의 오만한 행동에 분노한 신은 본래 하나였던 언어를 여럿으로 분리하는 저주를 내렸다. 바벨탑 건설은 결국 혼돈 속에서 막을 내렸다.

3 인문학 제 분야에서 벌어지는 존재에 대한 무수한 담론과 달리 자연과학의 존재 개념은 단호하고 분명하다. 존재는 차이다. 차이가 있는 모든 것은 존재한다. 자연의 근본 법칙인 '엔트로피 증가의 법칙'은 매순간 어느 공간에서나 차이가 계속 만들어지기 때문에 이 우주가 존재함을 의미한다.

4 『시학Poetica』은 아리스토텔레스의 강의를 기록한 책으로 26장으로 이루어져 있으며 대부분을 비극에 대하여 기술했다.

5 우가리트 유적은 기원전 6000년에서 기원전 1200년까지 모두 다섯 개의 층으로 이루어져 있으며, 우가리트 왕국이 이집트의 복속된 기원전 2000년대 층에 파괴된 왕궁과 함께 가장 많은 유적이 몰려 있다.

6 아슈르바니팔(기원전 685~기원전 627). 신 아시리아 제국의 마지막 왕으로 43년의 통치 기간동안 군사 · 문화적으로 최전성기를 구가했으며 니네베에 화려한 왕궁과 체계적인 도서관을 세웠다.

7 『에누마 엘리쉬Enuma Elish』. 바빌로니아의 창조 신화. 모두 1100행에 이르며 신들의 탄생 그리고 마르두크가 신들의 왕으로 등극하는 과정이 기록되어 있다. 이보다 나중에 쓰인 『성서』의 「창세기」는 『에누마 엘리쉬』의 주요 부분을 차용하고 있다.

8 히파티아Hypatia(355~415). 수학자이며 신플라톤주의를 계승한 철학자 테온의 딸이다. 기독교도들은 조개껍질로 피부를 벗겨내는 잔악한 방법으로 히파티아를 살해했다. 기독교는 로마의 박해를 많이 받았다고 하지만 이후 기독교가 이교도에게 저지른 잔악성은 그들이 받은 박해 못지않다.

9 에우메네스Eumenes 2세(기원전 197~기원전 159). 알렉산더의 후계자인 아탈루스의 아들. 자진해서 로마의 지배를 받아들인 뒤 화려한 신전과 도서관을 짓는 등 버가모의 문화를 꽃피웠다.

10 하드리아누스Pablius Aelius Hadrianus(76~138). 로마의 전성기를 이끈 5현 중의 1명으로 117년부터 21년간 로마를 다스렸다.

11 불타는 떨기나무. 「출애굽기」 3장에 나오는 가시덤불로 모세가 처음으로 신과 만날 때 화염이 일었다고 한다.

12 수도원에 만들어진 유명한 도서관으로는 마프라 도서관(포르투갈), 장크트갈렌 도서관(스위스), 아드몬드 베네딕트 도서관(오스트리아), 비블링겐 도서관(독일), 메텐 베네딕트 도서관(독일) 등이 있다.

13 『시나이 사본Codex Frederico Augustanus』. 독일 콘스탄틴 티센도르프가 수도원에서 발견한 양피지로 세계에서 가장 오래된 70인 역 성경 사본, 4복음서 등이 포함되어 있다.

14 미나레트Minaret. 모스크를 상징하는 첨탑으로 이곳에서 하루 다섯 번씩 기도 시간을 알려준다.

15 1992년 이전까지 상트페테르부르크 국립도서관은 '노동자 붉은 깃발의 명령에 의한 도서관'으로 불렸다. 모스크바 국립도서관의 원래 이름은 루만체프 공공도서관이었지만 1917년 이후 블라디미르 기념도서관, 레닌 도서관으로 불리다가 1992년에 와서야 러시아 국립도서관으로 개명되었다.

16 현재 상트페테르부르크 국립도서관의 장서는 3570만 권이다.

17 1447년 교황에 즉위한 니콜라우스 5세가 당시 베드로 성당 도서관을 정비하려고 할 때 보관되어 있던 장서는 필사본 340권, 그리스 서적 2권 그리고 정리되지 않은 얼마간의 서적뿐이었다.

18 바르톨로메오 플라티나. 니콜라우스 5세에 의해 다시 건축된 바티칸 도서관의 초대 도서관장. 도서관은 1448년에 시작하여 1481년 완공되었으며 이때 도서 목록이 작성되었다.

19 알렉산드리아 도서관에 보관되어 있던 파피루스와 사료는 70여만 건에 이르렀으며, 이보다 규모가 작은 버가모 도서관도 20여만 건에 이렀다.

20 카를Karl 5세(1500~1558). 1516년 에스파냐 왕, 1519년 신성로마 제국 및 오스트리아 제국의 황제가 되었다. 가톨릭 교황과 갈등 관계에 있었으며 바티칸을 침공했다.

21 성 갈렌 수도원에 부속된 도서관으로 850년에 최초로 도서 목록을 작성했다.

22 미국 국회도서관은 소장 도서가 가장 빠르게 증가하는 도서관으로도 유명하지만 현재 보관되어 있는 서적과 자료만 보더라도 세계 최대라 할 수 있다. 통계를 보면 서적류 1700만 권, 필사본, 지도, 필름 또는 비디오테이프, 공문서 등 사료가 9500만 점에 이른다.

23 국회도서관은 1800년 존 애덤스에 의해 설립되었으나 조지 코번(해군 소장)이 이끄는 영국군에 의해 1814년 전소되었다.

24 앙리 오를레앙(1822~1897). 프랑스의 장서가. 오말 공작이라는 애칭으로 더 유명하다. 아버지 루이 필리프가 쿠데타로 실각한 이후 평생 야인으로 지냈다. 자신이 거주하던 샹티이 성에 도서관을 방불케 하는 서재를 만들었는데 여기에는 26년에 걸쳐 모은 중요한 서적과 희귀본으로 가득하다.

25 푸른 피는 유대인과 무어인의 피가 섞이지 않았다는 뜻으로 순수한 혈통의 백인을 의미한다.

26 호프 비블리오 도서관. 빈에 세워진 오스트리아의 국립도서관으로 웅장한 바로크 건축물이다. 홀의 길이가 78미터, 폭 14미터, 높이 20미터로 대성당에 견줄만한 크기며 중앙 돔의 직경은 29.2미터에 높이는 18미터에 이른다.

27 조르주 상드George sand(1804~1876). 프랑스의 여성 작가로 『앵디아나』『콩쉬엘로』『마의 늪』 등의 책이 있다. 사후 그가 가지고 있던 원고와 서적을 오스트리아 국립도서관에 기증했다.

28 압둘 라흐만 3세(929~961). 756년 스페인에 우마이아 왕조가 세워진 이후 프랑크와 노르만의 침입을 막아내고 자흐라 궁전을 짓고 코르도바 대학의 기능을 크게 확장하는 등 황금시대를 이루었다.

29 라캄 2세(961~976). 압둘 라흐만 3세의 문화 정책을 이어받아 스페인의 문명을 크게 부흥시켰으며 코르도바를 콘스탄티노플, 바그다드와 함께 중세의 3대 문화 도시로 성장시켰다. 당시 코르도바의 인구는 50만이 넘었다.

30 교황 바오로Paulus 4세(1555~1559 재임).

31 1938년까지 작성된 금서 목록은 4만9000권에 이른다. 이후로도 금서는 지속적으로 증가했지만 이에 대한 목록은 남아 있지 않다.

32 파르테논 신전Parthenon(기원전 438). 페르시아의 침공으로 파괴된 옛 신전 자리에 세워졌으며 도리스 양식의 신전이다. 기둥 위 4면의 프리즈 163미터에는 신과 인간, 말 등 500여 개의 조각이 남아 있다.

33 코란Koran의 원뜻은 읽음을 의미하지만 '신의 말씀' 또는 '성스러운 책'이라는 뜻
으로 쓰인다.

34 이상향을 의미하는 유토피아Utopia가, '없는U 땅topia'의 조합인 것처럼 네버랜드
Neverland 역시 잃어버린 유년의 세계라는 의미를 지닌다.

35 안트베르펜 성당에 있는 루벤스의 두 편의 그림 「십자가에 매달리는 예수」와 「십
자가에서 내려지는 예수」다.

36 1944년에 발표한 소설집 『픽션들』에 나오는 소설이다. 민음사 판(황병하 옮김)
인용.

37 바스티유 감옥과 미궁은 공포를 통해 권위를 유지시킨다는 점에서 유사하다. 바
스티유는 그 견고함으로 인해 시민혁명군에게 공포의 상징이었다. 그러나 실제로
바스티유가 함락되었을 때 시민군이 해방시킨 수감자는 빚쟁이, 정신병자 등 7명
뿐이었다. 이렇게 미궁이나 감옥은 실용적인 이유보다는 존재 자체로 공포를 유
발하기 위해 만들어진다.

38 플리니우스Plinius(24~79). 로마의 저술가. 당시 로마 제국에 있던 방대한 자료를
조사하여 『박물지』를 서술했다. 백과사전 형식으로 쓰인 이 『박물지』는 객관적이
고 과학적인 서술로 인해 중세시대까지 지식의 원전으로 받아들여졌으며 대학의
교과서로 사용되기도 했다.

39 페트리는 미궁의 규모가 가로 305미터, 폭 244미터의 직사각형 형태임을 밝혀냈
다. 하지만 지하 궁전은 지상의 1500개 방을 토대로 유추해낸 것이다.

40 피라미드 높이는 74미터이며, 피라미드와 미궁, 지상 신전은 지하를 통해 하나의
구조물로 연결된다.

41 포지오 가젤라Poggio Gajella. 이탈리아 베르나 시 인근에 있는 고대 에트루리아의
유적지. 도시 건축물은 거의 훼손되었지만 아직 고분군이 많이 남아 있다.

42 페즈Fez. 서기 789년 이드리스 왕조에 의해 모로코의 도읍이 된 도시로 13세기까
지 이슬람 문화의 중심도시였다. 13세기 메리니드 왕조에 의해 구시가 곁에 새로
운 계획 도시가 지어진 이후 페즈는 최고의 전성시대를 이루었다. 오스만 트루크
가 콘스탄티노플을 붕괴시킨 15세기 이후 이슬람의 주요 세력은 점차 지중해 동
부로 이동했지만 지금까지도 페즈는 카사블랑카, 마라케시와 함께 모로코의 3대
도시에 속한다.

43 카라위인Kairouine 대학. 857년에 세워진 세계 최초의 대학으로 알려져 있다. 고대
의 파피루스와 서적 수십만 권을 갖춘 도서관이 있으며 알렉산드리아 도서관 소

실로 기독교 문명권에서 잃어버렸던 필사본 1만여 권이 이곳에서 발견되었다. 많은 부속 건물로 이루어져 있으며 270여 개의 기둥으로 세워진 본관은 현재 이슬람 사원으로 이용되고 있다.

44 도시 중심에는 네자린Nejjarine 궁과 대학이었던 카라위인 모스크가 있다.

45 리앙李昻(1952~). 대만 작가로 『화간미정』 『원앙춘선』 등의 작품이 있으며 2004년 파리문화훈장을 수상했다.

46 원명원. 1709년 강희제가 넷째 아들 윤진에게 하사한 별장으로 320만 제곱킬로미터에 이른다(290만 제곱킬로미터인 여의도에 비해 조금 더 크다). 윤진이 즉위한 이후 황궁의 정원이 되었다.

47 아리스타코스Aristarchos(기원전 310~기원전 230). 그리스 사모스의 수학자. 지동설을 주장했으며, 기하학적 방법을 통해 태양과 달의 크기를 계산했다.

48 프톨레마이오스Klaudios Ptolemaios(100~170경). 그리스의 천문학자. 그가 쓴 『알마게스트』에는 그때까지 알려진 모든 천문 현상과 행성의 궤도가 천동설에 입각하여 기록되어 있다. 이외에 『지리학』 『4원소(테트라비블로스)』 등의 저서가 있다.

49 코페르니쿠스Nicolaus Copernicus(1473~1543). 폴란드의 천문학자로 「천구의 회전에 대하여」라는 논문에서 지동설을 주장했다.

50 동양과 서양의 별자리는 이름과 표시 방법이 다르긴 하지만 전혀 연관이 없는 것은 아니다. 시기적인 차이는 있지만 어떤 형식으로든 서로 영향을 주고받았을 것으로 보인다.

51 광년light year. 빛이 1년 동안 가는 거리로 9조4600억 킬로미터에 이른다.

52 아마추어 천문학자인 엘런 헤일Alan Hale과 토머스 밥Thomas Bopp이 발견한 혜성이다.

53 기원전 2200년경이면 수메르에서 초기 형태의 천문 관측이 이루어지던 시기다. 행성의 움직임과 별자리에 대한 기록은 있지만 혜성에 대한 기록은 없다. 이때는 이집트도 아직 통일되지 않은 상태인 고왕조(제10왕조 무렵)에 해당한다.

54 뮈라의 눈물은 향료의 재료다. 예수에게 동방박사가 바쳤다는 몰약은 바로 뮈라의 나무에서 흐르는 수액으로 만든 것이다.

제2부

1 파리드 우딘 아타르Farid od-din Attar(1136~1230). 페르시아의 시인. 『새들의 회의 Mantiq al Tayr』『신의 서Ilahi nameh』『신비의 서Asrar nameh』 등 신비주의적인 작품을 남겼다. 이란의 코라 산에서 태어났으며 몽고 침략으로 니샤프르 성이 함락되면서 죽었다고 전한다.

2 빅터 터너Victor W. Turner(1920~1983). 영국의 인류학자.

3 리미널리티Liminality. 정형화된 안정 상태에서 벗어난 중간 단계 또는 과도기적인 상태에서 인간들이 느끼는 감정으로, 종교적인 제의나 통과의례에서 경험하게 된다.

4 코뮤니타스Communitas. 사회 관계에는 정형적인 정치적·경제적인 지위로 분화된 계급 관계가 있고 또 하나는 계급에서 벗어난 평등한 개인의 관계가 있는데 후자를 말한다. 코뮤니타스는 일시적이고 비정형적으로 나타나는데 축제나 제의, 포로수용소 등에서 이러한 상태를 볼 수 있다.

5 제프리 초서Geoffrey Chaucer(1343~1400). 영국의 시인. 영어로 작품을 쓴 최초의 작가로『캔터베리 이야기』『영예의 집』『공작부인』등의 작품을 남겼다.

6 캔터베리 대성당. 영국 잉글랜드에 있는 성당으로 597년 성 아우구스티누스가 건설한 이후 수차례나 불에 타는 역사를 가지고 있지만 그때마다 재건축과 증축이 이어져 현재까지 이르고 있다.

7 토머스 베킷(1118~1170). 1161년 캔터베리 대주교로 임명된 이후 교권을 확립하기 위해 국왕(헨리 2세)과 대립하다가 1170년 캔터베리 대성당에서 왕의 기사들에게 살해되었다. 나중에 성인으로 추대되었다.

8 『마하바라타』. 힌두교의 경전 또는 백과사전으로 전18권으로 이루어져 있다. 기원전 10세기경부터 구전되던 이야기를 1세기경 기록했으며 6세기경 현재와 같은 형태로 완성되었다. 바라타족의 친족 간 전쟁이 중심이 된다. 1~5권은 전쟁의 발단, 6~10권은 전쟁의 과정, 11~18권은 전쟁 이후 승자가 죽을 때까지의 이야기가 담겨져 있다. 제6권『바가바드기타』는 깊이 있는 철학적 담론으로 유명하다.

9 불교 4대 성지는 석가의 탄생지인 룸비니Lumbini, 깨달음을 얻었다는 부다가야 Bodhgaya, 처음 가르침을 행한 사르나트Sarnath, 열반에 든 쿠시나가라Kushinagar다. 여기에 석가의 중요한 행적지인 슈라바스티·산카샤·라지기르·바이샬리를 합해 8대 성지라고 한다.

10 히브리인의 종교에서 유래된 이슬람교·유대교·기독교는 서로 반목이 심한 관계이기는 하지만 모두 아브라함을 조상으로 하며 『구약성서』는 이들 공동의 경전이다.

11 『우파니샤드Upanisad』. 힌두교의 경전으로 '스승과 제자가 가까이 앉아 지혜를 전한다'는 뜻이다. 기원전 800년경부터 조금씩 내용이 추가되어 기원전 200년경 완성되었다. 가장 중요한 사상은 우주의 본체인 브라만Brahman과 개인인 아트만Atman이 일체라는 범아일여 사상이다. 우주의 나무에 대한 생각에 대하여는 『바가바드기타』(함석헌 주석, 한길사) 제15장 '멸과 불멸'(473쪽)의 생각을 참조했다.

12 베나레스Benares(바라나시Varanasi). 갠지스 강의 두 지류 바루나Varana 강과 아시Asi 강 사이에 있으며 베나레스는 '빛의 도시'라는 뜻이다. 힌두교뿐 아니라 불교, 자이나교 모두 신성시하는 공동의 성지다.

13 가트Ghat. 순례자를 위해 만들어진 계단식 목욕장으로 갠지스 강변 4킬로미터에 걸쳐 만들어져 있다.

14 쿰 멜라 축제Kumbh mela. 쿰은 생명수가 든 주전자, 멜라는 축제를 의미한다. 쿰 멜라 축제는 갠지스 강의 지류인 하르드와르Haridwar, 시프라 강의 우자인Ujjain, 고다바리 강의 나시크Nasik, 알라하바드Allahabad에서 3년마다 번갈아가면서 열린다. 이중 갠지스 강과 야무나 강, 사라스와티 강이 만나는 알라하바드에서 열리는 축제가 가장 중심이며 이를 기준으로 보면 12년을 주기로 열리는 셈이다.

15 암리타Amrita. 산스크리트어로 불사不死를 뜻한다. 영원한 생명을 얻게 하고 죄를 사한다는 생명수로 그리스의 암브로시아Ambrosia(신의 음식)나 넥타르Nectar(신의 음료)와 같다

16 청평사. 춘천시 오봉산에 있는 고려시대 사찰이다.

17 「심우도尋牛圖」. 12세기경 송나라의 확암선사가 처음 그렸다고 하는 불화佛畵. 목우도 또는 선종화禪宗畵라고도 한다. 인간의 본성을 찾는 불교의 수행과정을 아이가 소를 찾는 것에 비유했다.

18 남북조 시대 동진의 법현은 399년 시안에서 비단길을 따라 인도 북부로 들어갔으며 인도 중부와 스리랑카 유적을 순례하고 412년 중국으로 돌아왔다. 그의 순례는 「불국기」와 「법현전」에 전한다.

19 아잔타 석굴은 마라라슈트라 주의 와고레 강변에 있다. 기원전 200년부터 인도 불교가 점차 쇠퇴하기 시작한 서기 650년까지 동굴이 만들어져 불교 문화의 변화를 한눈에 볼 수 있는 곳이다. 모두 29개의 석굴이 있다.

20 산치Sanchi. 인도 중부 보팔 지역에 있는 불교 유적지. 기원전 2세기부터 아소카 왕에 의해 세워진 많은 유적이 있으며 13세기 인도가 힌두교를 국교로 정할 때까지 시대별로 많은 유적이 만들어져 불교의 발전과정을 한눈에 알아볼 수 있는 곳이다.

21 현장玄奘(602~664). 당나라의 고승. 627년부터 18년간 인도를 순례하고 돌아와 『대당서역기』(12권)를 남겼다. 당의 승상이던 은개산殷開山의 외손이며 산적에게 죽은 그의 아버지는 당대 최고의 수재로 유명한 진악陳萼이다.

22 투루판. 비단길 천산북로 중간에 있는 오아시스 도시. 원래는 한인의 주거지였지만 450년 흉노족이 장악한 뒤 고창국을 세웠다. 현장은 이곳에서 융숭한 대접을 받았지만, 현장이 인도에서 공부하던 640년경 당나라에 의해서 멸망했다.

23 시라바드라(계현법사). 인도 마게타 국의 불교 철학자. 나란타 사원에 기거하면서 불경 해석 및 강독으로 불교의 체계를 정립했다.

24 혜초慧超(704~787). 신라 성덕왕 때의 승려. 인도 여행기인 『왕오천축국전』이 둔황 동굴에서 발견되었다.

25 금강지. 인도의 승려. 남인도에서 태어나 중국으로 건너가 활동했다. 힌두교의 찬드라 신앙과 불교의 화엄 사상을 결합한 밀교를 창시했다.

26 포탈라 궁. 티베트 자치구에 있는 달라이 라마의 궁전. 해발 3600미터인 홍산 기슭에 있다. 13층으로 전체 높이는 117미터이며 달라이라마 5세가 17세기 중반 건축했다.

27 다자오 사. 티베트를 처음 통일한 손챈감포 왕이 7세기 중엽 지은 사찰. 티베트인의 성지다. 포탈라 궁과 함께 유네스코 세계문화유산으로 등록되었다.

28 처음 떠오르는 초승달을 관측하고 알리는 것은 이슬람의 종교지도자인 울라마Ulama의 역할이다. 이슬람 달력은 윤달이 없어 해마다 10여 일씩 빨라진다. 그래서 라마단을 정하기 위해 초승달을 관측하는 전문가 집단이 구성되고, 당일이 되면 최고 종교지도자인 울라마가 이를 관측해, 초승달이 발견되었음을 공포한다.

29 "에스테헤르알, 라마단 카림Estehelal Ramadan carim." '초승달을 찾았다, 라마단을 경배하라'는 뜻이다. "라마단 카림"은 라마단 기간 중 무슬림이 서로를 축하하며 나누는 말이다. 성탄절에 기독교인들이 '메리 크리스마스'라고 인사하는 것과 같다.

30 이슬람을 포함해 아브라함을 조상으로 하는 유대교, 기독교는 7일간에 걸쳐 이루어진 창조 신화를 공유한다. 동서양의 고대 종교나 비교에서 7이 중요한 의미를 가지는 것은 이집트나 바빌로니아 이전부터 문명권에서 공유하는 자연 순환

에 대한 믿음 때문일 것이다. 이집트는 사자의 세계를 7개의 천국과 7개의 명부로 구분했고 바빌로니아의 사원도 7층으로 이루어져 있다. 솔로몬은 이를 모델로 7계단으로 올라가는 성전을 지었다. 이밖에도 성서에서 7이라는 숫자는 수없이 반복된다. 태양력이 7을 주기로 일주일을 잡는 것이나 음력이 달의 변화를 7의 곱(28일, 7의 4곱)으로 하는 것도 이와 무관하지 않다. 이슬람은 무함마드 알리Muhammad Aly가 7개의 글자로 이루어져 이름 자체에 완전성을 부여한다(자음 M·H·M·M·D·L·Y을 기준으로 한다). 이슬람의 순례에서 7이라는 숫자가 계속 반복되는 것은 이 때문이다.

31 돌기둥, 즉 사탄의 이름은 각각 수그라, 우스타, 쿠브라다.

32 전 세계 무슬림의 83퍼센트는 수니파이며 16퍼센트는 시아파다. 이외에도 수피파, 이바디파, 카와리즈파 등 수많은 종파가 있지만 이들 전체는 1퍼센트 정도에 불과하다. 하지만 수니파도 하나의 종파라고 하기엔 그 안에 수많은 계열이 존재한다.

33 2014년 모술을 점령한 IS무장단체는 시아파 성지를 비롯, 그리스정교회, 기독교 성당 등 모든 사원과 성지를 파괴했다. 당시 파괴된 주요한 성지로는 마흘라비아의 아흐마드 알리파이 성인의 무덤, 탈아파르의 성인 아킬 후세이니아의 무덤이 있는 사드 빈 사원, 모술의 알쿱타 후세이니아 성인의 무덤과 사원이 있다. IS무장단체는 이를 '니느웨의 우상 파괴'라고 선언했는데 이는 이교에 대한 적개심에서 비롯된 것이기는 하지만 근저에는 메카 이외의 성지 자체를 부정하는 인식이 깔려 있다.

34 라타키아Latakia 숲. 시리아와 터키 국경에 있으며 가까운 항구에는 로마시대의 바쿠스 신전을 비롯 많은 유적이 있다.

35 「출애굽기」와 「민수기」(20장)에 자세히 나와 있다. 시나이 산의 위치나 당시 지명에 대한 해석의 차이가 있으나 위의 지도에서 크게 벗어나지 않을 것으로 보인다.

36 에돔Edom. 에돔은 야곱의 형인 에서Esau의 별칭이며 아브라함의 한 종파를 이루는 민족이다.

37 페트라를 우회하는 과정에 죽은 모세의 형 아론Aron의 무덤과 모세가 지나간 계곡이라는 뜻의 와디 무사 외에도 '모세의 샘' 등 모세와 관련된 많은 유적이 있다.

38 당시 이집트를 빠져나온 히브리인이 얼마인지는 많은 이견이 있다. 기록이 정확하다고 해도 당시는 노동력을 기준으로 인구를 산정했기 때문에 지금의 관점과는 차이가 있고, 38년간 척박한 광야생활로 많은 인구가 줄어들었을 것임은 자명

하다.

39 우이촐 족Huichol. 멕시코 서부 할리스코 나야리트 주의 시에라마드레 산맥에 사는 인디언 부족.

제3부

1 리흐토펜Ferdinand von Richthofen(1833~1905). 독일의 지리학자. 『현대지리학의 과제』 『중국과 티베트의 지질 연구』 등의 저서를 남겼다.

2 청금석Lapis lazuli. 보통 보석은 한 가지 광물에 의해 만들어지지만 청금석은 휘석, 방해석, 황, 운모 등 다양한 광물이 고압의 변성 작용을 거쳐 만들어진다.

3 툰드라 지대Tuntra zone. 유라시아 평원 위쪽이나 캐나다 북부, 그린란드 해안 등 북극의 빙원과 인접한 영구 동토지대를 말한다. 겨울에는 영하 30도씨에 이를 정도로 춥지만 여름에는 10도씨까지 올라가고 연간 380밀리미터 정도의 강수량으로 이끼류나 초목의 식생 환경이 조성된다.

4 세 개의 산맥은 톈산 산맥과 쿤룬 산맥, 히말라야 산맥을 말하며 톈산 산맥 위에는 고비 사막 그리고 그 사이에는 타클라마칸과 티베트 고원이 위치하고 있다. 이곳의 지명인 신장新疆의 '장疆'은 3개의 산맥을 의미하는 삼三 사이에 2개의 사막을 의미하는 전田이 들어 있는 모양이다.

5 호박Amber. 소나무와 같은 침엽수의 진액이 굳어 만들어진 것으로 투명하며 광택이 난다. 황색이나 적갈색을 띠며 곤충이 들어 있는 경우도 있다. 비중이 1.05 정도로 바닷물에서는 뜨지만 민물에서는 가라앉는다.

6 앰버Amber 궁전. 러시아 상트페테르부르크 여름 궁전에 있는 정방형의 방으로 한 변이 14미터에 이른다.

7 발트 해 다음으로 호박이 많이 생산되던 지역은 레바논이다. 이곳에서 나온 호박은 페니키아인들에 의해 널리 유통되었다. 중국에서도 허난, 랴오닝 등 호박이 생산되는 곳이 많지만 성분 분석 결과 중국의 호박이 중동이나 유럽에서 발견되는 경우는 흔치 않다.

8 독일 함부르크의 옛 이름인 암부르Ambur, 로마시대 고대도시 암부라키아Ambracia, 벨기에의 암베레스Amberes, 스페인의 암바레스Ambares 등은 모두 호박을 뜻하는 앰버Amber와 관계가 있는 도시다.

9 집시들이 스스로를 부르는 말로는 롬Rom(서유럽), 롬Lom(동유럽), 돔Dom(중동) 등 조금씩 차이가 있으나 모두 사람이라는 뜻이다.

10 로마니Romany. 집시들이 자신의 언어를 일컫는 말. 산스크리트 계 언어의 골격을 갖추고 있으나 세계 각지의 언어가 뒤섞여 언어 계통을 구분하기가 쉽지 않다.

11 플라멩코flamenco라는 이름은 불꽃을 뜻하는 플라마flama에서 비롯되었다. 불꽃처럼 정열적이고 화려한 춤이라는 뜻이다.

12 차라투스트라는 세상을 구원할 초인의 이름이지만, 고대 페르시아어로 차라투스트라는 '낙타를 잘 다루는 사람'이라는 뜻이다.

13 염도鹽度. 액체에 녹아 있는 소금의 비율. 사는 곳이 육상인가 바다인가에 따라 차이가 있지만 생물의 피에는 보통 1퍼센트 내외의 소금이 녹아 있다. 바닷물의 염도는 약 2~3퍼센트다.

14 수렵 채취인들은 사냥한 짐승의 피를 나누어 먹었는데 이는 염분의 섭취를 위해서였다.

15 강원도 산간에는 폭설로 고립된 마을에서 소금 부족으로 일어난 재난 일화는 적잖게 전해진다. 고립되더라도 식량은 나무뿌리 등으로 연명할 수 있지만 소금은 사정이 달랐다. 처음에는 소금을 담았던 가마니를 씹으면서 버티지만 그마저 떨어지면 몸이 부어오르며 서서히 죽어갈 수밖에 없었다.

16 봉급생활자를 뜻하는 샐러리맨salary man은 라틴어 살라리움salarium에서 나온 말로 병사들에게 봉급으로 소금을 지급했던 데서 유래한다.

17 궂은일에 소금을 뿌리는 민간신앙은 우리나라는 물론 세계 여러 나라의 보편적인 관습이다. 성서에도 소금을 쳐서 영원한 계약을 맺는다(「민수기」 18:19)거나 제의에는 반드시 소금을 쳐야 한다(「레위기」 2:13)는 기록이 나온다.

18 로마의 도로법이 처음 제정된 것은 기원전 450년경이다. 12표법이라고 하는 이 법은 도로를 사용할 수 있는 권리나 도로 폭에 대한 기준을 동판에 새겨 넣은 것이다. 기원전 120년경에는 도로를 만드는 기준과 도로원표 및 이정표 설치가 정해졌고 기원전 50년경에는 렉스 비아리아Lex Viaria라는 상세한 도로법이 공포되었다. 로마의 도로법은 그 뒤로 만들어진 모든 도로의 기준이 되었다.

19 아피아 가도보다 앞서 만들어진 길은 기원전 500년경 가비나Gabina 가도, 기원전 490년경 라티움Latina 가도, 기원전 450년 라비키Labicana 가도 등이 있다. 그러나 이 길은 포장도로는 아니었으며 평평하게 흙을 다지거나 땅이 무를 경우 통나무를 깔아서 만드는 정도였다.

20 비아Via. 나중에는 일반적인 길을 의미하는 말이 되었지만, 초기에는 석재로 포장된 도로를 의미했다. 이외에는 시골길privatae, 자갈길glareae, 농로agrarive, 통나무를 깐 길corduroy 등이 있었다.

21 「열왕기하」 14:7, 「시편」 60:1에는 다윗과 아비새가 소금 골짜기에서 에돔 사람을 죽이고 셀라를 취했다는 기록이 나오는데 여기서 셀라는 salt(소금)에서 비롯된 도시 이름이다.

22 지구의 해수면 상승은 극 지방의 해빙과 같은 전 지구적인 이유로 인해 상승하는 경우도 있지만 화산이나 지진대와 같은 지엽적인 지각 활동 때문에 발생하기도 한다.

23 도릿 시반Dorit Sivan 이스라엘 하이파대 교수에 따르면 현재의 해수면을 기준으로 12세기경에는 50~90센티미터, 그리스 시대에는 160센티미터 정도 낮았으며, 지난 한 세기 동안의 해수면 상승은 19센티미터 정도다(자료출처: www.sciencedaily.com). 염전은 바닷가에 인접해 있기 때문에 해수면 상승 시 가장 먼저 타격을 입었을 것이다.

24 다치아Dacia 왕국. 기원전 1세기경 도나우 강 일대에서 흩어져 살던 트란실바니아, 왈라키아, 몰다비아 인을 통일한 왕국이다.

25 슬러닉 소금동굴 안에는 당시의 전쟁을 기념하기 위해 다치아 왕국의 대체발 장군과 로마의 트라이안 장군의 소금 동상이 세워져 있다.

26 잘츠 산 중턱 소금동굴까지 가기 위해서는 2100미터를 올라가야 한다. 지금은 경사철도가 부설되어 있어 쉽게 올라갈 수 있지만 과거에는 접근하기가 쉽지 않았을 것이다.

27 잘츠부르크Salzburg는 말 그대로 소금의 성이라는 뜻이다.

28 고려시대의 도염원都鹽院은 소금의 생산부터 판매까지 관장했고 조선시대와 일제 강점기까지도 전매제가 유지되었다. 소금의 전매는 1961년 폐지되어 국유 염전과 민영 염전이 공존했다.

29 엄장이 마을(제주시 애월읍). 조선시대 제주의 대표적인 소금 염전. 용암이 바닷가에서 식으며 평평한 바위 지대를 만들어놓았는데, 이를 이용하여 천일염을 만들었다.

30 안축安軸(1282~1348). 고려시대 문신. 「관동별곡」 「죽서팔경」이라는 작품을 남겼다.

31 『근재집謹齋集』. 안축의 문집. 여기에 수록된 「염호鹽戶」 「삼탄鄽嘆」 부분에 학정에

고생하는 백성의 모습이 그려져 있다.

32 주세페 베르디Giuseppe Verdi(1813~1901). 이탈리아의 작곡가.

33 「나부코Nabucco」. 베르디가 20대 후반에 쓴 작품으로 기원전 6세기 바빌로니아의 예루살렘 침략을 다룬 작품이다. 나부코는 예루살렘을 멸망시킨 네부카드네자르 2세의 이탈리아식 발음이다.

34 프리모 레비Primo Levi(1919~1987). 이탈리아의 화학자, 시인. 아우슈비츠에서 수 감되었다가 살아남은 뒤 『이것이 인간인가』(수필집), 『주기율표』(우화집) 등을 남 겼다.

35 아무르Amurru. 메소포타미아 우르 사람들이 '강 건너에 사는 유목민'을 부르던 말 이다. 히브리인들이 자신을 부르던 아바르Abarru와 같은 뜻이다.

36 『역사의 연구A Study of History』. 아널드 토인비가 28년에 걸쳐 완성시킨 역사서로 전12권에 이른다. 로마, 수메르, 바빌론 등 21개 문명권의 기원과 흥망을 독자적 인 시각으로 분석했다.

37 히브리Hebrew. 히브리는 '건너다' 또는 '건너편'이라는 뜻이다. 히브리는 이집트인 에 의해 붙여졌다. 우르 사람들이 유프라테스 강 건너에 살던 유목민을 부르는 말 아무르와 같은 뜻이다.

38 가나안Canaan은 지금은 팔레스타인의 한정된 지역을 의미하지만 당시에는 이스 라엘은 물론 레바논, 시나이 반도, 요르단 서부까지 통칭하는 이름이었다.

39 힉소스Hyksos. 기원전 2000년경 아시아 쪽에서 이주해온 민족으로 결국 이집트를 정복하고 108년간(기원전 1648~기원전 1540)을 통치했다. 유목민의 이동은 힉 소스가 이집트를 정복하기 이전까지 계속되었다.

40 하란Haran. 하란은 '햇빛에 바싹 마르다'라는 뜻이다. 소아시아와 바빌론을 잇는 주요 대상로에 위치하고 있어 한때 앗수르의 수도이기도 했지만 유목민이 정착하 기에는 적당하지 않은 땅이었다.

41 로마와 마찬가지로 유대 왕국에서도 도로 건설은 왕의 중요한 치적으로 여겨졌 다. 이에 대한 기록은 「이사야서」(40장 3절, 49장 11절), 「예레미아서」(18장 15절) 에도 나오며 「민수기」(20장 17절, 21장 22절)에는 왕의 대로King's Highway, 「이사 야서」(9장 1절)에는 바닷길Via Maris에 대해서도 기록되어 있다.

42 요셉Joseph. 파라오의 꿈을 해석하여 흉년에서 이집트를 구한 인물. 「창세기」 37장 에는 가나안 인근 헤브론에 살던 요셉이 대상에게 팔려 이집트로 옮겨오는 과정 이 기록되어 있다.

43 람세스Ramses 2세(기원전 1279~기원전 1213 재위). 신왕국 19왕조의 왕으로 평
생을 정복과 건축물을 축조하는 데 바쳤다. 팔레스타인, 히타이트, 시리아, 리비아
등과 전쟁을 벌였다.

44 엑소더스Exodus. 「출애굽기」 또는 많은 사람이 동시에 이동하는 것을 의미한다.

45 이스라엘Israel. 기원전 931년 유다와 베냐민을 제외한 나머지 유대 부족이 연합하
여 세워진 국가로 기원전 722년 아시리아에 의해 멸망했다. 이스라엘은 통혼정책
을 통해 아시리아에 동화되었다.

46 유다 왕국Judah. 기원전 931년 이스라엘에서 분리된 왕국으로 아시리아의 지속적
인 공격을 막아냈지만 결국 기원전 587년 바빌로니아 제국의 침략으로 멸망했다.

47 라기스Lachish. 예루살렘 남쪽에 있는 유대 도시 중 하나로 견고한 성벽과 삼중의
성문을 갖춘 요새였지만 기원전 700년 아시리아의 센나케리브 왕에 의해 멸망했
다. 1932년 발굴 시 히브리어가 새겨진 토기와 1500구가 넘는 유대인 시신이 발
견되었다.

48 예루살렘Jerusalem. 유대 왕국의 중심 도시. 기원전 931년부터 신바빌로니아의 네
부카드네자르 2세에게 멸망한 기원전 586년까지 존속했다.

49 아시리아를 막아낸 히스기아 왕은 이교도의 신을 금지하는 포고를 내렸으며, 요
시아 왕은 신명기법이라는 유일신 중심의 종교개혁을 단행했다. 그러나 아시리
아·이집트의 영향으로 종교개혁은 당대에 그쳤다.

50 당시 예루살렘과 그 주변에 거주하던 유다 인구는 25만 명 정도였다. 1차 포로(기
원전 597)는 항거를 일으킨 귀족과 제사장, 공인 중심으로 이루어졌지만 2차(기원
전 586)와 3차(기원전 582) 유수 시에는 남자는 물론 부녀자까지 모두 끌고 갔다.

51 키루스Cyrus 2세(기원전 585~기원전 529). 페르시아를 건국한 왕. 메디아, 박트
리아, 신바빌로니아를 차례로 함락시키고 이집트를 제외한 오리엔트 지역을 모두
정복했다.

52 당시 가나안으로 이주한 히브리인은 4만 명 정도로 기록되어 있지만 보통 노동력
이 있는 성인 남자 위주로 인구를 추산하던 관습으로 보면 실제로는 훨씬 많았을
것이다.

53 바르 코시바Bar Kosba. 바르 코크바 반란Bar KoKhba revolt을 일으킨 유대의 지도자
다. 바르 코시바는 아랍어로 '별의 아들' 또는 메시아를 뜻한다.

54 게토Ghetto. 히브리어 get에서 유래하며 끊다, 분리하다라는 뜻이다.

55 라테라노 공의회Lateran Council. 로마 교황이 소집한 회의로 세계 각지의 주교가

참석하는 가톨릭 최고회의였다. 십자군 전쟁이나 교황 선출, 이단 결정 등 중요한 내용을 논의했으며 1123년부터 1517년까지 5차례에 걸쳐 열렸다.

56 반유대주의Anti-semitism. Semite는 셈족의 자손 즉 유대인을 가리키며 1879년 빌헬름 말이 처음 사용하면서 유대인에 대한 유럽인의 감정을 표현하는 데 사용되었다.

57 시온Zion은 예루살렘 중심부에 있는 지명으로 '신에 의해 약속된 땅'이라는 뜻을 가진다.

58 테오도르 헤르츨Theodor Herzl(1860~1904). 헝가리 출신의 작가. 초기 시오니즘을 이끌었다.

59 하임 바이츠만(1874~1952). 이스라엘 초대 대통령으로 러시아 태생이다.

60 최근 봉화·울진 간 산길을 보부상길로 일컫기도 하지만 본문의 보부상길은 이를 뜻하지 않는다.

61 보부상에게 물건을 공급하는 도매상인 대보상과 대부상을 말한다. 이들은 수운과 수레를 이용해 다량의 물건을 취급했으며 무역을 하거나 생산 조직까지 갖추고 있었다.

62 처음에는 부상 위주로 조직되었으나 추후 보상과 합쳐지며 보부상단이 되었다.

63 오조五條物件. 어물, 무쇠(수철), 소금, 토기, 목기.

64 혜상공국. 한성부에서 8도의 도접장을 직접 임명하고 신분증을 발급하여 공공 기관의 성격을 가졌다. 1885년 상리국으로 개칭되며 우단(보상), 좌단(부상)으로 구분되었다.

제4부

1 『길가메시 서사시』는 기원전 2600년경 우르크 왕의 이야기지만 이를 정리한 것은 기원전 1400년경 바빌로니아의 사제 신레케 우닌니다. 아슈르바니팔에서 발견된 『길가메시 서사시』는 12개의 점토판에 쓰여 있으며 각 점토판은 300행이 넘는다.

2 길가메시Gilgamesh. 수메르 우르크 제1왕조의 마지막 왕(제5대)으로 루갈반다의 아들로 전한다.

3 대홍수는 40일간의 폭우로 전해지지만 지리학자들은 기원전 7500년 전 해수위

상승과 해일로 보스포루스 해협이 뚫린 것을 그 원인으로 보고 있다(해수면보다 395미터나 낮은 사해가 바다와 연결된다면 이와 비슷한 일이 벌어질 것이다). 흑해 연안의 아나톨리아는 고대 농경이 시작된 곳이다. 흑해는 순수한 내해였지만 이후 대서양과 지중해의 해수면이 높아지면서 결국 보스포루스 해협이 뚫렸고 이를 통해 엄청난 물이 밀려들어왔다. 지층 조사에 따르면 흑해의 해수면이 150미터 정도 높아졌다고 한다. 이로 인해 연안에서 농사를 짓던 신석기인들은 농지를 잃고 유럽이나 아프리카 등 세계 각지로 흩어졌다. 히브리교의 '노아 홍수'는 물론 농경문화를 이어받은 바빌로니아, 이집트, 그리스에서도 홍수 설화가 공유되는 것은 이 때문으로 여겨진다.

4 잠에서 깨어난 길가메시가 스스로를 책망하며 발길을 돌리자 이를 안타깝게 여긴 우트나피슈팀의 아내는 불로초가 있는 곳을 가르쳐주라고 남편의 옆구리를 찌른다. 불로초가 끝을 알 수 없는 깊은 연못 속에 있다는 말을 들은 길가메시는 몸에 무거운 돌을 매달고 연못 아래로 내려가 불로초를 캐온다. 그러나 잠시 한눈을 판 사이 뱀이 그것을 먹어버린다. 계절이 반복될 때마다 허물을 벗는 뱀의 모습에서 이러한 에피소드를 생각해냈을 것이다.

5 제11장까지 길가메시의 여정은 끝난다. 이후 제12장은 길가메시의 여정과는 동떨어진 사후세계에 대한 이야기로, 나중에 덧붙여진 것으로 여겨진다.

6 우루크 제1왕조는 길가메시에 의해서 막이 내리고 이후 메스칼람두그에 의해 새로운 우르 제1왕조가 시작된다. 이후 수메르는 여러 차례에 걸쳐 우르 왕조와 우루크 왕조의 세력이 바뀌면서 우르는 제3왕조, 우루크는 제5왕조까지 이어진다.

7 신레케 운니니Sinreqe unnini. 기원전 1300년경 바빌로니아의 서기관으로 흩어져 있던 길가메시의 설화를 모아 하나의 서사시로 정리했다. 이후에 여러 곳에서 길가메시의 이본이 발견되지만 신레케 운니니가 쓴 것의 필사본이다.

8 『동국이상국집東國李相國集』. 고려시대 문신인 이규보가 쓴 문집으로 제3권 「동명왕」 편 종장에 후계자인 유리왕 설화가 실려 있다.

9 졸본은 지금의 지린 성 환런桓仁, 우리가 만주라고 부르는 곳에 있었다. 지금 이곳에 남아 있는 오녀산성은 동명왕이 쌓은 졸본성으로 추측되며 주변에 고구려의 고분군이 널려 있다.

10 아이게우스는 아이트라가 자신의 아이를 임신했다고 생각했지만 실제로 이 아이의 아버지는 바다의 신 포세이돈이다. 다행히 아이게우스는 이 사실을 몰랐다. 그래서 테세우스를 끔찍이 사랑했으며, 나중에는 아들의 죽음을 오인하여 자살했다.

11 아르고나우타이라고 불리는 아르고 호의 선원들은 헤라클레스를 대장으로 오르
   페우스, 폴리데우케스, 카스토르, 제테스, 칼라이스, 텔라몬, 펠레우스, 이다스, 링
   케우스, 아드메토스, 펠리클리메노스, 아우게이아스, 아르고스, 티피스 등이다.

12 『변신이야기Metamo phoses』. 오비디우스(기원전 43~서기 17)가 쓴 세계 창조의
   서사시로 전 15권에 이른다. 그리스 신화는 『변신이야기』의 중요한 부분이다.

13 어둠 때문에 서로를 적으로 오인한 키지코스와 아르고 호 선원들은 밤새 전투를
   벌인다. 여기서 키지코스가 죽고 그의 아내 클리테는 자살한다.

14 이스테르 강은 지금의 다뉴브 강을 말한다.

15 헤라클레스의 기둥은 지브롤터 해협을 말한다.

16 포세이돈은 단지 자신에게 허락을 받지 않았다는 이유로 오디세우스를 고향 이타
   케로 태워다준 파이아케스인들을 바위로 만들어버린다. 그리스 신화에 나오는 신
   들의 보복은 대부분 인간의 사소한 실수나 신들의 질투로 벌어진다.

17 콜럼버스의 신대륙 발견은 1492년으로, 단테가 죽은 1321년보다 171년 뒤의 일
   이다.

18 아에네이스Aeneis는 트로이의 왕자인 아이네이아스Aineias의 여정이라는 뜻이다.

19 베르길리우스Publius Maro Vergilius(기원전 70~기원전 19). 로마의 시인. 작품으로
   『농경시Georgica』와 『아에네이스』 12권이 전한다. 단테의 『신곡』에서 그는 지옥의
   안내자로 나온다.

20 라티움. 로마가 건국되기 전 이곳에 있던 왕국이다. 라티움의 왕 라티누스는 딸
   라비니아를 아이네이아스와 결혼시켜 나라를 넘겨주려 하지만, 스스로 라비니아
   의 약혼자라고 주장하는 투르누스는 이를 방해한다. 아이네이아스와 투르게스의
   전쟁은 이 때문에 비롯되었다.

21 앙키세스Anchises. 트로이의 왕자. 아프로디테와 관계하여 아이네이아스를 낳았다.

22 러디어드 키플링Rudyard Kipling(1865~1936)의 소설 『인간의 태도』에 나오는 페
   니키아인의 기도문. 키플링은 『정글북』의 작가이며 1907년 노벨문학상을 수상했
   다. 이 기도문은 보르헤스의 강의록 『7일 밤』에서 재인용했다.

23 헤라클레스의 기둥은 『오디세이』에 나오는 지명으로 이베리아 끝과 아프리카 사
   이의 지브롤터 해협 양안에 있는 바위산을 말한다.

24 제트 기류Jet Stream. 겨울철에는 시속 130킬로미터, 여름철에는 시속 65킬로미터
   로 파동처럼 굽이치며 분다. 제트 기류는 지구의 자전과 같은 방향으로 부는 편서
   풍으로 고도 10킬로미터 정도에서는 거의 일정한 방향으로 불기 때문에 항공기

운항에 이용된다.

25 계절풍을 의미하는 몬순monsoon은 아랍어로 계절을 뜻한다.

26 페니키아인은 쇠를 가공할 때 칼슘을 첨가하여 강도를 높였다. 베서머 제강법이라고도 불리는 이 기술은 19세기에 와서야 재발견되었다.

27 스페인 카르타헤나 해역에서 발견된 기원전 7세기경 페니키아의 난파선으로 길이가 9미터 정도다. 이것은 갤리선과 항구를 연결하던 배였다.

28 『에리트레아 항해지Periplus Maris Erythrea』. 1세기경 인도 남부에서 홍해 · 페르시아 만을 통해 중동과 로마로 연결되던 항로를 기록한 책으로 전문 66장으로 되어 있다.

29 테오도시우스Theodosius 1세(379~395 재위). 고트족 침입으로 분열되었던 로마를 다시 통일하고 기독교를 국교로 정했다. 로마법을 집대성하여 테오도시우스 법전을 공표했다.

30 인도 항로는 콜럼버스의 대서양 항해보다 조금 뒤에 개척되었다. 포르투갈의 바스쿠 다가마Vasco da Gama(1469~1524)는 1497년 7월 리스본을 출발하여 그해 11월 희망봉에 도착했으며 이후 아라비아 해를 횡단하여 1498년 5월 인도 코지코드에 도착했다.

31 스페인을 떠난 것은 1519년 9월 20일이며 귀항한 것은 1522년 9월 6일이다.

32 에모토 마사루(1943~). 일본의 물 전문가. 물과 파동에 대한 관계를 연구했으며, 저서 『물은 답을 알고 있다』에서 물이 의식을 가진 주체이며 외부의 생명과 밀접한 관계를 가지고 있음을 주장했다.

33 농경은 약 1만 년 전 아나톨리아 고원에서 시작되었다고 하나 정확한 시기에 대해서는 이견이 있다.

34 비옥한 초승달 지대Fertile Crescent. 메소포타미아에서 시리아 – 팔레스타인을 거쳐 이집트에 이르는 지역. 터키, 이란, 이라크, 시리아, 레바논, 요르단, 이스라엘, 이집트가 이 지역에 걸쳐져 있다.

35 나일 강 유역에서는 기원전 8000년경부터 농경이 시작되었지만 관개수로가 만들어진 것은 약 2000년 뒤다. 이집트의 아무라 기期 메소포타미아의 우바이드 기에 해당한다. 중국에서는 이보다 뒤늦은 기원전 700년경 춘추시대에 만들어졌다. 우리나라의 김제 벽골제, 제천 의림지, 밀양의 수산제는 4세기 이후 만들어졌다.

36 우라르트Urart. 흑해와 카스피 해 남쪽 산악 지역에 있던 고대 국가. 기원전 3000년경부터 거주하다 왕국으로 발전했다. 기원전 840~기원전 685년에는 아시

리아와 전쟁을 치를 정도로 세력이 막강해졌는데 이 시기에 관개수로 등 대규모 토목 공사가 이루어졌다. 신전과 비문, 성곽 등 유적과 함께 연대기 형식으로 석판石版에 새긴 역사 기록이 지금까지 남아 있다. 기원전 685년 아르메니아에 의해 멸망했다.

37 메이누아(기원전 810~기원전 781). 우라르투의 세력을 크게 확장시킨 왕으로 조로아스터의 출생지인 우르미아Urmia(이란 북서부)를 두고 아시리아와 패권을 다투기도 했다.

38 28킬로미터에 이르며 왕의 이름을 따서 메이누아 운하라고 부른다. 현재도 관개 수로로 이용된다.

39 고나바드Gonabad. 이란의 수도 테헤란에서 동쪽으로 1000킬로미터 떨어진 나마크 사막에 있는 도시. 45킬로미터에 이르는 고나바드 카나트는 가장 오래된 것으로 4만 명의 인구가 아직 이 물을 먹는다.

40 호라산Khurasan. 이란 동북부에 있는 도시. 호라산은 떠오르는 태양의 땅이라는 뜻이며 고대로부터 아케메네스 제국(기원전 559~기원전 330)과 사산 제국(224경 ~651)의 중심지였다.

41 케르만Kerman. 이란 남부에 있는 인구 54만의 소도시. 현재 카나트가 그리 폭넓게 이용되는 것은 아니지만 중동 지역의 카나트를 아프리카와 유럽으로 전파하는 역할을 했다.

42 모정의 직경은 2미터 정도, 간정의 직경은 1미터 내외다. 간정은 20~30미터마다 하나씩 만들어진다.

43 페트라Petra는 그리스어로 '바위'라는 뜻이다. 모세가 이집트를 탈출하던 성서시대(기원전 1400년경)에는 셀라Sela라고 불렸는데 이 역시 히브리어로 바위를 뜻한다. 이 도시는 7000년 전부터 사람이 살아온 흔적이 있지만 암벽 도시를 건설한 것은 나바테아인이다.

44 와디 무드흘림wadi mudhlim. 와디wadi는 마른 강이란 뜻이다. 와디 무드흘림은 평소에는 물이 거의 흐르지 않는 건천이지만 우기에는 홍수가 날 정도로 많은 물이 흘렀다.

45 페트라는 로마에 정복된 이후에도 오래 지속되었다. 그러나 363년과 551년 두 차례의 지진으로 수로 시설이 파괴되자 더 이상 사람이 살 수 없는 도시가 되었다.

46 「열왕기하」 20:20. 유대 왕 히스기야가 아수르의 포위에 대비하여 다윗 성 서편까지 터널을 뚫어 물이 흐르도록 했다고 기록되어 있다.

47 실로암 비문Siloam Inscription. 실로암 터널 공사 과정을 기록한 비문으로 가로 72센티미터, 세로 38센티미터의 석판이다. 히브리 고서체로 기록되어 있다. 터널 안쪽 8미터 들어간 지점 벽면에 새겨져 있었으나 도난·파손의 과정을 거쳐 현재는 이스탄불 고고학 박물관에 소장되어 있다.

48 로마에는 테베레 강이 흐르지만 수량이 많지 않고 지하수에는 다량의 석회분이 섞여 있어 물 사정은 그리 좋지 않았다. 이러한 환경 때문에 로마 수로는 기원전부터 발달하기 시작했으며 기원전 33년경에는 700여 개의 샘이 관리되었다. 이 샘으로부터 11개의 수로를 통해 공급된 물은 로마 시내 곳곳을 채울 수 있었다. 로마 전성기에는 500여 개의 분수와 1000여 개의 목욕탕이 있었다.

49 이후 만들어진 수로를 연대별로 보면 테프라 수로(기원전 125), 율리아 수로(기원전 33), 베르지네 수로(기원전 19), 가르 수로(기원전 12), 알시에티나 수로(기원전 2), 클라우디아 수로(서기 47), 아니오노우스 수로(서기 52) 등이다.

50 사이펀siphon. 물의 위치 에너지와 중력을 이용하여 낮은 곳을 통과하는 기술.

51 구거溝渠. 일정한 깊이로 도랑을 판 다음 석재로 바닥과 측벽 덮개를 설치하고 흙을 다시 메워 물길을 만드는 개착식 터널이나.

52 수로교는 3층의 아치로 만들어져 있는데 위로 올라갈수록 좁아져 구조가 안정되도록 했다. 각 층의 높이 역시 22미터, 19미터, 4.8미터로 줄어든다. 전체 길이는 275미터이며 높이는 49미터다. 아래 2개 층은 급류의 영향을 적게 받도록 교각 사이를 25미터로 크게 만들었다.

53 166년부터 16년을 주기로 발생한 전염병과, 252년의 전염병은 인구의 30퍼센트를 병사시켰으며, 452년 게르만족의 침입 직후 발생한 전염병은 로마를 완전히 황폐화시켜 100만이 넘던 인구는 30만 명으로 줄어들었다.

54 하셉수트Hatshepsut(기원전 1508~기원전 1458). 18왕조 5번째 파라오로 화려한 장제신전으로 유명하다. 이집트 푼트에서 홍해로 운하를 연결하려 했다. 하셉수트는 '고귀한 여인'이라는 뜻이다.

55 하셉수트 재위 시절 푼트의 나일 강 본류에서 홍해로 운하를 연결하려는 공사를 벌였다는 기록이다.

56 네카우Nekau 2세(기원전 610~기원전 595 재위). 이집트 제26왕조 2대 왕. 신바빌로니아의 남하를 저지하고 유다 왕국을 제압하면서 시리아, 팔레스타인 지역을 장악했다.

57 라인·도나우 운하. 라인 강과 마인 강, 도나우 강을 연결하는 171킬로미터의 운

하로 강의 약자를 따서 RMD운하라고 부른다.

58 헤로도토스의 『역사』 제7장 '원정군의 출발'. 운하의 배경과 과정, 만든 사람을 기록했으며 운하의 의미에 대해서도 나름대로 해석하고 있다.

59 삼단 노선. 노를 위아래 3단으로 배치한 배. 당시 페르시아의 함선은 바람보다는 노를 통해 이동하는 배가 주축을 이루고 있었다.

60 위의 책 「원정군의 출발」 편, 운하 건설에 이어 보스포루스 해협에 가교를 만드는 부분이 나오는데 여기서도 크세르크세스가 바다에 채찍질을 했다는 이야기가 나온다. 페르시아 군주가 이성적이지 못하다는 것을 보여주려는 글이었을 것이다.

61 수나라의 주요 도시였던 동경에는 함가창, 낙구창, 서경에는 태창이 있었으며 이 외에도 화주의 영풍창, 섬주의 태원창 등이 있었다. 이곳에는 수백만 석이 넘는 벼가 비축되었다.

62 대약진운동(1957~1960). 마오쩌둥에 의해 주도된 철강·중화학공업 육성정책. 자연재해와 소련의 방해로 실패했지만 이 기간에 운하의 현대화 사업은 큰 성과를 거두었다.

63 대약진운동 이전 징항 운하의 연장은 1782킬로미터였지만 만곡부를 직선화한 이후 거리는 1515킬로미터로 267킬로미터 줄어들었다.

64 IS(Islamic state). 이라크와 시리아에 거점을 둔 단체로 유일신과 지하드를 표방한다. 이슬람 국가를 표방하지만 잔악한 살상 행위와 테러 자행으로 국가로 인정되지 않는다.

65 파나마 운하가 개통되었을 때 이 구간은 클레브라 수로라고 이름 붙여졌다. 클레브라는 스페인어로 새우를 뜻하며 바위가 새우껍질처럼 단단하다는 의미를 담고 있다.

66 가툰 호수의 물높이는 바다보다 26미터가 높다. 미라플로레스 호수의 물높이는 대서양보다 16미터가 높다. 이를 맞추기 위해 가툰 호수에는 3단의 갑문이 설치되고, 미라플로레스에는 2단, 클레브라 수로에는 1단의 갑문이 설치되어 있다.

67 유틀란트Utrant 반도. 덴마크가 위치한 발트 해와 북해 사이에 있는 반도다.

68 원통이 고개. 지금의 인천시 서구 가좌동으로 당시는 원통현 또는 원통이 고개로 불렸다.

69 화흥법火烌法. 바위를 움푹하게 파고 여기에 불을 지펴 뜨겁게 달군다. 여기에 찬물을 부어 식히면 바위가 수축하면서 균열이 생기고 비교적 파내기가 쉬워진다. 정약용의 『목민심서』에 소개되어 있다.

70 고형산高莉山(1453~1528). 조선 중종 때의 문신. 이조, 호조판서 등 요직을 두루
거쳤다. 조광조 등 신진 세력을 척결한 기묘사화를 일으켰으며 훈구파의 주축이
었다.

71 일설에는 병자호란 당시 청군이 주문진을 통해 대관령을 넘었고 이것이 고형산의
죄명이었다고 하나 이는 사실과 다르다. 당시 청군은 압록강을 넘어 사흘 만에 서
울까지 올 수 있었기 때문이다. 부관참시가 사실이라면 그의 죄명은 왜군 침입로
때문이었을 것이다. 임진왜란 당시 대관령을 넘은 것은 모리 요시나리毛利吉成가
이끌던 왜병 제4군(1만4000명)이었다. 이들은 강원도 일대를 돌며 가장 잔인한
학살극을 벌인 것으로 유명하다.

72 고조선의 무대였던 요서 지역의 남산근 유적에서는 기원전 9세기경 말 두 마리가
끄는 전차용 수레 그림 유물이 출토되었으며 이후의 고분에서도 수레는 귀인의
신분을 나타내는 상징으로 그려졌다.

73 고구려시대의 덕흥리 고분 벽화에는 40여 대의 수레 행렬도가 그려져 있다. 안악
3호 고분에도 크고 작은 수레를 이끌고 가는 그림이 나온다. 고구려에서는 신분
과 용도에 따라 수레가 이용되었으며 바퀴도 쇠로 만든 철류가 사용되었다.

74 금성金城은 경주의 남산, 소금강산, 서형산, 명활산으로 둘러싸인 지역으로 지금의
경주의 중심 시가지에 해당한다. 이곳의 시가화로 신라시대 도로의 흔적은 자료
로만 전한다.

75 1392년(태조)부터 1428년(세종)까지 36년간 명나라에 조공으로 바친 말은 모두
5만9000필이다. 청나라 역시 조선과 화친의 대가로 말 5000필을 요구했다. 조공
무역이 상호 이익이 있었다고 하지만 말의 조공으로 기병을 구성하기 어려워진
조선의 군사력은 급격히 약해질 수밖에 없었다. 그나마 조선 초기에는 명나라의
안정 덕분에 평화가 지속될 수 있었다. 그러나 왜와 청이 발호하자 평화는 쉽게
깨질 수밖에 없었고 조선은 혹독한 시련을 겪어야 했다.

76 말을 타고 이동하는 경우는 많았지만 마차에 대한 기록은 살펴볼 수 없다. 궁성
외에는 마차가 다닐만한 길이 없었기 때문일 것이다.

77 윌리엄 E. 그리피스(1843~1928). 미국의 자연과학자.

78 김정호(1804~1866). 조선시대 실학자, 지리학자. 『신증동국여지승람』 등 기존의
자료를 참고해 『동여편고』를 편찬하고, 이를 바탕으로 전국을 돌며 「청구도」 「동
여도」 「대동여지도」를 제작했다.

79 산악투영법. 산세가 험하거나 완만한 정도 또는 높고 낮음에 따라 굵기를 달리하

고 중심되는 산봉우리를 강조하여 그리는 방법이다.

80 『경국대전』에는 도성의 길을 대로, 중로, 소로로 구분하고 대로 56척(17미터), 중로 26척(8미터), 소로 11척(3.5미터)으로 정했다. 길 옆에는 빗물이 원활하게 빠져나갈 수 있도록 2척(0.6미터)의 도랑을 설치토록 했다.

81 잔도棧道. 경사지에 돌을 이용해 계단식으로 만든 길.

82 『도로고道路考』. 1770년(영조 46)에 신경준이 쓴 역사지리서로 4권으로 되어 있다. 신경준은 이후에도 『군현제』『강계고』『산수고』『수차도설』『차제책』 등 많은 서적을 남겨 조선시대 지리를 이해하는 데 큰 역할을 했다. 책이 쓰일 당시 조선시대의 도로와 수운은 물론 중국, 일본과의 사절들이 오가는 길까지 자세히 기록되어 있다.

83 한강, 금강 등 큰 강은 물론 9대 간선도로의 노정에 하천이 있으면 나루가 설치되었다. 계절별 수위의 변화가 워낙 컸던 탓에 다리를 놓는 경우는 거의 없었다.

84 길의 이정표는 돌무덤이나 장승을 세우고 여기에 거리나 방향, 지명 등을 표시해 두었다.

85 대표적인 조창으로는 창원의 마산창, 진주의 가산창, 밀양의 삼랑창, 아산의 공진창, 함열의 성당창, 옥구의 군산창이 있다.

86 보통 산맥에는 강줄기가 따라가게 되는데 이를 정맥이라고 한다. 정간은 강줄기가 없는 산맥을 말하며 북한 함경도의 장백정간 하나뿐이다.

87 통신사가 왕래한 길은 우리나라에서는 거의 변함이 없었다. 그러나 바다와 육로를 이용해야 하는 일본의 경우는 자주 바뀌었는데 가장 길었을 때는 왕복 4700킬로미터에 이르는 경우도 있었다.

88 아시안 하이웨이Asian Highway. 1980년대 초반부터 시작된 아시아 도로 연결 사업으로 현재 32개국에 걸쳐 모두 55개의 노선망이 구축되고 있다. 우리나라에는 AH1(경부고속도로 구간), AH6(동해안 7번국도 구간) 두 개의 노선이 있다.

89 AH1. 아시안 하이웨이 1번 도로로 일본, 한국, 중국, 터키를 거쳐 유럽으로 이어지는 길이다. 우리나라 구간은 경부고속도로이기 때문에 영남대로와 차이가 있기는 하다. 일본 구간도 통신사 길은 오사카에서 시모노세키까지 수로지만 지금은 육로가 대신한다.

90 해남 이진항에서 조천항까지 바닷길은 140킬로미터 정도다.

91 관덕정. 지금의 제주시 삼도동에 있던 조선시대 제주목의 관청이다. 조천항과 10킬로미터 정도 거리에 있다.

92 조선시대 귀양지는 제주나 전남 지역에 가장 많았기는 하지만 평안도나 함경도, 강원도로 가는 경우도 많았다. 특히 왕족일 경우 가까이 두고 감시하기 위해 강화도로 보내는 경우가 많았는데 능창대군(인조 동생), 익평군(광해군 아들), 영선군(대원군 손자) 등이 그렇다.

제5부

1 일본에서 국경은 한 지역과 다른 지역의 경계를 이르는 말이다. 나라의 의미도 고장 또는 지역을 뜻한다.

2 호미니스hominess. 인간을 포함한 영장류에 대한 통칭이다.

3 용암이 좁은 협곡으로 흐르면 대기에 노출되어 있는 표면은 빨리 굳지만 아래쪽에 있는 용암은 액체 상태로 계속 빠져나간다. 이 때문에 용암이 흐른 밑에는 동굴이 만들어진다.

4 동굴 입구부에서 가까운 가장 큰 공동은 높이가 90미터, 폭이 180미터에 이르며 거대한 지하 광장을 방불케 한다.

5 니아 동굴은 1864년 알프레드 러셀에 의해 처음 발견되었는데 당시 혈거 중인 사람들이 있었다.

6 풍적토만으로 쌓인 지반은 연약해서 쉽게 붕괴되지만 풍적토와 점토가 번갈아 쌓일 경우 각 층의 보강 효과로 하부 굴착 시 지붕의 역할을 해준다. 또 틈틈이 끼어 있는 점토로 차수층이 만들어지기 때문에 지하수 유입으로 인한 지반 연약화도 일어나지 않는다.

7 미국 뉴멕시코 지역의 세릴로스 광산 지역Cerillos Mining District의 동굴은 선사시대 원주민에 의해 만들어진 것이다. 세계 각지에 산재해 있는 광산 동굴은 고대시대 광물 채굴이 보편적인 일이었음을 말해준다.

8 고바빌로니아의 하저 터널을 건설한 것은 기원전 2160년경 고아시리아의 세미라미스, 기원전 1750년경 고바빌로니아의 함무라비, 기원전 820년경 신아시리아의 삼시 아다드 5세, 신바빌로니아의 네브카드네자르 2세 등 다양한 이견이 있다. 현재 진행 중인 이라크의 유적 복원이 진행되는 과정에서 이견이 좁혀질 수 있을 것으로 보인다.

9 로마 중심으로는 테베레 강이 흐르지만 400킬로미터에 이르는 석회암 지대를 흘

러오는 동안 수질이 뿌옇게 변해 식수로는 부적절했고 늪지가 많아 깨끗한 물을 필요로 했다. 수로가 세워지기 전에도 생활용수는 빗물이나 강물을 이용했지만 먹는 물은 샘에서 길어다 먹는 경우가 많았다.

10 흑색 화약black powder. 질산칼륨, 황, 목탄을 섞어서 만든 화약으로 목탄 때문에 검은 색을 띤다. 11세기경 중국에서 처음 만들어졌다고 하나 정확한 기원은 알려져 있지 않으며 14세기경에는 유럽을 비롯한 세계 각국에서 무기 제조에 사용되었다. 우리나라에서는 14세기 말 최무선이 설치한 화통도감에서 흑색 화약을 이용한 여러 종류의 무기를 개발했다.

11 『메탈리카De Re Metallica』. 1556년 독일의 게오르기우스 아그리콜라Georgius Agricola가 쓴 공학기술서. 아그리콜라는 보헤미아 광산에서 일하며 당시의 토목공학을 비롯 금속, 지질, 측량 기술에 대하여 자세히 기술했다. 특히 채광을 위한 기술(갱구 및 수갱 설치, 탐광, 채광, 선광, 제련 방법 등)과 당시 사용되던 굴착용 도구 장비를 289개의 그림과 함께 자세하게 기술했다.

12 메닐몽탕Menilmontant 터널. 하수 배출을 위해 만든 직경 2.2미터의 원형 터널로 연장은 약 468미터 정도다.

13 부코Buco di viso 터널. 해수면 2882미터 고지에 설치한 보도 터널로 높이는 2미터, 폭은 2.5미터 정도이며 연장은 75미터다.

14 초기 영불 해협 하저 터널Euro tunnel. 영불 해협에 하저 터널을 설치하려는 시도는 18세기 말부터 시작되었으나 본격적으로 굴진을 시작한 것은 1880년부터다. 1883년까지 조사갱 2500미터 정도를 굴진했으나 환기, 지반 조건 등 어려움을 겪다가 1883년 국방상의 이유로 중단되었다.

15 몽세니 터널 이후 알프스를 관통한 터널은 아를베르크 터널Arlberg(1만200미터, 1880~1883), 심플론 터널Simplon(1만9700미터, 1898~1906), 뢰츠베르크 터널Lotschberg(1만4500미터, 1906~1911), 몽블랑 터널Mt.Blanc(1만1500미터, 1958~1964) 등이 있다.

16 나틈 공법New Austria Tunnel Method. 1962년 잘츠부르크에서 개최된 국제암반공학회ISRM에서 발표된 터널 공법. 기존에는 암반 굴착으로 발생되는 모든 하중을 지보재로 받치도록 설계했으나 나틈 공법은 암반 자체의 응력을 최대한 이용하도록 한 설계 기법으로 무른 암반에서 모래 지반까지 폭넓게 적용할 수 있어 터널 공법을 한 차원 발전시켰다.

17 실드 TBM Shield Tunnel Boring Machine. 대형의 원형관 앞에 암반을 갈아내는 디

스크를 장착하여 터널을 굴착하는 장비. 굴착과 배출 그리고 굴착 면의 콘크리트 시공이 연속적으로 이루어지며 단면의 크기나 연장에 있어 거의 제한을 받지 않는다. 일본 도쿄에서 직경 16미터의 하수관로가 쉴드 TBM으로 시공된 사례가 있으며 우리나라에서도 도시철도를 공사할 때 많이 적용되고 있다.

18 유로 터널의 총 길이는 50.45킬로미터, 해저구간은 37.9킬로미터다. 1993년에 개통되었다.

19 세이칸 터널의 총 길이는 53.85킬로미터, 해저구간은 23.3킬로미터다. 1988년에 개통되었다.

20 지구의 암반층인 지각 두께는 30킬로미터에서 80킬로미터로 다양하지만 모든 조건을 고려할 때 안정적으로 이용할 수 있는 구간은 10킬로미터 내외가 될 것으로 보인다.

21 바빌로니아의 티아마트, 이집트의 이시스, 아즈텍의 케찰코아틀은 모두 대지의 여신이다. 동양의 지모신이나 지하여장군도 대지를 여신으로 상징화한 것이다.

22 제임스 러브록James Lovelock(1919~). 영국의 과학자이며 저술가로 가이아 이론을 창시했다.

23 석회암은 만들어지는 과정에 따라 생물의 사체에 의해 만들어지는 유기적 석회암, 물에 포함된 탄산칼슘이 응결되어 만들어지는 화학적 석회암으로 나뉜다.

24 부정합不整合. 지층이 서로 겹쳐진 현상. 먼저 형성된 지층이 지각 변동과 침식의 영향을 받은 뒤 그 위에 새로 물질이 퇴적되면서 만들어진다.

25 2차 생성물. 물에 녹아 있던 탄산칼슘은 응결 또는 침전되며 다양하게 재결정을 이루는데 그 과정에서 생성되는 종유석, 석순, 석주, 석화 등을 말한다.

26 동굴이 생성될 당시 가스 분출 또는 두께가 얇은 층의 자연적인 함몰로 생기는 구멍이다.

27 빌레못 동굴. 제주시 애월읍에 있으며 길이 1만1748미터로 세계에서 가장 긴 화산 동굴이다. 구석기시대 유적을 비롯해 오랜 세월에 걸쳐 인류가 주거해온 흔적이 있다.

28 거문오름. 분화구에 항상 물이 고여 있는 높이 717미터의 오름으로 숲이 검게 우거져 있어 거문黑 오름으로 불린다. 곶자왈이라는 생태계의 보고를 품고 있으며 숯가마터, 일본군 진지 등 주변에 많은 유적이 남아 있다.

29 지각 변동으로 지반이 융기되어 절벽 중간쯤에 만들어진 것을 융기隆起 해식동, 반대로 지반이 침강되어 물속에 잠겨있는 수중동굴은 침강沈降 해식동이라고 한

다. 비교적 침강 깊이가 적은 해식동은 간조 때 물 밖으로 노출되기도 한다.

30 우도 수중해식동굴. 외부 세계와 차단된 이 동굴의 바닷물은 나트륨 함량이 30퍼센트 정도 낮아서 외부와는 다른 생태 환경을 갖추고 있으며 해식동굴에서는 거의 발견되지 않는 종유석이 자라고 있는 것이 확인되었다.

31 크레바스crevasse. 바위나 빙산에서 좁고 깊게 갈라진 틈.

32 요새와 교량을 건설한 시기를 헤로도토스는 신바빌로니아(기원전 625~기원전 539)의 네부카드네자르 2세라고 기록하고 있지만 디오도루스의 『세계사』에서는 바빌론 제1왕조 이전인 기원전 2160년경 아시리아의 여왕 세미라미스Semiramis 시대에 만들어졌다고 추정하고 있다. 또 하나의 가설은 고바빌로니아(기원전 1950~기원전 1531) 제1왕조의 함무라비 시대로, 함무라비는 유프라테스 강 일대를 평정하고 도시를 재정비하는 과정(기원전 1776~기원전 1768)에서 운하, 교량 등 대규모 도시 기반 시설을 갖추었는데 이때 강밑 터널도 함께 건설되었을 가능성이 있다.

33 삼시 아다드 5세. 기원전 823~기원전 810년까지 바빌로니아를 통치함.

34 사무라마Samurama는 아시리아어로, 헤로도토스는 이를 그리스어로 표기하면서 '세미라미스'라고 적었다.

35 세미라미스 시대에 만들기 시작하여 여러 시대에 걸쳐 증축되었으며 네부카드네자르 2세 때 완성된 것으로 추정된다.

36 천연 아스팔트나 역청은 고대 메소포타미아 지역에서 흔하게 사용하던 재료였다. 건축 재료로도 이용되었지만 선박 바닥에 칠하거나 가열하여 적을 공격하는 데도 이용했다는 기록도 있다.

37 터널의 전체 길이는 교량보다 훨씬 길었을 것이다. 터널 높이는 3.7미터, 폭은 4.6미터로 기록되어 있다.

38 왕의 언덕Tel-Amuran-ibn-Ali. 이라크 바그다드 남부 바빌론 유적 지대에 있는 지역.

39 터널 이름은 건설자의 이름을 딴 것이다. 에우팔리노스는 메가라Megara에서 온 건축가이며 나우스트로포스Naustrophos의 아들로만 알려져 있을 뿐 다른 기록은 없다. 공사 기간은 기원전 687~기원전 672년이다. 1036미터를 뚫는 데 15년이 걸렸다는 것은 하루 20센티미터 정도를 파냈다는 것이다. 양쪽에서 뚫어왔다고 보면 하루 10센티미터밖에 파지 못했다.

40 아이아테스 샘을 표고로 따지면 해발 58미터쯤에 해당된다. 샘을 기준으로 위쪽은 경사가 급하며 아래쪽으로는 완만하다.

41 케르케테우스 산Mt. Kerketeus. 표고 1433미터로 사모스 섬에서 가장 높은 산이며 주변이 울창한 숲으로 이루어져 있다.

42 1스타디온은 185미터, 1페키스는 4.6센티미터, 1푸스는 30센티미터 정도에 해당한다. 헤로도토스의 규모 설명은 그렇게 적절한 것은 아니며 실측 결과와도 꽤 차이가 있다.

43 샘에서 터널까지 구거식으로 만들어진 도랑은 900미터, 터널에서 도시까지 도랑은 500미터다.

44 기원전 3세기에서 고트족 침입이 빈번하던 3세기 초반까지 약 500년간 건설된 포장도로는 372개 노선에 8만 킬로미터에 이른다.

45 도로의 기준은 12표법에 기록되어 있는데 최소 폭은 직선 구간 2.45미터, 곡선 구간 4.9미터이며 보통 도로는 마차 폭 1.5미터를 기준으로 두 대가 여유 있게 교행할 수 있도록 4미터의 폭으로 건설했다. 대규모 보병 병력의 이동을 위하여 포장도로 양측에 3미터 폭으로 인도를 만들었다.

46 로마는 점령지까지만 길을 놓았기 때문에 가도의 완성에는 수백 년이 걸리는 경우가 허다했다. 플루로 터널 역시 순수한 공사 기간이 그렇게 오래 걸렸다는 뜻은 아니다.

47 에트루리아. 이탈리아 중부 지역을 중심으로 한 12개 도시 국가 연합체로 기원전 650년경 강력한 세력을 유지했으며 로마의 도로나 배수로 등 도시 기반 시설의 구축은 이때부터 이미 시작되고 있었다.

48 예루살렘 하수 터널. 2007년 발견되어 발굴 중에 있으며 총 800미터 중 현재 90미터 정도 모습을 드러낸 상태다. 터널 내부에서 그릇 조각이나 동전 등 생활필수품이 발견되는 것으로 보아 단순히 탈출로로만 사용된 것이 아니라 이곳에서 상당 기간 숙식했던 것으로 보인다. 폭은 1미터, 높이는 3미터다.

49 헤르쿨라네움Herculaneum. 나폴리 남동쪽 8킬로미터 지점에 있던 도시로 약 5000명의 인구가 거주했다. 도시는 화산재에 완전히 묻혔지만 사람들은 대부분 빠져나와 희생자는 많지 않았다.

50 셀레우키아Seleucia. 티그리스 강 유역에 메소포타미아의 니카토르(기원전 312~ 기원전 281 재위)가 세운 도시. 마케도니아, 그리스, 유대, 시리아인 등 60만 명의 다민족으로 구성되었으며 초기에는 그리스 · 로마와 호의적인 관계를 유지했으나 나중에 로마의 속주가 되었다.

51 『적성지赤城誌』. 무주군청에서 발행한 성곽 기록지. 1910년에 있었던 터널 공사 과

정이 기록되어 있으나 그 이전에 있었던 동굴의 규모나 형태에 대해서는 보이지 않는다.

52 갑산의 동점령은 해발 1891미터로 매장량이 50만 톤이 넘는 북한 최대의 구리 광산이다.

53 브루넬Marc Isambard Brunel(1769~1849). 프랑스의 토목기사. 왕당파였던 그는 프랑스혁명 당시 북아메리카로 망명했다가 나중에 영국에서 선박 건조 및 토목 기사로 활약했다.

54 브루넬의 강제함판Shield. 폭 10.8미터, 높이 6.6미터의 장방형으로 만들어졌으며 전면부는 36개의 방으로 나뉘어져 있었다. 각 방에는 인부 한 명씩 배치되어 막장을 파냈으며 전단면의 작업이 이루어지면 함체를 앞으로 밀어내는 방법으로 굴진했다.

55 고강도 원형 강판. 디스크Disk라고 하며 회전하면서 단단한 암반을 갈아낸다. 회전체 안에는 다시 높은 강도의 작은 회전체가 원형으로 배치되어 있다.

56 숏크리트Shotcrete. 뿜어 붙임 콘크리트. 나틈 공법은 굴착 후 지반이 이완되기 전에 빨리 노출면을 보호해주는 게 핵심이다. 따라서 급결재를 비롯한 모든 재료를 미리 섞어서 준비하고 있다가 굴착이 이루어지면 즉시 숏크리트를 뿜어 붙여서 노출면을 보호해준다.

57 록볼트Rock Bolt. 바위 속에는 자연적인 많은 균열이 나 있다. 이를 실로 꿰매듯 철근으로 만들어진 못을 굴착면에 박아서 바위를 고정시키는 것을 말한다.

58 고타르 베이스Gotthard Base 터널. 1996년 착공하여 2010년에 터널이 관통되었다.

59 터널을 뚫는 데 들어간 공사 비용은 100억 스위스 프랑으로, 원화로 환산하면 물경 12조 원이 넘는다. 터널에 접근하는 구간의 공사 비용이 포함되어 있다.

60 유로 터널의 공식 명칭은 처널Chunnel로 해협을 뜻하는 채널Chunnel과 터널Tunnel을 합친 말이다. 본문에서는 일반적으로 많이 쓰이는 유로 터널로 표기했지만 이 이름은 건설회사를 의미한다.

61 유로 터널 이전의 해저 터널로는 일본의 간몬 터널(1942), 홍콩의 크로스하버 터널(1972)이 있으며 유로 터널보다 4킬로미터 정도 긴 일본의 세이칸 해저 터널도 1988년에 완공되었다.

62 간몬 해저 철도 터널(3600미터, 1936~1944). 혼슈와 규슈 사이의 간몬 해협 밑으로 뚫은 해저 터널. 이 터널로 시모노세키와 기타큐슈가 철도로 연결되었다. 철도 터널에 이어 간몬 도로 해저 터널(780미터, 1939~1958)도 추진되었지만 태평

양 전쟁의 패배로 20년이 걸렸다.

63 세이칸 터널 공사는 1961년에 착공되었지만 본격적으로 공사에 들어간 것은 1964년이다. 지하수 용출 등 잦은 사고와 보조 터널과 본 터널을 병행하느라 24년이 걸렸다.

64 쓰가루 해협의 해저 지반은 퇴적암 지층으로 안산암, 응회암(혼슈 쪽), 셰일, 이암 (중심부), 사암, 응회암(홋카이도 쪽) 등 변화가 심하며 특히 홋카이도 쪽은 단층 파쇄대가 많이 분포되어 있다.

65 도버 해협의 깊이는 36미터에서 120미터 사이다.

66 수심이 깊다는 것은 경사 조건의 제한이 큰 철도 터널에서 매우 불리하다. 심도가 깊을수록 접근 터널이 길어질 수밖에 없기 때문이다. 실제로 간몬 해저 터널의 경우 철도 터널은 3600미터에 이르지만 도로 터널은 780미터만 뚫어 연결할 수 있다.

67 세이칸 터널은 레일이 설치되는 본 터널 외에도 위험에 대비하기 위한 보조 터널 과 지반 조사를 위한 선진 터널로 구성되어 있다.

68 홋카이도는 일본 최대의 수산물 생산지이며 쌀 등 주요 농산물 역시 일본에서 1위를 차지한다.

69 SK건설 콘소시엄이 추진하며 터키 야프메르케 지사도 일정 부분을 담당하고 있다.

70 세그먼트Segment. 터널을 굴착하면 시간이 경과할수록 암반이 느슨해지고 지하수 양이 늘어나게 된다. 이 때문에 시간이 오래 걸리는 거푸집 콘크리트를 치는 대신 미리 만들어놓은 콘크리트 조각을 이어붙여나가는데 이 콘크리트 조각을 세그먼 트라고 한다.

71 ITA International Tunnelling and Underground Space Association. 세계터널지하공간학회.

72 ITA 메이저 프로젝트 어워즈. ITA 총회에서 수여하는 상으로 당해 연도 5억 유로 이상의 대형 사업을 대상으로 인류의 삶에 기여한 정도와 기술적 우수성을 기준 으로 선정한다.

73 리비아 대수로 공사를 일컫는 GMR(Great Man made River)은 인간이 만든 거 대한 강이라는 뜻이다.

74 리비아 대수로 공사는 동아건설을 주축으로 대우건설, 대한통운 등 우리나라의 많은 업체가 콘소시엄을 구성해 참여했다.

75 대수로용 콘크리트관PCCP. 압축에 견디는 힘이 420kg/cm^2에 이르는 고강도 관 이다.

76 침매 터널. 지상에서 제작한 초대형 콘크리트 박스를 바다로 이동시켜 해저에서

연결해나가는 터널.

77 현재 논의되는 한중 해저 터널의 중국 기착지는 산둥 반도의 웨이하이 한 군데다. 그러나 우리나라는 인천, 평택, 군산 등 세 군데가 있다. 중국은 인천공항으로 연결되는 인천을 선호하지만 우리나라에서는 KTX 연결과 배후 산업기지 조건을 고려해 평택을 선호하는 입장이다.

78 베세토BESETO. 베이징Bejing, 서울Seoul, 도쿄Tokyo의 앞 글자를 따서 만든 약어.

79 지브롤터 해협의 폭은 위치에 따라 12~35킬로미터이며 길이는 약 58킬로미터다. 깊이는 약 300미터다. 해협의 서쪽 끝에 있는 트라팔가 곶은 해양 전쟁의 격전지로 유명하다.

80 「자켓 구조물을 응용한 수중 터널 연구The Study of Applied Jacket Structure for Submersed Floating Tunnel」, 김준모 외, 한국철도학회 2010년 추계학술대회 논문집.

81 해저 지반을 굴착하는 방법으로 노선을 설정할 경우 지반 조건과 수심을 고려해 보길도-추자도-제주도까지 77킬로미터를 건설해야 하지만 수중부양 방식으로 보길도에서 제주도로 직접 설치할 경우 68킬로미터로 줄어든다.

82 인천과 웨이하이 양측에서 출발하면 각각 170킬로미터를 굴진해야 한다. 현재 쉴드 TBM의 굴진 속도는 하루 14미터 정도이지만 비약적인 발전으로 하루 25미터를 굴진한다고 보면 1년에 약 9킬로미터를 뚫을 수 있다.

83 태풍이 통과할 때 해수면은 일시적인 저압 상태가 되어 위로 상승하며 이때 부양체식 고정 방법을 선택한 구조물은 심한 유동을 받게 된다.

84 자동터널위치제어장치ATPTAutomatic Tunnel Positioning Thruster. 쓰나미나 조류, 해류 등 외부 환경의 변화를 슈퍼컴퓨터로 분석하여 터널의 위치를 자동으로 조정하는 장치. 스러스터Thruster는 인공위성에서 궤도나 자세를 유지하기 위해 쓰이는 소형 엔진을 말한다.

85 태평양의 평균 수심은 4000미터이고 마리아나 해구 주변은 8000미터에 이른다.

86 플래닛 런Planet run. 진공 터널을 질주하기 위해 고안된 자기부상열차. 음속의 8배에 해당하는 시속 1만 킬로미터로 운행된다.

87 동북아 초고속 교통망 구축을 통한 국가미래비전 실현 국제세미나(2009년 11월, 여의도 63빌딩).

제6부

1 이보 안드리치Ivo Andric(1892~1975). 크로아티아 태생의 작가로 『드리나 강의
  다리』로 1961년 노벨문학상을 받았다.

2 한나라 시대에는 진시황의 분서焚書에서 살아남은 유교 경전을 주해하려는 훈고
  학의 열풍이 불었는데 『경주經註』는 이때 쓰인 책이다.

3 가르강 구간의 수로교 규모는 높이 49미터, 다리 전체 길이는 275미터다. 홍예의
  폭은 20미터에서 4.8미터로 각기 다르다.

4 이렇게 두툼하게 처리한 기둥의 가운데 부분을 엔타시스entasis라고 한다.

5 에레크테온Erechteion 신전.

6 코린토스는 펠로폰네소스 반도의 항만 도시로 일찍부터 고대 무역의 허브였다.
  코린트 양식은 기원전 7세기경부터 시작되었지만 기원전 146년 로마에 의해 도
  시 전체가 완전히 파괴되는 바람에 온전한 건축물을 찾아보기란 쉽지 않다. 로마
  의 아고라 유적 등에서 엿볼 수 있을 뿐이다. 현재 볼 수 있는 그리스 시대의 코린
  트 양식은 화려한 도자기의 그림을 통해서다.

7 수로교는 3층의 아치로 만들어져 있는데 위로 올라갈수록 6.4미터, 4.5미터, 3미
  터로 좁혀 구조가 안정되도록 했다. 각 층의 높이 역시 22미터, 19미터, 4.8미터로
  줄어든다. 가르 수로교의 전체 길이는 40킬로미터에 이른다.

8 필라스터Pilaster. 벽체에 붙인 얇은 모양의 기둥으로 주로 아치 하부 장식으로 이
  용된다.

9 유럽에 산재해 있는 로마시대 석재 다리는 약 300개에 이르며 하부 구조를 반원
  형태의 아치로 만든 것이 특징이다.

10 케스티우스 다리Pons Cestius(기원전 62~기원전 27). 테베레 강 트라스테베레에
  있는 석교로 처음에는 2개의 아치로 놓였지만 이후 몇 번의 보수를 거쳐 1892년
  현재의 모습을 갖추었다. 아치의 폭은 13.7미터다.

11 뾰족한 아치. 대각선을 이었을 때 각 단면은 자연스럽게 뾰족한 아치가 되지만,
  반원에서 가운데 부분을 제거하고 양쪽을 맞붙여도 가운데가 뾰족한 아치 모양이
  만들어진다.

12 고딕 후기 양식에서 벽체는 창문을 끼우는 용도일 뿐 주요한 구조재의 역할은 하
  지 않는다.

13 발랑트레 교Pont Valentre. 100년전쟁(1337~1453)이 진행 중이던 1378년 완성되

었으며 1878년 보수되어 현재에 이른다.

14 산마르틴 교San Martin Bridge. 10세기 초에 지어진 다리로, 홍수로 인해 몇 차례 손상되었지만 현재까지 원형을 유지하고 있다. 발랑트레 교처럼 양쪽 끝에 방어용 탑이 만들어져 있는데 이는 13세기 이후에 만들어진 것이다.

15 처음 만들어진 것은 트라야누스 치세인 104년이다. 이후 몇 차례 파손되었다가 이슬람 지배 시 복원되었다. 로마네스크와 이슬람 양식이 복합되어 있다.

16 포르티코Portico. 주랑으로 다리나 난간 위에 가벼운 지붕을 얹기 위해 만들어진 구조.

17 조선시대 인문지리서인『신증동국여지승람』「교량숙」편에 보면 1530년 조사 당시 전국의 교량이 516개였다는 통계가 나온다. 하지만 도성에 만들어진 것을 제외하고는 돌다리나 목판교와 같이 장마를 견딜 수 있는 일정 수준 이상의 다리가 흔치 않았다.

18 안학궁安鶴宮. 평양시에 있던 고구려 궁성. 고구려 장수왕이 국내성國內城에서 평양으로 천도한 427년(장수왕 15)에 건립되었다. 유구의 흔적으로 추정해보면 안학궁의 목교는 길이가 375미터, 폭이 9미터 내외였을 것으로 보인다.

19 유구. 기둥의 받침돌. 유구 형태로 상부 교량이 목교인지 석교인지 추정할 수 있다.

20 구제궁九梯宮. 고구려 시조 동명왕이 머물렀다는 성으로 평양에 있다. 고려시대 서경의 궁터가 남아 있다.

21 『삼국사기』「백제본기」동성왕 조(498)에 웅진교를 가설했다는 기록이 있으나 규모와 형태 위치에 대해서는 알 수가 없다.

22 사근다리. 부여와 논산을 잇는 국도변 주유소 옆에 백제 사은교라는 표지석이 있다. 하지만 다리는 물론 하천의 흔적도 찾아보기 힘들다.

23 다리 길이는 강당과 승방 사이 거리인 14미터, 다리 폭은 2.8미터 내외다.

24 문천의 지금 이름은 남천이다.

25 문천교의 다른 이름은 느릅나무다리다. 일성교, 월성교와 달리 문천교는 민간에서 지은 다리다.

26 일정교는 봄볕을 의미하는 춘양교로 불렸으며, 월정교 역시 달이나 효행을 상징하는 많은 이름이 붙여졌다.

27 퇴물림식. 돌쌓기의 한 방법으로 위로 올라갈수록 사다리꼴로 점점 좁아지게 하여 안정성을 높이는 방법이다.

28 『삼국사기』「신라본기」권9에 경덕왕 19년(760) 일정교와 월정교를 지었다는 기

록이 전한다. 경주시의 조사 결과에 따르면 일정교는 길이 55미터, 폭 12미터, 월정교는 길이 63미터, 폭 12미터다. 두 다리는 모두 교각과 교각 사이가 넓은데(최대 13미터) 이는 다리 형식이 교각은 석재, 상판은 목교로 만들어졌다는 것을 의미한다.

29 글안국契丹國. 랴오허 강 상류에 살던 거란족으로 947년 발해를 멸망시키고 요遼나라를 세웠다.

30 선죽교 길이는 6.7미터, 폭은 2.5미터에 불과하다.

31 다리의 길이는 20미터, 폭은 3.5미터이며 교각은 5개다.

32 나무 말뚝의 탄소 연대 측정 결과 1390년에서 1495년 사이에 만들어진 것으로 밝혀졌다.

33 『경국대전』「공전」에는 다리나 길을 닦고 관리하는 교橋·노路 규정이 있었고, 『육전조례』에는 호조는 재정, 공조는 관리를 담당하고 실제 공사는 한성부가 주관했다.

34 고종황제 때 사료인 '서울지원' '수선전원' '한경참명'에 당시 한양 주변에 다리들이 정리되었는데 사대문 안에 76개, 성 주변에 10개가 있었다.

35 평석교平石橋. 평평한 돌을 두 개의 교각으로 받지는 구조로 가장 일반적인 형식이다. 비교되는 형식으로 돌을 아치 형태로 쌓는 홍예교가 있다.

36 수표교의 길이는 27미터, 폭은 7미터로 우마차가 서로 비껴갈 수 있었다. 현재 수표교는 청계천 복개 사업 시 장충공원으로 옮겨졌고, 수표는 홍릉 세종대왕 기념관에 보관되었다.

37 원래 이름은 제반교다. 세종대인 1420년 왕의 행차를 위해 만들어지기 시작했으나 이후 공사가 중지되었다가 1483년에 완성되었다.

38 『동국여지승람』에는 1406년(태종 6) 청계천을 정비하고 모두 7개의 다리를 놓았다는 기록이 나온다. 이후 청계천에는 일정 구간마다 계속 다리가 만들어져 고종 때에는 24개나 되었다.

39 아치arch. 돌은 누르는 힘에는 강하지만 늘이는 힘에는 약하다. 긴 석재를 옆으로 놓고 위에서 누르면 돌 아랫부분에 늘이는 힘이 생겨 쉽게 깨진다. 하지만 여러 조각의 돌을 둥글게 놓으면 누르는 힘만 받기 때문에 큰 무게를 지탱할 수 있다.

40 도편수. 목수의 우두머리로 집을 지을 때 모든 것을 총괄한다. 작은 집을 지을 때는 도편수가 드잡이까지 맡기도 한다.

41 뇌과학이 최근에 밝혀낸 뇌와 마음의 구조는 자기공명단층촬영FMRI 장치에 의해 시각적으로 이해할 수 있게 되었다. 뇌를 구성하는 구조와 뉴런 세포, 시냅스 등

이 작동하는 기제를 밝혀냄으로써 철학의 문제로 여겨졌던 인식론은 과학의 영역이 되었다.

42 문명 공학Civil Engineering. 20세기 초 일본이 유럽의 공학을 받아들이면서 건설 또는 토목 공학이라는 말로 번역했지만 여기서는 좀 더 포괄적인 개념으로 쓰기 위해서 문명 공학이라고 했다.

43 계곡형 다리. 산과 산 사이의 계곡을 연결하는 다리로 교각이 높고 상판 건설에 큰 어려움이 따른다. 영동고속도로 등 태백산맥을 관통하는 구간에 많이 가설되었다. 횡성대교의 교각 높이는 93미터, 단양대교의 높이는 103미터다.

44 처음에는 단순히 흙을 채우는 방법이었지만 목재로 틀을 짜서 밑을 받치는 방법도 함께 쓰였다.

45 판테온Pantheon 신전. 주피터 등 7개 행성의 신을 위한 신전이다. 당초 기원전 25년에 아그리파에 의해 세워졌으나 화재로 소실된 것을 125년 하드리아누스 황제가 다시 세운 것이다. 이 건물의 콘크리트 돔은 2000년 가까이 지난 지금도 원형 그대로 유지하고 있다.

46 밑받침 공법FSM(Full Straging Method). 공식 명칭은 동바리 공법이다.

47 이어치기 공법FCM(Free Cantilever Method). 공식 명칭은 캔틸레버 공법이다. 캔틸레버는 내민다는 뜻으로 고정된 한 끝에서 하나씩 이어붙이기 때문에 지어진 이름이다.

48 밀어내기 공법ILM(Incremental Launching Method). 공식 명칭은 압출공법이다.

49 형틀밀기 공법FSSM(Movable Scaffolding System Method). 공식 명칭은 이동식 비계공법이다.

50 핀pin. 강재의 연결을 용접처럼 완전히 고정시키는 것이 아니라 두 강재에 구멍을 뚫고 잇는 것을 말한다. 이렇게 하면 회전은 자유롭지만 잡아당기거나 누르는 데는 아무런 문제없이 저항할 수 있다.

51 강재 박스를 연결해 밑을 받치면서 위에 콘크리트 상판을 놓는 방법이다.

52 홍예는 우리나라에서 오래전부터 쓰인 말이지만 요즘은 아치라는 말이 더 보편적으로 쓰인다. 혼돈을 피하기 위해 근대 이전 돌을 쌓아 만든 다리는 홍예교, 콘크리트 또는 강재를 이용한 현대의 다리는 아치교로 용어를 통일했다.

53 루푸 대교Lupu Bridge. 상하이의 루완과 푸둥을 잇는 다리로 아치의 길이는 550미터다.

54 동아. 박과에 속하는 한해살이 덩굴성 식물. 줄기가 굵고 질겨 밧줄의 재료로 쓰

였다.

55 I. K. 브루넬Isambard Kingdom Brunel. 영국의 공학자로 교량과 철도 건설에 큰 업적을 남겼다.

56 현수교Suspention Bridge. 주탑Tower과 앵커리지Anchorage의 정착 구조물과 현재인 주 케이블Main cable, 수직재인 행거Hanger, 다리 상판인 보강형Stiffening girder으로 구성된다.

57 사장교Cable stayed Bridge. 주탑Pylon, 사장 케이블stay cable, 보강형으로 구성이 간단하다.

58 베서머Henry Bessemer. 1813~1898. 영국의 제강업자. 제강 작업 중 갑자기 불어 닥친 돌풍으로 철의 성질이 변하는 것을 보고 베서머 제강법을 개발했다. 이외에도 베서머가 개발한 기술은 120여 가지나 된다.

59 최근 생산되는 강연선의 강도는 2만1600kg/cm^2에 이른다. 이는 1제곱센티미터 단면적을 가진 강선이 21.6톤을 들어올릴 수 있다는 뜻이다.

60 릴렉세이션Relaxation이라고 하는 이 현상은 시간에 따라 점차 긴장력이 줄어드는 현상으로 모든 탄성재료의 공통된 문제다.

61 1524년 뉴욕 만을 처음 발견한 이탈리아의 G. 베라자도의 이름을 딴 것이다.

62 2만6000선×4톤×4조로 간단히 계산했지만 실제 계산은 설계법에 따라 차이가 있다.

63 영종대교. 총길이 4420미터로 현수교 550미터, 트러스 교 2250미터, 강상형교 1620미터로 구성되어 있다. 주탑 높이는 107미터다.

64 이순신대교는 총길이 2260미터다. 전 구간이 현수교이며 주탑의 높이는 270미터다.

65 주탑 사이의 거리 1545미터는 이순신의 탄생한 해와 같은 숫자다.

66 사용된 강선은 모두 2만7572개다.

67 예를 들면 A형은 돌산대교, H형은 서해대교, I형은 미요 대교, ◇형은 인천대교, X형은 옥타비오 프리아스 교를 들 수 있다.

68 캔틸레버FCM(Free Cantilever Method) 교. 미리 만들어놓은 상자형 콘크리트 교량을 하나씩 이어붙여나가는 다리. 원효대교, 올림픽대교의 상판을 올릴 때 이용되었던 공법이다.

69 콘크리트 연속교PSM(Precast Span Method). 한 경간 길이의 다리를 공장에서 미리 제작한 뒤 교각 위에 설치한 크레인으로 들어올리는 공법이다. 서해대교의 대부분인 5820미터가 이 공법으로 만들어졌다.

70 한국 브라질 수교 50주년을 기념하여 인천대교와 함께 기념 우표로 만들어진 다리다.

71 서브라니 교의 애칭으로 불리는 지봅스니Zhivopisby 교는 그림 다리 또는 그림 같은 다리라는 뜻이다. 2007년에 만들어졌다.

72 보스포루스 해협에는 2개의 다리가 놓여 있다. 우리나라가 짓는 제3보스포루스교는 기존 다리보다 주탑 높이나 사장교의 길이에서 2배 가까운 규모다.

73 호모 비아리우스Homo Viarius. 비아Via는 라틴어로 길을 의미한다. 길을 만들고 그 길에 의지하여 살아가는 인간이란 뜻의 조어다.

미로, 길의 인문학

ⓒ 김재성

1판 1쇄	2016년 10월 26일
1판 2쇄	2016년 12월 16일

지은이	김재성
펴낸이	강성민
편집장	이은혜
편집	박세중 박은아 곽우정
디자인	최윤미
편집보조	조은애 이수민
마케팅	정민호 이연실 정현민 김도윤 양서연
홍보	김희숙 김상만 이천희

펴낸곳	(주)글항아리 ｜ 출판등록 2009년 1월 19일 제406-2009-000002호

주소	10881 경기도 파주시 회동길 210
전자우편	bookpot@hanmail.net
전화번호	031-955-8891(마케팅) 031-955-1936(편집부)
팩스	031-955-2557
리뷰아카이브	www.bookpot.net

ISBN	978-89-6735-385-8 03900

이 도서의 국립중앙도서관 출판예정도서목록(CIP)은 서지정보유통지원시스템 홈페이지
(http://seoji.nl.go.kr)와 국가자료공동목록시스템(http://www.nl.go.kr/kolisnet)에서
이용하실 수 있습니다. (CIP제어번호: 2016022447)